미래를 위한
환경철학

한국환경철학회 엮음

미래를 위한
환경철학

연암서가

필자 소개

김완구(호서대)
김민수(동서울대)
조영준(경북대)
이상헌(서강대)
류지한(교원대)
노희정(광주교대)
최훈(강원대)
변순용(서울교대)
정결(교원대)
김남준(충북대)
김일방(제주대)
정민걸(공주대)

미래를 위한
환경철학

2023년 8월 25일 초판 1쇄 인쇄
2023년 8월 30일 초판 1쇄 발행

엮은이 | 한국환경철학회
펴낸이 | 권오상
펴낸곳 | 연암서가

등 록 | 2007년 10월 8일(제396-2007-00107호)
주 소 | 경기도 고양시 일산서구 호수로 896, 402-1101
전 화 | 031-907-3010
팩 스 | 031-912-3012
이메일 | yeonamseoga@naver.com
ISBN 979-11-6087-113-5 93190

값 20,000원

* 이 도서는 한국출판문화산업진흥원의 '2023년 중소출판사 출판콘텐츠 창작 지원 사업'의
  일환으로 국민체육진흥기금을 지원받아 제작되었습니다.

발간사

"인간과 자연의 관계와 관련해 한 가지 확실한 것이 있다. 사람들은 절대로 자연 세계와의 관계에서 이탈할 수 없다는 것이다." 환경철학자 로날드 샌들러(Ronald Sandler)가 『환경 덕윤리학(*Environmental Virtue Ethics*)』이라는 책의 서문 첫머리에서 한 말이다. 인간은 자연과 한순간도 떨어져서는 살 수 없다는 얘기다. 왜냐하면 인간은 자연과 한 몸으로 상호작용하는 과정에서 숨 쉬고, 먹고, 마시고, 분해해야 하기 때문이라는 것이다. 이런 이야기는 새삼스럽게 다시 끄집어낼 필요가 없이 너무나도 분명하고 당연한 말이다. 그러나 이 분명한 사실에도 불구하고 역사적으로 인간들이 자연을 이해하고 자연과 상호작용하는 방식들은 왜곡되어 있었고 심지어는 모순되어 있었다. 따라서 인간들은 자연을 그저 인간 삶을 위한 단순한 자원으로 생각하여 착취하거나 남용함으로써 환경을 고갈시키고 오염시키고 균형을 깨트리고 파괴하여 역사상 전례 없는 환경위기를 발생시켰다.

그런데 오늘날 이런 환경위기는 무엇보다도 인류의 존망을 가장 크게 위협하는 문제로 지목되기에 이른다. 최근 국제 지속가능성연구단체인 퓨처어스(Future Earth)가 52개국 222명의 과학자들을 대상으로 한 설문조사 및 세계경제포럼(WEF)의 『지구위험보고서(*Global Risks Report*)』 등에 따르면 대량살상무기, 전쟁, 테러, 전염병, 인공지능, 실업 등 인류가 직면한 정치적, 사회적, 경제적, 기술적, 지정학적, 환경적인 여러 위험 중에서도 '기상이변(Extreme weather)', '생물다양성 손실(Biodiversity loss)', '기후변화 대응실패(Climate action failure)', '자연재해(Natural disasters)', '인위적 환경재앙(Human made environmental disasters)'과 같은 환경재앙들이 늘 상위의 세계 위험으로 꼽히고 있다.

이뿐만 아니라 과학자들을 비롯한 많은 이들은 환경문제의 현황과 심각성을 실증하는 많은 자료를 내놓고 있고, '역사상 전례 없는 환경파괴'니 '환경적 대재앙'이니 '생태적 파멸'이니 하는 섬뜩한 수사를 들먹이며 환경문제로 인한 전 지구적 파멸을 경고하기도 한다. 그리고 실제로 최근 과학자들은 '지구기후비상사태(World Scientists' Warning of a Climate Emergency 2021)'라는 공동성명을 내고 비상사태 수준으로 치달은 기후변화를 멈추기 위해 "인류가 긴급행동에 나서지 않으면 파멸적인 재앙이 닥칠 수 있다"면서 목소리를 높이고 있기도 하다.

그런데 문제는 기후변화로 인한 가뭄과 홍수, 폭염 같은 이상기후 현상이라는 것들이 이제 단순한 경고에 그치는 것도 아니고, 특별하거나 일시적인 현상도 아니며 흔한 우리의 일상이 되어 가고 있다는 것이다. 게다가 우리는 현재 기후변화 문제를 인지하고 나서도 문제를 몰랐을 때보다 더 지구를 파괴하고 있다는 지적도 있다.

상황이 이렇다 보니 물론 사람들은 정치, 경제, 사회, 종교, 기술 등 여러 방면에서 해결을 위한 여러 노력을 기울여 왔다. 그런데 무엇보다도 사람들은 환경이 문제라고 하면 고도로 기술적인 문제들과 관련되어 있다고 생각하여 과학기술을 통해 파괴되거나 오염된 환경을 정화하거나 개선하려는 노력에 각별한 관심을 기울인다. 그러나 이러한 접근 방식들은 문제의 원인 등에 대한 근본적인 접근이라기보다는 겉으로 드러난 증상에만 집중하는 미봉적이거나 임시방편적인 해결책에 그칠 수 있다는 지적이 있다. 게다가 과학기술은 양면성을 지니고 있어서 필연적으로 해결하는 만큼의 또 다른 여러 문제를 발생시킬 수 있다는 지적을 받아 왔다. 따라서 문제를 근원적으로 해결하기 위해서는 문제를 단순히 환경의 문제로 보기보다는 인간에 의한 인간의 문제 혹은 오염된 인간 의식의 문제로 보고 철학적 또는 교육적 접근의 필요성이 강조되기도 한다.

그래서 결국 한국의 학자들도 1980년대에 환경문제에 대한 철학적인 논의를 시작하게 되었고, 이후 본격화되어 마침내 1995년에는 환경철학 및 윤리에 대한 '연구발표 및 토론회', '학술지 발간', '연구에 필요한 자료의 수집 및 학술서 발간' 등을 주요 사업계획으로 채택하면서 한국환경철학회라는 학술단체를 결성하기에 이르렀다. 이후 한국환경철학회는 지금까지 100회에 걸쳐 정기학술대회를 개최해 왔고, 한국연구재단 등재학술지인 『환경철학』(2006년 등재후보지, 2009년 등재지 선정)을 35집째 발간하고 있으며, 연구 활동 및 강연회 등을 개최해 오고 있다. 그리고 2007년에는 『생태문화와 철학』(한국인문·사회과학아카데미 학술연구총서 4)이라는 학술서를 발간한 바 있다.

그런데 한동안 한국환경철학회 학술서 발간사업이 소강상태에 있던 차에 전임(2020.7~2022.6) 회장이셨던 정민걸 교수님(공주대학교 환경교육과)의 제안으로 최고의 전문성을 가진 회원 선생님들의 그간 축적된 연구 결과를 단행본으로 발간할 필요성이 제기되었고, 이후 학회 임원 선생님들의 논의를 거쳐 '환경철학 이론서'와 현대 환경철학의 다양한 흐름을 이해하고 현대 사회에서 대표적으로 논의되는 환경문제를 탐구할 수 있는 도서인 『현대 환경철학의 흐름과 실제』(가제)라는 두 권의 책을 기획하게 되었다. 그리고 그동안 여러 임원 및 회원 선생님들의 아낌없는 노력을 통해 뜸을 들이고 다듬어지면서 드디어 그 결과물 중의 하나인 『미래를 위한 환경철학』이 먼저 세상에 빛을 보게 되었다.

그렇다면 이쯤에서 이런 결실을 이루기까지 헌신적인 노력을 아끼지 않으셨던 여러 선생님의 노고에 대한 언급을 빼놓을 수가 없다. 우선 이런 기획을 제안하시고 진행 과정에도 동참하여 수고해 주신 정민걸 전임 회장님을 비롯한 학회의 여러 임원 선생님들의 헌신적인 노력에 감사드린다. 특히 바쁘신 중에도 학술서 발간 관련해 실질적인 일들을 도맡아 주도적으로 이끌어 주시며 봉사해오신 본 학회 연구이사 김남준 교수님(충북대) 그리고 학회의 모든 일을 총괄하시며 뒷받침해주셨던 총무이사 김민수 교수님(동서울대) 등의 노력은 이러한 결과물이 나오는 데 중추적인 역할을 했다. 깊이 감사드린다.

그리고 끝으로 이 책의 출간을 흔쾌히 맡아 주신 연암서가 권오상 사장님을 비롯해 편집 및 교정 작업에 참여해 주신 여러 선생님께도 감사의 말씀을 드린다. 아무쪼록 이 책이 만들어지는 과정에 참여한 모든 선생님의 고민과 노고들이 살기 좋은 환경은 물론 우리가 지구상에서 지속가능하게 살아가기 위한 실천의 결실로 마무리되기를 바라 마지않는다.

필자들을 대표하여
한국환경철학회 회장 김완구

차례

왜 환경철학인가?*

김완구

I. 환경문제의 심각성과 문제의 특징

환경문제가 심각하다는 것은 어제오늘의 일이 아니다. 그리고 사람들은 '역사상 전례 없는 환경파괴'니 '환경적 대재앙'이니 '생태적 파멸'이니 하는 섬뜩한 수사를 이용해 환경문제로 인한 지구의 절체절명의 위기나 종말을 경고하기도 한다. 이런 와중에 몇 년 전 마크 라이너스(Mark Lynas) 같은 이는 기후변화로 인한 인류의 파괴적 미래를 조목조목 상세하게 예측하며 『6도의 멸종(*Six Degrees: Our Future on a Hotter Planet*)』이라는 온난화(가열화)로 인한 지구멸망의 시나리오를 발표하기

---

* 이 글은 2021년 한국환경철학회 추계학술대회에서 발표하고 『환경철학』 제32집에 게재되었던 글을 토대로 다시 학술서 내용과 틀에 맞게 수정 작성되었음.

도 했다.[1] 그리고 최근에는 데이비드 월러스 웰즈(David Wallace-Wells)가 『2050 거주불능지구(*The Uninhabitable Earth*)』라는 책을 통해 한계치를 넘어 종말로 치닫는 21세기 기후재난 시나리오를 제시한 바 있다. 이뿐만이 아니라 많은 이들이 폭염과 산불, 폭풍우, 홍수, 가뭄, 식량 위기, 물 부족, 화학제품, 미세먼지 등의 환경적 재앙들에 대한 구체적인 데이터를 들이밀며 이러한 위기를 경고해 왔다.

그런데 문제는 오늘날 이상기후 현상으로 인한 폭염 및 그로 인한 대형 산불, 극심한 홍수 등과 같은 재앙 등은 경고나 시나리오에 그치는 것이 아니라 실제로 우리의 새로운 일상이 되어가고 있다는 것이다. 이러한 상황에서 최근 국제 지속가능성 연구단체인 퓨처어스(Future Earth)가 과학자들을 대상으로 한 설문조사는 새롭고 다소 특별한 방식으로 우리에게 경각심을 불러일으키기 충분하기에 한번 찬찬히 들여다볼 필요가 있다.

퓨처어스가 52개국 222명의 과학자를 대상으로 했던 설문조사에 따르면, 이른바 '기후변화 대응 실패', '기상이변', '생물다양성 감소', '식량 위기', 그리고 '물 부족'이라는 위험들이 인류 생존에 가장 큰 영향을 끼칠 '세계 5대 위험'으로 꼽혔다는 것이다(〈한겨레〉, 2020년 2월 12일). 이는 세계경제포럼(WEF)이 선정한 세계 위험 30가지의 항목을 놓고 실시한 조사에서 나온 결과로 '퓨처어스 위험 보고서 2020'을 통해 알려진 내용이다. 그런데 여기서 주목할 것은 세계 위험 30가지 항목에는 이 다

---

[1] '기후변화(climate change)'나 '기후위기(climate crisis)' 그리고 지구온난화(global warming)와 같은 용어는 지구 기온 상승의 속도에 비해 지나치게 한가하고 안이한 용어이므로 급박하고 절박한 지구 기온 상승이라는 현실에 맞게 '지구가열화(global heating)'로 부르자는 제안이 있다. 〈뉴스펭귄〉, 「독일에 퍼붓는 비… '기후위기' 때문」, 2021년 7월 1일, https://www.newspenguin.com/news/articleView.html?idxno=4897 참조.

섯 가지 위험 말고도 테러, 대량살상용 무기, 사이버 공격, 인플레이션, 실업, 전염병 등등 사회, 경제, 기술 등과 관련한 여러 가지 문제가 포함되지만 그중 5대 위험으로 꼽힌 문제들이 모두 하나같이 환경과 관련된 문제라는 것이다. 조사 결과에 따르면 이 5대 위험은 다른 문제들보다도 실제로 일어날 가능성이 매우 더 큰(very likely) 데다가 그 영향이나 충격 또한 훨씬 더 심각하다(severe)는 것이다.

그런데, 사정이 이러함에도, 사실 우리는 5대 위험에 해당하는 이런 문제들보다는 경제적 풍요를 위한 돈벌이 문제에 급급하거나 코로나바이러스감염증-19(COVID-19) 팬데믹 사태 등과 같이 목전에 달린 문제에 집중하는 상황이다. 하지만 아래 그림에서 볼 수 있듯이 사실상 30개 항목 중 경제적인 문제나 전염병 등의 문제는 발생 가능성이 아주 낮은(somewhat likely) 편에 속한다. 그로 인한 영향이나 충격도 그리 심하지 않다(moderate). 특히 30개 항목 중 우리가 보통 끔찍하다고 생각하는 테러와 같은 위험은 가장 일어날 가능성도 적고 심각하지 않은 맨 왼쪽 아래에 위치할 정도다. 전 세계인들이 2001년 9월 11일 TV를 통해 경악을 금치 못하면서 전율하고 지켜보았던 이른바 9.11 테러 공격과 같은 사건들을 기억해보면 이런 결과는 의외이기는 하다. 어쨌든 이에 반해 앞에서도 얘기했듯이 기후 위기 등 환경문제는 아래 그림에서 발생 가능성과 심각성이 큰 쪽인 맨 오른쪽 위에 위치한다.

물론 환경위기에 대한 시나리오가 과장되었다는 환경회의론자들의 입장들도 있기는 하지만, 그래도 과학자들을 대상으로 하는 이런 조사를 비롯해 여러 가지 과학적 탐구 및 논의들이 보여주듯이 환경문제의 심각성은 정설로 인정되고 있다고 보아야 한다. 그러나 상황이 이러함에도 사람들은 환경문제를 테러나 전염병 혹은 경제적 위기처럼 그렇

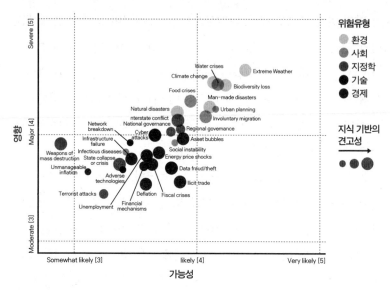

과학자들이 생각하는 세계 위험

2020 science insight into our planet and society
https://issuu.com/nenadmaljkovic/docs/ourfuture

* 출처: 퓨처어스.

게 충격적이거나 심각하게 받아들이지 않는 것 또한 사실이다. 또 긴박
함을 느껴 유난을 떨지도 않고 대수롭지 않게 문제를 그냥 뒷전으로 밀
어 놓거나 등한시하거나 무시하기 일쑤다. 이는 환경문제가 지니는 특
성에 기인하는데, 환경문제는 대체로 보면 그 결과가 장기적이고 간접
적이라는 특징을 지니고 있으며 복잡하고 광범위하다는 특징을 지닌다.
이런 특징은 앞서 언급한 9.11테러와 같은 문제와 비교해 보면 더욱 극
명하게 드러난다.[2]

9.11테러의 끔찍한 결과는 즉각적으로 나타나고 직접적으로 나타난
다. 그리고 그 끔찍한 결과는 특정 장소에 국한된다. 그리고 그 원인과

16

결과는 비교적 쉽고 간단하게 알 수 있다. 이를테면 미국 무역센터라는 특정 장소에서 즉각적으로 일어났고 테러 행위자의 행위와 피해자의 피해 사이에 분명한 직접적 인과관계가 있어 보인다. 그러나 일례로 미세먼지나 대기오염 등과 같은 환경문제는 그 결과가 즉각적으로 나타나는 것이 아니라 장기적으로 간접적으로 나타난다. 이를테면 대기오염 물질을 흡입했다고 당장에 그 자리에서 질식해 죽는 것이 아니라 장기적으로 지속되어 여러 다른 질병으로 죽는다. 게다가 9.11테러는 그 피해가 무역센터라는 특정 장소의 특정인들에게 국한되지만, 배기가스를 포함하는 환경문제는 그 결과가 광범위하게 전 지구적으로 불특정 다수에게 미친다는 점이다. 그래서 전자의 경우는 행위자와 그 행위로 영향을 받는 직접적인 피해자가 분명하게 존재한다는 걸 아무나 금세 알 수 있지만, 후자의 경우는 그것을 알기가 어렵다. 그리고 그 원인과 결과 간의 관계라는 것도 전문가의 치밀한 분석에 의하지 않고는 좀처럼 알기가 어렵다.

그리고 테러와 환경오염이 드러내는 특징의 또 다른 차이는 9.11테러와 같은 엄청난 테러는 지구 역사상 한두 번 정도 일어날까 말까 한 일회적인 사건에 가까운 일시적인 사건이지만, 오염과 그로 인한 결과는 지속적이라는 것이다. 그리고 테러는 끔찍한 결과를 의도한 사건이지만 대기오염은 사람들을 숨 막혀 죽게 할 의도를 가지고 벌이는 사건이 아니라, 이런 환경적 결과를 발생시키겠다는 것과는 전혀 다른 의도로 혹은 무심코, 그리고 심지어는 불가피하게 벌이는 일이라는 것이다. 여기

---

2 이와 관련한 보다 자세한 논의는 김완구(2019), 「'침묵의 살인자' 미세먼지로 인한 대기오염 및 기후적 재앙에 대한 책임윤리 문제」, 『환경철학』, 제28집, 한국환경철학회, 195-199쪽 참조.

에 하나 더 보태면 테러와 같은 사건은 마음만 먹으면 비교적 쉽게 예방하거나 대처할 수 있지만, 환경오염과 같은 사건은 우리가 심각성을 인지했다 해도 그 자체 관성에 의해 우리의 통제를 벗어나 지금 당장 쉽게 예방하거나 끝낼 수 있는 사건이 아니라는 것이다. 즉 어찌해볼 도리가 없는 위협일 수 있다는 얘기다. 이처럼 미세먼지를 포함한 대부분 환경문제가 지니는 이러저러한 특징들은 우리가 그런 문제를 하찮은 것으로 여겨 뒷전으로 미루거나 등한시하도록 만들어 버리는 것은 물론 막상 위험성과 심각성을 깨닫더라도 해결하거나 대처하기가 매우 어렵거나 불가능하게 만들어 버린다.

그래서 로날드 샌들러(Ronald Sandler, 2010: 168)와 같은 이들은 「윤리 이론과 사소함의 문제: 왜 환경윤리학자는 덕 지향적인 윤리학자가 되어야 하는가?(Ethical Theory and the Problem of Inconsequentialism: Why Environmental Ethicists Should be Virtue-Oriented Ethicists?)」라는 글에서 대부분의 많은 중요한 환경문제는 '장기적인 집합적 행위의 환경문제들(longitudinal collective action environmental problems, LCAPs)'이라는 점을 지적한다. 샌들러에 따르면 그러한 문제들은 서로에게 알려져 있지도 않고 서로 공간적으로나 시간적으로, 그리고 사회적으로 멀리 떨어져 있는 개인들에 의한 겉보기에 하찮은 수많은 결정과 행위들의 누적적이면서 의도되지 않은(그리고 종종 예견되지 않거나 예견할 수 없는) 결과들로 발생한다는 것이다(Sandler, 2010: 168). 이를테면 서로 시공간적으로 멀리 떨어져 있어 별로 관련도 없고 알지도 못하는 수많은 사람이 매일매일 일상적으로 별다른 의도 없이 무심코 행하는 하찮은 개별적인 행위들과 그 결과들이 점차 누적되어 환경적 재앙을 가져오고 결국에는 많은 사람을 죽음과 고통에 빠트릴 수 있다는 것이다.

그리고 샌들러는 이러한 환경문제의 특징이 사소함의 문제(the problem of inconsequentialism)를 발생시킨다는 것이다(Sandler, 2010: 168). 말하자면 '환경문제가 장기적인 집합적 행위의 문제'라는 특징을 가진다면 그러한 문제를 해결하기 위해서도 마찬가지로 수많은 개인의 자그마한 기여를 통해서 효과적으로 해결될 수 있을 것처럼 보인다는 것인데, 하지만 그러한 문제를 해결하는 데에 내가 이바지하는 바가 사소한 것이고, 그것이 나에게 약간의 비용을 요구하거나 손실을 초래하게 된다면, 사람들은 그런 일을 하지 않으려 든다는 것이다(Sandler, 2010: 168). 더군다나 다른 사람들이 그런 문제를 해결하기 위한 노력을 할지가 확실치 않은 경우라면 더욱더 그런 일들을 하지 않으리라는 것이다. 이를테면 내가 자동차를 타지 않는다고 지구 기후나 미세먼지 농도가 그다지 크게 달라질 것도 없고 몸만 고달프다면, 그리고 다른 사람들도 될 수 있는 한 자동차 이용을 줄이려는 노력도 하지 않는 경우라면, 사람들은 당연히 자동차를 두고 먼 거리를 걸어 다니려 하지 않으리라는 얘기다.

　　환경문제가 급박하지도 않고 내가 환경을 위해서 조금 무엇을 한다고 그다지 달라지는 것도 없을 것 같고, 다른 사람들도 환경을 위해 달리 무슨 행동을 할 것 같지도 않고, 이렇듯 환경을 보호한다고 해보았자 공연히 비용과 힘만 든다고 생각한다면 당연히 우리는 그런 일들을 하려 들지 않으리라는 얘기다. 이제까지 얘기된 이런 모든 것들이 바로 우리가 환경문제를 뒷전으로 미루거나 등한시하거나 무시하게 되는 여러 이유나 사정들이라고 볼 수 있다.

II. 환경문제 해결을 위한 노력과 잘못된 시각

그런데 이렇게 환경문제가 여러 가지 이유로 그 심각성에 비해 다른 급박한 정치, 경제, 사회적인 문제의 뒷전으로 밀리거나 등한시되는 것이 사실이긴 하지만, 그렇다고 또 우리가 환경문제를 아예 내팽개쳐 둔 건 아니다. 환경위기는 정설로 받아들여지고 있고 우리는 나름 상당한 여러 노력을 기울이고 있다. 각종 환경운동 단체들과 환경운동가들의 활발한 환경보호 활동을 비롯해 학문적으로도 환경과학이나 환경공학은 물론 환경사회학, 환경정치학, 환경경제학, 환경신학 그리고 환경철학 및 환경윤리 등과 같은 다양한 학문 분야가 등장하고 있다. 종교계, 특히 가톨릭계에서는 2015년 프란치스코 교황이 환경문제를 가톨릭 신앙의 관점에서 성찰한 회칙 〈찬미 받으소서(*Laudato Si*)〉를 발표하기도 했다. 이 회칙은 더불어 사는 집, 곧 지구를 돌보는 데에 관한 것으로 환경문제를 가톨릭 신앙의 관점에서 성찰하며 회개와 행동을 촉구하는 내용을 담고 있기도 하다.

이 밖에 국제적으로도 1988년 국제연합환경계획(UNEP)과 세계기상기구(WMO)에 의해 '기후변화에 관한 정부 간 협의체(Intergovernmental Panel on Climate Change, IPCC)'라는 국제연합조직이 설립된 이후, 1992년 유엔환경개발회의, 1994년 기후변화에 관한 유엔 기본협약(United Nations Framework Convention on Climate Change , 氣候變化協約)이 발효되고 최근 파리 기후변화 협약(Paris Climate Change Accord)까지 꾸준히 여러 가지 활동을 해오고 있다. 그리고 2015년에 UN은 '새천년개발목표(Millennium Development Goals, MDGs)'를 대체하는 의제로 지구의 미래를 위한 새로운 개발 목표인 '지속가능발전목표(Sustainable Development Goals; SDGs)'를 발표했고, 전

세계 193개국 정상이 참석한 가운데 뉴욕 유엔본부에서 개최된 유엔 개발정상회의에서 채택하기도 했다. 정치 경제적으로도 기후변화와 경제 문제를 동시에 풀기 위해 신재생에너지 같은 친환경 사업에 대규모 투자를 해 경제를 살리는 그린뉴딜(Green New Deal)과 같은 정책을 제시하기도 한다. 그리고 선거 때 만 되면 정치가들은 환경공약을 단골 메뉴로 내놓기도 한다.

이렇듯 우리가 당장 목전에 닥친 코로나 사태나 먹고 사는 문제와 같이 만사 제쳐두고 총력을 기울이지는 않더라도, 환경문제의 심각성을 깨닫고 나름의 해결을 위한 노력을 해 온 건 사실이다. 그러함에도 환경 남용과 파괴 그리고 오염은 그치질 않고 여전히 진행 중이며 환경문제 해결에 대한 비관적인 견해 또한 적지 않다. 한 예로 유엔 산하 '기후변화에 관한 정부 간 협의체(IPCC)' 보고서 작성에 참여한 과학자들은 인류의 노력으로 지구온난화(지구가열화)의 고삐가 잡힐 것인지에 대해 비관적 의견을 가진 것으로 나타났다는 좀 암울한 언론 보도가 있다(연합뉴스, 2021년 11월 2일). 과학 저널 『네이처(Nature)』에 따르면 IPCC 최근 보고서의 저자와 편집인 등을 대상으로 한 설문조사에서 응답자의 60%가 금세기 말까지 지구 기온이 산업화 이전 대비 3도 이상 오를 것으로 예상한다고 밝혔다는 것이다. 각국의 노력으로 지구온난화를 2도 이하로 억제할 수 있을 것이라는 응답은 20%에 그쳤으며, 파리 기후협약에서 제시한 1.5도 억제 목표를 달성할 수 있다는 답변은 고작 4%에 불과했다고 한다. 이는 미래 기후변화에 관해 최고의 전문가라고 할 수 있는 기후 과학자들 사이에서 기후변화 대처 결과에 대해 비관론이 더 많다는 점을 보여주는 한 사례다. 이런 각계의 노력에도 불구하고 이렇듯 과학자들은 환경문제의 위험성과 심각성에 대한 종말론적인 경고와 비관적 전망을 제시하고 있는 것 또한 현실이다.

그러함에도 우리는 환경문제라고 하면 대체로 객관적인 학문이라고 생각되는 이런 과학과 기술, 경제학 등에 의존해 해결하고자 하는 경향이 있다. 그런데 데자르댕(DesJardins)에 따르면 사실 환경론자들은 과학기술과 애매한 관계를 맺어왔다는 것이다(데자르댕, 2017: 37). 이를테면 한편에서 과학은 우리가 직면한 환경문제들을 발생시키는 데 중요한 역할을 담당해 왔다고 지적되지만, 또 다른 한편에서는 기후변화라든가 대기오염의 원인과 결과 및 영향이라는 것은 과학기술 전문가들의 치밀한 분석을 통해서 비로소 알려질 수 있는 것 또한 사실이라는 얘기다. 그래서 과학은 사람들이 정보에 입각한 합리적인 의사결정을 위해 필요로 하는 편견 없고 합리적인 유형의 정보출처가 되기도 한다. 이렇듯 과학은 논쟁이 벌어지는 지점에서 객관적이고 사실적인 대답을 제공해 주기 때문에, 사람들은 이런 과학기술이야말로 환경적 관심사들을 다루는 데 도움을 받을 수 있는 유일한 분야라고 생각할 수도 있다. 게다가 환경문제가 고도로 기술적인 문제들과 관련돼 있다면 이런 과학기술 분야에 있는 전문가들에게 그 해결책을 기대하는 것도 지극히 당연해 보인다.

이렇듯이 과학은 환경문제를 발생시키기도 하고 또 핵심적인 해결 수단으로 등장하기도 하는 특성을 가진다. 말하자면 과학기술은 명암 혹은 양면성을 지니고 있다고 볼 수 있다. 그래서 과학기술이 지니는 이런 측면으로 인해 많은 이들은 과학기술적 접근은 환경문제를 해결하는 데 있어 해결하는 만큼의 또 다른 문제를 만들어 낸다고 지적하기도 한다.

그렇다면 이제 과학기술만으로 혹은 과학기술에 지나치게 의존해서 환경문제를 해결하려는 노력에 어떤 문제들이 있는지 본격적이고 구체적으로 그리고 비판적으로 검토해 볼 필요가 있겠다. 우선 과학기술만을 통해 환경문제를 해결하려는 시도에는 환경문제를 바라보는 우리의 잘못된 시각이 자리하고 있는 것 같다. 그리고 이러한 잘못된 시각은 우리의 언어 사용 방식과도 관련이 있는 것으로 보인다. 우리는 오늘날 환경과 관련해서 생겨나는 문제의 상황들을 흔히 '환경문제', '환경오염', '환경파괴' 그리고 '환경위기'라는 말로 표현한다. 그런데 이러한 표현이 바로 환경과 관련된 문제 상황을 바라보는 시각을 왜곡하는 것처럼 보인다. 왜냐하면 사실상 문제가 되는 것은 가만히 있는 환경이 아니라 환경을 착취하고 남용하고 오염시키고 파괴하는 인간의 태도나 행동들이고 또 그러한 파괴된 환경에 영향을 받는 인간들의 생명이나 건강이기 때문이다. 그런데 우리의 왜곡된 시각은 인간의 태도나 행위보다는 오염되거나 파괴된 환경에 집중하게 만든다. 그렇게 되면 우리는 그것을 해결하기 위해서도 오염되거나 파괴된 환경에 집중하게 되고 이것은 당연히 철학이나 윤리 혹은 정치의 몫이 아니라 과학기술의 몫이라고 생각하게 된다. 과학기술을 활용해 오염을 정화하고 훼손된 환경을 복원하고 하면 문제가 해결된다고 생각하게 된다.

이런 문제는 제이미슨(Jamieson, 2002)의 논의에서도 잘 드러난다. 우리는 환경의 질이나 환경보호의 목표 등을 설정하는 여러 가지 용어들을 사용한다. 이를테면 우리는 앞서 말한 '환경문제', '환경파괴', '환경오염' 등과 같은 말 외에도 환경의 질을 논하는 데 '생태계 건강(ecosystem health)'이나 '병든 지구' 등과 같은 표현이나 용어를 사용하기도 한다. 실제로 우리는 일상생활에서 '환경이 건강하다'던가, '환경이 병들었다'던가, '지구가 아프다'던가 하는 표현을 심심치 않게 접한다.

그런데 환경과 생태계에 대해 이런 용어들을 사용하는 것에 대해 제이미슨(Jamieson, 2002: 213)과 같은 이들은 부정적이다. 그에 따르면 환경 담론에서 사용하는 '생태계 건강'이라는 표현이 신생 전문용어로 등장하게 되는데, 일부 생태학자, 철학자 그리고 정책 분석가들은 '생태계 건강'이라는 용어가 엄격한 방법으로 정의될 수 있고 환경 정책의 관리목표로 채택될 수 있다고 믿게 되었다는 것이다. 그러나 제이미슨은 우리가 환경적 담론에서 '생태계 건강'과 같은 이런 용어를 당연한 듯 사용하는 것은 여러 가지 문제가 있다고 지적한다.

여러 문제가 있지만 그중 특히 주목해볼 것은 '생태계 건강'이라는 어휘에는 다음과 같은 위험들이 함의되어 있다는 것이다. 한 가지 위험은 이 어휘가 우리와 자연의 관계에 대해 '의료화(medicalizing)'를 초래하게 만든다는 것이다(Jamieson, 2002: 223). 이를테면 환경이나 생태계의 오염과 파괴를 병적인 상태로 보게 되면 우리는 이런 문제를 대화나 토론의 영역에서 해결하려고 하기보다는 의료 전문가들이 담당해야 할 영역에 해당하는 것으로 생각하게 된다는 얘기다. 환경문제가 생태계의 건강에 대한 위협으로 묘사된다면 우리는 이를 진단하고 치료할 전문가가 필요하다고 생각하게 될 것이고 일반 사람들은 그런 현상을 이해하거나 심지어 그것을 인식하리라고 기대할 수도 없으리라는 얘기다. 그렇다면 생태계를 건강하게 만드는 일은 이른바 생태계의 질병을 진단하고 치료하는 의사들, 이른바 '생태의사(ecodocs)'라는 사람들의 역할이 되게 된다. 물론 이 의사들은 과학적으로 훈련을 받은 사람들일 것이고, 이들이 사용하는 구제 수단은 과학적 의술일 것이다.

그리고 '생태계 건강'이라는 어휘에 함의되어 있는 또 다른 하나의 위험은 '과학주의적(scientistic)' 사고방식에 일조하는 것인데, 이런 사고방식은 중요한 문제들을 분명하게 논의하기 어렵게 만든다는 것이다. 말하자면 제이미슨은 과학이 모든 것을 해결해 주리라는 이런 과학주의 (scientism)는 환경문제가 개인의 책임이라는 생각을 떨쳐버리게 만드는 효과를 가진다고 지적한다(Jamieson, 2002: 224). 이를테면 일부 생태계들이 질병에 걸린 건 우리 잘못이 아니고, 또한 우리는 그것들을 치료할 기술도 없고 책임도 없다고 생각하도록 만든다는 것이다. 물론 이런 생각은 '생태계 건강'이라는 용어를 사용함으로써 초래되는데, 이는 우리가 환경문제에 관해 생각하는 아주 잘못된 방식이다. 그래서 결국 제이미슨은 병든 생태계들(diseased ecosystems)이라는 것은 생태의사들, 즉 과학자들의 임기응변적 재능(resourcefulness)에 대한 도전들이 아니라, 우리 삶의 방식에 대한 도전들이라고 이야기한다. 이는 환경문제는 단순히 현상을 관찰하고 기술하고 조작하고 치료하는 과학기술의 문제가 아니라 우리의 삶의 방식을 성찰해야 하는 철학적이고 정치적인 문제라는 점을 암시하는 것이다.

그래서 결국 제이미슨은 우리가 직면하고 있는 환경문제는 근본적으로 과학적 문제들이 아니고, 환경위기는 대부분 인간의 마음의 위기라고 결론 내린다(Jamieson, 2002: 224). 다시 말해 우리의 문제들은 본래 해양이나 대기나 산림에 있는 것이 아니라, 우리의 통치제도들이나 가치 체계들 그리고 우리의 인식 방법에 있다는 것이다. 우리가 가지는 가치들의 구조에 모순들이 있는 것이고 우리가 소중히 여기는 그런 가치들에 따라 행동하지 않는 많은 불이행이 있을 뿐이라는 얘기다. 이렇듯 우리는 우리 마음가짐과 행동을 조화시키는 데 어려움을 겪으면서 아무도 의도하지 않은 비극적인 결과들을 만들어내고 있다는 것이다. 그래서 제이미슨은 '생태계 건강'이라는 말(rhetoric)의 역할이 무엇일 수 있던 지 간에, 치료가 필요한 진짜 환자들, 즉 인간들과 인간 자신들이 만들어 놓은 제도들을 제쳐두고 엉뚱한 환자들만 돌보는 우를 범해서는 안 된다고 경고한다.

물론 과학적 방법이나 생각은 객관적이고 모든 학문은 과학적 방법으로 탐구되어야 하며 과학이 해결하지 못할 것들은 점점 없어질 것이라는 과학주의적 접근에 대한 이런 비판적 논의가 바로 환경문제에 대한 철학적이고 윤리적인 접근의 필요성을 필연적으로 수반하는 것이 아닐 수도 있다. 또 꼭 철학적 접근만이 그 유일한 최고의 대안이라는 것을 수반하지도 않을 것이다. 하지만 어떻게든 우리는 여기서 관심의 방향을 전환할 필요가 있다는 것을 분명히 알아챌 수 있을 것이다. 그러나 그전에 과학적 혹은 과학주의적 접근이 도대체 무엇이길래 이런 방향 전환을 이야기하는지 과학주의나 이른바 '의료화'의 결과인 과학기술적 접근의 결과들이 어떻게 나타나는지에 대해 좀 더 구체적으로 살펴보고 나서 비판적인 검토를 해 볼 필요가 있다.

Ⅲ. 환경문제에 대한 과학기술적 접근의 문제들

과학과 기술이 인류 역사에서 중대한 업적을 이루는 데 담당해 왔던 역할이나 성과는 막대하다. 그리고 과학적 지식과 기술에 대한 신뢰도 대단하다. 그래서 오늘날 과학은 심지어 신의 자리를 대신하는 모습을 보이기도 한다. 일종의 '과학주의' 혹은 '과학기술만능주의'라는 이데올로기가 그것이다. 사실 이렇게 생각하는 것도 무리는 아니다. 인류는 과학의 힘으로 신비의 대상이던 달에 인간을 보내고, 핵무기를 개발했으며 자동차와 컴퓨터, 인터넷을 탄생시켰다(팀 르윈스, 2016, 2018: 147). 이런 과학의 업적은 언뜻 과학이 우리에게 우주를 있는 그대로 보여줄 수 있고 인간이 이 세상에서 못 할 일이란 없다는 것을 시사하는 것으로 보인다. 그런데 맥이 빠지는 이야기일지 모르겠지만 우리 인간은 이 드넓은 우주에서 고작 달 한 군데만 가보았을 뿐이다. 그리고 대량 살상무기를 비롯해 인터넷, 자동차와 같은 과학기술은 성과 못지않게 인간에게 미친 부정적인 영향 또한 적지 않아 보인다. 이는 "어떤 면에서 과학은 천국의 문을 여는 열쇠이면서 동시에 지옥의 문을 열 수 있다"는 리처드 파인만(R. Feynman)의 유명한 표현으로도 잘 드러난다(파인만, 2008: 15).

환경문제와 관련해서도 사정은 마찬가지다. 과학과 기술은 한편에서는 시민들이 자세한 정보에 입각한 정책 결정을 내리는 데 필요한 편견 없고 합리적인 정보들을 제공해 왔지만, 다른 한편에서는 우리가 현재 직면하고 있는 최악의 환경문제를 발생시키는 데 중요한 역할을 담당해 오기도 했다. 그래서 데자르댕은 과학과 기술에 대한 맹목적인 신뢰는 정치인들을 맹목적으로 신뢰하는 것처럼 분별없는 짓으로 보인다고 지적하면서, 확실히 과학과 기술은 환경문제를 다루는 데 중요한 협력자임에는 틀림이 없지만, 우리는 환경정책과 관련된 의사결정의 책임을 과학에만 맡겨서는 안 되고 과학과 기술의 적절한 역할에 대해 주의 깊게 고민해야 한다고 충고한다(DesJardins, 2013: 8-9).

그런데 사실 환경문제 해결을 위해서는 원인을 찾는 일이 중요해 보일 것이다. 왜냐하면 그 원인을 알게 되면 그 해결책도 쉽게 알 수 있을 것 같기 때문이다. 일상적으로 휴대전화 전원이 켜지지 않는 원인이 배터리 방전이란 것을 안다면 우리는 휴대전화를 충전시키거나 배터리를 교체하면 문제가 해결될 것이다. 그러나 문제는 생각보다 간단하지 않다. 원인을 아는 것이 어려운 경우가 있을 수도 있고, 또 원인을 안다 해도 원인을 제거하기 어렵거나 아예 불가능한 경우가 있을 수 있기 때문이다. 미세먼지의 원인이 중국에서 북서풍을 타고 날아오는 오염된 공기 때문이라는 것을 안다고 해서 우리가 중국의 오염원을 맘대로 없앨수 없는 노릇이고 아예 공기를 없애거나 북서풍을 남동풍으로 바꾸거나 할 수도 없는 노릇이다. 또 그 원인이 화석연료의 연소라고 해도 당장에 자동차를 버리거나 전기를 쓰지 않을 수도 없는 노릇이다. 그저 우리는 원인은 손도 못 대고 임시방편적인 대증요법으로 마스크를 쓰거나 공기청정기를 돌려 해결해야 하는 처지에 머무를 뿐이다. 그러나 어쨌든 문제의 원인을 제거하지 못하게 된다면 결국 문제는 근원적으로 해결되지 않은 채 지속되거나 악순환되기 마련이다.

이처럼 그 결과가 복잡하고 광범위한 집합적 행위의 문제인 환경문제와 관련해서는 일이 그리 간단치가 않아 보인다. 그리고 환경문제와 관련해서는 그 해결책뿐만 아니라 원인이 무엇인지에 관해 여러 견해가 있을 수도 있다. 지구온난화(혹은 가열화)와 관련해서도 자연적인 현상인지 인간에 의한(anthropogenic) 현상인지 그리고 그 결과가 미미한 것인지 심각한 것인지, 그래서 우리가 어떻게 해야 하는지 등등에 대해서도 여러 의견이 갈릴 수 있다. 더욱이 환경문제가 복잡하고 광범위하고 집합적이라는 특성뿐만 아니라 그 결과가 장기적으로 서서히 그리고 간접적으로 나타나고 있다는 점을 감안할 경우, 그 원인과 책임 소재를 정확히 알거나 따지기도 어려운 것 같다. 그래서 더욱이 환경문제를 발생시킨 행위자를 특정하기도 어렵다.

그런데 환경문제의 이런 특성은 환경문제를 등한시하고 뒷전으로 미루어두는 이유가 되기도 하지만 사실 이는 과학기술적 접근은 물론 철학적 및 윤리적 접근 등 다양한 분야에서 다양한 방식의 해결을 위한 노력이 필요하다는 점을 시사하기도 한다. 그래서 실제로 최근 환경과학, 환경공학, 환경사회학, 환경경제학, 환경정치학, 환경신학, 환경의학 등등의 여러 방면의 환경 관련 학문 분과들이 등장하고 있는 것도 사실이다. 그러함에도 많은 이들은 객관성의 신화 때문인지 여전히 과학과 기술에서 그 대답을 찾으려는 기대가 큰 것 같다. 이를테면 사람들은 여전히 안전하고 값싸고 효과적인 에너지기술, 화학 살충제, 오염 방지기술 등등의 기술들을 개발할 수 있다면 오늘날 우리가 직면한 환경문제가 해결되리라 기대하는 것 같다.

앞선 논의에 등장했던 제이미슨도 『윤리와 환경: 개론(*Ethics and the Environment: An Introduction*)』이라는 또 다른 책에서 환경문제의 원인과 관련해서는 많은 이론이 있다고 얘기한다(Jamieson, 2008: 12-13). 그러나 아마도 현재 가장 유력한 이론은 기술적 실패들과 해결책들에 집중한다는 점을 지적한다. 그런데 이 견해에 따르면 우리가 과학으로 엄청난 성공을 이루어 왔지만, 또한 그 성공의 희생물들이라는 얘기다. 다시 말해 기술시스템으로 인해 우리는 부유하고 편리해졌기에 또한 환경문제로 고통을 받고 있다는 것이다. 모든 이들이 자동차를 소유하고 있는 경우 환경문제가 된다는 것이다. 그리고 많은 환경문제에 대해 이런 식으로 얘기할 수 있다는 것이다. 어쨌든 기술이 환경과 관련해 많은 유해한 결과들은 가져왔다는 것은 분명한데(Gruen, 2001, 2003: 439), 그런데 이 유력한 견해는 아이러니하게도 그 원인과 해결책을 또다시 과학기술에서 찾는다는 지적이다.

이들은 그래서 자동차 배기가스가 대기오염과 지구온난화 혹은 지구가열화 그리고 지구적 기후변화 혹은 지구적 기후재앙을 발생시킨다면 새로운 기술을 활용해 오염물질을 발생시키지 않는 전기자동차를 개발하면 된다고 한다. 그러나 이 전기 자동차를 위한 전기생산은 대부분 화력발전에 의존하기에 줄어든 배기가스는 화석연료를 사용하는 발전소로 전이된다. 그래서 많은 이들은 또한 화석연료로부터의 발전을 핵에너지로 대체하여 전기를 공급하면 된다고 주장한다. 그러나 이 또한 핵폐기물 혹은 핵 쓰레기라는 위험하고 골치 아픈 또 다른 위험물질을 배출한다. 그리고 또한 사용후핵연료(spent nuclear fuel)의 안전한 원전폐로(decommissioning, 原電廢爐)와 관련된 문제 등과 같은 것들이 여전히 해결되지 않은 채 남아 있다(Attfield, 2018: 116). 그러면 다시 신재생에너지 기반의 전기발전으로 대체할 필요가 있다는 요구가 있을 수 있다. 태양광 및 태양열, 풍력, 수력, 조력, 파력 등과 같은 신재생에너지들로부터의 발전비용은 이제 원자력 발전 비용보다 낮아졌고, 이러한 형태의 발전은 사실상 탄소배출이 없기에, 이것으로 대체하자는 제안이 있을 수 있다. 그러나 이런 시설들은 편익과 폐해를 동시에 수반하는 과학기술의 양면성이라는 특성 등으로 인해, 예외 없이, 또 다른 폐기물 배출, 산림파괴및 해양 생태계 교란 등과 같은 문제를 동반한다. 핵융합 또한 대부분배출이 없는 것으로 언젠가는 재생에너지들을 보완할 수 있을 것으로기대되지만, 아직 필요한 기술이 존재하지 않는다(Attfield, 2018: 116).

그런데 물론 기술의 양면성으로 그렇게 되기가 어렵지만, 이것은 그나마 과학기술을 활용해 원인을 제거해 보려는 듯한 해결책이라서 혹여 기술이 성공적이라면 그런대로 괜찮은 해결책처럼 보일 수 있다. 그런데 대기오염과 지구온난화(가열화) 그리고 지구적 기후변화(기후위기 혹은 재앙)가 심각해지는 경우 이 밖에도 새로운 기술들을 요구하게 된다. 오염된 환경을 정화하거나 오염을 방지하는 기술들을 비롯해 자원을절약하는 기술들이 그것이다. 이를테면 수소연료 자동차, 석탄을 탄화

(carbonizing coal)시키는 새로운 기술 등등은 물론 심지어 기후를 조작하는 기술 등등을 포함하는 적정기술, 청정기술, 저렴한 기술(appropriate, clean and affordable technology)이라고 하는 것들이 그러한 것이다(Jamieson, 2008: 13 & Curry, 2011: 23).

이 밖에 기후 위기와 관련해서는 대기 중의 이산화탄소를 감소 및 제거(carbon dioxide removal, 또는 CDR)시키거나 들어오는 태양에너지를 다시 반사시키는 태양복사관리(solar radiation management, 또는 SRM) 계획들에 대한 논의가 증가하고 있다(Attfield, 2018: 117). CDR의 일부 형태는 나무들을 더 많이 늘리는 것, 태양 복사의 흡수를 막기 위해 지붕에 하얀색 칠을 하는 것들처럼 해로움이 없는 것들이다. 그리고 또 토양이 개선될 수도 있고 그 안에 바이오차(Biochar)와 같은 바이오매스(biomass)로 만든 숯을 묻어 둠으로써 탄소가 순환되지 않게 할 수도 있다. 또는 식물들이 탄소 포획을 증가시키도록 유전적으로 조작될 수도 있다. 또 탄소는 화학적 수단(직접적인 공기 포획)에 의해 공기로부터 제거될 수 있다. 해양 이산화탄소를 흡수하는 역할을 하는 조류의 성장을 촉진하기 위해 철 가루(iron filings)로 대양을 포화시키는 것과 같은 다른 형태들도 있다.

그러나 사실 이러한 기술들은 환경문제를 해결하는 데 대증요법과 같이 나름의 역할을 할 수도 있지만, 원인은 그대로 두고 결과들에만 집중하기에 근원적인 해결책이 되지 못하고 미봉책에 지나지 않을 수 있다. 실제로 우리는 과학기술문명의 이기나 풍요라는 혜택을 포기하지 못하고 여전히 과학기술을 이용한 미봉책인 대증요법을 선호하는 경향이 있다. 비근한 예를 들자면, 이는 마치 과음으로 속이나 머리가 아플 때 술을 줄이거나 끊기보다 해장술을 마시거나 숙취해소제를 복용하는 경우와 같다고 할 수 있다. 더군다나 이렇게 생태학적으로 제대로 연구가

되어 있지 않은 방법들은 대기나 대양을 두고 실험을 마구 해대는 꼴이어서 오히려 대기나 해양, 그리고 산림 생태계를 위협할 수도 있을 것이다. 그것은 바다를 초록색으로 바꾸는 위험을 감수해야 할 것이다. 그래서 이는 더욱 의심스럽고 심각한 것일 수도 있다. 게다가 커리(Curry, 2008: 23)에 의하면, 이런 기술들은 점점 더 비용이 많이 들게 되거나(고) 전문화되기(expensive and/or specialized) 십상이고, 기술적 해결책은 해결하는 것 못지않게 새로운 문제들을 만들어내며, 더 나아가서는 새로운 문제들은 다시 더 이상의 또 다른 기술적 개입(intervention)을 계속해서 요구하게 되는 경향이 있는 것으로 악명높다는 것이다.

또한 배출된 탄소량을 줄이기 위해 탄소포집저장(Carbon Capture and Storage, CCS) 기술의 도입을 요구하기도 하는데, 이는 재생에너지를 기반으로 한 전기발전으로의 대체 필요성을 사전에 차단할 수도 있다. 그러나 이 기술 또한 효과가 전혀 보장되지 않고 이산화탄소 지하 저장소로부터의 탄소누출 가능성 탓에 물거품이 될 수 있다는 연구 결과가 있다(기후변화행동연구소, 2010년 7월 6일). 게다가 이는 정치인들로 하여금 온실가스 감축을 위한 협상과 같은 노력을 미루고 화석연료에 중독된 경제가 계속 유지될 수 있다는 환상을 갖게 한다는 우려도 있다.

그런데 이런 기술적 접근 방식들은 정치인들 뿐만이 아니라 대중들에게도 인기가 있어 심지어는 정치 지도자라든가 여론에 영향력을 가진 사람들은 기후를 조작할 수 있는 기술들을 요구하기까지 한다는 것이다(Jamieson, 2008: 13). 왜냐하면 그것들은 환경문제의 근저에 퍼져 있는 것으로 보이는 우리의 가치관, 삶의 방식 혹은 경제체제 등을 당장 바꾸도록 강요하지 않고서도 환경문제들에 대한 해결책들을 약속해 주기 때문이다. 그래서 커리(Curry, 2011: 24)와 같은 이들은 "기술과학(technoscience)

은 이제 산업과 정부에 모두 불가결한 것이며, 그 둘은 또한 점점 더 밀접해져 가고 있다면서, 산업 국가들에서 사실상 기술과학은 그 자체의 강력하고도 민주적으로 설명할 수 없는 불가사의한 세력을 가진 세속적인 종교를 구성할 정도로 강력하고 교조적(dogmatic)인 것이 되었다"고 지적하기도 한다. 그래서 생태학적 문제들에 대한 이런 '해결책들'은 여전히 근본적으로는, 소비를 줄이고 덜 지출하는 것과 같이 좀 더 긴급하게 요구되는 것들은 무시해 버리고 우리를 기술과 자본과 국가권력에 의해 좌우되는 문제의 주요 원인이라고 할 수 있는 집단적 사고방식에 가두어 둔다는 것이다. 그리고 결국 이것을 유일한 해결책으로 생각하게 된다는 것이다.

이렇듯 이러한 기술적 해결책들은 강력한 세력으로 등장했지만, 한계는 분명하다. 우리가 기후 변동을 우려해 이산화탄소 규제나 관리를 외치는 것은 바로 지구생태계를 보호하자는 것인데 거꾸로 이 기술들은 오직 경제적이거나 정치적인 이유로 이산화탄소를 규제하고자 지구생태계를 위협하는 위험한 실험을 마구 행하게 되는 모순을 범하게 되는 것이다(박진희, 2002: 119). 이처럼 과학주의적 혹은 과학기술적 해결책들은 근원적 원인에 손을 대지 않고 해결하지 않는 한 별다른 효과를 기대하기 어렵다. 이러한 기술적 해결은 환경문제의 진정한 원인은 내버려 두고 겉으로 드러난 증상만 제거하려고 한다. 아니면 원인의 제거 없이 다른 기술적 방안을 마련해서 문제를 회피하고자 하는 인상을 준다. 그리고 원인을 제거한다고 하여 청정기술을 개발한다고 해도 그것이 기술인 이상 양면성을 지닐 수밖에 없다. 또 자연환경을 끊임없이 남용하고자 하는 인간들의 탐욕과 같은 태도나 정신의 문제가 근원적으로 해결되지 않은 한 이러한 해결책은 기술에 의한 또 다른 문제들을 재생산하는 악순환이 계속되는 것이다.

과학기술적 해결책은 이렇게 원인을 근본적으로 제거하지 않기에 근원적인 해결책이 될 수도 없다. 그래서 임시방편적인 미봉책에 지나지 않는다는 지적과 양면성으로 인해 해결하는 만큼의 또 다른 문제를 만들어 낸다는 지적이 끊이질 않는다. 기술적이거나 과학적인 '해결책들'은 결과적으로 그것들이 해결했던 만큼의 많은 새로운 문제들을 만들어 낸다는 것이다(데자르댕, 2017: 000 & Curry, 2011: 23). 해충 문제 해결을 위해 도입한 일종의 기술적 해결책인 살충제의 무분별한 사용에 대해 신랄하게 비판했던 『침묵의 봄(*Silent Spring*)』의 저자 레이첼 카슨(Rachel Carson)도 이 점을 지적했다. 말하자면 해충에 대한 화학방제와 같은 과학기술은 자기 파괴적인 특징을 지니기에 과학적인 화학방제를 통해 해결했다고 생각한 해충 문제들이 다시 발생한다는 것이다(카슨, 2011, 2020: 274).

그래서 다른 이들은 환경과 인간의 관계 등에 대한 잘못된 이해나 모순된 태도를 환경문제의 그 진정한 원인으로 보고 그런 오해나 태도를 수정하거나 전환하는 것에서 해결책을 찾고자 한다. 혹자는 산업문명을 환경파괴의 직접적인 원인으로 보고 생태문명으로의 전환을 주장하기도 한다(이재돈, 2018: 19-41). 이제 그 진정한 근원적 원인을 그대로 두고 기술적 해결 등 다른 길로 둘러 갈 것이 아니라, 근원적인 원인을 제대로 파악하고 근본에서부터 문제를 풀어가야 할 필요가 있다는 것이다.

환경철학과 윤리는 사실 이런 일들을 하고자 하는 시도다. 그리고 그동안 그런 일들을 해왔다. 환경 담론에서 특히 환경철학의 한 사조인 심층생태주의(deep ecology)와 생태여성주의(ecofeminism)의 신봉자들은 환경문제의 원인을 현대 세계에 깊이 뿌리박혀 있는 문화적 사회적 요인들과 같이 더 근원적인 것에서 찾는다(DesJardins, 2013: 206). 말하자면 심층생태주의는 현대의 사고를 지배한다고 생각되는 일반철학이나 세계관에서 생태 파괴의 원인을 찾는다. 이런 지배적인 세계관의 특징은 편협한 인간중심성(human-centeredness)이다. 반면 생태여성주의는 이런 추상적이고 일반적인 것보다는 구체적인 인간의 제도와 관행에 주목해 현재의 '불공정'한 제도와 관행을 문제 삼는다(데자르댕, 2017: 413). 구체적으로 이들은 자연에 대한 지배와 파괴는 지배와 위계의 사회적 유형, 즉 다른 인간들에 대한 어떤 인간들의 통제와 지배관계에서 비롯되었다고 믿는다.

따라서 이들에 따르면 현재의 환경위기의 해결은 깊이 각인된 원인에 초점을 맞추고 단순한 개량이 아니라 근본적인 변혁을 통해서만 가능하다는 것이다. 그래서 이들은 재채기와 기침의 근본 원인을 살피지 않고 단지 약품으로만 그것을 다스리려고 하는 것이 잘못되었듯이 환경위기의 사회적이고 인간적인 원인을 다루지 않고 오염이나 자원고갈과 같은 환경위기의 직접적인 결과에만 관심을 두는 짓은 잘못된 것이라고 지적한다. 이들은 이렇게 환경문제의 해결을 위해서는 중대한 사회적 변화가 필요하다고 주장한다는 점에서 급진적인 환경철학이라고 할 수 있다(데자르댕, 2017: 412).

그런데 환경문제 해결을 위한 이러한 입장의 차이는 환경철학이나 윤리에서 여러 가지로 표현되었다. 다소 보수적인 입장으로 보이는 환경주의(environmentalism) 혹은 환경개량주의라고 하는 것과 앞서와 같이 이 근본적인 해결을 촉구하는 다소 급진적 환경철학이라고 할 수 있는 생태주의(ecologism)와 같은 것이 그러한 것들이다. 이러한 입장의 차이는 또한 대략 인간중심적(anthropocentric) 환경윤리, 생명중심적(biocentric) 환경윤리 그리고 생태중심적(ecocentric) 환경윤리로 분류되어 표현되기도 한다. 물론 이런 다양한 입장들은 환경보호를 목표로 주장한다는 점에서는 일치하지만, 환경문제의 원인을 보는 시각이나 그 해법에서는 서로 다르거나 대립하기까지 한다.

한면희와 석인석(2011: 15-16)은 보수적인 입장의 환경주의는 산업사회의 혜택을 그대로 혹은 최대로 누리면서 환경문제를 해결하고자 하는 접근으로 규정하고 이러한 입장이 가지는 특징을 다음과 같이 요약한다. 먼저 환경주의는 현대인이 누리는 경제적 풍요를 결코 포기할 수 없는 것이므로 산업문명과 자본주의 생활양식이라든가 사회제도를 유지하면서 환경문제를 해결하고자 한다는 것이다. 또 이는 인간이 자연을 대할 때 인간의 목적을 위한 수단이나 도구로 여기는 산업주의에 깃든 서양의 전통적인 지배적 세계관인 인간중심주의 세계관을 견지하면서 환경문제를 해결하고자 한다는 것이다. 그래서 결국 산업사회가 위력적인 과학기술의 도움을 받아 자연을 체계적이면서 효율적인 방식으로 관리해 나가면 환경문제는 결국 제어될 수 있다는 생각이다. 그런데 이렇게 해서 인간이 환경으로 인한 각종 편익을 마음껏 누리면서 환경을 효율적으로 잘 관리해 나간다면 더할 나위 없겠지만 앞에서 보았듯이 과학과 기술적 해결책들은 이런 문제를 말끔하게 해결해 주는 근원적인 해결책이 되지 못하고 환경문제는 더욱 빈발하며 더욱 악화하고 있는 것이 현실이다.

Ⅳ. 철학적이고 윤리적인 문제로서의 환경

그래서 급진적인 모습으로 1970년대에 태동하기 시작한 심층생태주의, 사회생태주의, 생태여성주의로 대표되는 생태주의는 환경위기의 연원을 추적하여 그 뿌리를 자연을 대하는 인간의 태도와 개념체계, 세계관 그리고 사회적 제도, 문화 등에서 찾는 것이다(한면희·석인석, 2011: 15-17). 따라서 생태주의는 주객 이분법의 근대적 패러다임을 넘어 생태학에서 생물과 물리적 여건들과의 유기적 연결 혹은 관계를 인간(문화)과 자연의 연계성으로 확대하고, 인간과 자연은 유기적으로 연계되어 있고 자연은 수단적 가치를 넘어선 본래적 가치(intrinsic value)를 가진다는 것을 주장하면서 최소한의 현존 생활양식과 사회제도 등을 혁신하는 이런 문화 패러다임(paradigm)의 교체나 혁명을 통해서만 환경문제는 극복될 수 있다고 본다(한면희·석인석, 2011: 17). 이렇듯 생태주의는 인간의 문화가 자연과 상생하는 사회를 새롭게 구축하고자 하는데, 이를 위해서는 의식의 체계를 바꾸거나 사회제도를 일신해야 한다고 여긴다(한면희·석인석, 2011: 18).

그리고 이러한 상황에서 생태문명으로의 전환을 이야기하는 이들도 있다. 이재돈(2018: 24)은 인간 역사의 단계를 샤머니즘 시대, 고전 문명시대, 산업 문명시대 그리고 생태 문명시대로 분류하는 문명사학자이자 생태사상가인 토머스 베리(Thomas Berry, 1914~2009)에 따라 오늘날을 첨단기술 문명과 생태 문명 간의 긴장과 갈등 관계로 본다. 인간의 관심이 초월적 절대자에서 우주의 물리 체계로 전환하면서 과학과 기술을 통해 인류의 물질적 문명을 향상시키며 동시에 생태계를 대규모로 그리고 무차별적으로 파괴했던 이른바 산업 문명시대 이후 인류가 선택할 문명형태로는 첨단 기술문명과 생태문명이 있다고 보는 것이다. 이른바 환경문제를 해결하기 위해서는 과학과 기술을 최첨단으로 발전시켜 첨단기술문명으로 나아가는 길과 인간과 자연의 관계를 상호공존하는 방향으로 재정립하고자 하는 생태 문명으로 나아가는 길이 있다는 얘기다.

첨단 기술문명은 지구의 산업기술이 더 중요하다고 여기고, 그리고 인간은 과학기술을 활용해 환경문제를 통제하면서 풍요로운 현재 삶의 수준을 유지할 수 있다고 여기는 문명인 반면, 생태 문명은 인간의 기술은 오히려 자연적 질서에 순응해야 하고 인간은 자연과 함께 존재하면서 함께 진화하는 문명이라는 것이다. 따라서 20세기를 주도했던 갈등이 자본주의와 공산주의 사이의 사회적이고 정치적인 갈등이었다면 21세기를 주도하는 갈등은 자연을 끊임없이 착취하려는 자본주의자들과 자연 세계를 보전하려는 생태주의자들 사이의 긴장이라는 것이다(이재돈, 2018: 24). 그런데 첨단 기술문명은 현재 우리 시대를 주도하는 문명으로 보이기도 하고, 두 문명 사이의 갈등은 핵발전소에 대처하는 방식, 이산화탄소를 줄이자고 약속한 파리기후정상회의의 합의를 실천해 가는 과정 등에서 여전히 드러나고 있지만, 인간과 지구생태계가 미래에도 생존하기 위해서는 첨단 기술문명이 아니라 생태문명을 선택해야 한다고 역설한다.

이런 것을 볼 때 우리가 어쨌든 문명의 전환기에 있다는 것은 분명해 보인다. 그런데 엄정식(2020: 19)은 오늘날 문명은 외면적이고 물질적이며 기술적인 측면을 부각하는 반면, 문화는 내면적이고 정신적이며 제도적인 측면을 강조하는 경향이 있다고 한다. 그래서 인간의 동물적 욕구의 물질적 만족이 주로 문명의 형성에 중요한 역할을 하지만, 문화는 그것을 향유하는 사고방식과 행동양식에서 비롯된다고 한다(엄정식, 2020: 21). 이러한 구분이 타당하다면 우리는 문명을 전환하기보다는 문화를 전환해야 한다고 말하는 것이 좀 더 적절할 수도 있다. 그래서 그는 탄소문명에 걸맞은 탄소문화의 창출이나 창달의 필요성을 강조한다. 그는 이를 물질적 풍요가 아니라 정신적 고양에 의해서만 진입할 수 있는 도덕성의 구현으로 본다.

물론 문명의 전환이든 문화의 전환이든 도덕성의 구현이든 우리는 이런 환경위기 상황에서 실질적으로 기술에 의존하기도 하고 또 앞서 얘기했듯이 환경공학, 환경 사회학, 환경경제학 등 학문적 차원에서 뿐만이 아니라 실제로 시민단체라든가 국가 차원에서도 '탄소중립'이니 '탄소 제로 사회로의 이행'이니 하는 정치, 사회, 종교적 실천 등 여러 가지 노력을 기울이고 있다. 그러나 어쩌면 우리는 첨단 기술문명이니 생태문명이니 하는 문명이나 문화에 맡기는 일도 부질없는 일이 될 수 있고, 카슨이 말한 대로 자연에 그 해결을 맡기는 것이 더 현명할지도 모를 일이다(카슨, 2011, 2020: 275). 그러함에도 어쨌든 문명을 전환하든, 문화를 전환하든, 자연에 맡기든 철학적 고민은 멈출 수 없을 것 같다. 어느 것으로 전환을 하든, 무엇을 하든 그것을 제대로 활용하는 지혜를 터득하지 못하는 한 늘 한계가 있을 수밖에 없고 또 다른 위험이 도사리고 있기 때문이다(엄정식, 2020: 18).

그래서 이 밖에 다른 철학자들도 환경문제에 대한 철학적 접근을 주장해왔고 환경문제는 과학만의 문제가 아니라 철학의 문제이기도 하다고 역설해 왔을 것이다. 그리고 환경문제에 대해서 실제 여러 방면에서 고민을 해왔다. 앞서 언급된 심층생태학이나 생태여성주의와 같은 급진적인 생태주의뿐만 아니라, 문명의 전환을 역설하는 사람들도 그렇다. 그리고 2절에서 우리가 직면하고 있는 환경문제는 근본적으로 과학적인 문제가 아니고, 환경의 위기는 대부분 인간의 마음의 위기라고 하면서 우리의 문제는 우리의 통치제도들이나 가치 체계들 그리고 우리의 인식 방법에 있다고 지적했던 제이미슨의 경우도 그렇다. 그러나 이들뿐만 아니라 캘리콧(Callicott, 1993: 322)도 환경윤리의 필요성을 강조하는 글에서 이러한 점들을 다음과 같이 강조한다.

캘리콧에 따르면 60년대 나타나기 시작한 '환경위기'는 그 범위와 복잡성(scope and complexity)으로 인해서 표준적인 문제 해결(troubleshooting) 방법들을 사용할 수 없었기에 그 당시의 일부 다른 문제들처럼, 예를 들어 인간을 달에 보내는 것과 같은 문제처럼 쉽게 구별하여 취급될 수도 없었고, 그리고 쉽게 분석되고 해결될 수도 없었다는 것이다. 그래서 환경위기는 공학적인 해결 프로그램을 따라 해결되어야 할 물리적인 문제로서 생각되기보다는 자연환경에 대한 현대 기술문명의 부적응 증상인 강력한 생태학적 반작용으로 생각되었다는 것이다. 그리고 근대의 기술문명은 깊이 뿌리박힌(deep-seated) 문화적 태도들, 가치들 그리고 신념들에 의해서 근원적으로 영향을 받기 때문에, 환경위기의 개선(amelioration)을 향한 첫 번째의 그리고 가장 근본적인 단계는 철학적 비판과 철학적인 창조적 탐구(philosophical criticism and invention) 프로그램이어야 하는 것으로 나타났다는 것을 지적한다.

그리고 역사학자 로데릭 내시(Roderick Nash)를 인용하여 문제는 기계들이 아니라 인간의 사고방식이고 심각한 오염은 정신의 오염이며, 환경의 개선은 궁극적으로 가치들을 변화시키는 것에 달려 있다고 주장한다. 말하자면 환경 '문제'라는 것을 '해결'하기 위해서 요구되는 것은 새로운 기술이라기보다는 새로운 환경윤리라는 것이다. 그리고 이는, 좀 더 정확하게 말하자면, 보전론자이면서 아마추어 철학자인 알도 레오폴드(Aldo Leopold, 1887~1948)가 몇십 년 전에 이야기한 바와 같이, 새로운 기술의 발명과 적용 그리고 오래된 기술들의 이용은 새로운 '생태학적 양심'(novel 'ecological conscience')에 의해 안내를 받고 억제되어야 한다는 것을 의미한다는 것이다. 그리고 캘리콧은 레오폴드의 호소에 대한 응답으로 1973년에 "새로운 윤리, 즉 환경윤리"를 위한 체계적인 철학적 연구를 착수했던 오스트레일리아 철학자 리처드 설번(Richard Sylvan, 당시는 Routley)의 제15회 세계철학자대회 발표 내용을 다음과 같이 소개한다.

> 만일 만연되어 있는 행위에 대한 레오폴드의 비판이 옳다면, 요구되는 것은 윤리들, 태도들, 가치들 그리고 평가들의 변화다. 왜냐하면, 현 상태로서는… 사람들은 야생지를 훼손하고, 땅을 함부로 다루고, 그것이 생산하는 것은 무엇이든 뽑아내고 하는 짓들을 계속하면서도 도덕적으로 부끄러움을 느끼지 못한다. 그리고 그런 행위는 침해하는(interfere) 것으로 생각되지도 않고 다른 사람들의 도덕적 분노를 불러일으키지도 않는다(Routley, 1973: 205, Callicott, 1993: 323에서 재인용).

캘리콧은 그래서 20세기 중반의 '환경위기'는 매우 실제적이고 지대한 것으로, 그것은 엔지니어들보다는 철학자들에 대한 도전들이라고 결론짓는다(Calliott, 1993: 371-372). 왜냐하면 궁극적으로 기술은 오로지 우리의 신념들에 재료를 제공할 뿐이고 우리의 가치들을 위해 복무할 뿐이기 때문이라는 것이다. 따라서 환경위기의 궁극적인 해결과 호모 사피엔스(Homo sapiens)의 궁극적인 생존은 지구 생명 공동체, 즉 인류를 부양하는 자연 서식지의 작동원리들이나 법칙들과 좀 더 잘 조화를 이루는 세계관과 윤리의 발전에 좌우되리라는 것이다. 그래서 결국 20세기의 마지막 4분기 동안 의미 있는 새로운 전환은 철학, 즉 환경윤리학의 연구에서 이루어졌다고 주장한다.

이렇듯 이제까지 환경문제에 대한 철학적 접근의 필요성과 중요성에 대해 여러 이야기를 토대로 검토해 보았다. 인간과 여타의 생명을 둘러싼 환경 중에서 이른바 자연환경이라고 하는 것을 제외한 모든 것들은 인간 의식의 산물이다. 또한 자연 자체의, 이른바 스스로 그러한, 즉 자연스러운 과정에 의한 생성과 소멸의 변화를 제외한 자연환경 변화 역시 인간의 의식적 활동의 결과라고 할 수 있다. 그렇다면 사실 자연 환경문제라고 하는 것 혹은 생태적 위기라고 하는 것은 자연 혹은 환경 자체만의 문제나 위기도 아니고, 과학기술의 문제만도 아니며, 인간에 의한 문제나 위기이고, 인간의 문제나 인간의 위기이며, 인간이 문제다. 말하자면 환경문제는 근원적으로는 인간의 사고방식이나 마음가짐 혹은 태도의 산물이라 할 수 있다. 그런데 이렇듯 환경문제와 생태 위기가 인간의 생각, 태도 혹은 문화에 의해 초래되었다면, 환경문제에 대한 해결도 이러한 인간의 사고나 문화에 대하여 근원적인 반성으로부터 시작해야 한다.

그러나 이러한 자각은 사실 최근에 새롭게 등장한 것이 아니다. 이른바 현대 환경 시대의 초기라고 할 수 있는 1962년부터 1970년대 중반까지 레이첼 카슨을 필두로 많은 철학자와 생물학, 역사학, 신학, 철학, 컴퓨터과학 그리고 경제학 등 다양한 학문 분야를 포괄하는 학자들이 환경 관련 저서의 고전이라 불릴만한 것을 구성하는데, 이를테면 폴 에를리히(Paul Ehrlich)의 『인구 폭탄(*Population Bomb*)』(1968), 배리 코머너(Barry Commoner)의 『닫힌 원(*The Closing Circle: Nature, Mans and Technology*)』, 케네스 볼딩(Kenneth Boulding, 1910-1993)의 『다가오는 우주선 지구호의 경제(*The Economics of the Coming Spaceship Earth*)』 그리고 개릿 하딘(Garrett Hardin)의 『공유지의 비극(*The Tragedy of the Commons*)』 등은 이들 초기 공헌자 중 가장 잘 알려지고 가장 빈번히 인용된 사람들이라고 한다(스타이거, 2008, 2010: 18-19). 그리고 『야생지와 미국의 정신(*Wilderness and the American Mind*)』의

로드릭 내시(Roderick Nash), 『작은 것이 아름답다(Small is Beautiful)』의 프리츠 슈마허(Fritz Schumacher), 『조용한 위기(The Quiet Crisis)』의 스튜어트 유달(Stewart Udall), 린 화이트(Lynn White), 해럴드 바넷(Harold Barnett) 그리고 『희소성과 성장(Scarcity and Growth: The Economics of Natural Resource)』의 챈들러 모스(Chandler Morse), 「사회적 비용의 문제(The Problem of Social Cost)」의 로널드 코즈(Ronald Coase), 『성장의 한계(The Limits to Growth)』의 저자들인 MIT과학자 그룹 도넬라 메도우즈(Donella Meadows), 데니스 메도우즈(Dennis Meadows), 요르겐 란더스(Jørgen Randers), 그리고 아르네 네스(Arne Naess)와 허먼 데일리(Herman Daly)와 같은 학자들도 중요한 공헌자들이다. 그런데 개혁을 성취하기 위한 이들의 희망의 스펙트럼은 현실주의로부터 이상주의에 이르기까지 널리 퍼져 있고 그들이 제시한 특수한 방법들도 다양하기는 했지만 하나의 공통된 목표로 추구했던 것은 바로 환경에 관한 '인간의 태도와 행위의 개선(the reform of human attitude and behavior)'이었다는 것이다(스타이거, 2008, 2010: 19). 이렇듯 환경 사상, 즉 환경철학이나 윤리가 태동하는 초기부터 사실상 학자들은 이런 점을 강조해 왔던 거다.

그렇다면 이제 문제의식은 물질적 오염이라는 가시적인 결과로서의 현상으로 향하는 것이 아니라, 근원적 원인인 눈에 보이지 않는 인간 의식의 오염으로 향해야 하는 것은 분명해 보인다. 그런데 이러한 의식의 오염은 현대사회의 문화적 특성의 반영이기도 하고 사회 · 경제적 체제와도 연관되기도 한다. 그렇다면 이제 우리가 환경문제들을 극복하기 위해 할 일이 무엇인지 그리고 무엇이 더 근원적이고 중요하며 더 필요한지에 대해 어느 정도 가늠할 수 있을 것이다. 결국 이렇듯 환경문제가 인간에 의해 발생하는 것이라면, 혹은 인간의 태도나 행위를 매개로 하는 것이라면, 그리고 인간의 문화나 제도가 개입되는 것이라면 그것은 당연히 윤리적이고 철학적인 문제라고 할 수 있다.

V. 환경철학 및 윤리의 논의 구조

앞에서는 오늘날 일상이 되어버린 환경문제의 심각성과 그런 환경문제를 바라보는 시각, 그것에 대처하는 몇 가지 접근방식들의 문제점들 그리고 그에 대한 철학적 접근의 필요성에 대해 비판적으로 검토하고 소개했다. 환경문제에 접근하는 방식은 여럿이 있겠지만, 그중에서도 여기서는 특히 환경문제의 가시적(可視的) 결과에만 집중해 과학기술만을 활용해 문제를 해결할 수 있을 것으로 생각하는 일종의 과학주의적 경향에 대한 문제점들을 지적했다. 실제로 이런 식의 접근은 임시방편적인 대증요법으로서는 그럴듯한 해결책들이 될 수도 있지만, 문제의 원인에 대한 근원적인 해결책이 되지 못한다는 점이 적잖이 지적되어 왔다(김일방, 2011: 209). 그래서 여기서는 또한 임시방편적인 미봉책이 아니라 문제를 궁극적으로 해결하기 위해서는 철학적이고 윤리적인 해결책이 중요한 역할을 담당할 수 있으리라는 것에 대해 검토해봤다.

그러나 사실 환경문제를 해결하는 데 그동안 과학적 해결책만이 제시된 것도 아니고 또 그런 해결책만이 문제가 있는 것도 아니며, 또 철학적 해결책만이 중요한 역할을 담당할 것으로 기대되는 것도 아닐 수 있다. 우리가 직면한 환경문제의 해결이라는 공동의 목표를 향한 과학기술적 접근을 비롯한 정치적, 경제적 접근 등등과 같은 그런 다방면에서의 다양한 접근방식들과 다양한 해결책이 제시될 수 있고 또 실제로 그러한 시도가 이루어진다. 그리고 이런 접근방식들은 저마다 나름대로 효과적일 수도 있고 또 문제가 있을 수 있을 것이다. 이를테면 환경은 최장기간 동안 최대 다수의 시민이나 이해관계 당사자들의 최대 이익에 이바지하는 방향으로 이용되어야 한다는 걸 목표로 삼고 이를 위해 전문가나 시장이라는 수단을 활용해야 한다는 공리주의적이고 경제적인 혹은 인간중심주의적(anthropocentric) 환경윤리라고 할 수 있는 접근방식이 있을 수 있다. 그러나 이러한 접근 또한 전문가주의적이라는 지적은 물론 질적 가치인 환경가치를 양적 가치 혹은 경제적 가치로 환원해야 하는 문제 그리고 환경을 인간의 이익에 한정한다는 등의 고질적인 많은 문제점을 가진다.[3] 그러나 여기에서 이 모든 것들을 두루 살펴보는 것은 무리고 이후 이어지는 논의들에 기대하기로 하면서, 이쯤에서 환경철학이나 윤리의 논의가 대체로 어떻게 이루어지는지를 간략하게 개관해 보는 것이 적절할 것이다.

먼저 간단하게 환경윤리 혹은 환경철학이라고 불리는 학문 분야는 어떤 윤리적 규범들이 인간과 자연환경과의 상호작용들에 적용하기 적절한지를 탐구하는 분야로 얘기되기도 한다(McShane, 2013: 1653). 그리고 이는 실천윤리나 응용윤리의 한 분야로 간주되기에 1970년대 후반경에나 하나의 학문 분야로 등장한 것으로 얘기된다. 한편 로날드 샌들러(Ronald Sandler)는 『환경 덕윤리학(*Environmental Virtue Ethics*)』이라는 책의 서문에서 환경윤리학에 대해 다음과 같이 얘기한다(Sandler, 2005: 12).

---

3 환경문제에 대한 이러한 접근에 대한 보다 자세한 비판적 논의는 데자르댕(2017), 『환경윤리』(제5판), 김명식·김완구 옮김, 연암서가, 제3장 참조.

인간과 자연의 관계와 관련하여 한 가지 확실한 것이 있다. 자연에서 벗어날 수 없다는 것이다. 사람들은 절대로 자연 세계와의 관계에서 이탈할 수 없다. 어떤 점들에서 이는 인간들이 그 자체 자연의 일부이기 때문이고, 다른 점에서 그것은 우리가 자연 세계와 교환하는 과정으로 숨을 쉬고, 먹고, 마시고, 분해해야 하기 때문이다. 그러나 자연과의 이러한 관계는 주어진 것이지만, 자연과의 이러한 관계의 본질은 그렇지 않다. 인간의 역사와 현대 세계는 자연환경을 이해하고 그것과 상호작용하는 다양하고 서로 상충하기까지 하는 방식들로 가득 차 있다. 그래서 하나의 연구 분야로서의 환경윤리학은 환경(자연생태계들, 농업생태계들, 도시생태계들 그리고 그러한 체계들을 구성하고 거기에 거주하는 개체들을 포함하는 환경)과의 그러한 관계를 제대로 이해하고 그것들과 상호작용하는 방식을 규제하는 규범들을 결정하기 위한 시도를 한다.

지구상에서 우리가 하는 활동은 인간들에게 뿐만 아니라 자연 대상들에도 좋든 싫든 혹은 좋은 영향이든 나쁜 영향이든 모종의 어떤 영향을 미치고 있다는 사실을 부인할 수 없다. 그래서 환경윤리학에서는 인간들 간의 윤리적 책임을 고민하는 문제를 넘어서 자연에 대한 윤리적 책임의 문제에 대해서도 고민할 것을 요구한다. 인간들뿐만 아니라 자연의 다른 대상들도 우리의 행위로 인해서 피해를 볼 수 있다는 것이다. 그래서 환경윤리에서 환경을 보호해야 하는 근거나 이유는 인간을 위한 환경의 수단적 가치, 혹은 인간의 이기적 가치 그리고 인간 중심적 가치들을 넘어서 더 폭넓은 사회적 가치, 생명중심적 가치 그리고 심지어는 본래적(intrinsic, 本來的) 가치로 진행되어 간다고 말할 수 있다(Nelson, 1998: 155). 이렇게 말할 수 있는 것은 흔히 자연 대상들도 이해관계(interest), 즉 자기 자신의 이익이나 선(good) 또는 본래적 가치를 갖기 때문이라고 할 수 있는데, 이런 것들은 자연 대상들이 고통을 느낄 수 있는 능력, 즉 유정성(sentience)을 가진 존재라거나 생명(life)을 가진 존재라거나 또는 더 나아가 자연의 온전성(integrity)이나 생태학적 본래성(ecological authenticity) 등의 속성들로 인해 부여받는 것이다. 그래서 이러한 속성을 갖는 존재들은 이익이나 피해를 볼 수 있는 존재로 우리는 이것들을 도덕적으로 대우하거나 소중히 여겨야 한다는 것이다.

그런데 환경철학이나 윤리는 우리가 이런 자연적 존재들 각각을 어떻게 구분 짓고 어떻게 생각하냐에 따라 여러 유형으로 분류될 수 있다(Luke, 1997: 334). 먼저 자연이 인간의 목적들에 이바지함으로써 소중히 여겨지거나 존중되어야 하는 것인지, 혹은 그 자체로 소중히 여겨지거나 존중되어야 하는 것인지에 따라 인간중심주의(anthropocentrism) 환경윤리와 탈인간중심주의(nonanthropocentrism) 환경윤리로 분류되기도 한다. 또한 존중되거나 소중히 여겨지는 존재들이 동물에 한정된다면 동물해방론(animal liberation)이나 동물권리론(animal rights)으로 분류되고, 동물뿐만 아니라 식물까지도 포괄하는 생명 전체를 조망한다면 생명중심주의(biocentrism) 환경윤리로 분류되기도 한다. 더 나아가 존중되는 것이 혹은 본래적으로 가치 있다고 여겨지는 것이 생물만이 아니라 생물과 무생물적 자연이 어우러져 상호작용하는 생태계까지 포괄한다면 그것은 생태중심주의(ecocentrism) 환경윤리로 분류되기도 한다. 그리고 그 자체로 존중되는 것이 개별 동물이나 식물들과 같은 개체인지 아니면 생태계나 종들(species)과 같은 전체인지에 따라 개체주의적(individualistic) 환경윤리나 비개체주의적(nonindividualistic) 혹은 전체주의적(holistic) 환경윤리로 분류되기도 한다(Luke, 1997: 334).

그런데 물론 이런 입장들이 저마다 환경을 보호하기 위한 충분한 이론이 되지는 못한다. 따라서 이러한 여러 자연적 대상들에 부여하는 도덕적 지위나 본래적 가치가 과연 무엇인지 그리고 그러한 대상들에 그러한 지위나 가치를 부여하는 게 어떻게 정당화되는지의 문제가 논의된다. 그리고 이러한 윤리 이론들이 과연 실천 가능한지에 대한 논의는 물론 이런 입장들 사이에서 존재하는 불일치나 비정합성의 문제 등등에 대한 논의가 이루어지기도 한다. 혹은 이 밖에도 인간중심주의적인 관점에서 얘기되는 '지속가능한 발전(sustainable development)'이라는 것을 비롯해 '생태계 건강(ecosystem health)', '자연의 복잡성(complexity) 혹은 생명다양성(biodiversity)', '자연의 온전성 혹은 자연의 본래 모습', '생태학적 본래성', '자연스러움(naturalness)', '야생성(wildness) 혹은 야생지(wilderness)'와 같은 것들이 무엇인지 그리고 이러한 것들이 우리가 추구해야 할 환경보호의 목표나 가치들로 적절한지에 대해서도 비판적 탐구가 이루어지기도 한다.

물론 이 밖에 앞에서도 언급한 바가 있듯이 환경 목표를 달성하기 위해서는 훨씬 더 포괄적인 사회적 변화가 필요하다고 주장하는 생태여성주의(ecofeminism) 논의와 심층생태주의(deep ecology) 논의들도 있다. 그리고 자연 자원이나 에너지, 기후변화문제에서 생기는 환경적 비용과 편익에 대한 세대간, 국가간, 계층간 그리고 생물종간 분배의 형평성과 관련한 환경정의 문제가 논의되기도 한다. 또한 기후변화에 대한 염려는 소비와 인구증가에 대한 논쟁을 환경윤리의 중심으로 되돌려 놓았고, 기후변화와 관련된 문제의 엄중함은 또한 사회적 가치로서의 지속가능성의 중대성에 대한 광범위한 논의의 문을 열어젖혔다(McShane, 2013: 1659). 그리고 최근에는 환경윤리적 논의에서 여러 가지 많은 진전이 이루어지고 있는데, 초기의 환경윤리를 지배했던 본래적 가치문제를 넘어 환경윤리학이 실용적인 환경문제를 해결하는 데 초점을 맞춰야 한다는 환경실용주의라는 사조가 등장하기도 한다.

그리고 또 다른 최근의 발전은 환경 덕윤리학의 등장이다(McShane, 2013: 1659). 이는 본래적 가치나 도덕적 지위에 대한 더 오래된 논의들보 다 자연 세계에 대해 어떻게 행동할 것인지를 생각하는 데 더 유용하다 는 것이다. 그리고 일부 이론가들이 덕윤리 접근법에서 찾는 이점 중 하 나는 그것은 분명히 일부 초기 접근법이 배제하는 것처럼 보였던 가치 들에 관해 일종의 다원주의를 위한 공간을 만든다는 것이다. 그런데 이 렇게 가치다원주의로 전환하는 원인은 인간중심주의적인, 유정성에 기 반을 둔 생명중심주의적인, 그리고 생태중심주의적인 이론가들이 그들 자신의 이론들로는 쉽게 설명되지 않는 가치들을 어찌하지 못한다는 환경윤리학 내에서의 좌절들에서 비롯되었다고 한다(McShane, 2013: 1660).

게다가 환경윤리학에서 가치에 대한 다원주의로의 움직임은 환경윤 리와 미학의 협력을 위한 새로운 길을 열어주었고, 환경윤리학자들로 하여금 환경미학에서의 연구자들이 달성한 가치에 대한 통찰들을 보다 진지하게 받아들이도록 만들었다는 것이다(McShane, 2013: 1660). 이렇듯 기후변화와 같은 절박한 환경문제를 해결해야 하는 보다 긴박한 필요 성에 의해 부분적으로 동기를 부여받은 환경윤리는 다른 여러 분야들 과 보다 적극적인 연대를 향해 나아가고 있다. 인간중심주의의 적절성 과 본래적 가치 주장들의 정당성에 대한 질문들과 같이 초기에 이 분야 를 지배했던 문제들은 이론적 논의들에서 여전히 중요한 위치를 차지 하고 있지만, 이 분야는 그 문제의 범위들을 상당히 넓혀 왔다. 그리고 앞으로도 고민의 깊이와 범위는 더 넓어져야 할 것이다. 그래서 이러한 철학적이고 윤리적인 논의는 우리 자신들은 물론 우리가 살아가고 있는 세계를 더 훌륭하게 돌볼 수 있도록 하는 우리의 노력들을 올바르게 안내하기를 기대해야 한다.

이렇듯 환경철학이나 윤리는 '환경'이니, '생태계'니 '자연'이니 하는 등등의 개념에 대한 분석에서 시작해서 환경위기가 과연 무엇인지, 그 근본적 원인은 무엇인지, 우리는 왜 그런 문제를 고민해야 하는지 그리고 그것을 해결하기 위해서는 어떻게 해야 하는지 등등에 대해 폭넓고 깊이 있게 비판적으로 고민하면서 가능한 한 최선의 결론에 도달하려는 다소 색다르고 집요한 노력을 기울인다. 게다가 또 그 해결을 위한 노력의 효과는 물론 환경과 그 문제를 잘못 짚어 잘못된 방식으로 해결하거나 해결할 수 있으리라고 자만하는 태도들, 미봉적인 해결책을 이용해 환경위기를 일시적으로 회피하고 보자는 안이한 태도들 등등에 대해 반성하는 계기를 마련해 줄 수도 있다는 점에서 남다른 역할이 기대되는 것도 사실이다. 이런 점에서 환경문제에 대한 철학적이고 윤리적인 접근은 위기의 시대에 핵심적인 중요한 역할을 할 것으로 기대되기도 한다.

그런데 철학적이거나 윤리적인 접근이 문제에 대해 이처럼 폭넓고 깊이 있게 고민한다고 해서 만병통치약은 아닐 것이다. 생각하는 만큼 그렇게 결정적이거나 완결된 해결책을 내놓지도 못하는 것도 사실이다. 게다가 철학적이거나 윤리적인 접근에서 요구하는 이런 생태적 자각이나 태도 변화를 통해서 환경문제를 근원적으로 해결하고자 하는 해결책들은 기존의 관습적인 사고방식이라든가 신념, 태도, 통념적 가치 등에서 벗어날 것을 강조한다는 점에서 다소 급진적인 주장이라고 할 수 있다. 그렇기에 현재의 관습적인 것과는 좀 더 다르게 행동할 것을 요구하는 것은 당연하다. 그런데 사람들이 우리의 문화에 대해 가지고 있는 생각과 행동은 관성을 가지고 있어서 좀처럼 이런 대안적 입장을 받아들거나 좀 더 깊이 이해하려 들지도 않고 더구나 그것을 변화시키려 들지도 않는 경향이 있을 수 있다. 환경문제가 해결의 기미를 보이기는커녕 환경재앙이 점점 더 일상이 되어 가고 있는 오늘날의 처참한 모습이 그 증거라면 증거일 수도 있을 것이다.

우리는 이성적 동물이라고 나름 자부하며 그 능력을 과시하고 살아가고 있지만, 과학적 능력이나 윤리적인 능력은 물론이거니와 여러 가지 부분에서 엄청난 한계를 가진 존재라는 점을 부정해서는 안 된다. 실제로 우리는 이런 능력의 결과들이기도 한 산업문명이나 첨단기술 문명, 그리고 자본주의 소비문화 등으로 엄청난 편익을 누리고 있는 듯이 보이지만 다른 한편에서는 이런 문화에 중독되어 이것들이 제공하는 부작용이나 폐해를 고스란히 뒤집어쓰고 있다. 그런데 더욱 문제가 되는 것은, 이러한 첨단기술 시스템과 같은 기술문명 혹은 문화 등은 우리가 만들었지만, 이것들은 이미 너무나 깊이 스며들어 있고 우리는 그것에 길들어져 있으며 게다가 이미 거기에는 많은 사람의 이해관계가 얽히고설켜 있어 관성을 가지고 있다는 것이다. 그래서 좀처럼 사라지기 어렵다는 것이고, 심지어 그것들은 우리의 통제를 거역하며 인간을 지배하는 것처럼 보이기까지 한다는 것이다(한국교양교육학회, 2005: 125).

사실 우리는 일상에서 이런 유사한 현상을 쉽게 접한다. 가장 비근한 예는 술과 담배일 것이다. 1급 발암물질로 알려진 술과 담배의 폐해에 대한 경고가 있음에도 술과 담배는 좀처럼 사라지지 않는다. 이뿐만 아니라 이른바 4대 중독이라고 하는 도박, 알코올, 마약 그리고 인터넷 중독은 물론 테러, 전쟁, 폭력, 차별 등과 같은 불쾌한 사회적 문제들도 좀처럼 근절시키지 못하고 있고 영원히 근절시킬 수 없을 것으로 보이기도 한다. 마찬가지로 일상에서 저도 모르게 저지르는 환경에 대한 인간의 사소하고 하찮아 보이는, 그러나 그 결과는 감당하기 어려울 정도로 심각한 인간의 악행도 근절될 것처럼 보이지 않는다.

그런데 기술적이고 사회적인 문제들은 근절되지는 않더라도 그 영향이 일시적이거나 부분적일 수 있다. 그리고 핵전쟁과 같은 것은 그 영향이 막대할 수 있고 인류의 생존에 치명적일 수 있더라도 정치가들의 협상과 같은 노력을 통해 간단하고 쉽게 해결될 수 있을 것이다. 그러나 겉보기에 사소해 보이는 그래서 무감각한 환경에 대한 인간의 악행은 근절되지 않는다면, 그 문제의 유별난 특성으로 인해 치명적일 수 있다. 그뿐만 아니라 환경문제는 아무리 노련한 정치가들이 모여서 몇 날 며칠을 밤새며 토론하고 협상하더라도 해결할 수 없는 성질의 문제다. 우리는 그저 '삶아진 개구리 증후군(Boiled frog syndrome)' 혹은 '비전상실증후군'이라고 알려진 실험의 경우처럼 이미 티핑 포인트(tipping point)를 넘어서서 위험을 직시하는 순간 손도 써보지 못하고 모두가 지구상에서의 대멸종을 맞이할지도 모르기 때문이다.

이렇듯 환경문제를 해결하기 위한 여러 가지 노력에도 불구하고, 인류가 직면한 여러 다른 문제와 달리 상황은 희망적이지 않다. 환경문제에 대한 우리의 생각이나 이론과 실천 간의 괴리도 있어 보이고, 구체적인 실천 상황에서도 많은 어려움이 있어 보인다. 우리가 직면한 문제가 유례없을 뿐만 아니라 너무도 광범위하고 복잡한 문제라서 그런 해결을 기대하는 것이 애초에 무리일 수도 있다. 게다가 앞서 얘기했듯이, 흔히 늘 의식하고 있지는 않지만 우리는 아는 것보다 모르고 있는 것이 더 많다. 그리고 우리는 큰 전체의 일부분이기 때문에 모든 것에 한계가 있다. 그래서 아예 체념해버릴지도 모를 일이다. 이런 상황에서 추상적인 몇 가지 윤리적 이론들을 들먹이며 환경문제를 해결할 수 있다고 생각하는 것도 당연히 무리일 것이다(데자르댕, 2017: 48).

그러나 또한 생각해보면 과학적 해결이든, 철학적 해결이든, 그 어떤 해결책이든 비록 완벽하거나 결정적이지는 않으나 아예 그런 노력조차도 없었다면 상황은 이미 돌이킬 수 없이 더욱 악화되었을지도 모른다. 어떠한 상황이든 우리가 살아남으려는 욕구를 떨쳐버릴 수 없는 한 환경문제에 대한 철학적 접근이든 무엇이든 비판적 검토가 지속적으로 필요해 보인다. 완벽한 것이 없다고, 가능성이 없다고, 승산이 없다고 포기할 수는 없어 보인다. 바둑기사가 완벽한 필승의 수를 모른다고 바둑돌을 아무 데나 놓지 않듯이 장고 끝에 승리의 가능성을 가진 최선의 수를 두어야 한다. 환경과 관련해서도 비록 비관적인 예측이 있더라도 철학적 지혜를 발휘해 최선의 해결책들을 찾아 나서야 하고 실천해야 한다. 레이첼즈(James Rachels)가 도덕이나 윤리란 이성적인 사고를 토대로 해서 우리가 행위 해야 할 최선의 이유를 찾는 작업이라고 얘기한 바가 있듯이 이것이 바로 철학이 할 일이고 철학의 존재 이유로 보인다(레이첼즈, 2006: 44-48). 그리고 어떤 것도 확실하지 않을 때는 신중함과 용의주도함이 우리의 덕목이 될 수 있고 의무이자 지혜가 될 수 있다. 우리가 이런 일들을 멈추고 이런 태도들을 버리는 순간 우리는 인류의 생태적 파멸이라는 비극을 한참이나 앞당길 수 있기 때문이다.

그런데 우리가 직면한 환경문제는 바둑처럼 신선놀음과 같은 것이거나 추상적인 철학적 사유의 놀음이 아닐 수도 있다. 어쩌면 전장에서 퇴로가 차단된 전사들이 살아남기를 포기하지 않았다면 치열하게 싸울수밖에 없듯이 우리는 절체절명의 환경위기를 맞아 치열한 전쟁을 치러야 할지도 모른다. 그래서 결국 환경문제는 이제 철학적이고 윤리적인 문제로서보다도 안보와 같은 생존의 문제로 다루어져야 할지도 모를 일이다. 그래서 윤리뿐만 아니라 정치, 경제, 사회, 법률 등등의 여러 차원에서 해결을 위한 실제적인 방안을 마련하는 것이 더욱 절박한 과제로 보일 수 있다. 생태적 종말이라는 먹구름이 점점 짙게 드리우고 있는 오늘날 이러한 작업과 이런 고민이 존재하는 모든 것들은 물론 존재하지도 않고 생각할 수 없는 것까지도 집요하게 생각해보려 했던 철학자들의 마지막 고민이 아니길 기대할 뿐이다.

참고문헌

김완구(2019), 「'침묵의 살인자' 미세먼지로 인한 대기오염 및 기후적 재앙에 대한 책임윤리 문제」, 『환경철학』, 제28집, 한국환경철학회, 187-223.

김완구(2017), 「환경에 대한 과학기술의 결과들과 해결책에 대한 철학적 반성의 필요성」, 『환경철학』, 제23집, 학국환경철학회, 63-99.

김완구(2008), 「환경보호 목표로서의 '생태계 건강(ecosystem health)'」, 『환경철학』, 제7집, 학국환경철학회, 165-194.

김일방(2011), 「환경문제에 대한 현실적 접근과 그 한계, 그리고 그 대안」, 『철학논총』, 66, 새한철학회, 207-231.

데자르댕(2017), 『환경윤리』(제5판), 김명식·김완구 옮김, 연암서가.

라이너스, 마크(2014), 『6도의 멸종』, 이한중 옮김, 세종서적.

레이첼즈, 제임스(2006), 『도덕철학의 기초』, 노혜련·김기덕·박소영 옮김, 나눔의집.

르윈스, 팀(2016, 2018), 『과학한다, 고로 철학한다』, 김경숙 옮김, MID.

스타이거, 조셉(2008, 2010), 『현대환경사상의 기원』, 박길용 옮김, 성균관대학교출판부.

엄정식(2020), 「기후변화와 탄소문화의 창달」, 『철학과 현실』, 127호, 겨울, 철학문화연구소.

이재돈(2018), 「생태문명으로서의 전환」, 한국환경정책·평가연구원 엮음, 『생태문명 생각하기: 내 삶을 바꾸는 환경철학』, 크레파스북.

카슨, 레이첼(2011, 2020), 『침묵의 봄』, 김은령 옮김, 에코리브로.

파인만, 리처드(2008), 『과학이란 무엇인가?』, 정무광·정재승 옮김, 승산.

한국공학교육학회(2005), 『공학기술과 인간사회』, 지호.

한면희·석인석(2011), 『환경보건 윤리 및 정책』, 한국방송통신대학교출판부.

Attfield, Robin(2018), *Environmental Ethics: A Very Short Introduction*, Oxford University Press.

Callicott, J. Baird(1993), "The Search for an Encinremental Ethics", in Tom Reagan(ed.), *Matter of Life and Death : New Introductory Essays in Moral Philosophy*, third edition, McGraw-Hill, Inc.

Curry, Patrick(2011), *Ecological Ethics : An Introduction*, Polity Press.

DesJardins, Joseph R.(2013), *Environmental Ethics: An Introduction to Environmental Philosophy*, 5th edition, Wadsworth.

Gruen, Lori(2003), "Technology", in Dale Jamieson(ed.), *A Companion to Environmental Philosophy*, Blackwell Publishing.

Jamieson, Dale(2008), *Ethics and the Environment: An Introduction*, Cambridge University Press.

Jamieson, Dale(2002), *Morality's Progress: Essays on Humans, Other Animals, and the Rest of Nature*, Clarendon Press, Oxford University Press.

Holmes Rolston Ⅲ(2020), *A New Environmental Ethics: The Next Millennium for Life on Earth*, Routledge, pp. 35-39.

Luke, Brian(1997), "Solidarity Across Diversity: A Pluralistic Rapprochement of Environmentalism and Animal Liberation", in Roger S. Gottlieb(ed.), *The Ecological Community*, Routledge, pp. 333-358.

McShane, Katie(2013), "Environmental Ethics", in Hugh LaFollette ed., *The International Enclopedia of Ethics*(Vol, Ⅲ), Wiley-Blackwell, 1653-1665.

Nelson, Michael P.(1998), "An Amalgamation of Wilderness Preservation Arguments", in J. Baird Callicott, ed., *The Great New Wilderness Debate*, Athens and London: The University of Georgia Press, pp. 154-198

Routley, Richard(1973), "Is There a Need for a New, an Environmental, Ethic?", in Bulgarian Organizing Committee, eds., *Proceedings of the World Congress of Philosophy*, Sofia: Sofia Press.

Sandler, Ronald(2010), "Ethical Theory and the Problem of Inconsequentialism: Why Environmental Ethicists Should be Virtue Oriented Ethicists", in Philip Cafaro·Ronald Sandler(ed.), *Virtue Ethics and the Environment*, Springer, pp. 167-183.

Sandler, Ronald(2005), "Introduction: Environmental Virtue Ethics", in *Environmental Virtue Ethics*, Sandler, Ronald·Cafaro, Philip(ed.), Lanham·Boulder·New York·Oxford: Rowman & Littlefield Publishers.

Sarkar, Sahotra(2012), *Environmental Philosophy: From Theory to Practice*, Wiley-Blackwell.

〈뉴스펭귄〉, 「독일에 퍼붓는 비··· '기후위기' 때문」, 2021년 7월 1일, https://www.newspenguin.com/news/articleView.html?idxno=4897

〈연합뉴스〉, 「IPCC 기후 보고서 과학자들 '남은 생애 중 재앙적 결과 볼 것'」, 2021년 11월 2일, https://www.yna.co.kr/view/AKR20211101137700009?input=1179m

〈한겨레〉, 「과학자들이 꼽은 세계 5대 위험」, 2020년 2월 12일, https://www.hani.co.kr/arti/science/future/927950.html#csidx28e2b87c09aa57ea8b80c1a1919e72d

고중세의 인간중심주의:
자연과 인간에 대한 목적론적 해석의 이론 체계*

김민수

I. 들어가는 말: 탐구 주제가 왜 '목적론적 자연법'인가?

20세기 중반 전지구적 환경위기의 심각성을 인식한 일군의 생태학자, 윤리학자, 철학자들을 중심으로 윤리학의 생태·환경론적 전환 또는 철학의 생태·환경론적 전환을 추구하는 환경윤리학 또는 환경철학이 대두되었다. 새로운 학문이 아직까지 엄밀한 의미에서 학문적 체계로 확립되었다고 평가할 수는 없지만, 당면한 시대의 문제를 해결하고자 하는 새로운 학문의 담론들은 여러 가지 이론적 쟁점들을 내포한 채 점차 확대되고 확산되어 오늘날에 이르고 있다.

---

* 이 글은 김민수(2022), 「환경철학을 위한 '목적론적 자연법' 전통-아리스토텔레스와 아퀴나스 사상의 재평가 관점에서」, 『환경철학』, 제34집, 7-38을 수정·보완한 것임을 밝힌다.

고중세의 인간중심주의

57

다양한 이론적 쟁점들 중에 최근까지 강하게 이어져 오고 있는 핵심 쟁점은 1) 자연 및 그 속의 비인간적 존재자들이 지닌 내재적 혹은 본래적 가치의 인정 문제 그리고 2) 자연 및 그 속의 비인간적 존재자들 중 어느 범위까지 인간이 도덕적 고려의 주체로 삼을 것인가와 관련된, 비인간존재자의 도덕적 지위나 도덕적 권리의 인정 범위의 문제이다. 두 가지 핵심 쟁점들에 대한 해석적 관점에 따라서, 환경윤리 혹은 환경철학의 담론에서 인간중심주와 비인간중심주의의 이론적 대립, 그리고 비인간중심주의 사이의 다양한 대립적 경향들이 전개되어 왔다.

다양한 담론들이 전개되지만, 위의 핵심 쟁점 중에서 첫 번째 쟁점에 의해서 인간중심주의와 비인간중심주의의 대립이 가장 명확하고 첨예하게 성립한다. 그리고 두 번째 쟁점에 관한 다양한 경향들이 확산되고 이론적 설득력을 강화시킴에 따라서 점차 환경윤리학 혹은 환경철학의 담론은 큰 틀에서 '인간중심주의에서 비인간중심주의로의 전환'이라는 학문적 정체성을 형성해 나가고 있다.

환경윤리 혹은 환경철학 담론에서 비인간중심주의로의 이론적 확대 및 확산은 넓게 보아 '인간과 자연의 관계'에 관한 종래의 철학적 인식론과 존재론에 대한 비판 혹은 거부의 관점에서 새로운 대안을 제시하는 흐름을 보였다. 특히, 비인간중심주의 사상가들은 오직 인간의 관점에서만 평가된 자연 및 비인간존재자들의 가치에 대한 왜곡된 규정, 그리고 인간의 편익 관점에만 고려된 자연 및 비인간존재자들의 도덕적 지위나 권리에 대한 자의적인 규정에 심각한 문제가 있음을 지적하고, 종래의 체계적인 설명을 뒤집어 놓는 철학적 탐구의 방향 전환을 다양하게 요구하고 있다. '철학의 생태·환경론적 전환'의 성격이라 말할 수 있는 이 방향 전환은 종래의 철학적 인식론과 존재론의 설명 체계에 대비된다는 점에서 '새로운 종류의 코페르니쿠스적 전향'이라 부를 수 있을 것이다.

그러나, 환경윤리 혹은 환경철학 담론에서 비판의 대상이 되고 있는 '인간중심주의'라는 개념은 이 개념에 내포된 속성이 관점에 따라서 다양한 스펙트럼을 지니며 또한 개념이 지시하는 대상 범주가 매우 넓기 때문에, 그 개념의 철학적 근거를 확인하거나 한편으로 환경윤리 혹은 환경철학의 엄밀한 학문을 새롭게 정립하기 위해서는 철학사 전체에 걸쳐서 시대별로 다양하게 전개된 전통 철학의 여러 경향들과 특수성들을 면밀히 검토하고 비판적 대결의 지점을 확인해 보아야 있다. 서양 철학사에서도 각 시대별로, 그리고 한 시대를 풍미하였던 여러 철학자들에게서도 '인간과 자연의 관계'에 관한 다양한 철학적 탐구 관심과 그에 따른 다양한 철학 체계의 스펙트럼이 존재하기 때문이다.

환경윤리 혹은 환경철학 담론에서 주된 비판의 초점이 맞추어지는 인간중심주의는 다음과 같은 공통의 특징이 있는 것으로 거론된다. 일반적으로 인간중심주의는 자연 및 그 속의 비인간적 존재자들과는 엄격하게 분리되는, 그래서 인간에게만 고유한 가치가 있다는 입장을 견지한다. 인간 존재의 가치론적 고유성을 전제로 인간중심주의는 인간 이외의 존재자들에게는 인간과 동일한 혹은 동등한 가치가 없다거나, 만약 있다고 하더라고 가치론의 도덕적 위계 관계에 따라 수준이 낮은 정도만 있다고 주장한다. 이러한 주장의 심층 근거에는 인간을 지구상의 유일한 도덕적 가치 존재로 규정하고, 인간을 세상 만물의 모든 가치를 평가하는 원천이자 척도로 삼고, 인간의 관점에서 자연을 해석하고 변형하여 인간의 이익을 풍요롭게 하고자 하는 인간의 자기보존적 추구 욕망과 인간중심의 자기신뢰적 믿음이 깔려 있다.

현대의 대부분의 환경윤리학자 혹은 환경철학자들은, 대략적으로, 위와 같은 인간중심주의에 오늘날 환경위기를 초래한 '정신적 뿌리'가 있다고 보면서 현대인의 인간중심주의적 인식과 행동 그리고 태도에 강한 영향을 미친 서양의 철학 전통을 찾아서 비판과 재고찰의 대상으로 삼는다. 그럴 때, 서양철학사에서 현대의 인간중심주의를 뒷받침하는 가장 오래되고 또한 강한 영향력을 미친 유명한 철학자로서 고대 그리스 시대의 아리스토텔레스와 중세 시대의 토마스 아퀴나스가 대표적으로 거론된다.

　　오늘날 환경윤리 분야에서 많이 애용되는 입문서로 평가되고 있는 『환경윤리(*Environmental Ethics*)』에서 조제프 R. 데자르뎅은 제5장(자연계에 대한 책임: 인간 중심적 윤리학에서 탈인간 중심적 윤리학으로)을 다루면서, 대부분 서양의 철학적 전통이 인간과 자연환경 사이에 어떤 직접적인 도덕적 관계가 존재한다는 것을 부정하며, 그 전통 안에 있는 윤리 이론들은 '오로지 인간만이 도덕적 지위를 갖는다'는 것을 표방하기에 이러한 윤리 이론을 '인간중심주의적 혹은 인간 중심적'이라고 부른다.(데자르뎅, 2017: 206) 아울러, 그는 이러한 윤리 이론들이 인간의 자연계에 대한 직접적인 책임을 문제시 삼지 않음을 비판적으로 서술한다. 그러면서, 그는 "자연 대상들의 도덕적 지위에 공감하지 않는 견해를 지지하는 두 명의 철학자(데자르뎅, 2017: 207)"로 아리스토텔레스와 아퀴나스를 특별히 언급하며, 식물과 동물 등 자연의 모든 것은 인간의 목적을 위해서 혹은 신의 섭리에 따라서 인간에게 이용되는 수단적 가치만 있을 뿐이라는 생각을 우리로 하여금 품게 하는 그들 저작의 몇 구절들을 언급한다.[1] 이를 통해 데자르뎅은 "아리스토텔레스와 아퀴나스는 인간만이 생각하고 선택할 수 있는 지성(혹은 영혼)을 소유하기에 도덕적 지위를 갖는다고 믿었던 까닭에 이러한 입장을 취할 수 있었다(데자르뎅, 2017: 208)"고 서술한다.

물론, 아리스토텔레스와 아퀴나스의 철학적 사상 내용에, 전반적으로, 이성적 존재자인 인간이 동물, 식물, 자연물 등 비이성적 존재자들보다 도덕적 지위의 우월성을 지닌다는 입장이 들어 있음은 부인하기 어렵다. 그리고, 자연 및 그 속의 비인간적 존재자들(이성을 갖지 않은 존재자들)이 인간의 인식작용과는 별개로 혹은 인간과의 관계와는 독립적으로 그 존재자 자체의 내재적 혹은 본래적 가치를 인정하는 철학적 사상 내용을 아리스토텔레스와 아퀴나스의 철학에서 찾아볼 수 없다. 이런 점에서 이 두 철학자는 현대의 환경윤리 혹은 환경철학의 관점에서 비판적으로 언급되는 인간중심주의 사상을 제시한 인간중심주의 철학자인 점도 부인하기 어려워 보인다.

그러나, 아리스토텔레스와 아퀴나스의 사상 내용이 전반적으로 인간과 자연에 대한 목적론적 철학 체계 아래 그 의미를 지닌다는 점을 고려

---

1 데자르뎅은 아리스토텔레스의『정치학』제1권의 다음 문단을 특별히 인용한다. "식물은 동물을 위해 존재한다. […] 그리고 동물은 인간을 위해 존재한다. 길들인 동물은 식량만이 아니라, 인간이 이용해 먹을 수 있는 다른 용도를 위해서도 존재한다. 야생동물도 모두는 아닐지라도 대부분은 식량을 위해 그리고 다른 여러 방식으로 이용될 수 있다. 즉 옷과 도구들이 이것들로부터 만들어진다. 만약 그래서 자연은 계획하고 있는 목적 없이는 아무것도 만들지 않는다는, 즉 전혀 헛되게는 아무것도 만들지 않는다는 우리의 믿음이 옳다면, 자연은 특별히 인간을 위해 모든 것을 만들어냈음에 틀림없다." 그리고 데자르뎅은 아퀴나스의 아퀴나스가 1259년에서 1265년 사이에 쓴 네 권의 책 중 '불신자들의 오류에 대한 가톨릭 신앙의 진리에 관한 책(Liber de veritate catholicae fidei contra errores infidelium)'으로 잘 알려진『Summa contra Gentiles(이교도전서)』제3권의 다음 문단을 특별히 인용한다. "우리는 인간이 야수를 죽이는 것은 죄를 짓는 것이라고 주장하는 사람들은 잘못이라고 생각한다. 왜냐하면 동물은 신의 섭리에 따라 당연하게 인간에 의해 이용되도록 정해져 있기 때문이다. 따라서 인간은 그것들을 죽이거나 혹은 어떤 다른 식으로 이용함에 있어 부정을 저지른다고 볼 수는 없는 것이다. 이러한 이유로 신은 노아에게 다음과 같이 말했다. '나는 너희에게 목초와 아울러 모든 고기를 주었다.'" 여기서 언급된 인용문은 데자르뎅(2017: 207-208)을 참조하기 바란다.

한다면, 목적연관에 놓여 있는 인간과 자연의 유기적 관계를 떠나서 별개로 혹은 독립적으로 자연의 어떤 가치가 설명될 수 없다는 점도 면밀히 고찰할 필요가 있다. 또한, 그들의 사상 내용에서 특징적으로 발견되는 존재자의 가치 위계적 특성, 즉 인간이 지닌 '도덕적 지위'의 우월성에 관한 논의를 살펴볼 때에도, 이 지위의 우월성이 곧바로 서양 근대철학 이후에나 철학의 중심 문제로 부각된 '도덕적 권리'의 유일한 담지자로 인간을 규정하는 근거로 작용한 것은 아니었다는 점을 우리는 함께 고려할 필요가 있다. 아울러, 그 인간의 도덕적 지위의 우월성이 인간으로 하여금 비이성적 존재자들을 함부로 대하거나 자연계의 질서를 도외시하고 인간의 자기보존만을 위해 자신의 욕망을 무한정 추구해도 된다는 배타적 권리를 인간에게 부여하는 실천적 행위의 정당화 근거라고 보기는 힘들다. 그보다는, 이성적인 인간의 인간적인 능력에 따른 품성적 덕의 함양 그리고 신이 부여한 질서에 조화롭게 참여하는 피조물로서의 인간의 규범적 행위 규제 능력의 함양을 위한 것이었음을 또한 우리가 간과할 수는 없다.

다른 한편으로, 아리스토텔레스와 아퀴나스의 철학적 사상은 오늘날 현대의 환경윤리 혹은 환경철학의 새로운 방향을 정립하는 데 요구되는 철학적 이론의 풍부한 잠재력을 제공해 주는 측면도 있다. 특히, 자연에 대한 목적론적 이론 체계를 토대로 환경윤리 혹은 환경철학의 이론적 정당화를 시도하는 차원이나, 자연 친화적 관계 속에서 자연에 대한 인간의 행위 규범이나 태도를 규제하기 위해 인간의 행위 규범을 자연법의 계율과 같은 질서 규정으로 새롭게 정립하고자 하는 차원에서 아리스토텔레스와 아퀴나스의 철학적 전통의 유산은 그 잠재력이 발휘될 수 있다. 가령, 오늘날 우리가 자연에 대한 인간의 책임을 강화하는 방향으로 환경윤리 혹은 환경철학의 이론적 가능성을 목적론적으로 고찰해 볼 때, 오히려, 우리는 아리스토텔레스의 목적론적 윤리학의 기능 논변에 따른 덕의 추구나 아퀴나스의 자연법사상에서 실천이성의 계명들이, 이성 능력을 지닌 인간에게 특별한 도덕적 지위 부여와 함께, 자연 및 그 속의 비인간적 존재자들과 함께 인간이 공존하는 세계 속의 질서를 위해서 인간 행동의 규제적 명령 혹은 지침을 제시하는 더 강한 윤리적 책임론을 현대의 환경윤리의 철학적 기초로 발굴해 나갈 수도 있다.

데자르뎅도 역시 『환경윤리』의 제2장(윤리 이론들과 환경)을 다루면서 아리스토텔레스와 아퀴나스의 철학적 사상 전통이 현대 환경윤리의 이론적 정립 혹은 쟁점 분석을 위해 필수적으로 고찰되어야 하는 긍정적 가능성을 열어 준다. 이러한 가능성은 본 글의 앞선 문단에서 언급한 『환경윤리』의 제5장에서 거론된 아리스토텔레스와 아퀴나스의 부정적 사상 내용과는 사뭇 다른 관점이다. 데자르뎅은 현대의 환경윤리 담론에서 '철학적 윤리학'[2]의 이론적 검토가 필요하다고 서술하면서, 환경윤리와 관련된 첫 번째 검토 이론이자 가장 오래된 서양의 철학적 전통으로 목적론에 기반한 자연법 전통을 거론하면서 다음과 같이 서술한다. "환경윤리와 관련된 가장 오래된 윤리적 전통 중의 하나는 자연법

---

2 데자르뎅은 행위를 규제하는 규범적 판단을 다루는 규범 윤리학을 보다 추상적인 사고의 수준으로 옮겨 놓기 위해서 규범적 판단과 그것을 지지해 주는 근거를 분석하고 평가하는 철학적 윤리학이 필요하다고 말하면서, 철학적 윤리학의 핵심을 다음과 같이 말한다. "철학적 윤리학의 핵심은 규범적 판단을 지지하는 근거를 평가하거나 그러한 판단에 포함된 개념을 명료화하는 노력과 관련된다. 이러한 의미에서 환경윤리학은 환경론의 많은 부분을 차지하는 규범적 판단들의 체계적인 연구와 평가에 종사하는 철학의 한 분야다(데자르뎅, 2017: 68)."

(natural law) 또는 목적론적 전통(teleological tradition)이다. 이러한 전통과 관련된 윤리적 견해는 아리스토텔레스(Aristotle, B.C. 4세기)와 토마스 아퀴나스(Thomas Aquinas, C.E. 13세기)에서 그 기원을 찾을 수 있다(데자르뎅, 2017: 71).” 데자르뎅은 '자연법 또는 목적론적 전통'이라고 언명을 하였는데, 이 말을 우리는 '목적론적 전통에 기반한 자연법'이라고 읽을 수 있다. 그리고 우리는 이 말을 다시 압축적으로 표현해서, '목적론적 자연법 전통'이라고 부를 수 있다.

데자르뎅이 현대 환경윤리를 위한 이론적 가능성으로 주목하였듯이, 두 유명한 철학자 중 아리스토텔레스는 서양 고대 그리스 시대에 덕윤리의 관점에서 목적론적 윤리학을 정립한 철학자였고, 아퀴나스는 아리스토텔레스의 목적론적 윤리학의 전통에 기반하여 서양 중세 시대 스콜라철학을 집대성하면서 서양 철학사에서 인간 행위의 규범 혹은 법의 정당화에 관한 가장 중요한 지적 유산인 자연법사상을 체계화시켰다. 물론, 데자르뎅은 오늘날 우리가 아리스토텔레스와 아퀴나스의 사상 내용을 그대로 따르자고 한 것이 아니라, 현대 환경윤리학 혹은 환경철학의 흐름을 면밀히 고찰하다보면 그 이론의 틀을 형성하는 골격에 목적론과 자연법의 전통이 들어 있다는 점이다. 그리고, 이러한 목적론과 자연법의 전통은 서양 철학의 오랜 전통 중에서 아리스토텔레스와 아퀴나스에서 대표적으로 발견된다는 점이다. 두 철학자는 모두 '자연과 인간에 대한 목적론적 해석의 이론 체계'를 공유하고 있었다.

우리가 이제 '자연과 인간에 관한 목적론적 자연법 전통'이라고 부를 수 있는 이 아리스토텔레스-아퀴나스의 철학 전통은 환경윤리 혹은 환경철학의 체계적 이론 정립을 위해서 오늘날 우리 시대와 연관하여 재검토가 필요한 것으로 그 가능성을 열어두고 생각해 보자. 그럴 때, 우리가 소환하는 '목적론적 자연법 전통'은 단지 서양 고중세 철학을 대표하는 사상적 특징을 지칭하는 것만이 아니라, '자연과 인간에 대한 목적론적 해석의 이론 체계'를 포괄하고 있는 철학의 전통을 탐구하는 경향으로 그 의미를 부여할 수 있다. 아울러, 이는 서양 근대 시대에 형성된 기계론적 세계관, 즉 '자연과 인간에 대한 기계론적 해석의 이론 체계'와 구별되는 철학적 탐구의 반성적 지점을 확인한다는 의미 역시 지니고 있다. 종래의 철학적 탐구에 대한 반성적 지점을 확인하는 차원에서 한 가지 예를 들면, 이 책의 다른 장에서 확인할 수 있겠지만, 현대 환경윤리의 선구자인 알도 레오폴드가 1949년에 출간한 『모래 군의 열두달(A Sand County Almance)』의 맨 마지막 장인 '대지윤리(The Land Ethic)'에서 제시한 생태학적 철학의 제1명제로 설명해 볼 수 있다. 레오폴드의 생태학적 철학의 제1명제, 즉 "어떤 것이 생명 공동체의 통합성과 안전성과 아름다움을 보전하는 데 이바지한다면, 그것은 옳다. 그렇지 않다면, 그것은 그르다(레오폴드, 2006: 269, Leopold, 1949: 211)"는 명제는 형식적으로는 선과 악을 구별하는 도덕적 행위 규범의 원리 혹은 지침을 제시하는 것으로서 아퀴나스의 자연법의 제1계명과 같은 실천적 원리의 성격을 띠고 있으며, 내용적으로는 아리스토텔레스와 아퀴나스가 공유하는 자연의 목적론적 질서 체계와 같은 성격을 띠고 있다.

　일반적으로 목적론은 자연에 현상하는 사물들의 생성과 변화 그리고 질서를 궁극적인 목적의 실현이라는 관점에서 고찰하는 탐구 방식으로서, 이것은 자연에서 일어난 사실들을 단지 목적 없는 원인과 결과의 연결에 의해 설명하는 기계론과 대립된다. 자연을 기계론적으로 설명하는 철학의 이론적 체계가 서양의 근대 시기에, 특히 데카르트의 심신이원론 및 베이컨의 실험과학적 방법론 이후에 형성되었다는 점을 고려한다면, 그리고 이러한 기계론적 자연 해석의 세계관과 그에 따른 자연적 가치의 도구적 수단화가 오늘날 현대 환경의 위기를 초래한 사상적 근거라는 점을 면밀히 검토한다면, 인간과 자연에 대한 기계론적 해석에 대한 비판과 대안을 모색하는 관점에서 인간과 자연을 목적론으로 설명하는 철학의 이론적 체계에 대한 면밀한 검토가 오늘날 환경윤리학의 발전을 위해 요청된다.

사실 서양의 고중세 시대에 강하게 확립된 목적론적 자연법 전통은 서양 근대 시대를 지나오면서 세속화된 세계 인식과 그에 맞물린 인간 중심의 주체 철학에 의해서 심각하게 왜곡되어 단절된 측면이 있다. 중세 시대의 종말을 고했던 루터의 종교개혁, 코페르니쿠스와 갈릴레오의 천문지리학, 뉴턴의 물리학 등의 발전과 더불어 서양 근대의 시대가 형성되자 인간의 이성 능력에 대한 무한한 신뢰를 바탕으로 인간을 세계의 주인으로 세운다는 계몽주의적 철학적 세계관이 등장하였으며, 이 새로운 경향으로 자연을 기계론적 으로 해석하는 철학이 강화되었다. 이러한 경향의 철학은 자연을 마치 시계와 같은 기계로 해석하고 인간의 지식을 통해 자연의 모든 도구적-수단적 가치를 파악할 수 있다는 신념을 확고히 하였다. 데카르트, 베이컨, 홉스의 철학 사상은 그러한 신념을 뒷받침하는 철학적 기초를 제공하였다. 특히, 홉스의 사회계약론의 철학적 토대를 형성하는 '자연권 중심의 자연법사상'은 자연 속에서 무엇이든 유익한 것을 뽑아내고 탐미하고자 하는 인간의 욕망에 도덕적 정당성을 부여하면서, 아리스토텔레스-아퀴나스에 의해 정립되었던 '목적론적 자연법 전통'은 거부해야 할 낡은 형이상학과 신학의 잔재로 평가되고, 이러한 경향에 따라 '목적론적 자연법 전통'은 근대 이후 철학의 탐구 분야에서 크게 주목을 받지 못하였다.

이러한 관점에서 보면, 우리가 '목적론적 자연법 전통'이라 부르는 이름은 서양 철학사에서 근대 시대의 철학 이후로 왜곡되고 단절된 철학적 유산을 다시금 오늘날에 재검토하기 위해 철학의 중심 영역으로 끌어오기 위한 '호명(呼名)'이라 할 수 있다. 아울러 오늘날 환경윤리 혹은 환경철학의 튼튼한 이론적 발전을 위해 우리가 적극적으로 탐구해 보고 재고찰해야 할 '단절된 전통'이라 할 수 있다. 비록 우리가 인간중심주의라고 평가를 내린다고 하더라도 말이다.

위와 같은 관점에서, 이제 우리는 아리스토텔레스와 아퀴나스의 철학사상에 대한 기존의 오해를 불식시키고, 오늘날 현대의 환경윤리학 혹은 환경철학의 담론에서 철학적 윤리학의 검토 차원에서 사상적 기초를 제공할 수 있는 '목적론적 자연법'의 핵심 내용을 아퀴나스의『신학대전』의 자연법에 관한 논의를 토대로 세 가지 주제들을 선정하여 다음 장에서부터 살펴보고자 한다. 그 세 가지의 주제들은 1) 목적론과 자연법의 조화, 2) 영원법과 자연법의 관계에서 인간의 자연적 성향의 긍정적 논변, 3) 자연법과 인정법의 관계에서 양지에 근거한 양심 개념의 현대적 의미이다.

Ⅱ. '목적론적 자연법'전통의 사상적 특징

토마스 아퀴나스의 자연법사상에서는 모든 사람이 이해하고 행위 할 수 있는 질서를 만들기 위해 '법의 제일 계명(primum praeceptum legis)'[3]이 제시된다. 그것은 "선을 행하고 추구해야 하며, 악을 피해야 한다(아퀴나스, 2020: 139, Aquinas, ST, q.94, a.2)"[4]이다. 이 계명은 실천이성에서의 제일원리(primum principium in ratione practica), 즉 "선은 모든 것이 추구하는 것이
다(bonum est quod omnia appetunt)(ibid)"에서 도출된다. 이 제일원리는 실천
이성에 포함되어 있는 선의 개념에 기초한다. 그 이유를 아퀴나스는 다
음과 같이 말한다. "목적 때문에 행동하는 모든 사람은 선이라는 개념
을 가지고 있기 때문이다(ibid)." 이 논증들이 담긴 아퀴나스의『신학대전
(Summa Theologiae)』의 제94문(자연법에 대하여, de lege naturali)의 제2절의 핵심
문단을 살펴보자.

> 모든 사람이 이해하는 범위에서 어떤 질서가 발견된다. 왜냐하면 이
> 해라는 것의 첫 대상이 되는 것은 존재하는 것(ens)이고, 그것에 대한 이
> 해는 어떤 자가 이해하는 모든 것에 포함되기 때문이다. 따라서 논증

---

3 토마스 아퀴나스의『신학대전(Summa Theologiae)』에서 자연법에 해당하는 부분의 우리
말 번역본이 이진남 옮김(2020, 신학대전 28,『법』)으로 출판되었다. 이 번역본은 라틴어와
한국어 대조 본으로 출판되어 있는데, 본 연구에서 자연법에 관한 인용문은 이 번역본에
따르되, 수정이 필요한 부분에서만 최소한으로 고쳐 서술한다. 앞으로 인용 출처를 표시
할 때에는 원본을 표기하는 일반적인 경향에 따라서, 'Aquinas, ST, q.94, a.2.'처럼 압축
하고, 번역본의 페이지도 제시하기 위해서 함께 본문에서 출처를 표기한다. 번역본은 '아
퀴나스, 2020: 139'와 같이 표기한다. 주요 개념에 대한 번역어는 이진남의 번역본을 따
라서 주로 표기하되, 그 외 다른 개념으로도 학계에서 번역되고 있는 것은 각주를 통해
서 제시해 주고자 한다. 이진남의 번역본에서 '계명'로 번역된 'praeceptum'은 다른 연
구자의 경우 '지시'로도 번역된다. 강상진은 그의 연구(2014)에서 '지시'로 번역하는데,
그 이유는 "종교적인 계명에 한정되지 않는 성격을 강조하고 싶어서 '지시'를 일차적 번
역어로 사용한다"고 하였다(강상진, 2014: 95, 각주 20번 참조). 한편, 몇몇 주요 개념은 이진
남의 한국어 번역본을 따르지 않는 경우도 있는데, 이 경우 각주를 통해서 설명하도록
하겠다. 대표적으로 이진남의 번역본에서 '분여'로 번역된 'participatio'는 '참여'로 번역
하는 것이 더 좋을 것으로 보인다. 이 점에 관해서는 이 글의 각주 11번의 설명을 참조하
기 바란다.
4 아퀴나스의 자연법의 계명을 흔히 '선을 행하고 악을 피해라'는 명령문으로 알려져 있으
나, 토마스 아퀴나스의 서술은 "선은 행하고 추구해야 하는 것이며, 악은 피해야 하는 것
이다(bonum est faciendum et prosequendum, et malum vitandum)"이다.

불가능한 제일원리는 '어떤 것을 동시에 긍정하고 부정하는 것은 불가능하다'인데 이것은 존재자(有)와 비존재자(非有)라는 개념에 기반하는 것이다. 그리고 『형이상학』 제4권에서 말하듯이, 이 원리에 다른 모든 것이 기초하고 있다. 그런데 단적으로 지성에 최초로 포함되는 것이 존재자인 것처럼, 실천이성에 최초로 포함되는 것이 선(善)인데, 그것은 행위로 질서 짓는 것이다. 왜냐하면 목적 때문에 행동하는 모든 사람은 선이라는 개념을 가지고 있기 때문이다. 따라서 실천이성에 있어 제일원리는 선이라는 개념 위에 기초 지어지는데, 그것은 "선은 모든 것이 추구하는 것이다"이다. 따라서 법의 이 일차적 계명은 "선은 행해야 하고 추구해야 하는 것이고, 악은 피해야 하는 것이다."이다. 그리고 이 것 위에 자연법의 다른 모든 계명이 기초 지어진다. 즉 행해야 하고 피해야 하는 모든 것은 자연의 법의 계명에 속하는데, 이것은 실천이성이 인간의 선이라고 본성적으로 이해한 것들이다(아퀴나스, 2020: 139, Aquinas, ST, q.94, a.2).

위의 인용문에는 아퀴나스 자연법에서 제일계명이 도출되는 연역적 논리의 핵심이 담겨 있다. 그리고, 그 논리 체계에 아리스토텔레스의 형이상학과 목적론적 윤리학이 긴밀하게 스며들어 있다. 인용문에 담긴 아퀴나스의 논리적 연역 설명이 보다 잘 이해될 수 있도록, 필자는 다음과 같은 세 가지 사항을 나누어서 설명하고자 한다.

첫째, 아퀴나스는 모든 사람이 이성 능력으로 이해할 수 있는 범위에서의 질서에 대해서 말하고 있다. 이 말은 곧, 특정 사람들, 예컨대 신앙을 가진 사람이나 지적으로 뛰어난 사람 등에만 해당하는 것이 아니라는 뜻이다. 즉, 아퀴나스는 모든 사람이 알 수 있는 원리에 대해서 말한다. 이 점이 이성보다는 신앙을 우위에 둔 아우구스티누스의 교부철학 전통과 차이점이다. 아퀴나스는 위의 인용문 앞에서 공리와 같이 자명한 원리를 두 가지 방식으로 나누어 말하는데, "첫째는 그 자체로 자명한 것이고, 둘째는 우리와 관련해서 자명한 것이다(아퀴나스, 2020: 139, Aquinas, ST, q.94, a.2)." 이 둘의 구분은 어떤 것이 실제로 자명하지만, 우리가 알지 못해서 자명한 것으로 받아들여지지 않는 것이 있을 수도 있기 때문이다. 신앙과 이성의 차이를 두고 신앙의 우위를 주장하는 교부철학의 입장은 우리가 자명하게 알지 못한다고 하더라도 신은 그 자체로 자명하다고 설명한다. 이러한 설명은 첫 번째 방식이다. 이와 달리, 위의 인용문에서 아퀴나스가 자연법의 질서를 원리로 설명하는 방식은 그 자체로 자명하면서도 모든 사람이 자명하게 이해할 수 있다는 것으로 첫째와 둘째 모두에 해당하는 것이다. 예컨대, "모든 전체는 그 부분보다 크다(ibid)"와 같은 명제들은 그 자체로도 자명하면서 또한 이성 능력이 있는 우리 모두에게도 자명하게 인식된다. 이와 같이 모든 사람이 이해하는 범위에서 자연법의 제일원리가 있다는 것이 아퀴나스의 자연법 사상의 특징이다.

둘째, 아퀴나스는 자연법의 제일원리를 논증 불가능한 자명한 원리로 세우는데, 그 근거를 아리스토텔레스의 형이상학에서 찾아 제시한다. 아리스토텔레스는 『형이상학(Metaphysics)』 제4권에서 '있는 것을 있다는 조건 아래에서 다루는 학문' ― 형이상학의 정의 ― 에 대해서 본격적으로 다루는데(아리스토텔레스, 2007: 147, Aristoteles, Metaphysics, 1003a),[5] 총 8개의 장 중에서 제3장부터 5장까지 모순율에 대해서 공리, 증명, 반박 등을 다룬다. 모순율은 'A이면서 동시에 ~A일 수 없다'는 것이며, 이것은 논증 불가능한 제일원리이다. '논증 불가능한(indemonstrabile)'이라는 의미는 다른 근거를 전제로 두지 않고 자명하게 참인 명제로 인정된다는 것을 뜻한다. 아리스토텔레스의 형이상학에는 '있는 것(to on)'에 대한 모순율을 논하였는데, 이에 기반하여, 아퀴나스는 이론이성 혹은 사변이성이 있는 것, 즉 존재자에 대해서 말할 때 모순율을 범하지 않아야 한다는 것처럼, 실천이성도 마찬가지임을 말하는 것이다. 여기서 주목할 점은, 모든 법을 규정하는 최상위의 원리가 다름 아닌 선을 추구하는 실천이성의 제일원리에 달려 있다는 것이다. 이때 '제일원리(primum principium)'라는 개념에서 '최초의(primum)'라는 말은 다른 목적의 수단이 될 수도 없고, 다른 목적으로부터 도출되지도 않는, 그 자체로서 목적이자 행위의 원리가 된다는 말이다. 그리고 이 제일원리는 다른 제2의, 제3의 모든 원칙들을 하나로 통합하는 원리로서의 의미를 지닌다. '첫 번째의 것'과 '여러 다른 모든 것'의 관계에 관한 아퀴나스의 논변은 아리스토텔레스의 『형이상학』 제4권 제2장에서 다루는 '있는 것'에 관해 하나와 여럿의 관계에 관한 논변과 같은 의미를 지닌다. 아리스토텔레스에 따르면, "있는 것도 여러 가지 방식으로 말해지지만, 모두 한 가지 원리에 관계 맺어 말해진다(아리스토텔레스, 2007: 149; Aristoteles, Metaphysics, 1003b)."

셋째, 아퀴나스는 실천이성(ratio practice)에 해야만 할 행위의 질서를 규정하는 선(bonum)이 내재해 있다는 것을 말한다. 이때 그 선은 실천이성

---

5 아리스토텔레스의 『형이상학(*Metaphysics*)』을 완역한 우리말 번역본이 김진성 역주(2007, 『형이상학』)로 출판되었다. 아리스토텔레스의 저작을 인용할 때는, 원본을 표기하는 일반적인 경향에 따라서, 'Aristotles, Metaphysics, 1003a'처럼 압축하고, 번역본의 페이지도 제시하기 위해서 함께 본문에서 출처를 표기한다. 번역본은 '아리스토텔레스, 2007: 139'와 같이 출처를 표기한다. 본 글에서 다루는 아리스토텔레스의 다른 저작들, 『니코마코스 윤리학(*Nicomachean Ethics*)』, 『영혼에 관하여(*On the Soul*)』도 마찬가지로 원문 표지법과 번역본의 페이지를 함께 압축하여 본문에서 출처를 표기한다.

이 추구하는 목적 때문에 실천이성에 '자연 본성적으로' 내재한다. 이점은 아리스토텔레스의 목적론적 윤리학을 그대로 따르는 것이다. 아리스토텔레스의 목적론적 윤리학은 우선, 인간을 포함한 자연의 모든 생명은 어떤 '좋음(agathon)'을 목표로 행위와 선택을 하고, '최상의 좋음(ariston)'을 추구한다. 아리스토텔레스의 윤리학에서 좋음은 곧 선이고 모든 사람이 목적으로 추구하는 것이다. 『니코마코스 윤리학(Nicomachean Ethics)』의 제1권 제1장(좋음과 목적)은 다음과 같이 시작한다. "모든 행위와 선택은 어떤 좋음을 목표로 하는 것 같다. 그렇기 때문에 사람들은 좋음을 모든 것이 추구하는 것이라고 옳게 규정해 왔다."(아리스토텔레스, 2006: 13, Aristotles, Nicomachean Ethics, 1094a)[6] 아울러, 아리스토텔레스는 좋은 것 중에 최상으로 좋은 것을 행복으로 제시하고, 그 행복(eudaimonia)을 "덕(탁월성)에 따르는 영혼의 활동(아리스토텔레스, 2006: 37, Aristotles, Nicomachean Ethics, 1099b)"[7]이라고 정의하였다. 아리스토텔레스의 『니코마코스 윤리학』의 제1권 제7장(우리가 추구하는 좋음과 행복)에서는 최상의 좋음(=최고선)이 가능태로 주어진 인간이 덕의 추구를 통해 최고선을 실현할 수 있는 과

---

6 고대 그리스 철학 전통에서 '좋음-선'을 뜻하는 '아가톤(agathon)'은 로마시대에 이르러 라틴어의 '보눔(bonum)'으로 개념이 변천하였고, 영어를 비롯한 인도-유럽어족에서는 'good'로 번역되어 오늘날에 이르고 있다. '선'의 개념에 관한 서양철학전통의 개념어 변천에 관해서는 『니코마코스 윤리학』의 번역본(이창우 외, 2006: 455)의 부록-용어해설을 참조하기 바란다.

7 행복에 대한 아리스토텔레스의 정의에서 '영혼'으로 번역된 것은 '프시케(psychē)'에 해당하고, 이성 능력을 지닌 인간에 관해서는 '정신'이라 번역할 수 있다. 그런데, 아리스토텔레스는 이 '프시케'를 인간뿐만 아니라 이성 능력이 없지만 살아 있는 모든 생명(동물, 식물 포함)에 대해서도 동일하게 개념을 사용한다. 그리고, 일반적으로 '덕'으로 번역되는 아리스토텔레스의 개념은 '아레테(aretē)'이며, 이는 영어로 excellence 또는 virtue로 번역된다. 그래서 우리말 번역에서도 '어떤 사람이 월등히 높은 성품과 활동 능력을 지니고 있음'이라는 의미로서 탁월성(卓越性) 또는 덕(德)으로 번역된다.

정이 기능(ergon) 논변을 통해서 잘 설명되어 있다(아리스토텔레스, 2006: 29, Aristotles, Nicomachean Ethics, 1097b). 선은 생명을 지닌 모든 존재가 목적으로 추구하는 자연적 본성에 가능태로 주어져 있다. 이러한 아리스토텔레스의 목적론적 윤리학을 따라서, 아퀴나스는 위의 인용문에서 '선은 모든 것이 추구하는 것이다'라고 말하고, 이것을 실천이성의 제일원리로 제시한 것이다.

위에서 제시한 세 가지의 설명들은 한 가지의 특징으로 그 초점을 모을 수 있다. 그것은 곧, 아퀴나스의 자연법사상은 아리스토텔레스의 목적론적 윤리학에 기반하여 인간의 실천이성에 내재해 있는 '자연적 성향'에서 도덕적 선의 토대를 마련한다는 것이다.

Ⅲ. 영원법과 자연법의 관계

아퀴나스의 자연법사상의 특징은 실천이성의 제일원리에서 자연법의 제일계명 즉, '선을 행하고 추구해야 하며, 악을 피해야 한다'는 계명이 도출된다는 것이다. 그리고, 이 제일계명으로부터 자연법의 다른 여러 계명들이 도출된다. 그럴 때, 내용적으로 무엇이 선에 해당하는지를 우리가 어떻게 알 수 있는가라는 물음이 제기될 수 있다. 이에 대한 아퀴나스의 답변은 실천이성에 내재해 있는 '자연적 성향(naturalis inclinatio)'으로 충분히 가능하다. '성향(inclinatio)'이라는 개념은 '어떤 방향으로 기울어짐'의 뜻을 내포한다. 인간은 자연 본성적으로 그러한 성향, 즉 어떤 방향으로 기울어져 있다.[8] 아퀴나스의 자연법사상에서 그 기울어짐의 방향은 곧 선의 방향이다. 이러한 실천이성에 내재해 있는 자연적 성향에 기초하여 아퀴나스는 자연법의 제일계명을 확립한 것이다.

　　선은 목적의 본성을 가지고 악은 그 반대의 본성을 가지기 때문에, 인
　　간이 자연적 성향을(naturalem inclinationem) 가지고 향하는 모든 것은 이
　　성에 의해 본성적으로 선으로, 결과적으로 추구해야 하는 것으로, 그 반
　　대는 악으로, 피해야 하는 것으로 파악된다. 따라서 자연적 성향의 질
　　서에 따라 자연의 법의 계명의 질서가 있는 것이다(아퀴나스, 2020: 141,
　　Aquinas, ST, q.94, a.2).

　　아퀴나스는 자연법의 제일계명에 근거하여 "실천이성이 자연적으로
인간의 선이라 이해한 것(아퀴나스, 2020: 141, Aquinas, ST, q.94, a.2)"으로서 직접
적으로 도출되는 자연의 법의 계명들을 세 가지 제시한다.

　　자연법의 제일계명에서 직접 도출되는 세 가지 자연의 법의 계명들
중 첫째는, 인간뿐 아니라 모든 신의 피조물들(존재자들)이 자연적 본성에
따라 추구하는 선으로서 자기보존이고, 둘째는, 인간이 동물과 마찬가
지의 본성에 따라 추구하는 선으로서 암수의 결합과 자녀의 양육이고,
셋째는, 인간에게만 고유한 이성의 본성에 따라 추구하는 선으로서 신
에 대한 진리를 인식하려는 성향과 사회 안에서 살고자 하는 자연적 성
향이다. 위의 세 가지 자연법의 계명들은 존재자들이 지닌 기능적 활동
의 범위 차이에 따라 세 가지 층위로 나눌 수 있다. 첫 번째, 자기보존 추

---

8 여기서 '자연적 성향'은 '자연적 경향성'이라 할 수도 있다. 경향성(傾向性)이란 '어느 한
　　방향으로 기울어지는 성질'을 뜻하는데, 해바라기가 햇빛이 드는 방향을 좇아 기울어지
　　는 것과 같다. 아퀴나스가 말하는 '자연적 성향'이란 그러한 기울어지는 성질이 '자연적
　　으로', 다시 말해 '본성적으로' 인간의 실천이성에 내재해 있다는 뜻이다.

구는 인간과 동물, 식물을 포함한 모든 피조물들까지 범위가 적용되고, 두 번째, 암수결합과 자녀양육 추구는 인간과 동물에만 적용되고, 세 번째, 신에 대한 진리 인식과 사회적 삶의 추구는 인간에게만 적용된다. 이러한 구분은 아리스토텔레스가 영혼론에서 존재자들의 기능 차이에 따라 식물, 동물, 인간의 영혼들의 활동을 공통된 것과 차이점으로 층위를 구분한 것과 논리적으로 맥락이 같다.

아리스토텔레스는 『영혼에 관하여(On the Soul)』의 제2권 제3장(영혼의 능력들)에서 생명이 있는 영혼의 능력들을 모두 다섯 가지 즉, 영양섭취능력, 욕구능력, 감각능력, 장소운동능력, 사고능력으로 구분하고, 식물, 동물, 인간의 영혼을 실천 가능한 고유한 능력별로 구분한다(아리스토텔레스, 2001: 138-140, Aristotles, On the Soul, 414a-414b). 이러한 층위의 구분은 각 존재자들의 활동 기능에 따른 구분으로서, '같은 것은 같은 방식으로, 다른 것은 다른 방식으로' 구분하면서 탐구하는 것이 올바른 학문 방법론이기 때문이다. 아퀴나스는 이러한 아리스토텔레스의 영혼 능력의 구분에 따라서, 모든 존재자들이 추구해야 하는 자연법의 계명들을 도출한 것이다.

이때 중요하게 고려해야 하는 것은, 아리스토텔레스와 아퀴나스의 철학에서 이러한 각 존재자들이 지닌 능력의 층위 구분이 곧 오늘날 도덕적 지위와 동의어로 해석되는 도덕적 권리 행사의 차별을 뜻하지 않으며, 현대사회에서 늘 첨예한 쟁점을 형성하는 법적 차별을 뜻하지 않는다. 현대 환경윤리학에서 심도 깊게 논의되면서 인간중심주의와 비인간중심주의 입장별 쟁점이 되는 도덕적 지위의 차별, 도덕적 권리 부여 등의 논쟁은 서양 근대의 '신 전통'의 자연법사상이 등장한 이래로 인간에게만 부여한 자연적 권리 즉, '자연권' 개념이 적용될 때 생겨난다.

'신 전통'의 자연법사상에서 인간중심의 '자연권' 개념은 종교적 신이 준 것도 아니며, 신성한 영원법에 기초한 것도 아니며, 단지 인간이 스스로 만든 것이다.

토마스 아퀴나스의 자연법사상의 이론 체계는 세 단계의 위상으로 구분되는 법, 영원법(lex aeterna)·자연법(lex naturalis)·인정법(lex positiva) 사이의 긴밀한 연역적 관계에서 필연성에 따라서 성립된다. 이 관계에서 가운데 위상에 놓인 자연법은 영원법과의 관계에 의하여 불변하는 확실한 도덕적 근거를 마련하고, 인정법과의 관계를 통해서 변화하는 시대에 따른 다양한 도덕적 행위들의 질서에 올바른 근거를 마련해 주는 타당성의 원천으로 그 역할을 한다.

우선, 영원법과 자연법 사이의 긴밀한 관계에서 아퀴나스의 자연법사상의 핵심을 이루는 자연법의 개념이 정의된다. 『신학대전』제91문 제2절(물음: 우리에게 자연법이 존재하는가?)의 답변에서 아퀴나스는 자연법의 정의를 다음과 같이 아주 명확하게 제시한다.

> 모든 사람이 무엇이 선하고 무엇이 악한지를 우리가 구분할 수 있게 해주는 자연적 이성의 빛(lumen rationis naturalis)은 자연법에 속하는 것인데, 이는 신의 빛(divini luminis)이 우리에게 각인된 것이다. 따라서 자연법(lex naturalis)은 이성적인 피조물에서 영원법에 대한 참여라는 것이 (quam participatio legis aeternae in rationali creatura) 명백하다(아퀴나스, 2020: 39-40, Aquinas, ST, q.91, a.2).[9]

만약 자연법이 영원법과 본질적으로 다른 어떤 것이라면, 위와 같은 추론은 나올 수 없다. 영원법은 자연법을 따르는 존재자의 존재론적 근원이자, 자연법이 성립되는 규범론적 근거를 마련해 준다. 영원법은 신의 지성 자체이며, 또한 신이 창조한 모든 것들을 신이 계획한 목적에 따르도록 하는 법이다. 영원법의 속성은 불변하고 영원하다. 이 영원법이 '신성한 빛(lumen divini)'이라면, 이 빛에 의해 이성을 지닌 존재자인 인간에게 각인된 빛으로서 '자연적 이성의 빛(lumen rationis naturalis)'은 자연법에 해당한다. 그래서 영원법과 자연법은 본질적으로 다른 것이 아니다. 자연법은 실천이성의 능력을 지닌 인간에게 신의 빛이 분화되어 자연적으로 새겨져 내재화된 법이다. 그래서 자연법은 인간이 실천이성을 발휘하여 인식 가능하며, 그렇기 때문에 이성적 존재인 인간은 자연법을 통해서 영원법에 '참여'할 수 있다. 이처럼, 실천이성을 매개로 하는 영원법과 자연법의 밀접한 관계 설정을 통해서 아퀴나스는 스콜라 철학의 전통에서 논구되었던 믿음과 앎의 문제에 대해 이성 중심으로 해답 가능한 중요한 설명의 체계를 완성한다. 이러한 아퀴나스의 설명은 아우구스티누스의 교부철학 전통과 다른 방식으로 믿음과 앎의 문제를 해결해 주는 것이다. 그리고, 이러한 아퀴나스의 설명은 자연법이 계시와 신앙에 호소하지 않으며, 무신론자에게까지도 합리적으로 설명이 가

---

9 참여로 표기한 'participatio'는 영원법과 자연법의 관계를 맺어주는 매우 중요한 개념으로서, 이진남의 번역본에서는 '나누어 준다'는 의미의 '분여(分與)'로 번역되어 있다. 한편, 강상진의 연구(2014)는 '참여'로 번역한다. 이진남은 번역본의 제91문의 제2절의 각주 11번에서 '영원법과 자연법이 각각 다른 법이 아니라, 실제로는 같지만 개념적으로 구분된다'는 점을 고려하여, 서로 실체적으로는 다른 것이 아니라는 의미에서 번역어를 '분여(分與)'로 설정했음을 밝힌다(아퀴나스, 2020: 40). '분여'라는 용어가 현대의 우리말에 잘 사용되지 않으며 대부분의 학자들의 연구에서 '참여(參與)'로 번역한 연구서들이 다수이다. 아직, 우리말 번역본이 널리 읽히고 있지는 않고, 그간 많은 연구서들에서 '참여'로 번역되어 표기된 점이 많다는 것을 고려하여, 본 인용문에서는 '참여'로 표기한다. 단, 필자가 본문에서 글을 전개할 때 맥락에 따라서 '분여'의 의미 혹은 '참여'의 의미를 고려하여, 적절히 표기한다.

능함을 보여준다(스칸드롤리오, 2018: 17-20).

 '인간 이성에 자연적으로 새겨진 신의 빛'으로서 이해되는 자연법은 우리의 행위를 목적으로 향하는 최초의 방향을 설정한다. 그 자연법의 방향은 영원법으로 향한다. 이때, 영원법에 대한 참여로서의 자연법을 설명하면서, 아퀴나스는 이성적 동물인 인간만이 영원법으로의 참여가 가능한 것으로 한정하지 않는다. 영원법은 모든 피조물들(존재자들)에 보편적으로 나누어져 있다. "이성적 동물들이 자신의 방식으로 영원한 이성을 분유하고 있듯이, 비이성적 피조물도 자신의 방식으로 영원한 이성을 분유한다(아퀴나스, 2020: 41, Aquinas, ST, q.91, a.2)." 사물들, 초목들, 동물들의 참여는 수동적이고 의지를 지니지 않고서 참여한 것이며, 이와 반대로 인간의 영원법에 대한 참여는 능동적이며, 이성의 사용과 의지의 사용이 수반된다(스칸드롤리오, 2018: 22-23). 즉, 이성적 존재자이든 비이성적 존재자이든 모든 피조물들(존재자들)에게 목적 지향성을 실천할 수 있는 가능성이 자연적으로 내재해 있다.

 다만, 이성 능력을 지닌 존재자인 인간에게는 이성에 부합하여 행동하게 하는 자연적 경향이 있고 이것은 곧 선으로 향하는 경향으로 나아간다(강두호, 2019: 8-10). 그리고, 이성적 피조물인 인간은 영원한 이성을 "지성적이고 이성적으로(intellectualiter et rationaliter)" 분여(分與)하고 있기 때문에, 영원법이 이성적 피조물에 분여한 것을 '법'이라 부를 뿐이다(아퀴나스, 2020: 41, Aquinas, ST, q.91, a.2). 요컨대, '자연적 성향'이 실천이성의 능력으로 주어져 있기에 인간은 자연법의 계명에 따라 선한 행동을 언제나 추구할 수 있으며, 이성적 존재자와 비이성적 존재자 모두를 포함하는 자연적 질서 안에서 다른 존재자들과 조화를 이루며 더 높은 수준의 선을 추구하는 존재의 목적을 실현할 수 있다.

'자연적 성향'에 관한 신학론적 설명과 진화론적 설명 사이에 끊임없는 대결이 있을 수 있지만[10], 우리가 아리스토텔레스의 목적론과 아퀴나스의 자연법사상의 조화에서 형성된 '목적론적 자연법'을 오늘날 적극적으로 탐구하는 데 있어서 보다 중요한 것은 자연, 신, 이성 개념 등을 둘러싼 신학적 설명과 진화론적 설명의 끊임없는 대결의 이쪽과 저쪽의 한 편에 서는 것이 아니라, 인간의 규범적 행위로 만들어지는 세계 질서의 도덕철학의 근거를 현실적으로 재고찰하는 것에 있다. 그리고, 이 재고찰 과정에서 오늘날 환경문제를 실천적으로 해결해 나갈 수 있는 가능한 방향과 방법을 찾아내는 것이다. 이 재고찰 과정에서 '목적론적 자연법' 전통을 통해 우리가 중요하게 다루고 비판적으로 검토해야 할 것은 '자연법과 인정법의 관계에서 양지에 기초한 양심 개념의 현대적 의미'이다.

---

[10] '자연적 성향'에 기초하여 규범의 근거를 도출하는 아퀴나스의 자연법사상은 때때로 진화생물학자들에 의해 목적론적 자연 개념, 신에 의한 세계 질서의 조화 등의 과학적 설명 부재로 심각한 비판을 받기도 한다(데자르뎅, 2017: 80). 하지만, 그 반대로, 윤리의 문제를 과학적 사실로 환원시키고자 하는 주장은 더욱 큰 문제를 야기할 수 있다. 현대의 다윈주의 진화론자들은 "자연은 선하지도 악하지도 않고 그저 자연일 따름이다(데자르뎅, 2017: 80)"라는 명제를 내세워, 목적론적 자연 개념이나 인간의 자연적 성향에 대해 비판을 한다. 그런데, 인간의 행위 질서와 관련된 규범의 문제를 자연과학적 사실에서 모두 도출하는 것은 오히려 윤리학을 위태롭게 만든다. 현대의 진화생물학자 에드워드 윌슨(Edward O. Wilson)은 다윈주의에 기초하여 자연, 생명, 인간의 본성에 대한 생물학적 탐구를 지속해 나가면서 '인간의 모든 것은 생물학적으로 해석 가능하다'는 주장을 펼친 바 있는데, "윤리학이 이제 철학자의 손을 떠나서 '생물학화'할 시점이 도래했다"는 이러한 윌슨의 주장에 대해 윤리학자는 오히려 '윤리의 생물학화' 시도가 초래할 수 있는 문제들을 제대로 검토할 필요가 있다(류지한, 2015: 28).

Ⅳ. 자연법과 인정법의 관계

자연법과 인정법의 관계는 불변-가변의 관계, 보편-특수의 관계 또는 일반-다양의 관계로 이해될 수 있다. 현실 속에서 삶을 살아가는 인간들은 그들이 처한 사회나 공동체의 특수한 질서의 상황에 따라서, 또는 지역뿐 아니라 역사적으로 변해가는 다양한 삶의 방식에 따라서, 선의 '내용'이 달라지는 가변성을 경험한다. 그래서 인간들은 그들이 발딛고 있는 특수한 상황이나 삶의 방식에 따라서 공통으로 요구되는 법적 질서를 규범으로 세운다. 관습에 의하든 아니면 지워지지 않는 문서에 새기든, 인간들 사이에서 자율적으로 정한 법을 만든다. 인정법(人定法, lex positiva)은 이렇게 만들어진다. 그런데, 그 인정법의 정당성은 필연적으로 타당하게 확보할 수 없는 한계가 있다. 그럼, 인정법의 정당성은 어떤 근거와 어떠한 방식으로 확보될 수 있는가? 이 물음이 인간에 의해 제정되는 법 혹은 규범의 정당성과 실천적 구속력을 결정짓는 핵심 물음이다. 토마스 아퀴나스의 자연법사상의 체계에서, 자연법은 인정법이 도덕적 규범성을 지닌 법으로서 정당성을 확보할 수 있는 확고한 근거를 마련해 준다.

피니스(Finnis) 등의 현대의 자연법주의자들은 법의 도덕적 정당성 확보의 근거를 찾는 과정에서 토마스 아퀴나스의 자연법사상을 중요하게 다루며, 다양한 차원에서 현실적인 실천 과제들을 제시한다(강두호, 2019: 10-13). 20세기 제2차 세계대전 이후 강하게 형성되었던 자연법주의 사상가들은 법실증주의에 맞서서 실정법에 대한 도덕적 분석과 비판을 가했다. 반면 한스 켈젠(Hans Kelsen)과 같은 법실증주의자들은 '악법도 법이다'고 말하는 것과 같이, 부도덕한 법일지라도 그것이 법이 아니라고 말할 근거는 존재하지 않는다고 주장한다. 이에 반해 자연법론자들은 도덕적 요청에 부응하는 데 실패한 실정법에 대한 복종의무를 거부하고, 도덕에 일치하지 않는 법에 대해 법으로서의 성격을 박탈할 것을 주장하였다(박은정, 2007: 29). 이때, 실정법에 대한 거부나 비판의 근거로 제시되는 도덕적 심급에 해당하는 개념이 '양심'이다.

'양심' 개념은 아퀴나스의 자연법사상을 특징짓는, 그러면서 오늘날 우리가 적극 탐구해 볼 핵심 개념인데, 아퀴나스는 두 가지 개념 즉, '양지(synderesis)와 양심(conscientia)'[11] 개념으로 자연법사상의 핵심 의미를 제시한다. 아퀴나스는 『신학대전』 제94문 제1절에서 '자연법은 습성(habitus)인가?'라는 물음을 제기하고, 일반적으로 사람들이 그렇다고 생각하는 견해에 대해 반론을 제기한다. 그런 이후 해답에서 자연법은 단순한 습성이 아니라 '습성을 갖게 하는 원리'로서 일종의 '본성적으로

---

11 신데레시스(synderesis)는 그 동안 국내 학계에서 일정하게 합의된 용어 없이 양지(양지), 양지양능, 양심, 근원 양심, 양심의 번뜩임 등으로 해석되어 왔다. 그리스어 'συνείδησις'에서 유래된 단어이다. 신데레시스(synderesis) 개념의 유래와 의미 해석에 관해서는 임경헌의 연구(2017)는 외래어 표기를 그대로 음차하여 '신데레시스(synderesis)'라 번역하는데, 그 의미내용에 관해서는 그의 연구 각주 4번을 참고하고, 번역어 선정의 문제에 관해서는 그의 연구 각주 70번을 참고하기 바란다. 한편, 이진남의 번역본은 synderesis를 우리말 '양지(養志)'로 번역하고 있다. 필자는 이 번역본의 개념 선정에 따른다. 이 개념의 번역어 선정에 어려움이 있는 이유는 우리말에서 모두 '양심'으로 번역될 수 있는 synderesis와 conscientia를 아퀴나스가 세심하게 구별해서 사용하기 때문이기도 하다. 우선, 아퀴나스는 94문 제1절에서는 synderesis 개념으로 실천이성의 원리를 설명한다. 이때 synderesis 개념은 인간의 타고난 자연적 본성에 따라 인간에게 주어져 있는 것을 의미한다. 이런 의미를 지니는 개념이 synderesis이며, conscientia와 미묘하지만 구분될 수 있는 점을 고려하여 이 개념을 '양지(養志)'로 표기하는 것이 적절할 것으로 생각된다. 반면, 인정법에 관한 논의가 전개되는 96문 제4절에서 아퀴나스는 인정법의 도덕적 근거로서 '양심(conscientia)' 개념을 사용한다. 우리도 흔히 모두가 함께 공유하고 있는 '양심의 법정에서'라고 말하는 바와 같은 의미에 해당하는 개념이다. 이진남의 번역본은 conscientia를 우리말 '양심(養心)'으로 번역하고 있다. 필자는 이 개념 선정에 따른다.

타고난 양심'으로서 '양지(synderesis)'라고 정의한다.

> 습성이 인간적 행위의 제일원리인 자연법의 계명을 가지는 한에 있어
> 서, 양지(synderesis)는 우리 지성의 법(lex intellectus nostri)이라고 말한다(아
> 퀴나스, 2020: 135, Aquinas, ST, q.94, a.1).

위의 인용문에서 양지 개념은 아퀴나스의 자연법사상에서 실정법에
대한 도덕적 근거이자 비판적 의미로서 오늘날 가장 주목할 만한 논의
를 제공한다. 아울러, 이 개념은 토마스 아퀴나스의 자연법사상이 보다
더 '합리적으로' 이해할 수 있는 초석을 제공한다(임경헌, 2017: 13). 양지 개
념은 신의 빛이 우리에게 각인된 것 즉, '자연적 이성의 빛'이 습관화되
어 올바른 행동의 법으로 된 것을 말한다. 즉, 단지 실천이성에 가능성
으로 내재화된 것이 아니라, 행동으로 현실화되어 구체적으로 드러나
는 것이며, 습관으로 강화되어 오랫동안 유지되는 것이다. 이는 아리스
토텔레스 철학에서 행동으로 드러나는 덕의 실천과 같은 의미를 지닌
다. 아울러, 그 실천의 방향은 목적을 향해 있으며, 그 목적은 선을 추구
하는 것이다. 즉, 도덕적 계명 없이 단지 이리저리 반복되는 마음의 상
태로 머무는 것이 아니라, 자연법의 제일계명에 따르는 방향으로 행동
을 지속해 나간다는 것이다. 그렇기 때문에, 양지는 인간의 실천이성에
새겨진 '우리의 지성의 법'이라고 아퀴나스가 말하는 것이다. 이런 점에
서, 양지는 곧 선을 추구하고 행하며 악을 피하는 자연법의 제일계명의
성립 근거이자, 우리가 스스로 선을 향한 실천적 활동을 할 때 출발점이
된다(임경헌, 2017: 13).

위의 문단에서 언급한 양지가 자연적으로 실천이성에 내재하기 때문

에, 우리는 현실의 법으로 질서를 만들 때 우리의 내면의 도덕심인 양심을 살펴서 인정법을 올바르게 만들고 개선할 수 있다. 아퀴나스는 『신학대전』의 제95문에서는 '인정법에 대하여(de lege humana)' 총 4개의 절에 걸쳐서 다루고, 제96문에서는 '인정법의 효력에 대하여(de potestate legis humanae)' 총 4개의 절에 걸쳐서 논하는데, 그중에서 제96문 제4절에서 제시되는 '양심의 법정'에 대해 우리는 주목할 필요가 있다. 이곳에서 아퀴나스는 '인정법은 양심의 법정에서(in foro conscientiae) 인간에게 필연성을 부과하는가?'라는 물음을 제기하고, 반론과 재반론을 거쳐 답변을 제시한다. 아퀴나스에 따르면, 인간에 의해 만들어진 법은 정의로울 수도 불의할 수도 있다. 만약 법이 정의롭다면, 양심의 법정에서 그 법의 원천인 영원법에 의해 구속력을 가지게 된다. 반면 그렇지 않은 경우, 그 법은 양심의 법정에서 구속력을 가지지 않는다(아퀴나스, 2020: 223, Aquinas, ST, q.96, a.4).

위와 같이 인정법의 구속력을 거부하는 근거로서의 '양심' 개념은 오늘날 우리들에게 병역의 의무라는 실정법을 거부하는 근거로서 혹은 부당한 권력 체계에 저항하는 지식인의 양심선언으로서 혹은 부도덕한 권력자를 비판하는 도덕적 양심 개념으로서 사회의 여러 분야에서 복잡한 논의와 함께 매우 강한 도덕적 비판과 반성의 의미를 함축하는 개념이다. 그런데, 한편으로는, 인간의 사회적 권리의 확장 문제의 범위를 벗어나 환경위기의 문제와 관련하여서는 그러한 강한 도덕적 비판과 반성의 의미를 지니지는 못하고 있는 것으로 보인다. 그 이유는 오늘날 '양심' 개념에 대한 우리들의 잘못된 이해가 종종 있기 때문이다. 그 오해는 양지 개념이 배제된 양심 개념을 인간이 인간 자신만을 위한 자기보존 욕망 추구를 정당화하고 또 그런 욕망의 추구를 법적 권리 개념으로 내세울 때 드러난다.

오늘날 환경파괴와 관련하여 제기되는 각종 문제들은 일차적으로 양심 없는 인간들의 제한 없는 자기보존적 욕망 추구 행동들에서 발생한다. 개인이든 기업이든 어느 특정 공동체든 오폐수의 무단 방류, 쓰레기의 무단 배출, 과도한 개발, 무분별한 삼림 채벌 등 도덕적 양심이 없는 행동들은 실정법을 강하게 제정해도 사라지지 않는다. 때때로 법의 위반 사실이 밝혀졌을 때는 이렇게 항변한다. '생존을 위한 어쩔 수 없는 선택이었다.' 이런 유의 말들에 우리는 '도덕적 불감증'을 문제 삼으며, 양심 개념을 거론한다. 그러나, 법의 위반이 없을 경우는 문제의 양상이 달라진다. 그 이유는 사람들이 저마다 '양심'보다는 법적으로 인정된 '권리'를 주장하고 나서기 때문이다. 오늘날 우리들의 잘못 이해된 '양심' 개념은 인간중심의 자기보존을 위한 도덕적 정당화의 수단으로 잘못 활용되고 있다.

위와 같은 오해에 대해 우리가 주의 깊게 생각할 때, 아퀴나스의 '양지'에 기반한 '양심' 개념은 도덕적 자기보존의 추구와 밀접히 관련되는 개념이라는 점을 심도 깊게 고찰해야 한다. 아퀴나스의 자연법의 제일계명―선을 행하고 추구해야 하며 악을 피해야 한다―은 인간에게 본성적으로 주어진 자연적 성향, 달리 말해, 양지(synderesis)에 따를 때 도덕적 의미와 실천력을 발휘할 수 있다. 그렇기 때문에, 아퀴나스는 자연법의 제일계명을 실천이성에 자연적 성향으로, 즉 자연적 이성의 빛으로 내재해 있는 양지에서 논증 불가능한 제일원리를 제시한 것이다. 그리고, 그러한 한에서 인간을 포함한 동물과 모든 피조물들이 추구하는 자기보존의 추구 노력은 선을 향하는 자연법의 계명이 될 수 있다. 그런데, 이 자기보존의 추구 노력에서 인간 행위의 도덕성을 근거 짓는 양지 개념이 없다면, 자기보존의 추구 노력은 무한정한 욕망의 추구로 확장이 되고 또한 그 추구 노력이 이기적 욕망의 실현으로 전개될 수 있다. 아울러, 그러한 욕망 추구에 도덕성이 없다면, 그 도덕성 없는 자기보존의 욕망 추구를 인간의 본성에 자연적으로 주어진 것이라고 옹호하면서, 인정법의 상위 심급에 해당하는 '양심의 법정에서(in foro conscientiae)' 현실의 실정법인 인정법마저도 회피하는 논변 수단으로 사용될 수 있다. 아울러, 도덕성 없는 자기보존의 욕망 추구가 '권리' 개념과 만난다면 문제는 더욱 심각해질 수 있다.

V. 자연법사상의 근대적 변형과 인간중심주의의 문제

자연법은 '서구 정신사가 탄생시킨 역사적 개념'이다(박은정, 1987: 12). 이 말은 자연법사상이 모든 역사적 시대에 동일하게 있었던 것이 아니라, 역사의 변화에 따라서 시대의 요청에 따라서 의미의 변천이 이루어져 왔다는 뜻이다. 토마스 아퀴나스에 의해 완성된 '목적론적 자연법' 전통은 서양 근대철학의 시기에 이르러 세계관의 거대한 변화에 직면하여 질적인 변형이 이루어졌다. 우리는 변형된 자연법사상의 새로운 모습을 무신론적 유명론과 영국 경험론을 사상 체계에 반영한 토머스 홉스(Thomas Hobbes, 1588~1679)의 자연법사상에서 강한 단초를 발견할 수 있다. 그리고, 서양 근대의 철학 정신이 투영된 '신 전통'의 자연법사상이라 부를 수 있는 이 경향은 로크, 루소 등 계몽주의적 자연법사상가들의 사회 혁명적 사상 체계의 토대가 되었다. 우리는 서양 근대철학에 형성된 자연법사상의 변형된 경향을 '신 전통'으로 부를 수 있으며, 이와 대비되는 차원에서, 아리스토텔레스-아퀴나스에 의해 정립된 '구 전통'의 목적론적 자연법 전통을 구분할 수 있다.

아리스토텔레스-아퀴나스에 의해 정립된 '목적론적 자연법 전통'이 지니는 현대의 환경윤리 혹은 환경철학의 이론적 토대 가능성을 적극 고찰할 때, 우리는 서양의 근대철학에서 신으로부터 벗어나 자율성을 획득한 인간의 자기보존의 문제를 '욕구 또는 욕망'에서 근거를 찾고자 '새로운' 방향을 설정하였던 토머스 홉스의 자연법사상을 비교하면 그 의미의 차별성이 두드러질 것이다. 홉스의 대표 저서 『리바이어던(Leviathan)』의 제6장에는 아퀴나스의 자연법사상과 아주 대비되는 홉스의 자연법사상의 근본 규정이 있다.

> 어떤 인간이 욕구 또는 욕망(Appetite or Desire)을 갖는 것은 그 대상이 무엇이든지 그에게는 '선(good)'이며, 증오 또는 혐오(Hate or Aversion)의 대상이 되는 것은 '악(evil)'이다. 그리고 경시의 대상은 '미천한 것'이나 '하찮은 것'이다(홉스, 2008, 79).[12]

위의 홉스의 문장은 아퀴나스가 『신학대전』의 제94문 제2절에 담긴 자연법의 제일 계명을 제시할 때의 문장과 그 구조가 같되 선과 악의 규정 근거 내용만 다른 것이다. 우리는 앞선 논의에서 살펴본 것과 비교함으로써 홉스가 아퀴나스의 문장을 가져와서 어떻게 내용적 변경을 시도했는지 확연히 구별해 볼 수 있다. 홉스의 자연법사상의 가장 큰 특징

---

12 이 명제의 영어 원문은 다음과 같다. "whatsoever is the object of any mans Appertite or Desire; that is it, which he for his part calleth Good: And the object of his Hate, and Aversion, Evil; And of his connempt, Vile, and Inconsiderabile.."

이자 아울러 아퀴나스의 자연법사상과 구별되는 근본 문제는, 인간의 실천이성이 아니라 어떤 개인이 추구하는 무제한적인 욕구 또는 욕망(Appetite or Desire)에 도덕적 근거를 부여한 점이다.

홉스의 사상에서 선과 악을 분별하는 도덕적 기준은 '어떤 한 개인'의 욕구 또는 욕망의 대상이냐 아니면 증오 또는 혐오의 대상이냐에 있다. 그 대상이 실재로 자연적으로 선한 성질을 고유하게 지니고 있는지 아닌지는 전혀 기준이 되지 못한다. 그 대상이 무엇이든지 어떤 인간이 욕구하거나 욕망을 가지게 되면, 그것은 선한 것이다. 반면, 어떤 인간이 증오하거나 혐오하는 대상으로 여기면, 그것은 악한 것이다. 그리고 홉스의 자연법사상은 이러한 개인의 자기보존 추구 욕망에 불가침적인 '자연권'을 부여한다. 이러한 특징을 지니는 홉스의 자연법사상에는 무제한적인 욕망 추구의 능력을 지닌 '개인'의 자기욕망 추구를 불가침적인 '권리'라는 이름으로 정당화하는 인간중심주의가 강하게 내포되어 있다.

서양의 자연법사상의 전통에서 '구 전통'과 확연하게 비교되는 '신전통'의 가장 두드러진 특징은 인간이 자기보존을 위해 자연적으로 부여 받은 욕구능력이나 그것의 실현능력에 도덕적 정당성을 부여하면서 성립시킨 인간중심의 '자연권' 개념을 창안하였다는 점이다. 이 '자연권' 개념은 사회상태를 자연상태보다 더 좋은 것으로 만들기 위한 사회 계몽주의자들에 의해 자연법사상의 중심 개념으로 이론화되었으며, 그에 따라 실천적으로는 모든 인간의 보편적 평등주의에 기반한 인간해방의 사상 체계로 발전하였다. 그러나, '자연권' 중심의 자연법사상은 사회상태라는 문화적 공간 안에서 오직 인간만을 구성원으로 하는 시민의 평등한 관계와 그에 기초하여 발전해 나가는 사회나 국가의 올바름 혹은 정의에 관해서만 관심을 가질 뿐 사회상태의 외연보다 훨씬 넓은 실질적인 자연상태의 자연 및 그 속의 비인간적 존재자에 관해서는 별 관심을 두지 않았다.

이러한 문제를 염두에 둘 때, 우리는 레오폴드가 '대지윤리'의 핵심 명제를 자연법의 제1명제처럼 제시하였던 점을 다시 상기하여 비교해 볼 수 있다.

> 어떤 것이(A thing) 생명 공동체(biotic community)의 통합성과 안전성과 아름다움을 보전하는 데 이바지한다면, 그것은 옳다. 그렇지 않다면, 그 것은 그르다(레오폴드, 2006: 269, Leopold, 1949: 211).[13]

레오폴드는 위의 명제를 통해 인간이 아니라 '생명 공동체'의 통합성과 안정성, 그리고 아름다움을 목적으로 하는 도덕적 규범의 질서를 제시하였다. 이러한 점은 곧 자연 존재자들이 오직 인간의 욕구 또는 욕망의 대상 여부에 따라 선과 악으로 구분된다는 홉스의 자연법에 대한 강한 비판의 의미를 지니고 있다. 또한, 레오폴드는 위의 명제에서 주어 자리에 '어떤 것(A thing)'이라는 불특정 존재자를 지시하는 명사를 위치시키며, 인간만이 아니라 모든 자연의 존재자들이 '생명 공동체'에서 동등한 한 구성원이라는 존재론적 관점을 제시한다. 이 점은 인간을 세계의 주인으로 세우고자 하는 서양 근대철학의 기획에 대한 강한 비판을 암시한다. 물론, 아리스토텔레스-아퀴나스의 '목적론적 자연법'의 경우도

---

13 이 명제의 영어 원문은 다음과 같다. "A thing is right when it tends to preserve the intergrity, stability, and beauty of biotic community. It is wrong when it tends otherwise."

인간의 도덕적 지위의 우월성을 견지한다는 점에서 레오폴드의 생태중심적 사상과는 거리가 먼 측면도 있지만, 아리스토텔레스와 아퀴나스의 사상이 목적론적 체계 아래 세상의 모든 존재자들이 따라야 할 조화의 질서를 추구하였다는 점에서 볼 때, 레오폴드의 생태중심적 사상과 다소 거리가 가까운 점도 있다. 레오폴드의 생태중심적 사상과 극단적으로 대립되는 자연법사상의 서양 철학의 근거는 오히려 근대의 자연법, 특히 홉스의 자연법사상의 근본 토대에 있다.

물론, 홉스의 사회계약론에서 이 '권리'는 인간의 자연상태를 가정한 차원에서 부여되는 것이며, 계약을 통해 인간이 사회상태로 이행하면서 그 '권리'는 국가에 양도되어 제한된다. 그러나, 사회상태가 불안정하여 전쟁상태로 빠지는 경우 또는 사회상태의 법과 제도가 영향을 미치지 않는 야생자연의 공간에서는 사회상태에서 일탈된 '개인'의 자기보존 추구 욕망은 환경위기를 가속화시킬 위험이 있다. 반면에, 우리가 본 논고에서 고찰한 아리스토텔레스-아퀴나스의 '목적론적 자연법' 사상은 그렇지 않다. 오히려, 아퀴나스의 자연법사상에서 양지에 기초한 양심의 개념을 되새겨 볼 때, 우리는 오늘날 환경위기를 가속화하는 경향의 국제 정치적·경제적 결정, 국가나 사회의 제도와 법 그리고 기술 개발 등에 강한 윤리적 비판을 제기할 수 있는 사상적 근거를 마련할 수 있다.

현대의 전지구화된 세계는 한 번의 잘못된 정치적·경제적 결정으로 인해 심각한 지구환경위기를 초래할 수 있다. 이런 위기 상황에서 목적론적 자연법 전통의 양심 개념은 핵폭탄을 탑재한 미사일을 발사시킬 수 있는 권한을 가진 사람이나 집단의 잘못된 결정 혹은 지구의 이산화탄소의 농도를 높일 수 있는 경제적 조치를 내리는 사람이나 집단의 잘못된 결정에 강한 비판적 계기를 마련해 줄 수 있다. 또한, 국가나 사회의 제도를 만들고 법의 판결을 하는 사람, 그리고 기술 개발자들이 결정하는 문제들과 관련하여 양심 있는 책임 행동을 강하게 촉구하는 근거를 마련해 줄 수 있다. 아울러, 환경위기 문제에 무관심한 채 개인의 자기보존 욕망만을 추구하는 수많은 현대인의 양심 없는 행동들에 대해 윤리적 책임의 관점을 제시하며, 그들의 행동에 반성적 성찰의 계기를 마련해 줄 수 있다.

VI. 나오며

'목적론적 자연법'의 전통은 서양 고대의 아리스토텔레스에 의해 정립된 목적론적 이론에 뿌리를 두고서, 서양 중세의 토마스 아퀴나스에 의해 강한 생명력을 지닌 사상 체계로 발전한 사상의 전통이다. 본 글에서, 우리는 이러한 '목적론적 자연법' 전통이 오늘날 환경윤리학 혹은 환경철학의 학문적 토대를 강화하기 위한 이론적 탐구의 기초를 형성할 수 있음을 고찰하였다. 우리는 본문을 통해, '목적론과 자연법의 조화', '자연적 성향에 대한 긍정적 논변', '양지에 기초한 양심 개념의 현대적 의미 성찰'을 중심주제로 아리스토텔레스-아퀴나스의 '목적론적 자연법 전통'의 핵심 의미를 살펴보았다. 그리고, 서양 근대의 시기에 이루어진 자연법사상의 왜곡과 단절의 지점을 확인하고 거기에서 비롯된 인간중심주의의 문제를 비판적으로 고찰하고 오늘날의 관점에서 재해석하였다.

20세기 중반 환경윤리학이 태동하고 형성되었던 시점에, 존 패스모어(John Passmore, 1914~2004)는 1974년 연구—『자연을 위한 인간의 책임: 생태학적 문제들과 서양 전통(Man's Responsibility for Nature: Ecological Problems and Western Traditions)』—에서 인간중심주의의 관점과 태도를 옹호하면서, 서양 철학의 전통에서 환경윤리학의 철학적 근거를 찾을 수 있다는 주장을 제기하였다. 패스모어의 주장의 요지는 '환경윤리학이 서양의 전통 철학 및 사상 일반과 모순되지 않는다'는 것이다. 그는 '옷'에 비유하면서 이렇게 말한 바 있다. "윤리를 필요로 한다는 것은 결코 새 겉옷을 필요로 하는 것과 같지 않다(Passmore, 1980: 56)." 패스모어는 철학자의 역할을 쓸모 없거나 비합리적이거나 위험한 대안을 제거하는 것으로 보았다(데자르뎅, 2017: 214). 패스모어의 입장은 서양 철학의 전통을 재검토함에 있어서 다음과 같은 하나의 방향성을 암시하는 것이다. 만약 전통 철학에서 오늘날 환경윤리 혹은 환경철학의 담론 형성과 발전을 위해 적극적으로 재검토할 '좋은 씨앗'이 있다면, 현대의 우리는 서양의 철학 전통에서 만들어졌던 '전통 옷'을 다시 입거나 조금 수선해서 더 좋은 옷으로 만들어나갈 수 있을 것이다.

이 관점을 서양 사상사에서 오랜 기간 형성된 자연법사상의 변형과 단절의 문제로 접근해 볼 때, 오늘날 환경위기를 초래하는 인간중심주의의 가장 분명한 철학적 근거는 서양의 근대 시기에 자연법사상의 변형으로 형성된 자기보존적 욕망 추구의 도덕적 정당화와 인간중심의 '자연권'의 지나친 확장에 있다고 할 수 있다.

철학사에 등장하는 주요 철학자와 그 철학자의 중심 내용이 모든 시대를 넘어 동일한 내용으로 전개될 수는 없으며, 때로는 심각한 왜곡과 단절이 존재하기도 한다. 특히, 서양 철학사에서 자연법 개념은 시대의 변화에 따라 큰 굴곡을 형성한 역사적 개념이었으며, 근대철학의 시기에 고중세 전통으로부터 큰 단절이 있었다. 이 단절은 인간-자연 관계의 보편적인 이해로부터 멀어짐의 성격이라 할 수 있다. 이 단절로 인해 서양의 철학 전통에서 고대와 중세 시대에 자리매김한, 인간-자연 관계의 보편적 철학의 유산이 올바르게 평가되지 못하였고, 그 결과 오늘날 우리들의 철학적 이해에도 제대로 계승되지 못한 측면이 있다.

환경윤리학 혹은 환경철학의 이론적 정립을 위해 종래의 철학과는 전혀 다른 새로운 차원으로 이론적 탐구를 하는 노력도 필요하겠지만, 우리들은 '새로운 겉옷'을 만드는 일에만 몰두할 것이 아니라, '기존의 겉옷'을 반성적으로 되돌아보면서 얼룩진 모습을 닦아나가거나 '전통 옷'을 올바르게 재평가하는 작업도 해 나가야 한다. 적어도, '오래된 옷'이라고 해서 이미 낡아 재검토의 가치도 없을 것이라는 단순한 태도에서는 벗어날 필요가 있다. 이러한 반성적 성찰의 과정에서, 우리는 인간과 자연의 올바른 관계에 관한 성찰을 제공하는 도덕적 덕의 함양이나 윤리적 규범의 정당성, 그리고 실천적 지침을 제공하는 새로운 가치를 서양 철학의 전통에서 새롭게 발견할 수 있을 것이다. 본 장에서 주요하게 검토하고 탐구한 '목적론적 자연법 전통' 역시 그러한 관점에서 철학적으로 재검토하면서 새롭게 탐구될 필요가 있다.

참고문헌

강두호(2019), 「토미즘 자연법론에서 실천이성의 위상」, 『윤리연구』 126, 1-18.
강상진(2014), 「토마스 아퀴나스의 실천이성과 자연법」, 『법철학연구』 17권 1, 86-108.

김용환(2010), 「홉스의 윤리학: 욕망의 도덕적 정당화는 가능한가?」, 서양근대철학회 (편), 『서양근대윤리학』, ㈜창비.

데자르뎅, 조제프 R(2017), 『환경윤리』(제5판), 김명식·김완구 옮김, 연암서가.

레오폴드, 알도(2006), 『모래 군의 열두 달 그리고 이곳저곳의 스케치』, 송명규 옮김, 도서출판 따님.

류지한(2015), 「윤리의 생물학화: 자연주의적 오류와 반자연주의적 오류를 넘어서」, 『윤리연구』 103, 1-30.

박은정(1987), 『자연법사상-실천을 위한 보편이론』, 민음사.

박은정(2007), 『자연법의 문제들』, 세창출판사.

스칸드롤리오, 토마소(2018), 『자연법-성 토마스 아퀴나스의 자연법 이론』, 안영만 옮김, 가톨릭대학교출판부.

아리스토텔레스(2008), 『니코마코스 윤리학』, 이창우·김재홍·강상진 옮김, 이제이 북스.

아리스토텔레스(2007), 『형이상학』, 김진성 역주, 이제이북스.

아리스토텔레스(2001), 『영혼에 관하여』, 유원기 역주, 궁리.

아퀴나스, 토마스(2020), 『법』(신학대전 28), 이진남 옮김, 바오로딸.

임경헌(2017), 「토마스 아퀴나스의 자연법-신데레시스, 아리스토텔레스, 그리고 몇 가지 문제들」, 『중세철학』 23, 5-45.

켈젠, 한스(1990), 「자연법론과 법실증주의」, 『켈제네 법이론선집』, 신헌섭 편역, 법문사.

홉스, 토머스(2008), 『리바이어던』 1권, 진석용 옮김, 나남.

Aristotles(1984), Metaphysics, *The Complete Works of Aristotle*, Vol. 1-2, edited by Jonathan Barnes, Princeton University Press.

_____, Nicomachean Ethics, *The Complete Works of Aristotle*, Vol. 1-2, edited by Jonathan Barnes, Princeton University Press.

_____, On the Soul, *The Complete Works of Aristotle*, Vol. 1-1, edited by Jonathan Barnes, Princeton University Press.

Aquinas, Thomas(2007), *Summa Theologiae*, tr. Father laurence Staponate, Vol. 2, Chicago, Encyclopaedia Britannica.

Leopold, Aldo(1949), *A Sand County Almanac and sketches here and there*,

Oxford University Press.

Passmore, John (1980), *Man's Responsibility for Nature: Ecological Problems and Western Traditions*, 2nd ed., London, Duckworth.

근대의 인간중심주의

조영준

I. 근대 자연관의 특징

오늘날 인류의 생존을 위협할 정도로 생태계의 위기를 초래한 산업 문명은 16세기 이후 유럽을 중심으로 발달한 서양의 근대 과학을 기반으로 한다. 특히 16~17세기 유럽은 '과학혁명의 시대'라고 불릴 정도로, 천문학에서 코페르니쿠스(N. Copernicus), 케플러(J. Kepler), 물리학에서 갈릴레이(G. Galilei), 뉴턴(I. Newton) 등을 중심으로 과학의 여러 분야에 많은 변화가 일어났다. 근대인들은 과학을 통해 자연이 작동하는 방식을 파악하고 여러 한계를 극복하는 데 성공함으로써, 과거에 속수무책으로 당했던 자연의 압제를 벗어나 자연을 정복하고 자유를 획득하게 되었다. 즉 과학의 발전은 당대의 정치, 경제, 기술 분야 등에 직간접적으로 영향을 끼쳐 근대 사회 발전의 원동력이 된 것이다. 이런 변화된 사회 환경으로 인해 당대의 사람들은 산업화의 이념에 부합하는 새로운 세계관이 필요하였다. 그리하여 고대 그리스 철학의 우주론과 기독교 신학의 합성품인 중세의 '유기적이고 영(靈)적인 세계관'은 근대 사회의 주류를 형성한 '기계론적 세계관'으로 대체되었다. 이 기계론적 세계관은 수학적 원리를 통해 세계를 객관적이고 합리적으로 이해하는 관점을 말하는 것으로, 철학에서는 홉스(T. Hobbes), 데카르트(R. Descartes), 스피노자(B. Spinoza), 과학에서는 갈릴레이, 뉴턴 등에 의해 대변된다.

근대의 기계론적 세계관의 핵심을 이루는 기계론적 자연관은 모든 자연을 수학적 원리에 따라 작동하는 하나의 기계로 간주하는 것으로서, 데카르트와 뉴턴의 이론적 정비를 거쳐 그 후 열역학, 상대성이론, 양자역학 등의 도전을 통해 보강되면서 서구 자연관의 중심이 된다. 그런데 우리가 수학의 원리 또는 방법론을 통해 자연의 원리를 이해할 수 있다면, 자연을 자신의 의지나 필요에 따라 이용하고, 더 나아가 지배·관리할 수 있는 길이 열린다. 이로써 기계론적 자연관은 인류의 해방과 무한한 발전을 믿는 역사의 진보와 윤택한 삶을 가능케 하는 '과학기술 유토피아'를 낳게 되었고, 이에 기반한 산업문명을 탄생시켰다. 그러나 오늘날 인류를 절멸시킬 수 있는 전 지구적 기후변화와 환경파괴 등 생태위기의 문제는 근대 과학과 기술의 본질적 특성 및 이를 바탕으로 하는 산업화에 대한 정확한 인식과 비판적 성찰을 요구하고 있다.

생태위기를 초래한 정신적 뿌리는 이성을 통해 자연을 파악하고 지배하려는 서양 근대의 기계론적 자연관과 이의 인식근거로서 자연을 인간을 위한 도구로 간주하는 '인간중심주의' 사고방식이다. 인간중심주의는 인간을 세계의 중심에 두고 인간의 관점에서 사물을 보는 방식으로, 이에 따르면 자연은 그 자체의 '내재적 가치'나 그 자체가 목적으로 추구되는 '본래적 가치'를 가지는 것이 아니라, 인간에 의해 부여되는 '도구적·수단적 가치'를 지닌다. 여기에 해당하는 대표적인 근대사상으로는 베이컨(F. Bacon)의 자연 지배와 과학기술 유토피아 사상, 데카르트의 정신과 물체 이원론에 기반한 기계론적 자연관, 칸트(I. Kant)의 인간중심주의적 자연관 등이 있다. 그러면 베이컨, 데카르트, 칸트 철학에서 인간중심주의가 어떻게 성립하고 전개되는지를 구체적으로 살펴보도록 하자.

Ⅱ. 베이컨과 과학기술 유토피아[1]

영국의 철학자이자 정치가 베이컨(1561~1626)은 영국 경험론의 시조로서 데카르트와 함께 근대철학의 개척자로 평가받는다. 그는 사회 구성원들의 재화 증대를 통해 인류의 삶을 개선하려는 근대 사회 진보의 대표적 기획자로서 근대 산업문명의 기본 틀을 형성하는 데 크게 이바지한다. 그는 계몽주의적 기획 아래 과학과 기술 그리고 수량경제 등 전반적 측면에서 근대의 중요한 지적 설계를 한다. 특히 인류의 삶을 개선하는 기획과 과학 발전의 의식적인 결합을 통해, 논쟁을 일삼는 지식일 뿐 생활 향상에 어떤 실질적 효과도 주지 못하는 고대 그리스 철학과 중세 스콜라 철학을 진정한 자연철학이 아니라고 비판한다. 이런 관점에서 그는 『신기관(*Novum Organum*)』에서 종래의 스콜라적 편견인 '우상'을

---

1 이 절의 내용은 필자의 저서, 『자연과 공생하는 유토피아: 셸링, 블로흐, 아나키즘의 생태 사유』, 역락, 2022, 27-33쪽에 근거한다.

배척하고 새로운 과학과 기술의 진보에 어울리는 새로운 인식 방법, 즉 사물을 경험적으로 관찰하여 근본 원리를 찾아내는 귀납법을 가장 올바른 학문 방법이라고 주장한다. 특히 그는 플라톤(Platon)의 자연철학을 형이상학적 가설에 기초한 신학적 논의라고, 아리스토텔레스(Aristoteles)의 자연철학을 삼단논법이라는 형식논리에 오염된 알맹이 없는 논의라고 혹평하고 있다.

> 순수한 자연철학은 아직 나오지 않았다. 지금 있는 자연철학은 온통 불순물로 오염되어 있다. 아리스토텔레스 학파의 자연철학은 논리학에 오염되어 있고, 플라톤 학파의 자연철학은 자연신학에 오염되어 있다 (베이컨, 2001: 108).

또한 베이컨은 스콜라주의 학자들의 퇴행성을 비판하면서, 예리한 기지를 가진 그들이 수도원과 대학의 골방에서 많은 여가를 누렸지만, 자연의 역사나 물질에 대해서는 아는 바가 없었을 정도로 인간의 삶에 유익한 학문을 하지 않았다고 『학문의 진보(*Advancement of Learning*)』에서 다음과 같이 주장한다.

> 그들에게는 예리하고 강한 기지가 있었고, 여가시간은 풍부한 대신 읽을거리는 많지 않았지만, 그들의 기지는 극소수의 권위 있는 저자, 특히 독재자 아리스토텔레스라는 골방에 갇혀 있었다. 그들의 육신이 수도원과 대학의 골방에 갇혀 있었듯이 말이다. 이로 인해 그들은 자연사든 시대사든 역사에 대해서는 문외한이었다. 얼마 되지 않는 내용에다가 그들의 기지를 무한정 쏟아부어 공든 거미집을 지은 것이 그들이 일

한 전부였다. 그들의 책을 채우고 있는 것은 그런 거미집뿐이다. 무릇 인간의 기지며 정신은, 내용에 의존하여 일할 때, 즉 하나님의 피조물에 대한 명상을 향할 때, 비로소 대상물(stuff)에 맞추어 작업할 수도 있고 대상물에 의해 제한될 수도 있는 법이다. 반면에 인간의 기지와 정신이 마치 거미가 집 짓듯이 스스로에만 의지하여 작업한다면, 여기에는 결실이 있을 수 없다. 단지 학문의 거미집을 지을 수 있을 뿐인즉, 그 실과 작품의 세련됨은 경탄할 만한 것이지만, 실질이나 유익을 기대할 수는 없다(베이컨, 2002b: 56-57).

따라서 그는 고대나 중세의 자연철학을 통해서는 올바른 학문의 진보가 이루어질 수 없다면서 이론과 실제 운용, 지식과 그 효용성, 앎과 생산의 일치를 강조한다. 이런 관점에서 베이컨은 자신의 과학기술 유토피아 구상을 구체적으로 묘사한 소설 『새로운 아틀란티스(New Atlantis)』에서 과학적 지식의 발달에 따른 인간 생활의 개선을 서술하면서, 그곳 학자들은 의학이나 농학 등 자연 연구에 몰두해 실질적으로 인류에게 도움이 되는 발견이나 발명에 전념한다고 설명한다. 이렇게 "인류 전체의 보편적 이익과 효용을 위해 이성이라는 선물을 참되게 발휘(베이컨, 2002b: 78-79)"하게 하여 인간의 삶에 유익한 것을 만들고, 또 이를 통해 삶이 실제로 윤택해질 때, 지식은 참된 가치를 획득하게 된다는 것이다. 따라서 모든 지식은 인류복지에 공헌해야 한다는 베이컨의 기본 관점에서 볼 때, 그의 사상에는 '실험주의'와 '지식의 효용성', '지식에 의한 자연 지배력', 그리고 '박애'가 모두 불가분의 요소를 이룬다고 하겠다.

한편, 베이컨은 기존의 학문적 전통(연역법)과 완전히 결별하는 학문의 새로운 방법으로 귀납법을 제창한다. 그는 귀납법을 실험과 관찰, 즉 자연에서 직접 진리를 구하는 방식을 통해 보편적 진리에 도달하는 방법으로 간주한다. 왜냐하면 이것은 인간과 자연을 완전히 분리시키고 관찰자와 관찰대상 사이의 완전한 중립을 가능케 함으로써 우리에게 객관적인 지식을 가져다주기 때문이다. 이런 맥락에서 베이컨은 우리가 참된 귀납법을 통해 자연에서 발생하는 일과 사태들의 원인을 알게 되면, 그 지식을 이용해 자연을 통제하고 조종할 수 있다고 설명한다.

> 우리 학술원의 목적은 사물의 숨겨진 원인과 작용을 탐구하는 데 있습니다. 그럼으로써 인간 활동의 영역을 넓히며 인간의 목적에 맞게 사물을 변화시키는 것입니다(베이컨, 2002a: 72).

> 인간은 자연의 사용자 및 자연의 해석자로서 자연의 질서에 대해 실제로 관찰하고, 고찰한 것만큼 무엇인가를 할 수 있으며 이해할 수 있다. [⋯] 인간의 지식이 곧 인간의 힘이다. 원인을 밝히지 못하면 어떤 효과도 낼 수 없다. 자연은 오로지 복종함으로써만 복종시킬 수 있기 때문이다. 자연의 고찰에서 원인으로 인정되는 것이 작업에서는 규칙의 역할을 한다(베이컨, 2001: 39).

베이컨의 유명한 격언 '인간의 지식이 곧 인간의 힘이다(scientia est potentia)'에서 '지식'은 자연과학적 지식을 지칭하고, '힘'이란 자연을 변화시킬 수 있는 능력을 의미한다. 이처럼 베이컨은 과학을 탐구하는 진정한 목적이 자연에서 많은 비밀을 찾아내어 '자연에 대한 인간의 지배'를 확립하는 데 있다고 봄으로써, 자연을 인간의 부와 복지를 위해 마음껏 이용할 수 있는 대상으로 간주한다. 따라서 자연은 인간을 위해 존재하므로 자연을 지배하려는 과학적 행위에는 양심의 거리낌이나 가책이 있을 수 없다. 우리는 베이컨에서 지식의 존귀성이 유용성과 지배력의 작용으로 유지되며, 지배의 원리는 유용성을 위해 지식과 힘이 합일되는 것임을 알 수 있다. 여기서 과학적 지식과 기술에 의한 자연 지배 현상이 정식화되고, 자연에 대한 기술지향주의적 접근의 전형화가 드러난다. 이로써 우리는 이론적 탐구(과학)와 실천적 활용(기술)이 분리되지 않는 베이컨의 자연철학에서 자연을 변형·개조하는 기술에 의한 자연 지배력과 이의 발전을 통한 '과학기술 유토피아'를 발견하고, 더 나아가 그의 사상 속에 전형적인 '인간중심주의'가 담겨 있음을 간파할 수 있다.

베이컨의 자연 지배 담론에서 빠뜨릴 수 없는 또 한 가지는 그의 미완성 유고 『시간의 남성적 탄생(The Masculine Birth of Time)』(1603)에서 등장하는 '박애(philanthropia)'라는 개념이다. 박애는 베이컨에 있어서 단적으로 인간중심적인 개념인데, 우선적으로 하느님에 대한 숭배를, 나아가서는 기독교적 의무와 자선 행위의 실행을 의미한다. 그는 성경의 "하나님이 그들에게 복을 주시며 하나님이 그들에게 이르시되 생육하고 번성하여 땅에 충만하라, 땅을 정복하라, 바다의 물고기와 하늘의 새와 땅에 움직이는 모든 생물을 다스리라 하시니라(창세기 1장 28절)"라는 구절처럼, 하나님의 말씀에 따라 자연에 대한 인간의 절대적 지식과 지배를 정당화하면서 박애 개념을 도출해 내고 있다. 여기서 박애란 곤경에 처한 인류를 구제하려는 고상한 목적을 위해 인간이 생명 없는 물질 덩어리에 불과한 자연을 마음대로 개발하고 이용하는 것을 뜻한다. 따라서 자연은 신에게서 영성을 부여받은 인간이라는 대리자에 의해 다스려지고 관리되는 부차적 존재로 파악된다. 베이컨에 따르면 신의 창조물

가운데 정점에 있는 인간이 신성시되는 데 반해, 자연은 신성하지 않은 것으로 간주되어, 결국 인간에 의해 지배받고 파괴될 수 있는 하찮은 존재로 전락할 수 있다. 이 점에서 베이컨의 인간중심주의 사유는 오늘날 정신사적인 관점에서 볼 때 생태위기의 길을 열었다는 것을 부정할 수 없다.

한편, 베이컨의 자연 지배 담론에는 당대의 가부장제라는 하나의 사회적 지배관계가 투사되어 있음이 발견된다. 창조주의 자연 지배에 대한 인간의 동참에서 인간은 이성을 보유한 지배주체인 남성으로, 자연은 지배대상인 여성, 즉 남성의 노예로 유추되고 있다: "나는 자연과 그녀[자연]의 모든 자녀를 그대에게 봉사하고 노예가 되도록 유도함으로써 그대에게 오게 되었다(Bacon, 1966: 62; [ ] 안 필자)." 지식의 획득과 축적이 이성의 안내에 따라 이루어지듯이, 베이컨은 사회의 진보를 남성적인 합리성의 원리에 근거해서 설명한다. 자연은 계속해서 고문하고 겁탈해야만 비밀을 토해내는 마녀와 같아서 이성적이고 남성적인 것으로서의 진보 프로그램에 따라 개발돼야 한다는 것이다. 이제 자연은 지배계급인 남성의 복지 증진을 위해 조절되고 통제되는 대상일 뿐이다. 여기서 우리는 인류의 삶을 개선하기 위해 자연을 완벽하게 통제한다는 베이컨의 자연 지배 사상이 가부장적인 남성의 이익증대를 위한 특수한 지배이데올로기로 전화됨을 확인할 수 있다(권정임, 2007: 129).

Ⅲ. 데카르트의 기계론적 자연관[2]

베이컨의 자연관처럼 인간이 자연을 수단으로 간주하고 지배하는 사상은 '근대철학의 아버지'로 불리는 프랑스의 철학자 데카르트 (1596~1650)에서도 발견된다. 그는 '방법적 회의'라는 자신의 고유한 철학적 방법을 통해 "나는 생각한다. 그러므로 나는 존재한다(cogito, ergo sum)"라는 더 이상 의심할 수 없는 사실에 도달하고, 이를 모든 학문의 제1 원리로 삼는다. 이런 주체성의 새로운 형식을 통해 근대철학의 새 지평을 연 데카르트는 외부 대상 세계로부터 해방된 사유하는 자아를 모든 확실성의 근거이자 출발점으로 삼아, 여기서 세계를 '사유(思惟, res cogitans)'를 속성으로 하는 정신적 실체와 '연장(延長, res extensa)'을 속성으로 하는 물질적 실체로 구분한다. 그리고 이 두 실체는 속성상 서로 독립적인 세계를 형성하기 때문에 양자 사이에는 엄격한 존재론적 구별이 존재한다. 다시 말해 정신은 물체로부터 파생되는 것이 아니고, 물체도 정신으로부터 파생되는 것이 아니다. 이 이원론적 입장에서 데카르트는 자연과학을 수학적 원리를 통해 설명되는 연장의 세계에 국한하고, 연장 속성을 지닌 물체, 즉 자연을 순수 수학의 대상으로 규정한다. 수학적 원리를 통해 자연을 이해하는 기계론적 자연관은 처음 갈릴레이에 의해 시도되었지만, 데카르트에 의해 그 기본 방향이 확정되고 그후 뉴턴에 이르러 더욱 강화된다. 특히 정신과 물체의 이원론에 근거해 자연을 물체의 운동법칙에 따르는 기계로 파악하는 데카르트의 자연관

---

2 이 절의 내용은 필자의 저서, 『자연과 공생하는 유토피아: 셸링, 블로흐, 아나키즘의 생태사유』, 역락, 2022, 34-39쪽에 근거한다.

은 근대 기계론적 자연 이해의 전형적인 형태이다.

데카르트처럼 자연을 연장이라는 기하학적 관념에 귀속시키고 인간을 사유하는 존재로만 파악하면, 결국 인간과 자연 양자에 적대적 상황이 초래된다. 그는 인간의 주체성을 정당화하려는 의도로 정신과 신체를 대립시켜 신체를 포함한 물질세계를 '탈정신화'한다. 다시 말해 스스로 성찰할 수 있는 나 자신 이외의 물질세계에 어떠한 정신적 원리나 목적을 부여하지 않는다. 사실 데카르트는 "자연물들과 관련해서 우리는 결코 신이나 자연이 그것을 창조하는 데 세운 목적으로부터 설명을 취하지 않을 것(데카르트, 2002: 28)"이라고 말하면서, 자연의 모든 개별적 존재의 질서와 운동에 '내재적 목적인'이 있다는 아리스토텔레스의 견해를 거부한다. 즉 물질세계에서 고유한 '형상(形相, eidos)'이나 '본질'을 제거함으로써, 생명이 없는 물체인 자연에 어떤 목적이나 의미를 부여하지 않는 것이다.

데카르트에 의하면 물체 내부에 스스로 운동하는 원인이 없으므로, 물체는 자신의 힘이 아닌 다른 물체의 작용으로 움직인다. 그의 설명을 들어보자.

> 내가 만일 물체의 본성에 대해 생각하고 있는 대로 기술했다면, 나는 아마 물체란 [...] 스스로 운동하지 않지만 다른 사물과 접촉함으로써 다양한 방식으로 운동하는 것이라고 설명했을 것이다. 왜냐하면 스스로 운동하는 힘은 감각하는 힘이나 사유하는 힘과 마찬가지로 물체의 본성에는 결코 속하지 않는다고 판단했기 때문이다(데카르트, 1997b: 45-46).

이렇게 물체 운동을 결정론적 인과율에 따라 파악하는 기계론에서는 생명체와 비생명체, 유기체와 무기체의 구별이 더 이상 유효하지 않다. 이는 살아 있는 것이든 죽어 있는 것이든 모든 자연적 사물은 크기·모양·운동이라는 물질적 단위의 조직체이고, 이 조직체는 기계를 움직이는 동일한 법칙에 따라 설명될 수 있음을 의미한다. 이런 맥락에서 데카르트는 인간 이외의 모든 생물이 정신을 갖지 않는 자동기계, 즉 시계처럼 정확히 움직이는 기계에 불과하다고 말한다.

> 오히려 동물은 정신을 전혀 갖지 않고 있고, 기관의 배치에 따라 작동하는 것이 바로 그의 자연[본능]이며, 이는 바퀴와 태엽만으로 만들어진 시계가 우리의 모든 능력 이상으로 정확하게 시간을 헤아리고 때를 측정하는 것과 마찬가지이다(데카르트, 1997a: 216: [ ] 안 필자).

자동기계로서 물체에 불과한 동물에는 정신이 존재하지 아니하며 인간만이 그것을 소유한다고 주장하면서, 데카르트는 정신과 물체의 이원론, 즉 심신이원론의 입장에서 정신과 신체의 실재적 상이성을 다음과 같이 증명하고 있다.

> 내가 처음으로 깨달은 것은 정신과 신체 사이에는 큰 차이가 있다는 점이다. 즉 물체는 본성상 언제나 가분적인 데 비해, 정신은 전적으로 불가분적이다. 실제로 내가 정신을, 즉 오직 사유하는 것인 한에서의 나 자신을 살펴보면, 나는 이때 그 어떤 부분도 구별해낼 수 없으며, 오히려 나를 완전히 하나이자 통합된 것으로 이해하기 때문이다. 그리고 또 내가 알고 있는 바로는, 정신 전체가 신체 전체와 결합되어 있는 것처럼 보이지만, 발이나 팔, 그 밖에 다른 신체 부분을 잘라 냈다고 해서 정신

으로부터 어떤 것이 제거되는 것은 아니다. [⋯] 이에 비해 부분으로 나누어질 수 없고, 따라서 가분적인 것으로 인식할 수 없는 그 어떤 물질적인, 즉 연장적인 사물을 나는 생각할 수 없다. 이 한 가지만으로도 정신은 신체와 완전히 다른 것임이 충분히 드러난다고 말할 수 있다(데카르트, 1997b: 117).

이런 이원론적 사고를 통해 데카르트는 신체(물체)로부터 정신을 완벽하게 분리함으로써 인간 외 자연 생명체들을 기계로 환원하는 철학적 작업을 수행한다. 그리하여 그 생명체들이 탈정신화되어 단지 물체로 간주될 때, 자연은 예전처럼 어떤 생명이 있는 존재가 아니라 인간에 의해 수량화 가능한 외연적 실체가 된다. 이렇게 자연은 내적 세계를 상실하고 오직 수학적 방법을 통해 기계론적으로 이해됨으로써, 자신의 주체성과 고유한 가치를 박탈당하고 인간에 의해 조작 가능한 존재로 전락하고 마는 것이다.

사실 데카르트가 기계론적 자연관을 제시한 것은 베이컨처럼 그 당시 유럽 사회의 시대적 혼란과 불안을 극복하고 인류의 전체적 행복을 도모할 목적으로 자연의 운행과정, 즉 "불, 물, 공기, 별, 하늘 및 우리 주변에 있는 모든 물체의 힘과 작용을—마치 우리가 우리 장인의 온갖 기교를 알듯이—판명하게 앎으로써 장인처럼 이 모든 것을 적절한 곳에 사용(데카르트, 1997a: 220)"하기 위해서였다. 그러나 이러한 인간중심주의 사고방식은 그 유용성에도 불구하고 자연에 대한 무한한 개발과 착취를 가능하게 함으로써 오늘날의 환경문제와 생태위기를 초래한 출발점이 되었다는 점을 부인할 수 없다. 결국 데카르트에서 연장을 속성으로 지닌 자연은 주체성이 결여된 존재로, 사유를 본질로 하는 인간은 자연을 이용하고 지배할 수 있는 "자연의 주인이자 소유자(데카르트, 1997a: 220)"로 간주됨으로써, 양자 사이에는 지배와 피지배의 관계가 성립하고 공생과 연대의 가능성은 사라진다. 이처럼 정신과 물체의 이원론에 근거하여 인간과 자연을 대립적으로 바라보는 데카르트의 자연관은 "현대 자연 과학에 필수불가결한 기계론적 유물론을 형이상학적으로 정당화시키 는 일(요나스, 2001: 121)"을 했을 뿐만 아니라, 베이컨의 자연관에서 드러나 듯이 인간은 목적이고 자연은 수단이라는 전형적인 인간중심주의가 그 뿌리를 내리는 데 철학적 근거를 제공했다고 할 수 있다.

한편 자연에 대한 지배를 함축하는 기계론적 자연관에서 우리는 권 력과 질서가 중요한 가치로 작용함을 알 수 있다. 자연 지배는 작동자로 서의 인간에 대한 의존, 관리자로서의 인간과 권력에 대한 강조, 진보와 발전의 기준으로서의 질서와 합리성에 대한 강조에 기반한다. 여기서 시스템의 효율적인 작동을 위해 권력의 합리적 배치 및 통제와 연결되 는 기계론적 틀은 자연과 사회에 대한 관리를 가능하게 한다(머천트, 2007: 89). 따라서 우리는 자연에 대한 지배가 이제 인간과 사회에 대한 지배와 억압으로 전환됨을 알 수 있고, 여기서 기계론으로 대표되는 근대적 자 연 이해의 이차적인 문제를 발견한다.

Ⅳ. 칸트의 인간중심주의적 윤리학과 자연관

근대 계몽주의의 완성자라고 할 수 있는 칸트(1724~1804)는 인간과 자 연을 목적과 수단의 관계로 파악하는 점에서 베이컨과 데카르트 자연 관의 연장선에 서 있다. 더 나아가 그는 본래적 가치가 없는 (인간 이외의)

자연 존재를 도덕적 고려의 대상에서 제외하는 '인간중심주의' 입장을 취함으로써 인간의 자연 지배를 정당화할 뿐 아니라 첨예화하고 있다. 이 입장은 그의 윤리학의 주요 저술인 『윤리형이상학 정초(*Grundlegung zur Metaphysik der Sitten*)』에서 잘 드러난다.

> 인간은, 그리고 일반적으로 모든 이성적 존재자는, 목적 그 자체로 **실존하며, 한낱** 이런저런 의지의 임의적 사용을 위한 **수단으로서 실존하는 것이 아니다.** 인간은, 그리고 일반적으로 모든 이성적 존재자는 그의 모든, 자기 자신을 향한 행위에 있어서 그리고 다른 이성적 존재자를 향한 행위에 있어서 항상 **동시에 목적으로서** 보아야 한다. [⋯] 자연에 의거해 있는 존재자들이라 하더라도, 만약 그것들이 이성이 없는 존재자들이라면, 단지 수단으로서, 상대적 가치만을 가지며, 그래서 **물건들**이라고 일컫는다. 그에 반해 이성적 존재자들은 **인격들**이라 불린다. 왜냐하면 그것들의 본성이 그것들을 이미 목적들 그 자체로, 다시 말해 한낱 수단으로 사용되어서는 안 되는 어떤 것으로 표시하고, 그러니까 그런 한에서 모든 자의를 제한하기 (그리고 존경의 대상이기) 때문이다(칸트, 2005: 145-146).[3]

이렇게 이성적 존재로서 인간이 목적으로, 이성이 없는 자연 존재가 물건처럼 수단으로 간주될 경우, 칸트의 목적과 수단의 정식은 인간의 자연 이용을 정당화하여 자연을 제한 없이 이용하고 파괴할 수 있는 근거를 제공할 수 있다.

그런데 칸트가 동식물 등 자연 존재를 인간의 목적 달성을 위한 수

---

[3] 인용문의 고딕체는 칸트에 의해 강조된 것으로, 이하도 동일함.

단으로 간주하여 인간에게 우월성과 특권을 부여하는 근거는 무엇인
가? 그는 '자기의식'의 소유 여부를 이유로 들면서 인간이 목적 자체
이고 우월성을 가질 수 있는 것은 스스로 자신을 의식하기 때문이라고
설명한다. 1770년대 칸트가 행한 강의의 필사본 『도덕철학 강의(*Moral
Philosophy: Collins's lecture notes*)』에 다음과 같은 언급이 있다.

> 어떤 동물도 자기의식을 갖고 있지 않다는 점에서 모든 동물들은 단
> 지 수단으로서만 존재하며 스스로를 위하여 존재하지 않는다. 그러나
> 인간은 목적이라는 점에서 더 이상 그가 왜 존재하는가라고 물을 필요
> 가 없다(Kant, AA 27: 458-459/김형주, 2017: 60 재인용).

'인간 종족주의적'이라고 할 수 있는 이 언급은 자기의식을 지닌 인간
만이 도덕적 주체로서 이성적 능력을 바탕으로 하는 도덕적 행위를 할
수 있음을 암시한다. 이렇게 자기의식, 즉 이성적 능력의 부재가 무생물
은 물론이고 동식물 등 자연 존재에게 도덕적 권리와 의무를 부여할 수
없는 근거가 된다는 것은—도덕적 규범과 규칙의 적용 범위를 인간들
간의 행위에만 한정하는 전통 윤리학에서의 논의처럼—일견 타당해
보인다. 단적으로 이성적 능력이 도덕의 주체를 판별하는 기준이 되는
것이다. 따라서 이성적 능력이 없는 자연 존재는 의지와 자유 등 도덕적
행위 능력을 수반하는 인간 간의 도덕적 관계와 같은 그런 관계를 형성
할 수 없으므로, 도덕의 주체는 물론이고 객체로도 될 수 없다. 이러한
맥락에서 칸트는 인간 이외의 자연 존재를 도덕적인 고려 또는 의무의
대상에서 제외하고 있다. 그는 『윤리형이상학(*Die Metaphysik der Sitten*)』에
서 다음과 같이 설명한다.

우리는 우리의 모든 경험상 한갓 인간 외에는 (능동적이든 수동적이든) 의무를 질 능력이 있는 또 다른 존재자를 알지 못한다. 그러므로 인간은 통상 한갓 인간에 대한 의무 외에는 어떤 존재자에 대한 의무도 가질 수 없다. 그럼에도 불구하고 인간이 그러한 의무를 갖는다고 표상한다면, 이러한 일은 **반성 개념들의 모호성**으로 말미암아 일어나는 것이며, 소위 인간의 다른 존재자들에 대한 의무는 한낱 자기 자신에 대한 의무인 것이다. 인간은 다른 존재자와 **관련한** 자기의 의무를 이들 존재자에 **대한** 의무로 혼동함으로써 이러한 오해로 오도된 것이다(칸트, 2012: 546).

이처럼 도덕적 의무 개념은 이성적 능력을 지닌 인간에게만 적용되므로, 인간이 비이성적인 자연 존재에 대해 의무를 진다는 것은 칸트의 지적처럼 도덕적 반성 개념의 모호성에서 발생한다고 볼 수 있다.

하지만 인간 이외의 자연 존재들이 도덕적 권리와 의무 개념을 가질 수 없다고 해서 우리가 동식물 등에 대해 아무런 의무를 지지 않는 것이 과연 도덕적으로 올바른 일인가? 우리가 인간다운 삶을 살아가는데, 한 예로써 동식물과 자연을 보호하는 일은 중요한 의무 중의 하나일 수 있다. 이런 맥락에서 칸트 역시 인간 이외의 자연 존재가 인간의 도덕적 행위와 밀접한 관련이 있다고 주장한다. 그는 이를 동물에 대한 인간의 '직접적인 의무'가 아니라 '간접적인 의무'를 통해 설명한다.

자연 중에 생명이 없음에도 **아름다운** 것에 대한 한갓된 파괴의 성벽(파괴 정신)은 인간의 자기 자신에 대한 의무에 반한다. 왜냐하면 그것은, 그 자체만으로는 도덕적인 것이 아니지만, 그럼에도 도덕성을 매우 촉진하고 […] 무엇인가(예컨대, 광물계의 아름다운 결정체들…)를 […] 사랑하도록 준

비시키는 감성[…]을 약화시키거나 절멸시키기 때문이다.

　이성은 없지만 생명이 있는 일부 피조물과 관련하여 동물들을 폭력적으로 그리고 동시에 잔학하게 다루는 것은 인간의 자기 자신에 대한 의무와 내면에서 더욱더 배치되는 것이다. 왜냐하면 그로 인해 동물들의 고통에 대한 공감이 인간 안에서 둔화되고, 그로써 타인과의 관계에서의 도덕성에 매우 이로운 자연소질이 약화되어, 점차로 절멸될 것이기 때문이다. […] (마치 그것들이 가솔인 양) 늙은 말이나 개의 오랫동안 수행한 봉사에 대한 감사마저도 **간접적으로**는 인간의 의무에 속한다. 곧 이러한 동물들에 **관련한** 감사의 정은 그러나 **직접적으로** 볼 때는 언제나 인간의 자기 자신에 **대한** 의무일 따름이다(칸트, 2012: 546-547).

　칸트는 여기서 수정(水晶)처럼 생명이 없지만 아름다운 자연 존재(광물)를 파괴하는 것이 인간의 도덕적 감성을 훼손하게 한다는 사실과 함께, 생명은 있으나 이성이 없는 자연 존재(동물)를 가혹하게 다루는 것이 다른 사람들도 가혹하게 다룰 가능성을 내포해 결국 인간의 도덕적 감정을 저해하게 한다는 사실을 지적한다. 따라서 우리는 동물과 같은 자연 존재에 대해서 '직접적인 의무'는 없으나, 동물 학대가 인간에 대한 학대로 이어지는 것을 막아야 할 '간접적 의무'는 있다고 말할 수 있다. 칸트는 인간 이외의 자연 존재가 인간의 도덕적 행위와 깊은 연관성이 있다는 설명을 통해, 우리가 자연 존재에 대한 적대적 행위를 간접적인 방식으로 저지하고, 더 나아가 동식물 등 자연을 보호해야 할 도덕적 근거를 제공하고 있다. 여기서 우리가 비록 간접적 의무를 통해 자연과 환경을 보호할 수 있는 측면을 발견할지라도, 이는 종국적으로 인간관계와 인간의 도덕적 심성을 함양하는 수단과 방법일 뿐이라는 점을 생각해

볼 때, 칸트의 자연관은 여전히 '인간중심주의적'이라고 판단된다.

한편 『판단력비판(Kritik der Urteilskraft)』의 후반부 '목적론적 판단력 비판'에서 드러나는 '목적론적 자연 이해'에서도 인간중심주의적 요소를 발견할 수 있다. 칸트의 자연 이해는 주지하듯이 그의 철학 시기에 따라 변화한다. 그가 『순수이성비판(Kritik der reinen Vernunft)』으로 대표되는 전기 비판철학의 정립 시기에 이론 인식의 보편적 법칙(수학적·물리학적 체계)에 따라 규정되는 '형식적 – 기계론적 자연 개념'을 견지한다면, 『판단력비판』으로 대표되는 후기에는 인간을 포함한 총체적 자연을 유기체적 목적 연관(목적론적 판단력)에 따라 파악하는 '유기체적 자연 개념'을 가진다. 칸트는 『판단력비판』에서 기계론적 인과성의 법칙으로는 설명될 수 없는 자연현상의 영역이 있다고 하면서, 생명 있는 유기체적 존재를 설명하는 데는 기계적 인과성이 아닌 목적론적 원리가 필요하다고 주장한다. 다시 말해 살아있는 자연의 인식을 위해서는, 합목적성의 개념을 통해 자연을 합목적적으로 질서 지워진 통일체(유기체)로 파악해야 한다는 것이다.

'자연의 유기적 산물은 그 안에서는 모든 것이 목적이면서 교호적으로 수단이기도 하다'는 것이다. 유기적 산물에는 아무것도 쓸데없는 것은 없고, 무목적적인 것이 없으며, 또 맹목적인 자연기계성으로 치부할 수 있는 것은 없다(칸트, 2009: 431).

'세계 내의 모든 것은 무엇인가를 위하여 좋은 것이며, 세계 안에 쓸데없는 것이란 없다.' 그리고 사람들은 자연이 그것의 유기적 산물들에서 보여주는 실례를 통해 자연 및 자연의 법칙들에 대해서 전체적으로는 합목적적인 것만을 기대할 정당성을 얻는다(칸트, 2009: 435).

이처럼 자연의 기계론이 아닌 합목적성의 원리를 통해서 세계 내에 있는 사물들의 존재 목적은 이해될 수 있다. 따라서 세계의 목적 결합과 질서를 실재적인 것으로 간주하고 여기에 의도적으로 작용하는 인과성을 가정할 경우, 우리는 유기체적 존재들의 존재 목적을 생각할 수 있다.

칸트의 목적론적 자연 이해에 따르면, 인간 이외의 자연 존재가 비록 합목적적인 존재이지만, 그 자체로는 어떤 무엇을 위해 활용된다는 의미에서 수단적 목적일 뿐, 최종적 목적은 아니다. 그는 이런 맥락에서 인간을 모든 자연 사물의 목적론적 체계인 자연(창조)의 최종 목적이라고 주장한다.

> 식물계에서의 형언할 수 없이 지혜로운 유기 조직을 좀 더 자세히 앎은 […] "이 피조물들은 무엇을 위해 존재하는가?" 하는 물음을 유발한다. [이에 대해] 만약 사람들이 "그것은 이 식물계를 통해 영양을 취하는 동물계를 위한 것이며, 그로 인해 동물계는 그토록 다양한 종류가 지상에 퍼질 수 있었다"고 대답한다면, "그러면 대체 이 초식동물들은 무엇을 위해 현존하는가?" 하는 물음이 다시 제기된다. 그 대답은 대략 "생명을 가진 것들에서만 영양을 취할 수 있는 육식동물을 위해서이다"일 것이다. 마침내 물음은 "이것들 앞서 말한 자연계들은 무엇을 위해 좋은가?" 하는 것이다. [그 답은] "인간을 위해서"이다. 그리고 인간의 지성이 그에게 가르쳐주는 저 모든 피조물들의 다양한 사용을 위해서이다. 인간은 이 지상에서 창조의 최종 목적이다. 왜냐하면 인간이야말로 목적을 이해할 수 있고, 합목적적으로 형성된 사물들의 집합으로부터 그

의 이성에 의해 목적들의 체계를 만들 수 있는 지상의 유일한 존재자이기 때문이다(칸트, 2009: 498).

여기서 '인간이 자연의 최종 목적'이라는 말은 자연을 단지 인간의 자의적인 욕구 충족을 위한 수단으로 사용할 줄 안다는 것이 아니라, "자연을 자기의 자유로운 목적들 일반의 준칙에 알맞게 수단으로 사용할(칸트, 2009: 505)" 줄 안다는 의미다. 자연을 자기의 목적에 '알맞게' 수단으로 사용한다는 칸트의 언급은 도덕적 주체로서의 인간이 자연을 자기의 '도덕적 원리에 비추어 올바르게' 사용한다는 의미로 해석될 수 있다(김양현, 1998: 115-117). 이 점이 칸트의 인간중심주의가 그 한계의 분명함에도 불구하고 오늘날 환경문제를 푸는 데 일조할 수 있는 실마리가 된다.

V. 인간중심주의 수용의 문제

베이컨, 데카르트, 칸트로 대표되는 인간중심주의적 자연관은 사실 근대 이후 자연현상의 객관적 이해를 통해 자연을 이용하고 과학기술을 발전시킴으로써, 인간의 삶을 편리하고 풍요롭게 하는 데 크게 이바지하였다. 하지만 이 자연관은 산업화 과정에서 자연을 인류의 발전을 위한 도구로 간주해 무분별한 개발과 환경파괴를 가능하게 함으로써 오늘날의 생태위기를 초래한 원인이 된 것도 사실이다. 이 점에서 인간중심주의적 자연관에는 긍정과 부정적인 면이 공존하지만, 생태위기가 절박한 시대의 과제로 다가온 오늘날 '인간중심주의'는 일반적으로 상당히 부정적 의미로 이해되고 있다.

그런데 인간중심주의가 인간이 자연을 지배하거나 파괴하는 것을 정당화한다는 점에서 그 한계가 분명하게 드러난다고 하여 우리는 환경윤리학 담론에서 인간중심주의를 포기해야 하는가? 환경윤리학의 선구자 패스모어(J. Passmore)는 환경문제를 해결하기 위해서는 특별히 새로운 윤리가 필요한 것이 아니라, 우리가 잘 알고 있는 윤리를 잘 준수하면 된다고 주장한다. 즉 인간중심주의를 포기하지 않고서도 이를 통해 충분히 환경문제를 풀 수 있다는 것이다. 이러한 입장은 인간만이 내재적 가치가 있고 자연은 오직 인간의 유용성 기준에 따라 수단적 가치만을 가진다는 '강한(엄격한) 인간중심주의'와는 달리, 자연의 내재적 가치를 부정하지만, 인간에 의한 자연 보전을 옹호하는 '약한(온건한) 인간중심주의'라고 불린다. 특히 후자는 인간이 현세대의 이기심을 버리고 인류의 장기적인 이익을 위해 인간 상호 간의 의무, 악행 금지 등의 전통적인 도덕 행위를 통해서 환경문제를 해결할 수 있음을 강조한다. 이것은 근시안적인 자연 이용과 지배가 지구 환경을 파괴한다는 반성을 통해 미래에도 자연 자원을 지속적으로 이용하기 위해서는 환경을 보전해야 한다는 현명한 입장이라고 할 수 있다.

그러면 수정된 인간중심주의로서 '약한 인간중심주의'를 칸트의 이론에 적용하여 그의 자연관에 대한 논의를 계속해보자. 앞에서 살펴보았듯이, 칸트의 윤리학은 서양의 전통적 의미에서 자기의식을 가지고 이성적으로 행동하는 인간을 대상으로 한다는 점에서 '인간 이성중심주의'라고 할 수 있다. 상식적으로 생각해보면, 인간에게 도덕이 요구되고 또 요구되어야 한다는 점에서 도덕적 책임이나 의무의 주체는 이성적으로 판단하고 책임질 수 있는 인간일 수밖에 없음이 분명하다. 하지만 도덕의 주체가 인간에게만 해당된다고 할지라도, 도덕의 객체 즉 도덕적 고려의 대상은 인간에 한정되지 않고 동식물 등 자연 존재에까지 확장될 수 있다. 이것은 마치 유아는 물론이고 지적 장애인이나 치매 환자가 이성적인 판단 능력이 없어 도덕의 주체가 될 수 없을지라도, 이들을 도덕 공동체의 배려 대상에서 제외할 수 없는 보편적 도덕 원칙이 우리에게 암묵적으로 전제되는 것과 같다. 따라서 우리는 동식물과 같이 이성적 능력이 없는 객체가 인간과 같은 도덕적 주체들의 도덕적 배려를 받을 권리가 있는지와는 상관없이, 그들을 도덕공동체에 포함할 수 있다. 이런 개방성을 가진 '도덕적 인간중심주의'를 바탕으로 우리가 칸트에서 자연에 대한 인간의 책임을 정초하는 것이 가능하고, 이를 일차적으로 '약한 인간중심주의'로, 더 나아가 인간중심주의와 전일주의(全一主義, Holismus)의 결합 형태인 '인간중심적 전일주의'로 부를 수 있다(김양현, 2006: 251). 인간이 자연에 대한 특별한 의무를 실현하고자 할 때 자신의 도덕적 원리에 맞게 행하는 것이 가능하다는 의미에서, 우리가 칸트의 인간중심주의를 곧바로 자연 지배와 파괴를 정당화해 주는 '강한 인간중심주의'나 '반생태주의'로 해석하는 것은 무리이다. 칸트의 인간중심주의에서 자연은 인간의 이용 대상임과 동시에 인간이 끊임없이 책임져야 할 도덕적 고려의 대상일 수 있다. 따라서 인간중심주의를 포기하지 않으면서도 '생태중심주의'를 포괄하는 모델로서 칸트의 '인간중심적 전일주의'는 윤리학의 인간중심주의의 핵심 요소를 잘 유지하면서도, 자연으로 인간의 도덕적 책임의 범위를 넓힐 수 있는 장점이 있다. 오늘날 생태위기의 문제는 자연을 주재하는 이성의 '긍정적' 측면을 중시한 칸트의 도덕적 통찰을 통해서 그 해결의 실마리가 풀릴 수 있다. 따라서 칸트에 적용 가능한 '약한 인간중심주의'는—인류의 장기적 생존과 복지 등 합리적인 이익 추구를 위해 자연을 인간의 욕구 대상으로 삼을 뿐 아니라, 인간의 이익이나 관심에서 벗어나 있는 생태계 파괴를 여전히 고려하지 않는다는 근원적인 비판이 있음에도 불구하고—우리가 환경 윤리를 정립하는 데 쉽게 포기할 수 없는 필요조건이라고 할 수 있다.

칸트의 인간중심주의 입장을 '약한 인간중심주의', '도덕적 인간중심 주의', '인간중심적 전일주의'로 해석하며 긍정적으로 바라보는 관점에 일리가 있는 것은 분명하지만, 이에 대한 비판적 관점 또한 쉽게 반박될 수 없다. 환경윤리에서 인간중심주의와 대척점에 있는 '생태중심주의' 입장에 따르면, 칸트가 말하는 동식물 등 자연 존재에 대한 간접적 의무 를 통해서는 우리가 생태위기를 극복할 수 있는 의식으로 근본적인 전 환을 할 수 없다. 왜냐하면 칸트의 의무 개념에서 인간 이외의 자연 존 재에 대한 의무는 그 사물에 대한 직접적 의무가 아니라, 단지 그 사물 과 관련된 인간 자신에 대한 의무를 의미하기 때문이다. 즉 자연에 대한 의무는 인간의 도덕적 완성을 위해 요청되는 간접적 의무이다. 이것은 결국 인간에 대한 의무만을 의미할 뿐, 인간과 자연의 조화가 아닌 인간 자신들 간의 조화에 한정되는 전형적인 인간중심주의 세계관을 벗어나 지 못한다(Meyer-Abich, 1984: 71-72). 따라서 칸트의 인간중심주의는 오늘날 생태계의 위기 문제를 푸는 데 적합한 근거를 줄 수 없을 뿐 아니라, 요 나스(H. Jonas)처럼 인간중심주의가 생태위기의 주범이라고 주장하는 사 람들로부터 집중적인 비판을 받을 만하다. 결국 칸트는 베이컨, 데카르 트와 마찬가지로 인간중심주의 입장에 머물게 됨으로써 근대라는 시대 의 한계를 벗어나지 못했다고 생각된다.

또한 인간중심주의 수용에 있어서 중요한 것은 '도덕적 고려의 대상 이 자연에까지 확장 가능한가'의 문제보다, '도덕적 고려의 근거가 인간 의 도덕적 본성에 있는가 아니면 자연의 내재적 가치 또는 목적에 있는

가'라는 형이상학적 문제에 있다. 따라서 인간이 실현하고자 하는 선(善)을 가지듯이, 자연 존재도 실현하고자 하는 내재적 선을 갖고 있느냐가 관건이 된다. 장미의 아름다움이 인간에 의해 도덕적 배려의 대상으로 판단되건 말건, 장미는 그 자체 본질적인 미(내재적 선)를 지닐 수 있다. 따라서 장미가 아름다움으로 자신의 존재 목적을 구현하고 있는 한, 장미는 자연의 목적에 알맞게 존재하고 있는 것처럼, 자연의 모든 존재는 이미 자연의 목적에 부합해 존재하는 것이며 그 자체로서 선한 것이라 할 수 있다(구승회, 2001: 308-310). 이러한 목적론적 관점에서 자연에 내재적 가치 또는 존엄성을 부여할 때 우리는 자연을 파괴하려는 인간 본성을 변화시킬 수 있고 더 나아가 자연과 공생할 수 있는 지혜를 얻을 수 있을 것이다. 따라서 칸트의 윤리학이 자연에 대한 책임의 최종 근거를 논의하는 차원에서 '도덕적 인간중심주의'로서 새롭게 평가되어 실천적 효용성과 적절성을 획득한다고 할지라도, 자연에 대한 인간중심주의 입장을 버리지 않는다면, 자연 자체의 고유한 생산성과 합목적성을 통해 파악할 수 있는 근원적인 생태학적 통찰에 이를 수 없다.

우리는 자연을 객체로써 파악하는 칸트와는 달리 자연을 살아있는 하나의 고유한 주체이자 전체로서 파악하는 셸링(F.W.J. Schelling)의 자연철학에서—그가 『인간 자유의 본질에 관한 철학적 탐구(*Philosophische Untersuchungen über das Wesen der menschlichen Freiheit*)』에서 인간의 의지를 절대화하여 자연으로부터 그 근거를 부정하고 관계를 단절시켜, 자연을 그 자신의 목적을 위한 수단에 불과한 것으로 간주하는 것은 스스로를 파멸시키는 모순에 빠지는 행위라고 지적하듯이—인간중심주의 입장의 중단과 그것의 근본적인 극복을 함축하는, 즉 생태위기를 근원적으로 극복할 가능성을 발견한다(조영준, 2008: 295).

참고문헌

구승회(2001), 『생태철학과 환경윤리』, 동국대학교출판부.

권정임(2007), 「근대성에 대한 생태적 비판: 초기 계몽주의의 사회형성론 및 자연 지배이데올로기를 중심으로」, 『시대와 철학』 제18권 2호, 한국철학사상연구회, 117-152.

김양현(1998), 「칸트의 목적론적 자연관에 나타난 인간중심주의: 목적론적 판단력 비 판을 중심으로」, 『철학』 제55집, 한국철학회, 97-120.

김양현(2006), 「자연의 도덕적 지위에 대한 비판적 고찰」, 『범한 철학』, 제43집, 범한 철학회, 235-257.

김형주(2017), 「칸트의 환경철학 기획과 좌절: 그의 공간 이해를 중심으로」, 『환경철 학』 제24집, 한국환경철학회, 55-76.

데카르트, 르네(1997a), 『방법서설』, 이현복 옮김, 문예출판사.

데카르트, 르네(1997b), 『성찰』, 이현복 옮김, 문예출판사.

데카르트, 르네(2002), 『철학의 원리』, 원석영 옮김, 아카넷.

머천트, 캐롤린(2007), 『래디컬 에콜로지』, 허남혁 옮김, 이후.

베이컨, 프랜시스(2001), 『신기관: 자연의 해석과 인간의 자연 지배에 관한 잠언』, 진 석용 옮김, 한길사.

베이컨, 프랜시스(2002a), 『새로운 아틀란티스』, 김종갑 옮김, 에코리브로.

베이컨, 프랜시스(2002b), 『학문의 진보』, 이종흡 옮김, 아카넷.

요나스, 한스(2001), 『생명의 원리: 철학적 생물학을 위한 접근』, 한정선 옮김, 아카넷.

조영준(2008), 「셸링 유기체론의 생태학적 함의」, 『헤겔연구』 제24호, 한국헤겔학회, 277-299.

조영준(2022), 『자연과 공생하는 유토피아: 셸링, 블로흐, 아나키즘의 생태사유』, 역락.

칸트, 임마누엘(2005), 『윤리형이상학 정초』, 백종현 옮김, 아카넷.

칸트, 임마누엘(2009), 『판단력비판』, 백종현 옮김, 아카넷.

칸트, 임마누엘(2012), 『윤리형이상학』, 백종현 옮김, 아카넷.

Bacon, Francis(1966), "The Masculine Birth of Time", in: *The Philosophy of Francis Bacon*, ed. and trans. by Benjamin Farrington, Chicago.

Kant, Immanuel (1997), *Moral Philosophy: Collins's lecture notes*, in: P. Heath & J. B. Schneewind (Ed.), *Lectures on Ethics*, Cambridge.

Meyer-Abich, Klaus Michael (1984), *Wege zum Frieden mit der Natur. Praktische Naturphilosphie für die Umweltpolitik*, München.

현대의 인간중심주의

이상헌

I. 인간중심주의란 무엇인가?

인간중심주의라는 용어만큼 모호한 것도 찾아보기 힘들 것이다. 물론 ○○주의라고 하면, 그 외연에 속하는 이론들 사이에도 어느 정도의 차이가 있기 마련이며, 그래서 ○○주의로 불릴 수 있는 사상에는 내용상의 폭이 존재한다. 그러나 인간중심주의에는 이런 사정이 잘 들어맞지 않는다. 인간중심주의는 그 표현을 사용하는 사람만큼이나 다양한 의미를 갖기 때문이다. 그래서 인간중심주의라는 표현을 발견하게 되면, 그 용어를 어떤 관점에서 어떤 의미로 사용되고 있는지 주의해서 볼 필요가 있다.

인간중심주의는 1970년대에 환경론자들이 자신들의 관점을 좀더 잘 드러내기 위해 극복의 대상으로 상정하고 비판한 모종의 관점을 지칭하는 용어로 고안되었다. 달리 말하면, 인간중심주의는 과거의 한 철학적 전통을 가리킨다고 보기 어렵다. 이전의 어떤 철학자도 자신의 사상이나 관점을 지칭하여 인간중심주의라고 표방하지 않았다. 환경론자들은 환경문제의 심각성을 알리고 해결을 모색하기 위해 그 원인을 찾으려 했고, 근본적인 원인을 자연에 대한 인간의 태도에서 나름대로 발견했다고 생각했다. 그것이 바로 인간중심주의다. 환경파괴의 주범이 인간인데, 인간이 환경을 파괴하게 된 것은 인간이 모든 존재의 중심이며 가치의 근원이라는 인간중심적 사고에서 자연을 대하는 잘못된 태도를 형성하게 된 데 있었다. 그런 태도로 자연을 대한 결과 무제한적인 환경의 파괴가 발생했고, 결과적으로 현대의 환경문제가 생겼다고 분석한 것이다. 그래서 환경론자들은 인간중심주의를 비판함으로써 환경에 대한 인간의 태도를 바로 잡고 환경문제를 해결하는 길로 나아가고자 했다.

환경론자들의 일차적 관심은 실천적인 것이었지만, 이를 위해 이론적 탐구가 필요했다. 환경론자들은 인간중심주의라는 비판의 대상을 상정하고 다각도의 비판을 통해 자신들의 관점을 이론화해왔다. 그래서 1980년대 이후 인간중심주의의 거부와 비판은 환경운동의 핵심적인 특징이 되었다. 그런데 인간중심주의가 하나의 사상적 조류로 존재하고 이에 대해 비판한 것이 아니라 거꾸로 비인간중심주의 혹은 탈인간중심주의라고 불릴 수 있는 환경론자들의 입장에서 비판의 대상으로 인간중심주의를 구성한 것이었으므로 인간중심주의를 비판하는 사람들마다 인간중심주의가 의미하는 바에 차이가 있었다.

인간중심주의에 관해 논의할 때 이러한 배경을 이해하는 것이 필요하다. 인간중심주의라는 표제를 붙일 수 있는 이론의 범위가 다른 어떤 주의보다 광범위하며, 인간중심주의라는 말로 이해하는 바가 사람마다 현저하게 다르기 때문이다. 그럼에도 불구하고 인간중심주의라고 부를 수 있는 관점에는 어떤 공통된 것이 있을 것이라는 짐작은 정당하다. 현대 환경철학자인 민티어(Ben A. Minteer)는 모든 형태의 인간중심주의에 하나의 공통된 근본 전제가 있다고 보았는데, 그것은 '인간은 다른 사물들, 혹은 존재의 다른 측면들과 관련하여 어떤 점에서든 인간에게만 고유한 위치가 있다'는 것이다. 거칠게 말하면, 인간은 모든 존재 가운데 유일한 위치를 차지하며, 인간이 모든 가치의 원천이라고 보는 믿음을 인간중심주의들이 공유한다는 것이다.

　인간중심주의에 관한 논의들을 살펴볼 때 인간중심주라는 개념의 세 차원을 구분하는 것이 도움이 된다(Rae, 2016: 148-149). 인간중심주의는 존재론적/형이상학적 차원, 윤리적 차원, 인식론적 차원에서 바라볼 수 있다. 형이상학적 차원에서 인간중심주의는 인간을 모든 존재의 중심적 위치에 놓는다. 존재의 구조를 인간의 관점에서 기술하는 과거 형이상학의 존재 이해 방식이라고 할 수 있다. 인간을 우주의 중심에 위치시킨 아리스토텔레스나 인간을 창조의 목적으로 이해한 기독교적 인간 이해 방식을 떠올릴 수 있을 것이다. 인간은 다른 모든 것들과 관련하여 특권적인 자리를 차지하는 존재이며, 그 자리는 인간에게 고유한 것이다. 더 나아가서, 이러한 존재론적 지위로 인해 인간은 모든 의미의 원천이기도 하다.

　인간이 존재의 구조에서 차지하는 독특한 지위는 다른 존재들과 관련하여 인간 존재의 가치론적 우위를 설명하는 근거로도 작동한다. 다른 존재들에 대한 인간 존재의 우월한 지위는 인간이 다른 존재와 관계 맺는 방식의 해석 틀을 제공한다. 인간이 다른 모든 존재를 자신의 목적을 위해 이용할 수 있는 위치에 있다는 해석이 그것이다. 가치란 인간에게만 내재적인 것이며 다른 모든 존재에는 내재적이지 않다. 인간 이외의 존재에 부과되는 가치는 도구적인 것이다. 이런 이해는 인간의 이해 관심이 다른 모든 비인간과 환경의 이익을 지배한다는 해석을 가능하게 한다.

환경론자들이 주로 비판하는 인간중심주의의 주장이 바로 존재론적 인간중심주의와 윤리적 인간중심주의인데, 환경론자들은 이 둘을 뒤섞어 하나로 보는 경향이 있다. 그러나 팀 헤이워드(Tim Hayward)가 지적했듯이 존재론적 인간중심주의와 윤리적 인간중심주의는 구분될 수 있다. 윤리적 인간중심주의가 인간중심주의의 존재론적 차원을 반드시 필요로 하는 것이 아니다. 윤리적 인간중심주의에는 두 가지 관점이 있다. 강하게 해석된 윤리적 인간중심주의는 인간에게만 내재적 가치가 있다고 주장한다. 반면에 약한 해석은 인간과 비인간 어느 쪽에도 내재적 가치를 인정하지 않는다. 다만, 인간이 비인간보다 더 중요하다고 본다. 내재적 가치를 언급하지 않지만, 비인간과 견주어 인간에게 특권적 지위를 인정한 점에서는 약한 해석의 인간중심주 또한 강한 해석과 의견을 같이 한다.

인간중심주의를 인식론적 차원에서도 바라볼 수 있다. 인식론적 인간중심주의는 존재를 사고하는 우리의 특정한 방식, 즉 주체와 객체, 인간과 비인간, 자아와 타자와 같은 이원론적 틀 속에서 존재를 사고하는 우리의 인식 방식으로 정의된다. 현대의 후기 구조주의나 해체주의, 그리고 포스트휴머니즘 등이 인간중심주의를 공격할 때 문제 삼는 인간중심주의의 핵심 관점이 바로 이것이다. 민티어는 인식론적 인간중심주의를 동어반복적 진술을 통해 표현한다. '모든 인간의 가치는 인간의 가치이다.' 민티어의 해석에 따르면, 윤리적 비인간중심주의는 자기모순 없이 성립할 수 없다. 윤리적 비인간주의가 비인간에 귀속시키는 어떠한 가치도 인간적 가치일 것이기 때문이다.

그리고 인간중심주의를 논할 때 간혹 혼동을 유발하는 용어들이 있다. 민티어는 인간중심주의(anthropo-centrism), 의인화(anthropo-morphism), 인간활동에 의한(anthropo-genic) 사이의 혼동을 경계할 것을 권고한다(Minteer, 2009: 59). 의인화는 비인간 존재에게 인간적 특성을 부여하는 것으로 문학 작품이나 영화, 애니메이션에서 많이 사용한다. 인간중심주의는 모든 것은 인간화하거나 인간적인 것으로 돌리려고 시도하지 않는다. 오늘날 기후 위기를 언급할 때 그 원인이 근본적으로 인간에게 있다는 점을 지적하면서 '인간활동에 의한'이라는 용어를 사용한다. 기후 변화가 자연적(우발적) 요인보다는 인간의 행동에 그 원인이 있다는 견해를 표현하는 수식어이다. 인간중심주의와 환경위기 사이에 필연적 관계는 없다. 환경론자들은 오늘날 환경위기를 원인이 근본적으로 인간중심적인 태도에 있다고 주장하지만, 인간중심주의를 표방하면서도 친환경적인 태도를 취하는 것이 불가능하지 않다.

Ⅱ. 서구의 인간중심주의 사상

환경론자들이 인간중심적 사고라고 지적하는 사상의 연원을 거슬러 올라가면 서양 철학의 시초에까지 닿겠지만, 주로 언급되는 몇몇 대표적인 사상이 있다. 이것들은 거의 서구의 지배적 사상이라고 해도 될 듯하다. 하지만 이들 사상이 환경론자들이 지적하는 것처럼 특정한 의미의 인간중심주의를 필연적으로 함축한다고 간단히 말할 수 있을지 모르겠다. 대표적으로 언급되는 고대 철학자로 아리스토텔레스가 있다. 아리스토텔레스는『정치학』에서 다음과 같이 적었다.

> 그러면 우리는 충분히 발달한 것들의 경우에 다음과 같이 가정해야 한다. 식물은 동물을 위해서 존재하며, 여타 동물들은 인간을 위해 존재한다고 말이다. 가축은 이용하고 먹기 위한 것이며, 전부는 아닐지라도 일부 야생동물은 식량으로, 그리고 다른 종류의 지원 수단으로 쓰이기 위해 있는 것이다. 우리는 옷이나 기타 도구들을 야생동물로부터 얻는 것이다. 그래서 만일 자연이 불완전하거나 무의미한 것을 만들지 않는다면 자연은 인간을 위해 그 모든 것을 만들었어야 한다(아리스토텔레스, 『정치학』1부 8장).

아리스토텔레스의 견해는 지금까지의 상식에 가깝다. 인간은 식량과 생활의 필수도구를 자연으로부터 얻는다. 그리고 생물의 먹이사슬을 보면, 거칠게 말해, 초식동물이 식물을 먹이로 삼고, 육식동물이 초식동물을 먹이고 삼는데, 인간은 식물, 초식동물, 육식동물을 모두 먹이로 삼는다. 자연을 터전으로 삶을 영위하는 인간에게 자연의 모든 것은 인간에게 쓸모 있는 것이다. 그러니까 자연의 모든 것은 인간을 위한 것이라 말할 수 있다.

환경문제의 근본적 원인으로 서구 문명의 전통을 지목해 강력하게 비판함으로써 주목을 끈 린 화이트(Lynn White)의 1967년 논문 이후에 환경윤리에서 인간중심주의가 도마에 올려졌고, 인간중심주의는 지금껏 환경론자들에게 공적으로 취급되고 있다. 화이트는 서구의 기독교를 지금껏 세상에서 가장 인간중심적인 종교라고 규정했다.

특히 서구적 형태의 기독교는 세상에서 가장 인간중심적인 종교이다. 일찍이 2세기에 테르툴리아누스와 리옹의 이레네오 성인은 하나님이 아담을 지으셨을 때 아담은 성육하신 그리스도의 형상, 즉 두 번째 아담의 전조를 보이셨다고 주장했다. 인간은 자연에 대한 신의 초월성을 상당 부분 공유한다. 기독교는 인간과 자연의 이원론을 확립했을 뿐만 아니라 인간이 자신의 합당한 목적을 위해 자연을 착취하는 것이 하나님의 의지라고 주장하는데, 이 점에서 고대의 이교도와 아시아 종교들(조로아스터교를 제외하고)과 절대적으로 대조된다(Lynn White, 1967: 1205).

화이트는 기독교의 창세신화를 거론하며 신의 초월성을 일정 부분 공유한 인간을 모든 존재의 최고 지위에 올려놓고, 인간과 자연의 이분법과 인간의 자연 착취의 정당성을 주장하는 유대-기독교적 전통을 반환경적인 것으로 공격한다. 그래서 서구에 뿌리 깊은 유대-기독교적 사고방식으로 인하여 과학기술을 활용하는 방안을 재앙적 생태문제에 적용한다고 해도 실효를 거둘 수 없을 것이다. 인간과 자연의 관계에 대한 유대-기독교적 사고는 서구인들에게는 거의 보편적인 것이기 때문이다.

인간중심주의는 근대로도 이어진다. 대표적인 근대철학자인 르네 데카르트는 인간과 자연의 이분법을 공고히 다졌고, 자연은 영혼 없는 기계에 불과하다고 주장하여 모든 의미와 가치를 자연으로부터 격리되게 만들었다. 데카르트에게 자연은, 모든 자연 존재 가운데 인간과 가장 가까워 보이는 동물조차도 물질적 기반만을 갖는 기계에 불과하다. 지상에서 유일하게 '이성적 영혼'의 소유자인 인간만이 의미를 이해하고, 의미를 산출하고, 자연 존재를 의미 있게 만들 수 있다.

근대철학의 정점에서 칸트는 지상에서 유일하게 그 자체로 목적일 수 있는 존재가 인간임을 보여주었다. 오늘날 식으로 말하면, 어떤 무엇을 위한 쓸모에서가 아니라 본래적으로 가치 있는 것은 인간성뿐이다. 인간은 바로 그 인간성으로 인해 다른 모든 자연 존재로부터 구분되고, 인간성을 실현하는 과정에서 자연적 존재를 수단으로 활용할 자격을 갖는다. 칸트는 「추측해 본 인류 역사의 기원」(1786)이라는 짧은 글에서 이성적 존재로서 인간의 진보를 추정적인 네 단계로 구분하여 설명한다.

> 인간을 동물의 집단보다 훨씬 고양시켜 주는 이성이 행하는 네 번째의 진보이자 마지막 진보는, (비록 아직 불확실하게나마), 인간이 자신을 자연의 본래의 목적으로서 파악하게 된 것이었고, 그리고 이 점에서는 지상에 살고 있는 어떤 것도 인간과 견줄 수 없다는 점을 파악한 것이었다. 인간이 처음으로 양에게 다음과 같이 말했을 때, 즉 "양아, 네가 입고 있는 가죽은 자연이 너를 위해 준 것이 아니라 나를 위해 준 것이다"라고 말했을 때, 그리고 양으로부터 가죽을 벗겨 내어 자신의 몸에 걸쳤을 때, 인간은 다른 모든 동물들보다 우위를 점하는─자연이 자신에게 부여해 준─특권을 깨닫게 되었다. 인간은 이제 더 이상 다른 동물들을 자신과 같은 차원의 동료 창조물로서 간주하지 않게 되었으며, 자신의 의도에 따라서 사용할 수 있는 수단이나 도구 정도로 간주하게 되었다(칸트, 1992:81-82).

이와 같은 칸트의 인간 이해는 특별한 것이라기보다 고대로부터 이어져 내려온 것이다. 자연에 독자적이고 고유한 가치, 혹은 신성한 가치를 부여하는 사고는 오히려 신화적인 것이었으며, 철학 이전의 사고방식이라고 해야 할 것이다. 자연과 인간에 대한 학문적 탐구 이후 서양에서 인간에 대한 이해, 인간과 자연에 대한 이해는 기본적으로 인간중심적이었다고 말할 수 있다.

Ⅲ. 인간중심주의와 관련된 쟁점들

1. 내재적 가치

환경윤리에서 인간중심주의와 비인간중심주의가 대립하는 몇 가지 쟁점이 있다. 가장 먼저 떠오르는 쟁점이 '내재적 가치(intrinsic value)' 논쟁이다. 환경론자들이 보기에 인간중심주의는 자연을 그 자체로는 아무런 가치를 갖지 않는, 가치 중립적인 것으로 간주하고 인간을 가치의 중심이라고 주장하는 견해이다. 인간중심주의는 인간 이외에 비인간 존재는 인간의 이익에 직접적으로 혹은 간접적으로 기여하는 한에서만 가치를 갖는다고 주장한다.

생태중심주의자인 캘리콧(J. B. Callicott)은 여러 군데서 인간중심주의를 다양한 방식으로 정의한다. 그에 따르면 인간중심주의는 "인간의 경험과 무관한 가치는 존재하지 않는다"고 주장하며, 따라서 자연에는 내재적인 가치가 없다고 본다. 모든 형태의 생명에 대해 도구적 가치만 인정하기 때문에, 그것들이 인간의 이익에 기여할 때에만 가치를 갖는 것으로, 즉 도구적 가치를 갖는 것으로 본다. 인간만이 근본적인 가치의 장소라는 생각은 인간이 모든 비인간적 존재에 관해 가치의 생산자이기 때문에 인간은 자신의 이익을 위해, 자신이 원하는 대로 자연을 비롯한 비인간적 존재를 활용할 수 있다는 귀결에 도달된다.

인간중심주의에 반대하는 환경론자들은 인간만이 내재적 가치의 유일한 담지자라는 견해에 반대한다. 1984년 4월에 심층생태주의자인 아르네 네스(Arne Naess)와 조지 세션스(George Sessions)는 그때까지 15년간 심층생태학에서 논의된 기본원칙들을 정리해 8개 항의 원칙을 발표했다. 첫 번째 원칙에서 이들은 인간이 내재적 가치의 유일한 담지자라는 주장을 물리친다. "지구 위의 인간 생명과 비인간 생명의 복지와 번영은 그 자체로 가치를 갖는다. 이 가치는 비인간 세계가 인간의 목적을 위해 유용한지 여부와 무관하다(Naess, 1995: 68)." 인간중심주의에 반대하는 환경론자들은 인간 이외의 비인간 존재에게도 내재적 가치를 인정해야 한다고 주장한다. 내부적으로는 내재적 가치 개념에 있어서 다소간 차이는 있지만, 어찌 되었든 자연 생태계를 비롯해 인간 이외의 존재에도 내재적 가치를 인정하고 주장한다는 점에서는 동일하다.

1973년에 제15차 세계철학자대회에서 뉴질랜드의 철학자 리처드 루틀리(Richard Routley)는 파격적인 논문을 발표한다. 루틀리는 서구의 지배적인 윤리적 전통이 인간에게만 내재적 가치를 인정하고 인간 이외의 존재에게는 도구적 가치만 있다고 주장하는데, 이런 견해를 정당화되지 않는다고 말한다. "새로운 환경윤리가 필요한가?"라는 논문에서 루틀리는 이른바 '최후 인간 사례(the last man example)'를 제시하여 많은 사람의 관심을 받는다. 논문에서는 최후 인간 사례를 몇 가지로 변형하고 확장하는데, 그 사례는 다음과 같다.

세계가 붕괴한 가운데 생존한 마지막 한 사람이 있다. 그는 할 수 있는 한에서 닥치는 대로 살아 있는 모든 것, 그것이 동물이든 식물이든 살아 있는 것이라면 모두 제거하고 있다. (물론 최고의 도살장에서와 같이 원하는 경우에 고통 없이 그렇게 한다.) 이 마지막 한 사람이 한 일은 기본적 쇼비즘에 따르면 대단히 허용 가능한 것이지만 환경적 근거에서 보면 이 마지막 사람이 한 일은 잘못된 것이다. 더욱이 이 마지막 사람이 나쁜 행동을 한 것으로 파악하기 위해 난해한 가치들에 호소할 필요가 없다(근본적인 사고와 가치들이 기초적인 평가적 원리들의 정식화에서 변화가 일어나기 전에 먼저 환경적 방향으로 옮겨간 것이 이유일 것이다)(Routley, 1973: 487).

위의 사례에서 루틀리가 보여주고 싶은 것은 서구의 전통적인 윤리 체계에 포함된 오류와 불완전성이다. 위의 사례에서 인류 문명의 붕괴 이후에 홀로 살아남은 단 한 사람이 지구상의 모든 생명을 말살하는 행동을 한다면, 그 행동은 두말할 것도 없이 악행이다. 그런데 우리는 그 마지막 사람의 행동을 도덕적으로 잘못이라고 말할 수 없다. 그 사람은 어느 누구의 권리도 침해하지도 않았으며, 어느 누구에게 조금의 해도 입히지 않았다. 그 사람은 지구상에 존재하는 단 한 명의 인간이기 때문에 남을 해칠 수 없다. 이와 같은 부조리한 귀결이 생기는 이유는 인간을 유일한 내재적 가치의 담지자로 설정했기 때문이다. 별다른 이유도 없이, 혹은 무슨 이유에서였던 마지막 인간은 지구의 모든 생명을 파괴했다. 그럼에도 불구하고 그 사람의 행동을 도덕적으로 평가할 수 없다는 것은 납득할 수 없다. 만일 인간 이외의 존재, 그것이 자연이든 여타의 생명체든 간에 비인간 존재에게도 내재적 가치가 있다고 가정한다면, 마지막 인간의 행위는 용납되지 않을 것이다.

내재적 가치 쟁점은 인간중심주의에 반대하는 환경론의 핵심 주장에 관련된다. 예컨대, 모든 유정적 존재(sentient being)가 인간의 이익 혹은 다른 어떤 종류의 가치에도 의존하지 않는 독립적인 가치, 다시 말해 내재적 가치를 갖는다고 주장하는 이들은 모든 유정적 존재가 인간과 무관하게 도덕적 지위(moral standing)을 갖는다고 결론 내릴 수 있다. 인간중심주의는 인간을 가치의 유일한 원천으로 보기 때문에, 인간 이외의 존재에 대해서는 인간의 선을 위한 수단으로서의 도구적 가치를 갖는 것으로 취급한다.

생명중심주의를 주창한 폴 테일러(Paul Taylor)는 위와 같은 견해를 '인간윤리(human ethic)'라고 지칭하고 자연에 대한 존중을 강조하는 생명중심윤리(biocentric ethic)를 제안한다. 그는 자연에 존재하는 모든 동물과 식물, 즉 살아 있는 존재들이 모두 동등한 내재적 가치를 갖는다고 주장한다. 살아 있는 존재는 "통일된 체계 또는 조직화된 활동, 즉 그 자신의 안녕(well-being)을 보호하고 증진시킴으로써 자신의 존재를 보존하려고 하는 항상적 경향성(Taylor, 1968)"을 갖는다.

알도 레오폴드(Aldo Leopold)와 롤스턴(Holmes Rolston III) 같은 환경론자들은 야생과 건강한 생태계에 대해 도구적 가치가 아니라 내재적 가치를 갖는다고 주장한다. 생태계 자체가 인간의 선이나 이익과 무관하게 그 자체로 가치를 갖는다는 것이다. 생명중심주의가 개별 생명체 수준에서 내재적 가치를 주장하는 것과 달리, 생태중심주의는 생태계 자체에도 내재적 가치가 있다고 주장한다.

서구의 전통적인 윤리학에서는 내재적 가치를 지니는 것, 혹은 그 자체로 가치 있는 것에 대해 오래전부터 논의해왔다. 아리스토텔레스는 '행복(eudaimonia)'을, 쾌락주의는 '즐거움(pleasure)'을, 칸트는 '선의지(good will)'를, 공리주의는 '공리', 즉 '최대다수의 최대행복'을 다른 어떤 것을 위해 쓸모 있는 것이 아니라 그 자체로 가치 있는 것으로 보았다.

행복이라고 부르든, 즐거움이라고 하든, 선의지 혹은 공리라고 하든 이 모든 것이 인간적인 것이다. 다시 말해, 인간을 중심에 두고 생각한 것이며, 인간 이외의 존재의 선이나 이득은 여기에 고려되지 않았다. 환경론자들은 이 점을 지적하며, 비인간 존재에게도 내재적 가치를 인정해야 한다고 주장한다.

2. 새로운 윤리의 필요성

린 화이트는 〈사이언스(Science)〉에 실은 논문에서 환경문제의 뿌리를 서구 문명에서 찾고 기존의 형이상학과 윤리학, 종교를 강력하게 비판하고 새로운 윤리학과 종교의 필요성을 강조한다. 화이트는 서구 문명의 지배적 전통과 그 위에서 성장한 과학기술이 현재 벌어지고 있는 생태학적 문제의 근본 원인이라고 주장한다. 특히, 유대-기독교적 전통이 인간을 신적인 존재, 초자연적인 존재로 여기게 만들었으며, 인간이 자연에 대해 무자비한 정복자나 폭군처럼 행동하는 것을 허용했다고 말한다. 화이트는 기존의 철학과 윤리로는 환경문제에 적절해 대응할 수 없으며, 긴급한 환경문제의 해결에 나서기 위해서는 새로운 종교와 윤리학을 먼저 구축해야 한다고 주장한다.

화이트는 서구 기독교를 토대로 한 기본적 가치들을 대체하는 새로운 가치들의 체계가 수용되지 않고서는 생태 위기의 극복은 불가능할 것이라고 주장한다. 그는 자연이 존재하는 이유가 인간에게 봉사하는 것이라는 기독교적 공리를 거부하지 못한다면, 생태 위기는 계속 악화될 것이라고 전망한다.

생태에 대해 우리가 하는 일은 인간과 자연의 관계에 대한 우리의 생각에 달려 있다. 우리가 새로운 종교를 찾아내거나, 과거의 종교에 대해 다시 생각해보는 일이 없다면, 아무리 많은 과학과 기술이 동원된다고 하더라도 우리는 현재의 생태 위기에서 벗어날 수 없을 것이다(White, 1967: 1205).

최후 인간 사고실험을 고안한 루틀리 역시 명백히 환경적인 새로운 윤리의 필요성을 주장한다. 그는 적어도 서구 문명에서는 인간과 자연환경 사이의 적절한 관계 설정을 위해 새로운 윤리가 필요하다고 말한다. 레오폴드의 말을 빌리면, 인간의 땅에 대한 관계, 동물과 식물에 대한 관계를 제대로 설정할 수 있는 윤리가 필요하다. 새로운 윤리를 구축하는 길 말고 두 가지 가능성을 생각해 볼 수 있다. 하나는 지배적인 전통적 윤리를 확장하거나 변형하는 것이며, 다른 하나는 기존의 윤리에 이미 포함되어 있거나 잠재되어 있는 원리들을 발전시키는 길이다. 그러나 루틀리는 이런 식으로는 환경윤리를 구축할 수 없다고 주장한다. 그가 제안한 최후 인간의 사례는 기존의 지배적 윤리, 다시 말해 의무론적 윤리이든 공리주의 윤리이든 인간중심적인 윤리 체계의 한계를 보여주는 것이다.

화이트의 도발적인 글에 대한 답변으로 해석해도 좋은 『자연에 관한 인간의 책임(Man's Responsibility for Nature)』(1974)에서 존 패스모어(John Passmore)는 서구의 지배적 세계관이 환경문제의 한 원인이라는 지적에는 동의하지만, 그렇다고 해서 기존의 가치 체계를 버리고 새로운 윤리를 구축해야 한다는 견해에는 찬성하지 않는다. 패스모어는 먼저, 반생태적 윤리의 근원이 유대-기독교적 사고라는 화이트의 주장이 사실과 다르다는 점을 설명한다. 그리고 화이트의 기독교적 전통의 해석이 편협하다는 점을 지적한다. 단지 『성경』의 창세기 구절만으로 기독교적 사고를 해석하는 것은 근거가 희박하다는 것이다. 패스모어는 자연과 인간의 관계에 관하여 기독교에 내재되어 있는 다른 해석의 가능성, 다시 말해 자연에 대한 폭군으로 군림하는 인간의 관념이 아닌 다른 것을 보여준다. 패스모어는 자연에 대해 절대자로 군림하는 폭군 이미지와 다른 두 가지 인간 이미지가 기독교적 사고 전통 속에 있다고 해석한다. 하나는 인간의 역할을 자연을 관리하는 청지기로 이해하는 것이고, 또 하나는 인간을 자연과 협력하는 동반자로 이해하는 것이다.

패스모어는 서구의 전통에 대한 재고가 필요하다는 점을 인정하지만, 비판자들의 주장과 달리 서구 문명 속에는 충분한 다양성과 유연성이 존재한다고 말한다. 우리가 자연을 취급하는 방식을 다시 생각해야 한다는 것이 서구 문명과 전통을 부정하고 새로운 문명, 새로운 윤리를 구축해야 한다는 것을 뜻하지는 않는다. 패스모어는 기존의 자연 개념과 도덕적 원리들에 있어서 어느 정도의 수정과 보완이 필요한 것까지만 인정한다.

> 강을 하수구로 만드는 사람들과 공기를 숨쉴 수 없는 것으로 만드는 사람들, 인구과잉의 세계에서 아이를 낳는 사람들, 또는―이건 좀 논쟁의 여지가 있지만―후대 사람들에게 필요한 자원을 낭비하는 사람들에 대한 우리의 비난을 정당화하기 위해 '새로운 윤리학'의 도움이 필요하지 않다(Passmore, 1975: 262).

패스모어는 환경오염, 자연보존, 인구과잉 등 인류가 심각한 환경문제에 직면했다는 것을 인정하지만 서구 문명의 지배적 가치 체계를 부정할 필요가 없다고 말한다. 우리에게 필요한 것은 새로운 윤리가 아니라 사려 깊은 행동이라는 오래된 절차이다. 현대사회는 기술 혁신에 대해 좀 더 신중한 태도를 취해야 하고, 천연자원을 덜 낭비하는 길을 찾아야 하며, 인간이 생명권에 얼마나 의존해 있는지에 대해 각성할 필요가 있다. 환경문제를 불러온 주범은 인간의 탐욕, 근시안적 사고방식과 태도, 무감각이다. 이러한 것들의 힘은 막강하기 때문에 이제 우리에게 진정으로 필요한 것은 이미 익숙한 윤리에 좀더 확고하게 헌신하는 것이다.

Ⅳ. 인간중심주의 환경철학의 유형들

환경중심적 사고와 태도를 요구하는 환경론자들은 환경오염을 비롯한 온갖 환경문제의 근본적 원인으로 인간중심주의를 거론한다. 인간중심주의적 사고와 관점을 버리지 않는다면, 인류는 환경문제를 극복할 수 없으며, 인간중심주의에 기초한 전통적인 윤리 및 가치 체계로는 환경문제에 제대로 대응할 수 없을 것이라고 주장한다. 반면에 여전히 인간중심주의를 옹호하는 이들은 인간중심주의를 견지하면서도 환경문제에 적절히 대응할 수 있음을 이론적으로 보여주려고 한다. 동물이든 생태계이든 비인간 존재에게는 내재적 가치를 인정하지 않고, 자연의 가치를 오로지 이용 가치의 관점에서만 바라보는 강한 인간중심주의에 대비되는 비교적 온건한 인간중심주의의 여러 유형들이 제안되고 있다.

대표적으로 브라이언 노턴(Bryan Norton)은 자신의 관점을 이른바 약한 인간중심주의(weak anthropocentrism)라고 부르며 강한 인간중심주의에 대비시킨다. 노턴은 약한 인간중심주의를 택함으로써 우리가 환경을 보호하는 것은 물론 인간의 삶과 성품을 향상시키고 고귀하게 만들 수 있는 태도를 자연을 향해 가질 수 있다고 주장한다. 노턴은 자연에 대해 내재적 가치를 인정하지는 않지만, 자연의 가치를 단순히 경제적 관점에서만 파악하지 않고 인간 정신과 관련하여 다양한 가치를 이야기한다. 인간은 삼림 체험, 환경 교육, 생태 관광 등 다양한 야외 활동을 통해 자연과 접촉할 수 있고, 그런 접촉은 사람들로 하여금 타인은 물론 자신이 자연에 대해 저지르는 생태 파괴적인 행동에 대해 의문을 갖게 하고, 인간과 자연의 조화를 이룰 수 있는 규범을 형성하도록 촉진할 것이다. 숲의 풍요로움을 바라볼 때, 강한 인간중심주의는 상업적 관점에서만 바라보겠지만 약한 인간중심주의는 다른 시각에서 바라볼 수 있게 한다. 숲의 아름다움, 문화적 표현과 감수성을 자극하는 원천, 인간 정신에 평온함을 제공하거나 마음의 상처를 보듬는 치유적 가치 등을 볼 수 있게 한다.

유진 하그로브(Eugene Hargrove)는 환경의 가치가 가치 부여자로서의 인간으로부터 생겨난다는 점을 인정하는 인간중심주의적 관점을 택하지만 자연적 대상의 내재적 가치를 인정한다는 점에서 독특하다. 하그로브가 주목하는 자연의 가치는 미적인 것이다. 사람들이 아름답다고 말하는 혹은 과학적으로 흥미롭다고 판단하는 자연의 요소에 내재적 가치를 인정할 수 있다고 한다. 예술 작품들이 실제로 시장에서 거래되기는 하지만, 다른 한편으로 우리는 어떤 예술 작품에 대해서는 값을 매길 수 없는 예술적 가치를 지녔다는 점을 인정한다. 하그로브가 주목하는 것은 바로 이런 가치이며, 이것은 내재적 가치라고 보아야 한다는 것이다. 자연 역시 이러한 종류의 가치, 어떤 방식으로든 가치를 매길 수 없는 가치를 지니고 있으며, 그런 맥락에서 자연은 내재적 가치를 지녔다.

물론 하그로브의 말하는 자연의 내재적 가치가 인간의 가치 체계와 완전히 독립되어 성립하는 것은 아니다.

　인간중심주의의 한 부류로 볼 수 있는 또 한 가지는 이른바 '환경실용주의'라고 지칭되는 입장이다. 환경실용주의는 1996년에 앤드루 라이트(Andrew Light)와 에릭 카츠(Eric Katz)가 논문 모음집을 발행하면서 주목을 받게 된 입장이다. 이것은 실용주의의 선구자들의 통찰을 환경문제에 적용한 것이라고 할 수 있다. 환경실용주의는 기존의 환경에 관한 담론이 이론적 고려에 너무 의존해 있었다고 비판하고 실제적으로 효용성 있는 논의를 촉구한다. 환경실용주의는 내재적 가치 논쟁과 같은 형이상학적 논의에 참여하지 않고 다양한 윤리 이론의 타당성에 열려 있는 메타 이론적 다원주의를 주장한다. 구체적인 경험과 과학적 사실에 기초해서 환경 정의, 생태 복원 등 환경문제를 현실적으로 해결할 수 있는 방안에 관심을 갖는다.

　인류는 당면한 문제인 환경위기를 극복하기 위해 다양한 논의와 노력을 기울이고 있다. 이론적 논의와 실천적 행동이 다각도로 진행되고 있다. 많은 이론가, 특히 실천가들이 인간중심주의를 공적으로 삼고 비인간중심주의, 혹은 탈인간중심주의를 주창하고 있지만, 이론적으로 인간중심주의의 불가피성을 지적하는 논의들도 있다. 인간중심주의라는 개념도 극단적인 이해 이외에 여러 가지 유연한 해석이 얼마든지 가능하다. 오늘날 환경철학에서 인간중심주의를 여전히 고수하는 이들이 환경문제를 도외시하거나 환경위기와 관련해 무기력해 보이지 않는다. 오히려 그 반대이다. 또한 인간중심주의를 택한다고 해서 환경문제에 대응하는 것이 불가능하지도 않다. 환경철학에서 인간중심주의를 주장하든 비인간중심주의를 주장하든 우리의 목표는 같지 않을까? 환경문제를 더 이상 심각하게 만들지 않고 예견되는 환경위기를 극복한다는 목표 말이다.

참고문헌

아리스토텔레스(2006), 『정치학』, 이병길 옮김, 박영사.

데자르댕, 조제프 R.(2017), 『환경윤리』, 김명식·김완구 옮김, 연암서가.

칸트, 임마누엘(1992), 『칸트의 역사철학』, 이한구 편역, 서광사.

Naess, Arne(1995), "The Deep Ecological Movement", ed. by George Sessions, *Deep ecology for the twenty-first century*, Boston: Shambhala, 64-84.

Minteer, Ben A.(2009). "Anthropocentrism", ed. by Callicott, J. Baird, & Frodeman, Robert, *Encyclopedia of environmental ethics and philosophy*, Detroit: Macmillan Reference USA, 58-62.

Passmore, John(1974), *Man's Responsibility for Nature*, London: Duckworth.

Passmore, John(1975), "Attitudes to Nature", in R. S. Peters (ed), *Nature and Conduct*, London: Macmillan Press.

Rae, Gavin(2016), "Anthropocentrism", in Henk ten Have (eds.), *Encyclopedia of Global Bioethics*, Springer International Publishing, 146-156.

Routley, Richard(1973), "Is there a need for a new, an environmental, ethic?", in Baird Callicott & Robert Frodeman(ed.), *Encyclopedia of environmental ethics and philosophy*, 484-489.

Taylor, Paul(1986), *Respect for Nature: A Theory of Environmental Ethics*, Princeton, N. J. Princeton University Press.

White, Lynn(1967), "The Historical Roots of Our Ecological Crisis", *Science*, 55, 1967, 1203-1207.

싱어의 동물해방 윤리*

류지한

I. 들어가는 말

피터 싱어(Peter Singer)는 프린스턴대학교 '인간가치대학센터(University Center for Human Values)'의 생명 윤리학 교수이자 멜버른대학교 계관 교수이다. 그는 2005년 〈타임〉지에 의해 세계에서 가장 영향력 있는 100인에 선정되었으며, 2012년에 오스트레일리아 국가최고시민훈장(Companion of the Order of Australia)을 받았다.

싱어는 1975년 『동물해방(*Animal Liberation*)』을 출간하여 국제적인 명성을 얻었다. 이 책은 동물해방 및 동물권리 운동의 시작점으로 여겨지

---

* 이 글은 류지한(2022), 「싱어의 동물해방론의 윤리적 쟁점」, 『윤리연구』, 제136호, 95-125를 수정·보완한 것임을 밝힌다.

고 있다. 이 책에서 싱어는 오늘날의 동물해방은 과거의 흑인 해방이나 여성 해방과 마찬가지로 우리의 도덕적 지평의 확대를 요구하는 해방 운동이라고 주장한다. 흑인 해방이나 여성 해방이 인종차별이나 성차별의 부당함에 저항하는 운동이었듯이 동물해방 운동도 본질적으로 '종차별'에 저항하는 해방 운동이라는 것이다. 싱어는 다른 종의 이익보다 자기가 속한 종의 이익을 더 선호하는 편견을 종 차별주의(speciesism)라고 규정하고, 이런 종 차별주의적 편견과 관행으로부터 동물해방을 촉구한다.

싱어의 동물 윤리는 동물에 대한 비윤리적 관행을 개혁하는 윤리적 실천에 지대한 영향을 미쳐왔다. 그의 동물 윤리는 동물 문제에 대한 윤리적 관심을 제고하고 동물해방에 대한 일반 대중의 의식을 고양시켰을 뿐만 아니라, 세계 여러 나라에서 동물 학대 방지 및 동물 복지 관련 정책과 입법을 마련하는 데에도 크게 공헌하였다.

II. 선호 공리주의와 유정성 기준

싱어의 동물해방 윤리는 그가 신봉하는 윤리 사상인 선호 공리주의에 기초해 있다.[1] 싱어의 선호 공리주의를 구성하는 중심 원리는 '이익 평등 고려의 원리'와 이에 기반한 '선호(이익) 만족 극대화의 원리'이다. 이 두 원리는 모두 고전적 공리주의의 기본 원리를 선호의 관점에서 재정식화한 것이다. 그의 이익 평등 고려의 원리는 고전적 공리주의에서 주장하는 '공평성의 원리'의 다른 이름이고, 선호 만족 극대화의 원리는 '공리의 원리'의 다른 이름이다. 벤담(Jeremy Bentham)은 '모든 사람은

하나로 계산되어야 하고 누구도 하나 이상으로 계산되어서는 안 된다'
는 주장을 통해서, 그리고 시즈윅(Henry Sidgwick)은 "우주적 관점에서 볼
때, 한 개인의 이익은 다른 사람의 이익보다 중요하지 않다(Sidgwick, 1962:
382)."는 주장으로 이익 평등 고려의 원리(공평성의 원리)를 표명하였다. 또
한 벤담은 공리의 원리를 달리 '최대행복의 원리'라고 불렀는데, 싱어의
선호 만족 극대화의 원리는 벤담의 최대행복의 원리를 선호의 관점에
서 재기술한 것이다.

싱어는 '누구의 이익을 평등하게 고려할 것인가?'의 문제, 즉 도덕적
고려 가능성 —도덕적 지위—의 기준 문제에 관해서도 고전적 공리주의
의 기준을 수용한다. 즉, 유정성(쾌고감수성; sentience) 기준을 수용한다. 벤담
은 일찍이 도덕적 고려에서 배제되어서는 안 되는 '넘을 수 없는 경계선'
으로 '고통을 느낄 수 있는 능력'을 제시한 바 있다.[2] 싱어는 이 쾌고감수
성이 어떤 존재가 이익을 가지기 위한 전제조건이라고 주장한다.

고통을 느낄 수 있는 능력, 엄격히 말해 고통과 행복을 향유할 수 있는

1　싱어는 최근에 선호 공리주의에서 벗어나 쾌락 공리주의로의 변화를 모색하고 있다(드
　라자리-라덱, 싱어, 2019: 3장 참조). 그러나 그가 완결된 형태의 쾌락 공리주의를 제시하거
　나 쾌락 공리주의로의 전환을 명시적으로 표명한 것은 아니다. 단지 그는 선호 공리주의
　의 한계를 인정하고 대안을 모색하는 차원에서 쾌락 공리주의의 가능성을 탐색하고 있
　는 것으로 보인다. 적어도 싱어는 선호 공리주의의 관점에서 전개된 자신의 실천 윤리적
　견해들을 여전히 고수하고 있다. 따라서 이하에서는 싱어의 공리주의를 선호 공리주의
　라고 전제하고 논의를 전개할 것이다.
2　"그렇다면 넘을 수 없는 경계선은 무엇이어야 하는가? 이성의 능력인가, 아니면 대화를
　나눌 수 있는 능력인가? 하지만 완전히 성장한 말이나 개는 갓난아기나 생후 일주일 내
　지 한 달이 된 유아에 비해 훨씬 합리적이며, 훨씬 원활한 의사소통이 가능하다. 하지만
　설령 그들이 그렇지 않더라도 무슨 문제가 있겠는가? 중요한 것은 그들이 이성적인지,
　또는 그들이 말할 수 있는지가 아니라 그들이 고통을 느낄 수 있는가이다(Bentham, 1988:
　ch. XVII. sect. 1)."

능력은 언어 능력이나 고등 수학 능력과는 다른 특징이다. … 고통이나 즐거움을 향유할 수 있는 능력은 어떤 존재가 이익을 가지기 위한 전제 조건이다. 즉, 우리가 이익에 대해 의미 있는 방식으로 이야기하기 전에 만족해야만 하는 하나의 조건이다(싱어, 2013: 102).

그러므로 싱어에 의하면 어떤 존재가 고통이나 즐거움을 경험할 능력이 없다면, 고려해야 할 이익도 없다. 돌은 고통을 느끼지 않으므로 이익을 갖지 않는다. 반면에 동물은 고통을 느끼기 때문에 고통당하지 않을 이익을 가지고 있다. 이처럼 쾌락이나 고통을 느낄 수 있는 능력이 어떤 존재가 이익을 가지기 위한 전제조건이라면 그리고 도덕이 이익의 평등 고려와 이익 만족의 극대화를 추구하는 것이라면, 이 두 조건으로부터 이익의 전제조건이 되는 유정성이야말로 도덕적 고려의 넘을 수 없는 경계선이라는 결론이 도출된다. '이익의 전제조건 논증'이라고 부를 수 있는 이상의 논증을 통해서 싱어는 유정성의 한계가 다른 존재의 이익을 고려할지를 정하는 유일하게 옹호 가능한 경계라고 주장한다(싱어, 2013: 102-103).

여기에 덧붙여서 싱어는 유정적 기준이 도덕적 지위의 기준으로 적합한 또 다른 이유를 '가장자리 사례 논증(한계 사례 논증, argument from marginal case)'을 통해서 제시한다. 싱어는 유정성 이외의 특징, 가령 지능이나 합리성 또는 자기 인식이나 자율성 같은 특징으로 도적적 고려 가능성의 경계를 가르는 것은 임의적인 방식이라고 주장한다(싱어, 2013: 103). 만약 도덕적 지위의 기준이 지능, 합리성 등과 같이 다른 동물들을 배제할 만큼 충분히 높다면, 그 기준은 그와 같은 능력을 지니지 못한 '가장자리 사례'의 인간—영유아, 심각한 정신지체자, 회복 불가능한 뇌 손상 환자 등등—들 역시 도덕적 고려에서 배제해야만 할 것이다. 우리가 그 기준을 일관되게 적용한다면, 그와 같은 결론은 불가피하며, 그 경우에 가장자리 사례의 인간들은 인간이 아니라 비인간 동물로서의 도덕적 위상을 지니게 될 것이다(싱어, 2013: 129-130). 그러나 이런 결론은 매우 수용하기 어려운 것이다. 그런 기준은 너무 협소하고 배타적이어서 도덕적 고려의 범위를 지나치게 축소하는 문제가 있다. 따라서 지능, 합리성, 자기 인식, 자율성 같은 배타적 기준은 도덕적 지위의 기준으로 적합하지 않다는 것이 싱어의 주장이다.

우리가 위의 결론을 피하고, 가장자리 사례의 인간들 역시 도덕적 고려의 대상 안에 포함하기 위해서는 도덕적 지위의 기준을 낮춰야 한다. 그러나 그 기준을 가장자리 사례의 인간들을 포함하도록 충분히 낮춘다면, 그 기준의 일관된 적용은 불가피하게 그 낮은 기준을 충족시키는 다른 동물들 역시 도덕적 고려의 범위 안에 포함할 수밖에 없을 것이다. 그렇다면 그 기준을 어느 수준으로 낮추어야 하는가? 싱어는 그 기준이 쾌락이나 고통을 경험하는 능력인 유정성이라고 답한다. 유정성이 다른 배타적 기준보다 도덕적 지위의 기준으로 더 적합하고 옹호 가능한 유일한 도덕적 고려의 경계선이라는 것이다. 그 이유는 유정성이 이익 일반을 가지기 위한 전제조건이기 때문일 뿐만 아니라, 가장자리 사례의 인간과 비인간 동물을 일관성 있게 하나의 범주로 다루면서 이 양자를 모두 도덕적 고려의 범위 안에 포함하기 때문이다. 지능, 합리성, 인종, 성별, 종 등은 이익의 전제조건이 아니다. 유정성은 이런 특징들과 달리 이익의 전제조건이라는 특징을 지닌다. 따라서 유정성이 옹호 가능한 도덕적 고려의 유일한 경계선이라는 것이 싱어의 주장이다.

그러므로 어떤 존재가 고통을 느낀다면, 그런 고통을 고려하기를 거부하는 것은 도덕적으로 정당화될 수 없다. 이익 평등 고려의 원리는 그 존재의 고통을 다른 존재의 동일한 고통과 평등하게 계산할 것을 요구한다. 만약 어떤 존재가 고통을 느낄 능력이 없거나 즐거움이나 행복을 경험할 수 없다면, 고려해야 할 것은 없다(싱어, 2013: 102-103).

Ⅲ. 동물에 대한 평등한 고려와 종 차별주의

싱어는 앞에서 언급한 이익 평등 고려의 원리와 도덕적 지위의 유정성 기준을 동물에 대한 윤리적 처우의 문제에 적용한다. 그는 먼저 평등의 요구가 사실적 평등에 기초한 것이 아니라 하나의 도덕적 규정(prescription)으로서 이익 평등 고려의 원리에 근거하고 있음을 밝힌다. 그다음 그는 이 이익 평등 고려의 원리를 인간종을 넘어서 인간 아닌 다른 동물로 확대 적용할 것을 주장한다.

싱어의 논의에 따르면 인간은 사실의 측면에서 볼 때 집단적으로건 개인적으로건 평등하지 않다. 인간은 피부색이나 성별 같은 집단적 특징에서 차이가 있을 뿐만 아니라 신체적 능력과 특징, 도덕적 능력, 지적 능력 등과 같은 개인적 능력과 특징에서도 차이가 있다. 이 점에서 모든 사람이 평등하다는 것은 사실이 아니다. 그렇기 때문에 우리가 평등에 대한 요구를 사실적 평등에 기초해서 이해하는 한, 인종차별이나 성차별 같은 부당한 차별에 반대해서 평등을 요구하기가 실질적으로 어렵게 된다. 예를 들어 IQ와 같은 지적 능력은 개인 간에도 차이가 있고 집단 간에도 차이가 있다. 만약 IQ에 관한 사실을 평등의 기초로 삼는다면, (지능 지수는 사람들 간에 그리고 집단들 간에 실제로 평등하지 않기 때문에) 지능 지수의 차이를 근거로 지능 지수가 높은 사람이나 집단보다 낮은 사람이나 집단을 차별하는 것이 허용될 것이다. 간단히 말해서, "평등에 대한 요구가 모든 인간 존재의 사실적 평등을 기반으로 한다면, 우리는 평등을 요구하는 것을 중단해야 한다(싱어, 2012: 30)." 따라서 인간이 서로 평등하다고 간주 되어야 한다면, 이때 요구되는 평등은 '사실적 의미의 평등'이 아니라 '도덕적 의미의 평등'이다. "평등은 하나의 기본적인 윤리적 원리이지 사실 주장이 아니다(싱어, 2013: 53)."

평등에 관한 주장은 지능, 도덕적 능력, 체력 또는 이와 유사한 사실에 의존하지 않는다. 평등은 도덕적 이념이지 사실에 관한 주장이 아니다. 두 사람 사이의 사실적 능력의 차이가 그들의 필요와 이익의 만족을 차등적으로 고려하는 것을 정당화한다고 추정할 수 있는 논리적으로 납득할 만한 이유는 존재하지 않는다. 인간 평등의 원리는 인간 사이에서 주장되는 사실적 평등에 대한 기술(記述)이 아니다. 그것은 우리가 인간을 어떻게 대우해야 하는지에 관한 규정(規定)이다(싱어, 2012: 33).

이처럼 평등의 요구는 도덕과 무관한 사실적 특징에 기초하지 않는다. 평등의 요구는 도덕적 요구이다. 그렇기 때문에 하나의 도덕적 요구로서 평등의 요구는 근본적인 도덕 원리에 기초할 수밖에 없다. 싱어는 공리주의의 근본 원리 가운데 하나인 이익 평등 고려의 원리가 바로 평등의 요구가 기초하고 있는 근본적 도덕 원리라고 본다. "평등의 원리를 옹호할 수 있는 유일한 근거는 이익 평등 고려의 원리이다(싱어, 2013: 66-67)." 그리고 이익 평등 고려의 원리 역시 사실적 평등에 기초하지 않는다. 그것은 하나의 근본적인 도덕 원리이다. 이것은 어떤 존재가 가지는 사실적 차이—인종, 성별, 체력, 지능 지수 등의 차이—에도 불구하고 그들의 이익이 평등하게 고려되어야 함을 의미한다. 달리 말해서, 어떤 존재의 이익을 다른 존재의 이익과 평등하게 고려해야 하는 이유는 그 존재가 어떤 사실적 기준에서 볼 때 다른 존재와 평등하기 때문이 아니라 그가 단지 이익을 가지기 때문이다. 어떤 존재의 이익은 그것이 이익이라는 이유만으로 평등하게 고려되어야 한다.

이익은 그것이 누구의 이익이건 이익이라는 점에서 동일하다. 윤리의 보편적 관점에서 중요한 것은 누군가 '이익을 갖는다'는 것이지 '누구의 이익인가'가 아니다. 따라서 쾌락이나 고통을 느낄 수 있는 존재가 가지는 이익은 그 이익의 주체가 누구인지와 무관하게 평등하게 고려되어야 한다. 이익 주체의 인종, 성별, 신분, 자질이나 능력 등에서의 차이는 이익에 대한 평등한 고려의 요구를 무효화시키지 못한다(싱어, 2013: 54). "이익 평등 고려의 원리가 궁극적으로 의미하는 바는 이익은 그것이 누구의 이익이든 이익이라는 것(싱어, 2013: 20)"이며, "그 원리의 본질은 우리의 행위에 영향받는 모든 사람의 같은 이익에 대해서 평등한 비중을 주는 것이다(싱어, 2013: 20)." 그러므로 싱어의 선호 공리주의에서 중요한 것은 누구의 이익인가가 아니다. 중요한 것은 모두의 이익을 평등하게 고려했을 때, 더 많은 이익을 낳는 것 그리고 이익이 비슷하다면 더 많은 사람에게 이익이 되는 것이다(싱어, 2013: 54).

싱어에 의하면 이익 평등 고려의 원리를 무시하고 쾌고감수성을 지닌 한 존재의 이익을 다른 존재의 이익보다 우선적으로 고려하는 것이 부당한 차별이고, 그런 차별이 정당하다는 생각이 차별주의이다. 인종을 근거로 한 인종의 이익을 다른 인종의 이익보다 우선시하는 것이 정당하다는 생각이 인종 차별주의이고, 성별을 근거로 한 성의 이익이 다른 성의 이익보다 중요하다고 생각하는 것이 성차별주의이다. 이익 평등 고려의 원리는 우리의 도덕적 지평을 인종 차별주의와 성차별주의를 극복하고 흑인 해방과 여성 해방으로 확대할 것을 요구한다. 여기서 한 걸음 더 나아가서 싱어는 이익 평등 고려의 원리에 기초해서 우리의 도덕적 지평을 비인간 동물로 확대하는 정신적 전환과 동물해방을 촉구한다.

> 나의 목표는 우리가 아주 큰 존재의 범위, 즉 우리가 동물이라고 부르는 우리 자신 이외의 종에 대한 우리의 태도와 관행에 있어서 이러한 정신적 전환을 옹호하는 것이다. 달리 말해서 나는 우리들 대부분이 인식하고 있는 평등이라는 기본적 원리를 다른 종으로 확장할 것을 촉구한다(Singer, 2017: 15).

싱어의 의하면, 이익 평등 고려의 원리는 유정적 존재(sentient beings) 일반의 이익을 평등하게 고려하라는 함의를 가진다. 이익은 그것이 누구의 이익이건 이익일 뿐이므로 이익의 주체가 누구인지와 무관하게 이익을 가질 수 있는 모든 유정적 존재의 이익은 평등하게 고려되어야 한다는 것이다. 비록 그 이익의 주체가 인간이 아닌 동물이라고 해도 그런 비인간 동물의 이익 역시 평등하게 고려되어야 한다. 동물의 고통이라고 해서 그것이 인간의 고통보다 덜 나쁜 것이 아니다. 따라서 "우리가 인간의 이익에 대해서 평등한 고려의 원리를 받아들인다면, 우리는 또한 그것을 인간 아닌 동물에게 확장하는 것도 받아들여야 한다(싱어, 2013: 99)." 인간의 이익과 비인간 동물의 이익이 본질적으로 같은 이익인 한 그리고 우리가 윤리의 보편적 관점을 받아들이고 일관성을 유지하는 한, 양자의 이익은 모두 평등하게 고려되어야 한다는 것이다.

이익 평등 고려의 원리는 이익이 고려되고 있는 존재의 종과 무관하게 동일한 이익은 평등하게 고려할 것을 요구한다. 그러므로 동물의 이익도 인간의 이익과 똑같이 계산되어야 한다. 싱어는 이익 평등 고려의 원리를 비인간 동물에게 적용하기를 거부하는 것을 '종 차별주의'라고 비판한다. 그렇다고 그가 인간과 비인간 동물의 차이점을 부정하는 것은 아니다. 인간과 비인간 동물은 여러 가지 점에서 분명히 평등하지 않다. 그러나 그는 이런 차이점을 근거로 이익 평등 고려의 원리를 적용하지 못하도록 하는 것은 부당한 차별임을 강조한다. 인간들 간의 사실적 차이가 그들의 이익을 평등하게 고려하는 것을 방해해서는 안 되는 것과 마찬가지로 인간과 비인간 동물 간의 차이점 역시 비인간 동물의 이익을 평등하게 고려하는 것을 방해해서는 안 된다는 것이다. 인간과 비인간 동물이 단지 그 종에서 차이가 난다는 이유만으로 혹은 인간과 비인간 동물 간의 어떤 사실적 차이를 근거로 인간종의 이익을 비인간 동물종의 이익보다 우선적으로 고려하는 것은 명백히 부당한 차별이며, 그런 차별이 정당하다고 여기는 편견은 종 차별주의이다. 종 차별주의는 오직 인간의 이익만을 우선적으로 고려하고, 단지 인간들 상호 간의 이익만을 평등하게 고려한다(싱어, 2013: 103). 이러한 인간 종중심주의 (human chauvinism)는 인종 차별주의와 성차별주의와 마찬가지로 부당한 편견이자 차별일 뿐이다. 이 세 가지 유형의 차별주의는 모두 이익 평등 고려의 원리를 위반한다. 그렇기 때문에 모두 비도덕적인 것이다.

다른 사람들에 대한 우리의 고려의 평등이라는 이 원리는 그들이 어떻게 생겼는지, 그들이 어떤 능력을 가졌는지에 따라 달라져서는 안 된다는 것을 함의한다. …… 인종 차별주의와 성차별주의에 대한 반대 논의가 궁극적으로 호소해야 하는 것은 바로 이 원리이다. 그리고 종 차별주의가 비난받아야 하는 것도 이 원리에 부합한다. 고도의 지능을 소유하는 것이 한 인간이 자신의 목적을 위해 다른 인간을 사용할 수 있는 자격을 부여하지 않는다면, 어떻게 그것이 인간에게 인간 아닌 존재를 착취할 수 있는 자격을 부여할 수 있겠는가(Singer, 2017: 17).

따라서 동물의 이익을 도덕적 고려에서 배제하거나 불평등하게 고려하는 것은 이익 평등 고려의 원리에 어긋나는 부당한 종 차별주의이다. 싱어의 종 차별주의에 대한 비판은 이익 평등 고려의 원리와 유정성 기준의 결합으로부터 직접적으로 도출되는 당연한 귀결이다. 왜냐하면 도덕적 고려의 유일한 경계선이 유정성이라면 그리고 모든 유정적 존재의 이익을 평등하게 고려해야 한다면, 그렇게 평등하게 고려되는 이익 가운데는 당연히 유정적 존재인 동물의 이익도 포함되기 때문이다.

이익 평등 고려의 원리는 평등의 요구를 인간을 넘어서 동물로 확장할 것을 요구한다. 그러나 싱어에 의하면 한 집단에서 다른 집단으로 평등의 기본 원리를 확장한다고 해서 그것이 두 집단을 똑같은 방식으로 다루거나 두 집단 모두에게 똑같은 권리를 부여해야 함을 의미하지는 않는다. 우리가 그렇게 해야 하는지는 두 집단 구성원의 본성에 달려 있다(싱어, 2012: 29). 요컨대, 서로 다른 존재에 대한 평등한 고려는 서로 다른 대우와 서로 다른 권리로 이어질 수 있다는 것이다. 싱어는 이익 평등 고려의 원리는 어디까지나 '고려의 평등(equality of consideration)'을 요구하는 원리이지 '대우의 평등(equality of treatment)'을 요구하는 원리가 아님을 강조한다. 평등 고려의 원리는 원칙적으로 불평등한 대우를 배제하지 않는다. 오히려 이 원리는 불평등한 대우를 수용하고 그것을 정당화할 수 있다. 이런 의미에서 싱어는 이익 평등 고려의 원리는 평등의 최소한의 원리라고 주장한다(싱어, 2013: 59).

Ⅳ. 종 차별주의를 넘어서 동물해방으로

싱어는 동물의 이익을 평등하게 고려하지 않는 종 차별주의 관행으로부터 동물의 해방을 강력히 촉구한다. 그는 현대의 대표적인 종 차별주의 관행으로 육식, 공장식 축산, 동물실험을 들고 있다. 싱어의 진단에 따르면, 이런 관행들은 동물에게 어마어마한 양의 불필요한 고통을 가하고 있으며, 이것이 바로 우리가 인간 아닌 동물의 고통당하지 않을 이익을 포함해서 그들의 일체의 이익에 거의 또는 전혀 비중을 두지 않는다는 증거이다. 그는 동물들이 겪고 있는 엄청난 불필요한 고통을 감안할 때, 종 차별주의로부터 동물을 해방하는 것은 우리 시대의 시급한 윤리적 의무라고 주장한다.

1. 육식과 공장식 축산

싱어는 오늘날 산업화된 사회에서 동물의 고기를 먹는 육식의 관행은 비윤리적이라고 비판한다.[3] 육식 관행에 대한 싱어의 비판은 크게 두 측면에서 이루어지는데, 하나는 이익 평등 고려의 원리에 입각한 종 차별주의 논증이고, 다른 하나는 육식의 부정적 결과를 지적하는 결과주의 논증이다.

싱어는 먼저 육식의 관행에서 인간과 동물의 이익이 평등하게 고려되고 있는지를 검토한다. 육식은 동물의 고기를 얻는 과정에서 필수적으로 '살생'과 '고통'을 동반한다. 그렇기 때문에 육식은 기본적으로 동물의 생존 이익과 복지 이익—무엇보다도 고통당하지 않을 이익—에 반하는 관행이다. 그러므로 육식이 정당화되기 위해서는 동물과 인간의 이익을 평등하게 고려할 때, 육식을 통해서 얻는 인간의 이익이 육식의 과정에서 희생되는 동물의 생존 이익과 고통당하지 않을 이익보다 더 커야만 한다. 그런 경우에만 이익 평등 고려의 원리에 기초한 선호 공리주의는 육식의 관행을 긍정할 수 있다. 그런데 싱어에 의하면 산업화된 사회에서 육식 관행은 인간의 사소한 이익을 위해서 동물에게 엄청난 희생을 강요하는 종 차별주의 관행이다. 싱어가 육식을 종 차별주의 관행으로 비판하는 근거는 대략 다음 세 가지이다.

1) 동물 살생의 비윤리성 논증: 육식은 동물에 대한 살생을 동반한다. 동물을 죽이는 것은 기본적으로 동물이 누릴 수 있는 재미있고 즐거운

---

3 싱어가 상황의 특수성을 고려하지 않고 모든 육식 관행을 비윤리적이라고 비판하는 것은 아니다. 그가 비판하는 육식은 이익 평등 고려의 원리를 위반하는 종 차별주의적 육식 관행이다. 달리 말해서 그는 동물의 이익을 평등하게 고려하지 않고 인간의 이익을 우선으로 고려하는 육식 관행을 비윤리적이라고 비판한다. 만약 동물의 이익과 인간의 이익을 평등하게 고려했을 때에도 육식으로 인한 인간의 이익이 동물의 희생을 능가한다면, 그런 경우에 육식은 윤리적으로 허용 가능하다. 싱어는 북극권의 전통적 생활방식으로 살고 있는 이누이트족을 그런 사례로 제시한다. 이누이트족은 동물을 죽여서 음식으로 삼지 않으면 굶어 죽어야 하는 환경에 살고 있다. 그렇기 때문에 그들은 자신들의 생존 이익이 죽는 동물들의 생존 이익과 고통을 능가한다고 합리적으로 주장할 수 있다. 싱어는 이와 같은 생존을 위한 육식은 종 차별주의적 관행이 아니며, 윤리적으로 정당화될 수 있다고 본다. 그래서 싱어는 육식 관행에 대한 비판을 산업화된 사회에서의 육식 관행을 중심으로 전개한다(싱어, 2013: 108).

현재의 삶을 (그리고 일부 동물의 경우에는 미래의 삶을) 박탈하는 것이다. 이것은 동물의 '생존 이익'에 반하는 것으로 옳지 않다(싱어, 2013: 219).[4]

2) 고통 야기 논증: 동물을 죽이는 과정은 죽는 동물에게 고통을 줄 뿐만 아니라, 그 동물의 다른 구성원들에게 살해의 공포나 분리로 인한 불안이나 괴로움을 야기한다. 이것은 동물의 '복지 이익'에 반하는 것이다. 또한 산업화된 사회에서 우리가 먹는 동물 고기는 대부분 많은 고통을 수반하는 사육 과정을 통해서 생산된다. 특히, 공장식 축산(factory farming)은 비참한 환경에서 동물을 사육하기 때문에 동물에게 극심한 고통을 준다. 이것은 동물의 '고통당하지 않을 복지 이익'에 반하는 것이다(싱어, 2013: 109).

---

4 싱어는 동물 살생의 도덕성 문제를 인격체인 비인간 동물과 오직 의식(유정성)만 지니는 동물로 나누어 고찰한다. 싱어에 의하면 인격체는 합리적이고 자의식적인 개별적 존재로서 자신의 과거와 미래를 가지고 자기에 대한 앎을 가지는 존재, 즉 시간감과 자아감을 가지는 존재이다. 이런 인격체는 다른 존재로 대체 불가능하다. 그렇기 때문에 인격체를 죽이는 것은 대체 불가능한 개별적 존재의 재미있고 즐거운 현재의 삶을 빼앗는 것이자 미래의 삶을 박탈하는 것이기 때문에 옳지 않다. 또한 그것은 다른 인격체들에게 살생의 공포를 일으키기 때문에 옳지 않은 것이기도 하다(싱어, 2013: 146-148). 싱어는 인격체인 동물의 예로 유인원, 코끼리, 돌고래 등을 들고 있으며, 의심의 이득(the benefit of the doubt)—의심스러울 때는 피고인(의심받는 자)의 이익으로—에 따라 그 범위를 긴꼬리원숭이, 개, 고양이, 돼지, 물개, 곰, 소, 양, 심지어 새와 물고기로 확대한다. 이런 인격체 또는 유사 인격체인 동물을 살해하는 것은 그들의 현재와 미래의 삶을 박탈하는 것이고 그들의 삶을 대체하는 것도 불가능하기 때문에 기본적으로 옳지 않다. 인격체인 동물을 죽이는 것은 이익 평등 고려의 원리에 의해서만 정당화될 수 있다. 이에 비해 의식만 지니는 존재는 오직 쾌고감수성만을 지닐 뿐, 인격체와는 달리 시간감과 자아감이 결여되어 있다. 그렇기 때문에 의식만 지닌 비인격체는 다른 존재로 대체 가능하다. 이런 비인격체를 죽이는 것은 단지 현재의 삶을 끝내고 다른 존재에게 고통과 비탄을 일으키기 때문에 옳지 않다. 비인격체 동물은 유정성만을 지니고 대체 가능하기 때문에 그런 비인격체 동물을 죽이는 것은 다음과 같은 조건에서는 정당화될 수도 있다. "동물들이 즐거운 삶을 살고 있고, 고통 없이 죽임을 당하고, 그들의 죽음이 다른 동물에게 고통을 일으키지 않고, 한 동물의 죽음이 그렇지 않았다면 태어나지 않았을 다른 동물의 삶에 의해 대체된다면, 자기에 대한 앎이 없는 동물을 죽이는 것은 그릇된 일이 아니다(싱어, 2013: 218-219)."

3) 육식의 비필수성 논증: 영양이나 건강상의 이유로 육식이 반드시 필요한 것은 아니다. 비동물성 식단을 통해서도 단백질 및 다른 필수 영양소를 효율적으로 섭취하는 것이 가능하다. 그러므로 육식은 영양이나 건강상의 이익을 위한 것이라기보다는 단지 특별한 맛과 조직을 지닌 음식을 먹고자 하는 인간의 욕망을 만족시키기 위한 것이다. 육식은 생존을 위한 것이 아니라 맛 '취향'을 위한 사치품이다(싱어, 2013: 109).

이 세 가지 이유를 감안할 때, 산업사회에서 육식을 통해 인간이 얻는 이익은 상대적으로 작고 사소한 것인데 반해서 먹히는 동물의 희생은 상대적으로 아주 크고 중대하다. 현재의 육식 관행은 인간의 사소한 이익─고기에 대한 사치스러운 취향─을 우선적으로 고려하고 동물의 중대한 이익─생명과 고통─은 평등하게 고려하지 않는 관행이다. 그래서 싱어는 이익 평등 고려의 원리에 따라 육식 관행에서 동물의 이익과 인간의 이익을 공평하게 고려한다면, 육식 관행은 결코 윤리적으로 정당화될 수 없다고 주장한다. 그것은 이익 평등 고려의 원리를 심대하게 위반하며, 인간의 취향과 동물의 목숨을 거래하는 종 차별주의적 관행이다(싱어, 2013: 109).

종 차별주의라는 비판 외에도 싱어는 육식 관행이 낳는 부정적 결과들을 지적한다. 그럼으로써 육식 관행의 비윤리성을 강화한다. 싱어가 지적하는 육식 관행의 나쁜 결과들은 다음과 같다.

1) 경제적 비효율성 논증: 동물의 고기는 음식을 생산하는 효과적인 방식이 아니다. 왜냐하면 산업사회에서 대부분의 동물들은 우리가 직접 먹을 수 있는 곡물이나 다른 음식을 먹여서 사육하기 때문이다. 이때 곡물이 지닌 영양가의 25%에서 10%만이 고기로 전환된다. 또한 축산은 곡물 재배에 비해 더 많은 에너지와 물을 소비한다. 따라서 육식 관행은

동물 고기를 생산하는 과정에서 막대한 양의 곡물 낭비, 물과 에너지 소비를 초래하는 비효율적인 식량 생산 방식이다(싱어, 2012: 289-291).

2) 기아 논증: 동물에게 사료로 먹이는 곡물은 인간이 직접 먹을 수 있는 식량이다. 실제로 풍요로운 국가에서 동물 생산을 위해 낭비되는 식량은 적절히 분배된다면 세상의 기아와 영양실조를 종식하기에 충분한 양이다. 선진국에 사는 사람들의 동물 고기에 대한 입맛 취향을 충족하는 대가로 가난한 나라 사람들은 기아와 영양실조로 고통당할 수 있다(싱어, 2012: 289).

3) 환경문제 논증: 육식을 위한 가축의 사육은 지구온난화의 촉진을 비롯하여 많은 환경 비용을 발생시킨다. 가축을 방목하기 위해 무분별한 산림 벌채가 이루어지고 있으며, 이는 산림 황폐화와 산림 파괴를 가속화하고 있다. 또한 가축이 방출하는 메탄가스는 지구온난화의 주된 원인 가운데 하나이다(싱어, 2012: 292-293).

이처럼 육식은 비효율적인 식량 생산 방식에 기초해 있는 낭비적인 관행일 뿐만 아니라, 기아 문제와 환경문제를 초래하는 부정적 결과를 낳는다. 따라서 육식 관행은 결과주의적 측면에서 보아도 바람직하지 않다는 것이 싱어의 주장이다.

육식 관행의 비도덕성을 논의한 후, 싱어는 이와 밀접히 관련되어 있는 공장식 축산 관행의 비도덕성을 비판한다. 싱어는 육식 자체의 비도덕성보다 동물 고기를 생산하는 공장식 사육이 더 심각한 비윤리성과 종 차별주의적 편견을 보여준다고 주장한다. 싱어의 추정에 따르면 매년 대략 650억 마리의 육상 척추동물들이 식용으로 살해당하고 있으며, 그것들 대부분은 공장식 축산 농장에서 끔찍할 정도로 많은 수가 밀집된 상태로 좁은 공간에 갇혀서 사육된다(드 라자리-라덱, 싱어, 2019: 185). 공장식 사육 환경에서 동물들은 죽임을 당하기 전까지 끔찍한 고통 속에서 비참한 삶을 살고 있다. 이것은 동물의 고기를 값싸게 생산하기 위한 것이다. 공장식 축산에서 동물의 고통은 인간의 사소한 입맛 취향을 위해서 그리고 경제적 이윤을 위해서 철저히 무시되고 있다. 여기서 동물의 고통은 전혀 평등하게 고려되지 않는다. 이것은 이익 평등 고려의 원리를 정면으로 위반하는 것이다. 싱어에 의하면 우리가 공장식 사육을 통해서 동물에게 가하는 고통이야말로 먹기 위해서 동물을 죽이는 것보다도 더 명확한 종 차별주의의 표시이다(Singer, 2017: 18). 싱어는 공장식 사육의 문제를 다음과 같이 고발한다.

　동물을 음식으로 사용하는 것에 반대하는 주장은 동물의 고기를 아주 값싸게 생산하기 위해 동물이 삶을 비참하게 만들 때 최고조에 이르게 된다. 현대의 집중적인 형태의 농장들은 동물이 우리가 이용할 대상이라는 태도에 입각하여 과학과 기술을 응용하고 있다. 시장에서의 경쟁 때문에 고기 생산자들은 가격을 낮추기 위해 동물의 삶을 더욱 비참하게 만든다. 이런 방식으로 생산된 고기, 달걀, 우유를 산다면, 우리는 유정적 동물들을 평생 동안 갑갑하고 부적합한 환경 속에 감금하는 육류 생산 방식을 감내해야 한다. 동물들은 사료를 고기로 전환하는 기계처럼 다루어지고 있다. 더 높은 전환율을 달성하기 위해서는 그 어떤 잔인한 기술혁신도 채택되고 있다(싱어, 2013: 109).

이익 평등 고려의 원리에서 보면, 고기를 즐기고자 하는 우리의 취향을 만족시키기 위해 동물을 사육하고 죽이는 육식과 공장식 축산이 종 차별주의 관행이라는 것은 너무나 명백하다. 싱어는 이러한 종 차별주의를 피하기 위해서 불필요한 육식과 공장식 축산의 관행을 중단해야 할 책무와 이런 관행을 지지하는 일체의 것을 중단해야 할 책무가 우리에게 있다고 말한다. 그리고 이러한 책무 가운데는 당연히 공장식 축산을 통해서 생산된 동물의 고기나 축산물을 먹지 말아야 할 책무도 포함된다. 그런 고기나 축산물을 먹는 것은 사실상 종 차별주의적 관행을 지속시키고 지지하는 것이기 때문이다(Singer, 2017: 18). 따라서 육식과 공장식 사육이라는 종 차별주의 관행으로부터 동물을 해방해야 한다는 요구는 자연스럽게 육식의 대안으로 완전 채식주의(veganism)를 요구하는 듯이 보인다. 그러나 싱어는 육식의 대안으로 완전 채식주의를 승인하기 전에 야외에서 방목된 동물이나 인간적으로 사육된 동물을 먹는 것의 도덕성을 따져 볼 것을 제안한다.

먼저, 싱어는 방목된 동물을 음식으로 먹는 것이 이익 평등 고려의 원리에 부합하는지를 검토한다. 자유롭게 방목된 동물의 삶은 의심의 여지 없이 공장식 농장에서 사육되는 동물의 삶보다 낫다. 방목은 사육 환경의 면에서 공장식 사육보다 동물의 이익을 고려한다. 그러나 싱어는 방목된 동물을 음식으로 이용하는 것이 이익의 평등한 고려와 양립할 수 있는지는 여전히 의심스럽다고 말한다. 비록 방목된 동물의 고기를 먹는다고 해도 육식은 여전히 동물 '살생'을 동반하며, 그 사육 과정 역시 동물에게 '고통'을 줄 수 있기 때문이다. 야외 방목이라고 하더라도 동물을 값싸게 우리의 식탁에 올리기 위해서는 거세, 어미와 새끼의 분리, 무리의 분리, 낙인, 수송, 도살 등이 필요하며, 이 과정에서 동물들은 고통받기 쉽고 동물의 이익은 고려되지 않는다(싱어, 2012: 279; 2013: 111). 그러므로 야외에서 방목된 동물의 고기를 먹는 관행도 종 차별주의를 벗어나지 못한다. 그것은 공장식 축산보다는 낫지만, 여전히 동물의 이익을 평등하게 고려하지 않는다.

다음으로, 싱어는 자비로운 방식으로 사육된 동물의 고기를 먹는 것의 도덕성을 검토한다. 싱어에 의하면 동물을 자비로운 방식으로 기른다면, 사육 과정에서 앞서 언급한 고통을 동물에게 주지 않을 수 있다. 그래서 거기에서 얻는 축산물을 먹는 것은 공장식 축산이나 방목을 통해 생산된 축산물을 먹는 것보다 확실히 도덕적 부담이 덜하다. 그러나 싱어는 비록 동물들을 인간적으로 사육하고 고통 없이 죽여서 사육 과정과 도축 과정에 고통이 없다고 할지라도, 여전히 육식이 도덕적으로 정당화되기는 어렵다고 본다. 이 경우에도 육식은 여전히 동물 '살생'을 동반하기 때문에 정당화에 어려움을 겪는다. 또한 자비로운 방식으로 동물을 사육하는 경우는 소규모의 사육이 불가피하다. 그렇기 때문에 인간적 방식의 소규모 사육을 통해서는 축산물을 대량으로 생산하기는 어려우며, 이로 인해 육식은 부자들의 특권이 될 가능성이 크다(싱어 2012: 279).

여기에 덧붙여서 싱어는 또 한 가지 중요한 문제를 제기한다. 그것은 우리가 사려고 하는 고기가 고통 없이 생산된 것인지를 우리가 확실히 알 수 없다는 것이다. 우리가 사려는 고기가 자비로운 방식으로 생산된 것인지의 여부를 확인할 수 없다면, 우리가 먹는 고기가 그런 방식으로 생산된 것이라고 확신할 수 없다. 이런 여건에서 육식은 결과적으로 잔인한 축산 시스템이 계속되도록 돕는 역할을 할 수 있다. 이것은 우리가 먹는 고기가 어떻게 생산된 것인지 확실히 알지 못하는 한, 고기를 먹지 말아야 한다는 것을 의미한다. 그러므로 싱어에 따르면 고기의 생산 방식에 대한 정확한 정보를 확인하기 어려운 여건에서 육식 관행은 이익 평등 고려의 원리에 의해서 우리의 작은 이익을 위해 동물의 중요한 이익을 희생시키는 그릇된 일이다(싱어, 2013: 112).

결론적으로, 싱어에 의하면 육식은 도축에 의한 동물 살해, 사육 과정에서의 고통 야기, 경제적 비효율성, 기아 문제, 환경문제 등의 부정적 결과를 포함하는 비필수적이고 비도덕적인 관행이다. 그것은 그 근본에 있어서 종 차별주의에 의해 뒷받침되고 지속되는 관행이다. 우리가 종 차별주의의 편견에서 벗어나 이익 평등 고려의 원리에 입각해서 육식 관행을 고찰한다면, 그것의 비도덕성은 너무나 분명하다. 그래서 싱어는 우리가 먹게 될 동물이 어떻게 살아왔고 어떻게 죽었는지를 알기 어려운 여건에서는 완전 채식주의에 가까운 생활방식을 취하는 것이 종 차별주의 관행을 피하는 것이라고 결론짓는다(싱어, 2013: 112). 우리는 채식주의자가 됨으로써 "인간 아닌 동물 살해와 고통 야기의 종식을 향한 매우 실천적이고 효과적인 행보를 할 수 있다(싱어, 2012: 280)."

2. 동물실험

싱어는 육식과 공장식 축산 관행 다음으로 종 차별주의가 가장 명백하게 나타나는 영역으로 동물실험을 들고 있다. 사람들은 보통 모든 동물실험이 중요한 의학적 목표에 기여하고 있으며, 그것이 야기하는 고통보다 덜어주는 고통이 더 크기 때문에 정당화될 수 있다고 생각한다. 그러나 싱어에 의하면 이런 생각은 안이한 것이며 잘못된 생각이다. 실상은 수백만 건의 해로운 동물실험이 아무런 긴급한 목적 없이 자행되고 있다. 예를 들어, 새 화장품같이 필수적이지 않은 제품이 개발될 때마다 안전성을 시험하기 위하여 동물실험이 자행된다.

동물실험의 많은 경우에서 인간의 이익이란 있지도 않거나 매우 불확실하다. 반면에 다른 종의 구성원들이 잃게 되는 이익은 확실하고 실제적이다. 따라서 이러한 실험들은 종에 무관하게 모든 존재의 이익을 평등하게 고려하고 있지 않음을 보여준다(싱어, 2013: 114).

싱어는 대부분의 동물실험이 종 차별주의적 편견을 반영하는 관행임을 보이기 위하여 사고실험을 제안한다. 그는 동물실험을 함으로써 약간의 동물들이 고통을 겪는 반면에 수천 명의 사람을 구하는 경우를 예로 들면서 동일한 결과를 얻기 위해서 '동물 대신에 심각하고 회복 불가능한 뇌 손상을 입은 고아인 인간 영유아를 실험에 사용해도 되는가?'라고 반문한다. 만약 어떤 실험자가 이 질문에 부정적으로 답한다면, 그는 분명히 종의 차이를 근거로 동물을 차별하는 종 차별주의적 편견에 사로잡혀 있는 것이다(싱어, 2013: 115). 왜냐하면 실험자는 동물과 같거나 더 낮은 수준의 유정성, 인식 능력, 자기 결정 능력 등을 가지는 인간 존재를 실험 대상으로 사용하는 것이 정당화될 수 없다고 생각하면서도, 가장자리 사례의 인간보다 여러 면에서 더 나은 능력을 가진 비인간 동물을 실험에 사용하는 것은 정당하다고 생각하기 때문이다. 이것은 분명한 종 차별주의이다. 고아인 인간 아기를 실험에 사용해서는 안된다면 유사한 능력을 지닌 동물도 실험에 사용해서는 안 될 것이다. 싱어는 만약 이런 편견이 제거된다면, 오늘날 수행되고 있는 실험 수의 극히 일부만이 실제로 수행될 수 있을 것이라고 주장한다(싱어, 2013: 115).

그러나 싱어가 모든 동물실험을 종 차별주의 관행이라고 비난하는 것은 아니다. 동물에 대한 소수의 실제 실험은 이익 평등 고려의 원리를 위반하지 않으면서도 정당화될 수 있기 때문이다. 싱어의 공리주의적 관점에서 볼 때, 실제 실험에서 얻는 이득이 충분히 크고 그 개연성이 충분히 높다면 그리고 동물이 겪는 고통이 충분히 작다면, 그런 동물실험이 나쁘다고 할 수는 없다. 그러므로 모든 동물실험이 종 차별주의 관행은 아닐 수 있다. 싱어는 이 가능성을 인정하고 동물실험이 정당화될 수 있는 조건을 제시한다. 다음의 조건들이 충족된다면 연구 목적의 동물 이용은 정당화될 수 있다.

- 많은 사람이나 동물에게 고통과/또는 죽음을 야기하는 질병을 예방하거나 치료하는 방법을 발견할 합리적 기회가 존재하고,
- (그 발견이 도움을 줄 수 있는 사람이나 동물의 수보다 훨씬 적은 수의) 일부 동물을 이용하는 것 말고는 이 목표를 달성할 다른 방법이 없고,
- 그 실험동물들이 경험할 수 있는 일체의 고통과 괴로움을 감소시키기 위한 모든 가능한 조치들이 취해졌고,
- 더 많은 전체적 선을 산출할 연구를 수행하는 데 있어서 돈, 시간, 기술을 사용할 다른 방법이 존재하지 않는다면,
- 그 경우에 연구 목적의 동물 이용은 정당화될 수도 있다(드 라자리-라덱, 싱어, 2019: 187-188).

싱어는 육식, 공장식 축산, 동물실험 외에도 종 차별주의가 자행되고 있는 영역으로 모피 무역, 여러 종류의 사냥, 서커스, 로데오, 동물원, 애완동물 사업 등을 들고 있다(싱어, 2013: 116). 이런 관행들은 모두 인간의 중요하지 않은 이익을 위해서 동물에게 엄청난 양의 고통과 막대한 희생을 강제하는 것들이다. 싱어는 이 모든 영역에서 종 차별주의 관행을 금지하고 동물을 해방할 것을 촉구한다.

V. 동물해방 윤리에 대한 비판과 쟁점

1. 유정성 기준인가 아니면 이성 또는 생명 기준인가?

싱어의 동물해방 윤리와 관련해서 제기되는 첫 번째 쟁점은 싱어가 도덕적 고려 가능성의 경계선으로 제시하는 쾌고감수성(유정성) 기준에 관한 것이다. 싱어의 유정성 기준은 도덕적 고려의 범위를 결정하는 다양한 도덕적 지위 기준들의 스펙트럼에서 중간에 위치한다. 그것은 자율적 인격이나 이성 기준보다는 넓지만, 생명이나 생태계보다는 좁다. 그래서 싱어의 유정성 기준은 한편에서는 도덕적 고려의 범위가 너무 넓다고 비판받을 여지가 있고, 다른 한편에서는 너무 협소하다고 비판받을 여지가 있다.

도덕적 지위의 기준으로 이성이나 인격 기준을 주장하는 인간중심주의자들은 싱어의 유정성 기준이 이성적 존재와 자율적 인격으로서 인간의 위상을 위태롭게 하고, 인간을 동물의 위상으로 격하시키는 것이 아닌가 의심한다. 이에 반해서 도덕적 지위의 기준으로 생명 기준을 옹호하는 생명중심주의자들은 싱어가 도덕적 고려의 범위를 유정적 존재로 한정함으로써 나름의 고유한 이익(내재적 선)을 지니는 비유정적 생명을 자의적으로 도덕적 고려에서 배제하는 우를 범한다고 비판한다.

전자의 입장을 취하는 사람들—아퀴나스와 칸트의 윤리적 전통을 따르는 사람들—은 인간의 내재적 존엄성(intrinsic dignity)이나 내재적 존엄가치(intrinsic worth)[5]를 내세우면서 인간만이 도덕적 지위를 지니고 도덕적 고려의 대상이 될 수 있다고 본다. 그들은 동물들은 단지 간접적으로만 도덕적 고려의 대상 안에 포함된다고 주장한다. 그들은 오직 인간만이 '목적 그 자체'인 반면에 인간이 아닌 다른 존재는 오직 인간을 위해서만 가치를 가질 수 있다고 말한다(Singer, 2017: 20-21). 이런 입장에서 보면, 동물까지 도덕적 고려의 범위 안에 포함하고자 하는 싱어의 시도는 인간의 존엄성이나 내재적 존엄 가치에 대한 도전으로 여겨질 수 있다. 특히, 일정한 조건 아래서 임신중절, 중증의 결함아에 대한 안락사, 의사조력자살과 자의적 안락사에 찬성하는 싱어의 윤리적 입장은 이런 의심을 더욱 커지게 한다. 한마디로, 이런 종류의 비판은 싱어가 동물의 위상을 높이기 위해서 인간의 위상을 낮추고 있는 것이 아닌지 의심한다.

---

5 'intrinsic value'는 우리말로 '내재적 가치'로 옮길 수도 있고 '본래적 가치'로 옮길 수도 있다. 어떤 번역어가 더 적절한가는 맥락과 상대 개념에 따라서 결정된다. 'intrinsic value'의 상대 개념으로 'extrinsic value'가 사용될 경우에는 각각 어원적 의미를 살려서 '내재적 가치'와 '외재적 가치'로 번역하는 것이 적절하다. 이 경우에 '내재적 가치'는 '존재 그 자체가 가지는 가치' 달리 말해서 '어떤 존재에 내재하는 자신의 고유한 가치' 또는 '자신의 실존에 스스로 부여하는 가치'를 의미하고, '외재적 가치'는 자기 자신의 고유한 가치를 가지지 않거나 스스로 가치를 부여할 수 없어서 '외부에서 부여되는 가치'를 의미한다. 이에 반해서 'intrinsic value'의 상대 개념으로 'instrumental value'가 사용될 경우에는 각각 '본래적 가치'와 '도구적 가치'로 번역하는 것이 적절하다. 이 경우에 '본래적 가치'는 '다른 어떤 것을 위해서가 아니라 그 자체로 가지는 가치', 즉 '목적적 가치'를 의미하고, '도구적 가치'는 '다른 어떤 것을 위한 수단으로서 가지는 가치'를 의미한다. 칸트의 경우, 'intrinsic'은 '어떤 존재의 실존 그 자체가 목적인 가치'를 의미하므로 '내재적'이라 옮겼고, 'intrinsic worth'의 'worth'는 단순한 가치를 나타내는 용어가 아니라 '존엄성의 가치' 또는 '존경(존중)을 받을만한 가치'라는 의미에서 '내재적 존엄 가치' 또는 '내재적 존중가치'로 옮겼다.
'inherent value' 역시 맥락에 따라 '내재적 가치'로 옮길 수도 있고 '본래적 가치'로 옮길 수도 있다. 'inherent value'가 '어떤 존재 그 자체의 실존이 가지는 가치'를 의미하는 경우는 '내재적 가치'로 옮기는 것이 적절하고, 'inherent value'가 '다른 어떤 것을 위해서가 아니라 그 자체로 가지는 가치'를 의미하는 경우는 '본래적 가치(목적적 가치)'로 옮기는 것이 적절하다. 가령, 레건이 말하는 'inherent value'는 '어떤 존재 그 자체가 가지는 가치'를 의미하므로 '내재적 가치'를 지칭하는 것인데 반해, 'intrinsic value'는 '다른 어떤 것을 위해서가 아니라 그 자체로 가지는 가치'를 의미하므로 '본래적 가치'를 지칭하는 것으로 보인다. 이에 비해서 테일러가 말하는 'inherent worth'는 그가 인정하고 있는 바와 같이 레건의 'inherent value'를 의미하므로 '내재적 가치' 또는 '내재적 존중가치'로 번역하는 것이 적절하다.

이런 비판에 대해서 싱어는 비판자들이 여전히 종 차별주의 편견을 벗어나지 못하고 있다고 반박한다. 그들은 우리 종의 지위를 상승시키면서 동시에 다른 종의 지위를 상대적으로 낮추고 있다는 것이다. 싱어에 의하면 내재적 존엄성이나 도덕적 존엄 가치에 관해 이야기하는 것은 문제에서 도망치는 것일 뿐이다.[6] 왜냐하면 '모든' 인간이 그리고 '오직' 인간만이 내재적 존엄성을 가진다고 주장하기 위해서는 '모든 그리고 오직' 인간만이 소유하는 관련된 능력이나 특성을 언급하는 것이 필요한데, 종 차별주의의 오류를 범하지 않고는 그런 능력이나 특성을 제시하는 것이 어렵기 때문이다(Singer, 2017: 21). 싱어의 논의에 따르면 '모든' 인간이 소유하는 능력이나 특성은 가장자리 사례의 인간도 가진 것이어야 하기 때문에 그것들은 아주 낮은 수준의 것일 수밖에 없을 것이다. 그런데 문제는 그런 낮은 수준의 능력이나 특성을 '오직' 인간만이 소유하는 것은 아니라는 점이다. 그런 것은 인간 아닌 동물 가운데 일부도 가질 수 있기 때문이다. 따라서 모든 인간이 그리고 오직 인간만이 가지는 특성이나 능력을 찾기란 사실상 불가능하다(Singer, 2017: 20). 이런 사실에도 불구하고 어떤 능력이나 특징을 인간이 내재적 존엄성이나 가치를 가지는 근거나 기준으로 제시한다면, 그것은 불가피하게 동일한 능력이나 특징을 소유한 비인간 동물을 자의적으로 배제함으로써 종 차별주의로 나아가게 된다는 것이다.

반면에 후자의 입장을 취하는 사람들은 유정성 기준이 비유정적 생명

---

6 "내재적 존엄성이나 도덕적 존엄 가치에 관해 이야기하는 것은 문제에서 한 걸음 뒤로 도망치는 것일 뿐이다. … 철학자들은 종종 다른 이유가 부족한 것처럼 보일 때 존엄성, 존중, 존엄 가치에 대한 개념을 도입한다. 그러나 이것만으로는 충분히 좋은 설명이라 하기 어렵다. 아름다운 문구는 논증에서 달아나려고 하는 사람들의 마지막 자원이다(Singer, 2017: 21)."

을 배제하는 자의적 기준이라고 비판하면서 생명 기준을 대안으로 제시한다. 테일러(Paul W. Taylor)에 의하면 모든 생명은 목적론적 삶의 중심(teleological-center-of-life)이다. 일반적으로 생명체의 목적(telos)은 성장, 발달, 생존, 번식하는 것이다. 따라서 생명체는 자기 자신의 고유한 내재적 선(intrinsic good)을 가지며, 나름의 독특한 방식으로 자신의 고유한 선을 추구한다(Taylor, 1986: 121). 이렇게 테일러를 비롯한 생명중심주의자들은 내재적 선을 가지는 생명은 모두 도덕적 지위를 지니고, 따라서 내재적 존중가치(inherent worth)를 지니는 것으로서 존중받아야 한다고 주장한다.

테일러의 생명중심주의 관점을 취할 경우에 싱어의 유정성 기준은 그 자의성과 협소함에 대해 비판받을 여지가 있다. 생명중심주의 관점에서 보면 싱어의 유정성중심주의는 또 다른 형태의 종 차별주의로 보일 수 있다. 굿패스터(Kenneth E. Goodpaster)도 도덕적 지위를 유정적 존재나 의식적 존재로 제한하는 것은 도덕적 지위를 우리를 닮은 존재로 제한하는 것이며, 이것은 자의적인 제한이자 여전히 인간중심적 입장이라고 비판한다(Goodpaster, 1993: 51).

이런 비판에 대해서 싱어는 유정적 존재를 넘어서 그럴듯한 방식으로 윤리를 확장하는 것은 어려운 과제라고 하면서, '우리의 가치의 원천으로서 유정적 존재들의 이익을 포기한다면, 우리가 어디서 가치를 찾겠는가?'라고 반문한다. 싱어는 고려와 평가의 기준으로 작용할 '의식적 이익'이 없다면 다양한 형태의 생명들에 대한 상대적 비중을 평가할 방법이 없다고 반박한다(싱어, 2013: 433). 싱어에 의하면 테일러와 같은 생명중심주의자들은 언어를 은유적으로 사용하면서 그들이 말하는 것을 글자 그대로 참인 것처럼 주장한다. 예컨대, 그들은 식물도 '자신의 고유한 선을 추구한다'와 같은 주장을 한다. 그러나 싱어에 의하면 이런 말들은 식물에 대해서는 전혀 타당하지 않다. 그런 표현은 어디까지나 은유적 표현일 뿐이다. 실제로 식물은 의식적이지 않고 어떤 의도적 행위도 할 수 없다(싱어, 2013: 435-436). 그러므로 모든 생명이 목적론적 삶의 중심으로 이익을 가진다는 견해를 받아들인다고 해도, 모든 생명이 의식적인 이익을 가지는 것은 아니다. 오직 유정적 생명만이 의식적 이익을 가진다. 그리고 도덕적 고려의 대상이 되는 이익은 이런 '의식적 이익'이다(싱어, 2013: 433-434). 생명 원리 윤리학(life-principle ethics)을 주장한 굿패스터도 식물이나 다른 단순 생물의 이익에 어떤 비중을 주어야 하는지는 인간의 도덕적 감수성의 문턱 아래에 있기 때문에 적절히 고려될 수 없다는 점을 인정한다(Goodpaster, 1993: 62).

싱어의 유정성 기준은 도덕적 지위의 기준들 가운데 그것이 차지하는 중간적 위치 때문에 자주 그 기준의 넓고 좁음이 비판의 표적이 된다. 하지만 유정성 기준이 갖는 중간적 위상은 역으로 장점으로 작용할 수도 있다. 그것은 이성이나 인격 기준보다는 넓어서 인간 아닌 동물들을 도덕적 고려의 범위 안에 포함하는 장점이 있고, 생명 기준보다는 좁아서 모든 생명을 도덕적으로 고려하는 데 따르는 복잡함과 갈등을 피할 수 있다. 무엇보다도 유정성 기준은 인간중심주의 종 차별주의를 피하는 장점이 있고, 생명중심주의에 비해서 쉽게 적용하고 실천할 수 있는 장점이 있다.

2. 동물 복지인가 동물권리인가?

싱어의 동물 윤리에 대해서 제기되는 두 번째 쟁점은 '동물의 권리'에 관한 것이다. 일부 비판자들은 싱어의 동물 윤리가 종 차별주의 관행에

경종을 울리고 '동물 복지'의 중요성을 각성시키는 데는 큰 공헌을 하였지만, 아쉽게도 '동물권리'를 존중하고 보호하는 데까지는 나가지 못했다고 비판한다. 동물권리론을 내세우는 이 비판에 따르면 동물 윤리의 중심은 '평등한 고려'가 아니라 '평등한 권리'가 되어야 하며, 실천 목표 역시 '동물 복지 증진'이 아니라 '동물권리 존중'이 되어야 한다.

대표적으로 레건(Tom Regan)이 이런 비판을 제기한다. 레건에 따르면, 동물들은 자기 나름의 관점에서 보았을 때 더 좋아질 수도 있고 또는 더 나빠질 수도 있는 '삶의 주체(subject-of-a-life)'로서 '내재적 가치(inherent value)'를 가진다. 그리고 인간이건 동물이건 삶의 주체는 모두 '평등한' 내재적 가치를 갖고 있으며, 평등하게 대우받을 '도덕적 권리'가 있다. 따라서 우리는 동물을 단순한 자원이나 사물처럼 대해서는 안 되며, 삶의 주체로서 존중해야 한다. 개체로서 동물의 가치는 공리나 유용성에 의존하지 않는 독립적인 것이다. 이런 독립적 가치를 존중하지 않는 방식으로 동물을 대하는 것은 동물의 권리를 침해하는 비도덕적인 것이다(Regan, 2017: 29-30).

레건은 이와 같은 동물의 권리를 존중하지 않고, 동물을 마치 하나의 자원으로 보고 자원 취급을 하는 태도와 시스템이 동물과 관련해서 우리가 범하는 '근본적 잘못'이라고 주장한다(Regan, 2017: 24). 그런데 레건에 의하면 공리주의에 기반한 싱어의 동물 윤리도 이와 같은 근본적 잘못을 범한다. 싱어의 공리주의 동물 윤리에서 평등은 그저 '고려의 평등'일 뿐이지 '권리의 평등'이 아니다. 이 때문에 싱어의 공리주의 동물 윤리는 동물의 권리와 이익을 온전히 존중하고 보호하지 못한다. 레건은 그 근본적 이유를 공리주의가 근거하고 있는 가치론과 총합주의(aggregationism)에서 찾는다.

레건의 논의에 따르면 공리주의는 개별적인 삶의 주체가 가지는 평등한 내재적 가치를 인정하지 않기 때문에 개인의 평등한 도덕적 권리도 인정하지 않는다. 공리주의는 인간과 동물을 삶의 주체로 보는 것이 아니라, 단지 쾌락이나 선호 만족 같은 가치 있는 것들을 담는 '단순한 수용기(受容器)'로 본다. 여기서 인간과 동물은 이익 만족의 극대화라는 가치를 담는 그릇에 불과하다(Regan, 1983: 205; 2017: 28). 공리주의는 오직 쾌락이나 선호 만족 같은 '의식적 경험의 가치'만을 보고 그런 가치를 경험하는 '주체가 가지는 가치'를 보지 못한다. 달리 말해서, 공리주의는 본래적 가치(intrinsic value)만 인정하고 그 본래적 가치를 향유하는 주체의 내재적 가치(inherent value)를 인정하지 않는다(Regan, 2017: 28). 그래서 공리주의에서 인간과 동물은 삶의 주체로서 개체의 내재적 가치는 무시되고, 오직 본래적 가치(공리)의 극대화를 위한 수단으로 취급된다(가치론 비판).

또한 공리주의는 개체들의 선호를 모두 합산하여 총합을 극대화하는 방식―총합주의―으로 옳고 그름을 결정한다. 그렇기 때문에 삶의 주체는 선호 만족의 총합을 극대화하기 위해 필요하다면, 언제든지 희생될 수 있는 수단이나 도구에 불과하다. 총합의 극대화를 위해서라면 삶의 주체인 개체가 가지는 내재적 가치와 권리는 무시될 수 있으며, 그런 행위도 도덕적으로 옳은 것이 된다. 그러나 레건은 내재적 가치를 가지는 삶의 주체는 결코 총합 극대화의 단순한 수단으로 이용될 수 없는 도덕적 권리를 지니는 존재로서 존중받아야 한다고 주장한다(Regan, 2017: 28). 그는 칸트의 표현을 빌어서 고유의 "내재적 가치를 갖는 개체를 결코 최선의 총합적 결과를 보장하기 위한 단순한 수단으로만 대우해서는 안 된다(Regan, 1983: 249)"고 비판한다(총합주의 비판).

레건에 의하면 공리주의에 기초한 싱어의 동물 윤리도 공리주의 일반에 대한 위와 같은 비판에서 벗어날 수 없다. 싱어의 동물 윤리도 이익 총합의 극대화를 위해서 동물의 권리 침해가 요구되는 경우, 언제든지 동물을 단순한 수단처럼 대하면서 그들의 권리를 침해할 수 있기 때문이다. 이런 윤리 체계하에서 동물의 이익과 권리는 존중되지 않는다. 한마디로, 레건은 동물들은 '공리의 원리'에 의해서 무시될 수 없는 권리의 주체로서 존중되어야 한다고 공리주의 동물 윤리를 비판한다.

필자의 생각으로는 이러한 비판에 대해서 싱어는 자신의 동물해방 윤리도 "동물의 권리를 존중하고 침해하지 말아야 한다"는 레건의 주장을 포용하는 것이 가능하다고 대응할 수 있다. 먼저, 싱어는 가치를 부여하고 평가하는 존재, 즉 유정적 존재 없이도 가치가 존재할 가능성을 부인한다(드 라자리-라덱, 싱어, 2019: 107-109). 레건의 용어로 표현하면 삶의 주체가 없다면, 가치도 없게 된다. 싱어의 입장에서 볼 때, 모든 유정적 존재는 가치의 주체로서 도덕적 고려에 포함될 '평등한 내재적 가치'와 '평등한 도덕적 권리'를 지닌다. 이것은 윤리의 보편적 관점이 요구하는 것으로서 이익 평등 고려의 원리 안에 함축되어 있는 평등의 요구이다. 이런 점을 감안할 때 싱어의 공리주의와 그의 동물 윤리가 삶의 주체의 내재적 가치와 도덕적 권리를 인정하지 않는다는 레건의 비판은 잘못된 것이거나 적어도 지나친 것으로 보인다. 싱어는 단지 삶의 주체이자 가치의 주체인 유정적 존재 자체가 갖는 '내재적 가치'를 그 존재의 이익, 즉 '본래적 가치'와 구별해서 강조하지 않았을 뿐이다.

싱어는 그러한 구별보다 그런 내재적 가치를 가지는 존재들의 이익, 즉 본래적 가치들을 윤리적으로 그리고 합리적으로 다루는 방식에 더 주목한다. 그리고 그 방식으로 싱어가 제안하는 것이 바로 '공리', 즉 이익 만족의 총합 극대화이다. 레건은 이 총합 극대화의 방식, 즉 총합주의에서 개체는 총합 극대화를 위한 단순한 수단으로 간주될 뿐이어서 개체의 권리는 존중되고 보호받기 어렵다고 비판한다. 하지만 싱어는 인격체의 대체 불가능성을 주장할 뿐만 아니라 의심의 이득의 논리에 의해서 그 인격체의 범위를 크게 확장한다(싱어, 2013: 188-190, 218). 적어도 인격체인 동물은 싱어에게 있어서 결코 단순한 수단적 존재만은 아니다. 싱어의 주된 관심은 이 개체의 권리들—싱어의 용어로, 이익들—이 서로 갈등한다면 어떻게 윤리적으로 그리고 합리적으로 그 문제를 해결할 것인가의 문제이다. 싱어는 '평등한 고려'를 통한 이익의 총합 극대화를 그 대답으로 제시한다. '평등한 고려'가 아니라 '평등한 권리'를 강조하는 레건은 이 문제에 관해서 어떤 답을 제시할 것인가? 권리의 평등성과 권리의 으뜸패(trump) 특성—다른 도덕적 고려를 능가하는 권리의 우선성—을 강조하고 총합주의적 해결을 거부하는 레건에게는 권리의 갈등 상황에서 우리의 직관에 호소하거나 아니면 결과주의를 부분적으로 수용하여 권리 결과주의 혹은 권리 공리주의를 그 답으로 제시할 가능성이 크다. 실제로 레건은 권리가 상충하는 상황에서 권리 침해 최소화 원리(the miniride principle)를 그 답으로 제시한다(Regan, 1983: 305). 그렇다면 싱어의 동물해방론과 레건의 동물권리론의 차이는 레건이 주장하는 바와 같은 근본적 차이는 없어 보인다. 양자 간에는 차이보다는 공통점이 많아 보인다.

이와 같은 공리와 권리의 차이는 싱어와 레건의 동물 윤리에 관한 실천 지침의 차이에서 분명하게 드러난다. 동물실험과 관련하여 싱어는 이익 평등 고려의 원리와 공리 극대화 원리를 충족한다면 동물실험이 허용될 수도 있다고 주장한다. 이에 반해서 레건은 동물실험의 전면적

폐지를 주장한다(Regan, 2017: 24). 싱어의 입장이 다소 유연하고 융통성이 있는 데 비해서 레건의 입장은 비타협적이다. 레건에게 도덕적 권리는 삶의 주체를 보호하는 침해할 수 없는 우선성을 지니는 으뜸패인 데 비해서 싱어에게 도덕적 권리는 단지 "보다 근본적인 도덕적 고려를 가리키는 간편한 방식(싱어, 2013: 154)"에 불과하다. 그렇기 때문에 공리주의에서 특정한 도덕적 권리는 다른 도덕적 권리에 의해서 무시될 수 있고, 궁극적으로 공리에 의해서 무시될 수 있다.

싱어의 입장에서 볼 때, 레건은 내재적 가치의 중요성만을 강조하고 본래적 가치의 중요성을 충분히 고려하지 않는다. 이에 비해서 싱어 자신은 내재적 가치와 본래적 가치를 '고려의 평등' 안에서 함께 고려한다. 필자가 보기에 싱어가 강조하는 '고려의 평등' 안에는 삶의 주체로서 '도덕적 고려에 포함될 평등한 권리'와 각자의 이익이 '동등한 비중으로 고려될 평등'이 함께 포함되어 있다. 그러므로 고려의 평등은 전자의 의미에서는 내재적 가치에 기반한 '권리의 평등'을 함축하고, 후자의 의미에서는 본래적 가치, 즉 이익에 대한 '평등한 고려'와 그에 기초한 총합주의적 해결을 함축한다. 이것은 싱어가 수용하는 두 수준 공리주의의 중요한 특징이기도 하다. 두 수준 공리주의는 '평등한 관심과 존중의 권리'를 인정하면서도 권리가 갈등할 때에는 총합주의적 해결을 지지한다(Hare, 1981: 154-156).

3. 완전 채식주의인가 부분 채식주의인가?

싱어의 동물해방 윤리에 대해서 제기되는 세 번째 주요 쟁점은 그가 육식과 공장식 축산의 종 차별주의 문제를 극복하기 위한 방안으로 제시한 '완전 채식주의'에 관한 것이다. 싱어가 육식에 반대하고 완전 채식주의를 주장하는 직접적인 도덕적 근거는 육식 관행에 동반되는 ① 동물 살생의 비도덕성, ② 사육 및 도축 과정에서 야기되는 고통의 비도덕성, ③ 육식의 비필수성과 인간 이익의 사소함이다. 한마디로, 싱어는 이익을 평등하게 고려했을 때, 육식 관행에서 동물의 손실은 크고 인간의 이익은 사소하기 때문에 전반적으로 정당화될 수 없다고 본다. 그러나 싱어는 육식이 정당화될 수 있는 경우가 있음도 인정한다. 인격체인 동물의 경우, 그런 동물을 죽이는 것은 인격체의 대체 불가능성 때문에, ⓐ 인간의 생존을 위한 경우가 아닌 한 정당화되기 어렵다(싱어, 2013: 218). 그러나 비인격체인 동물은 대체 가능하기 때문에, ⓑ 자비로운 방식으로 사육되어 고통 없이 죽임을 당한다면 그리고 그의 죽음이 동료들에게 고통을 야기하지 않는다면, 그래서 ⓒ 동물의 손실 대비 인간의 이익이 더 크다면, 육식이 정당화될 수도 있다(싱어, 2013: 219).

그런데 싱어에 의하면 우리가 비록 비인격체인 동물의 고기를 먹는 경우라고 할지라도, 그 동물이 어떤 사육 과정을 거쳤고, 어떻게 죽임을 당하였는지 확실히 알 수 있는 현실적 방법이 없다. 즉, 육식 반대 근거 ①과 ②를 피할 수 있는지 그리고 정당화 근거 ⓑ와 ⓒ를 충족했는지를 확인할 수 없다. 이런 상황에서 고기를 먹는 것은 종 차별주의적 관행에 의해서 생산된 고기를 먹을 위험이 항존하고 있는 반면에 고기를 먹는 데서 얻는 이익은 사소한 맛 취향의 만족에 불과하다. 따라서 육식 반대 근거 ③을 피할 수 없다. 그래서 싱어는 이런 여건에서는 이익 평등 고려의 원리를 따를 때 완전 채식주의에 가까운 생활방식을 채택하는 것이 종 차별주의를 피하는 길이라고 주장한다(싱어, 2013: 112).

이러한 싱어의 완전 채식주의 주장에 대하여 공리주의 철학자 헤어는 선호 공리주의의 입장에서 볼 때 종 차별주의적 육식 관행을 피하는 길은 완전 채식주의가 아니라 부분 채식주의(demi-vegitarianism)라고 주장한다.[7] 헤어도 싱어와 마찬가지로 육식 반대의 도덕적 근거 및 육식 정당화의 조건들이 선호 공리주의에 기초해야 한다는 점에 대해서 동의한다. 즉, 헤어도 먹기 위해서 동물을 사육하고 죽이는 전반적 과정이 야기하는 해악 – 동물 살생과 고통 야기 – 보다 육식의 편익이 더 큰 경우에 한해서 육식은 도덕적으로 정당화될 수 있으며, 그렇지 않을 경우, 육식은 정당화될 수 없다고 본다(Hare, 1993: 226). 그러나 싱어와 동일한 선호 공리주의에 근거함에도 불구하고 헤어는 완전 채식주의에 반대하고 부분 채식주의를 옹호한다. 헤어는 육식에 반대하는 두 가지 도덕적 논증을 검토하는 것에서 시작한다. 하나는 육식이 야기하는 동물 살생의 비도덕성 논증이고, 다른 하나는 동물이 받는 고통의 비도덕성 논증이다.[8]

---

7 헤어는 싱어의 스승으로 두 사람은 모두 선호 공리주의와 도덕적 사유의 두 수준 이론을 자신들의 윤리 이론으로 받아들인다. 그뿐만 아니라 싱어는 자신의 실천윤리학이 옥스퍼드대학의 은사인 헤어의 윤리 이론을 바탕으로 그것을 실천에 적용한 것임을 공개적으로 밝히고 있다(싱어, 2013: 13). 두 사람은 동일한 이론을 종 차별주의적인 육식 관행 극복 문제에 적용하여 다른 결론을 내리고 있다.

8 헤어는 도덕적 논증 외에도 영양·건강 논증, 경제적 논증, 생태적 논증을 제시하면서 완전 채식주의에 반대하고 부분 채식주의를 옹호한다. 이것은 싱어가 제시한 육식 반대를 위한 육식의 비필수성 논증과 결과주의 논증 — 경제적 비효율성, 기아 유발, 환경문제 — 을 결과주의적 관점에서 논박하는 논증이다. 헤어는 영양·건강 논증을 통해서 육식이 때때로 여러 가지 건강상의 문제를 야기하기도 하지만, 그것은 단지 고기를 선별해서 적게 먹을 이유이지 고기를 전혀 먹지 않을 이유는 아니라고 주장한다(Hare, 1993: 222-223). 경제적 논증을 통해서 헤어는 축산을 폐지하고 이로 인해 확보된 곡물을 기아로 고통받는 나라에 원조한다면, 원조받는 나라의 농업을 망치게 되어 자립의 희망을 사라지게 할 수 있음을 경고하고, 곡물 생산에 부적합한 세계의 많은 지역에서는 여전히 축산이 경제적 효율을 가진다고 주장한다(Hare, 1993: 223-224). 생태학적 논증을 통해서 헤어는 생태계의 한계 내에서 사냥과 어획을 허용하고 자비로운 방식으로 축산을 하는 것은 환경문제를 피할 수도 있다고 주장한다(Hare, 1993: 232-234).

먼저, 헤어는 동물 살생의 비도덕성에 기초해서 육식에 반대하고 완전 채식주의를 지지하는 도덕적 논증은 타당하지 않다고 주장한다. 그의 논증에 의하면, 우리가 동물 살생의 비도덕성을 근거로 육식을 하지 않는다면, 육류 시장은 사라지게 될 것이고 더 이상 육류 생산을 위해서 동물을 기르지 않게 될 것이다. 이것은 결국 축산의 폐지로 이어져서 행복한 삶을 살 동물의 수를 감소시키고, 최종적으로 동물의 총 행복 감소를 초래하게 될 것이다. 이는 전체 공리주의의 관점에서 도덕적으로 수용할 수 없는 것이다. 육식이 초래하는 동물 살생의 해악은 대체 가능한 다른 동물의 행복한 삶으로 보상될 수 있기 때문에, 동물의 행복 총량을 감소시킬 가능성이 있는 완전 채식주의보다는 부분 채식주의가 윤리적으로 더 바람직하다는 것이 헤어의 주장이다(Hare, 1993: 226-228, 234). 동물의 대체 가능성 및 행복 총량 극대화에 기초한 헤어의 반론은 싱어의 육식에 반대하는 '동물 살생 논증'을 붕괴시킬 여지가 있다.

다음으로, 헤어는 육식 관행이 야기하는 고통의 비도덕성에 기초한 육식 반대 논증 역시 타당하지 않다고 주장한다. 헤어도 현재하는 축산 관행이 동물들에게 불필요한 고통을 야기하며, 그것이 도덕적으로 큰 문제임을 인정한다. 하지만 헤어는 이러한 비도덕적인 축산 관행을 개선하는 데 있어서 완전 채식주의보다 부분 채식주의가 더 효과적이고 더 큰 영향을 발휘할 수 있다고 주장한다. 그는 세 가지 이유를 제시한다. 첫째, 완전 채식주의는 고기 수요의 감소와 이로 인한 가격 인하를 초래하여 결과적으로 가격 경쟁력이 있는 공장식 축산만이 살아남게 될 위험이 있다(Hare, 1993: 229). 둘째, 이에 비해 부분 채식주의는 인도적으로 생산된 고기만을 선별해서 적게 먹기 때문에 고기 시장에 영향력을 행사하여 현재의 축산 방식에 강력하게 영향을 줄 수 있다. 특히, 동물의 사육 및 도축 과정에 대한 상세한 정보의 표기를 요구하는 정책과 법률제정을 통해서 축산 시장과 사육 관행에 주는 긍정적 영향을 확보할 수 있다(Hare, 1993: 230). 셋째, 육류 시장과 여론을 변화시키기에 충분할 정도로 많은 사람을 완전 채식주의가 되도록 설득하기보다는 부분 채식주의가 되도록 설득하기가 더 쉽다(Hare, 1993: 231). 이런 이유를 들어서 헤어는 부분 채식주의가 완전 채식주의보다 동물에게 고통을 주는 축산 방식을 개선하는 데 도움을 줄 수 있다고 주장한다.

이러한 헤어의 도덕적 논증은 싱어의 육식 반대 및 완전 채식주의 지지 논증을 정면으로 반박하는 내용을 담고 있다. 특히, 헤어의 논증은 싱어가 주장하는 불확실성과 의심의 이득에 기초한 완전 채식주의 옹호 논증을 반박한다. 앞에서 살펴본 바와 같이 싱어는 동물의 고기가 어떤 사육 과정과 도축 과정을 통해서 생산되었는지를 현실적으로 식별이 어렵기 때문에 종 차별주의를 피하기 위해 완전 채식주의를 채택해야 한다고 주장한다. 그러나 헤어는 동물의 사육 및 도축 과정에 대한 상세한 정보의 표기를 요구하는 정책과 법률제정을 통해서 이 문제를 어느 정도 극복할 수 있다고 본다(Hare, 1993: 230). 그렇게 된다면 불확실성과 의심의 이득에 기초한 완전 채식주의 요구는 그 근거를 잃고, 육식의 정당화 조건을 만족시키는 고기를 먹는 것을 허용하는 부분 채식주의가 지지 근거를 확보하게 될 것이다.

이러한 헤어의 비판에 대하여 싱어는 먼저, 행복한 삶을 살 가축의 수가 줄어들 것이라는 점을 인정한다. 그러나 그것이 동물의 행복 총량의 감소로 이어질 것이라는 주장에는 동의하지 않는다. 가축의 수는 줄겠지만, 생태계는 가축을 대체하는 다른 존재를 허용하기 때문에 동물의 행복 총량이 준다고 단정할 수 없다는 것이다(Singer, 1999: 326). 다음으로, 완전 채식주의가 현재의 음식문화에 비추어 너무 과도한 요구를 하기 때문에 역효과를 낳는다는 헤어의 비판에도 싱어는 동의한다. 그래서 그는 동물해방 운동에 참여하지 않은 사람들에게는 완전 채식주의를 권하지 않는다고 해명한다. 마지막으로, 싱어는 부분 채식주의가 축산 방식에 더 큰 영향력을 행사할 수 있다는 헤어의 주장에 대해서 일정 부분 동의한다. 그러나 부분 채식주의가 시장 영향력을 발휘하기 위해서 고기에 대한 정확한 정보 표기를 위한 정책과 법률제정이 전제되어야 한다는 헤어의 주장에 대해서 싱어는 법률제정만으로는 부족하다고 지적한다. 법률은 현실적으로 고기 생산 과정에서 야기되는 동물의 고통을 모두 반영할 수 없고, 오히려 면죄부를 주어 축산 관행의 개선을 더 어렵게 만들 수도 있다는 것이다(Singer, 1999: 325).

그러나 필자가 보기에 싱어도 어느 정도 인정하고 있는 바와 같이 논리와 사실은 헤어의 부분 채식주의의 편을 들고 있는 듯하다. 먼저, 싱어는 논리적 측면에서 '의식만 지닌 동물', 즉 '의식적인 비인격체 동물'에 대한 대체 가능성을 인정하며, 일정한 조건 아래 의식만 지닌 동물 고기를 먹는 것이 정당화될 수 있음을 인정한다(싱어 2013, 218-219). 그는 적어도 비판적 추론의 차원에서는 대체 가능성 논변을 받아들인다(싱어 2013, 220). 또한 그는 사실적 측면에서도 완전 채식주의보다는 부분 채식주의가 현재의 음식문화와 경제 여건에서는 더 현실적인 실천 방안이고 축산 관행의 개선에도 실질적으로 더 큰 영향을 줄 수 있음을 인정한다. 싱어도 기본적으로 부분 채식주의가 동물의 복지향상에 효과적이라는 점을 부인하지 않는다. 그래서 그는 완전 채식주의와 부분 채식주의는 양자택일을 요구하는 문제가 아니라고 하면서, 일부는 완전 채식주의를 따르고 다른 사람은 부분 채식주의를 따를 것을 제안한다(Singer, 1999: 326).

동물성 식품을 윤리적으로 섭취할 방법은 없을까? … 동물이 고통스
럽지 않은 삶을 살아왔고, 동물을 도축하는 과정에서 윤리적으로 심각
한 문제가 없다면, 우리는 윤리적으로 정당화할 수 있는 동물성 식단을
꾸릴 수도 있을 것이다. 이를 위해서는 많은 주의가 필요하다. … 차라
리 완전 채식주의자가 되는 것이 우리가 따르기 쉬운 더 간단한 선택이
다(Singer, 2016: 53-54).

요컨대, 싱어에게 있어서 완전 채식주의는 선호 공리주의와 그것
에 기초한 동물해방론의 '논리적' 결론이라기보다는 동물해방을 위한
'실천적'으로 유용한 지침 내지 효과적 수단의 하나이다. 최근에 싱어
는 "만약 시험관 고기(배양육)가 상용화된다면 기꺼이 먹어볼 생각(Singer,
2016: 53-54)"이라고 말할 정도로 부분 채식주의에 훨씬 더 가까운 발언들
을 하고 있다.

VI. 맺음말

싱어의 동물해방 윤리의 호소력은 아이러니하게도 그가 전혀 새로운
것을 제안하지 않았다는 사실에서 비롯된다. 그는 그저 고전적 공리주
의와 그것의 가치론을 일관되게 적용했을 뿐이다. 고전적 공리주의자들
은 이익 평등 고려 원리가 동물에게도 적용될 수 있음을 인정했지만, 그
원리를 주로 인간의 쾌락과 고통을 계산하는 데 적용하였다. 싱어는 논
리적 일관성의 요구에 따라 의식적으로 이익 평등 고려의 원리를 모든
유정적 존재로 확대 적용한다. 그리고 그 결론은 동물의 이익에 대한 평

등한 고려와 동물해방에 대한 요구로 이어진다. 우리는 이익 평등 고려의 원리에 따라 쾌고감수능력을 지닌 모든 동물의 이익을 우리의 이익과 마찬가지로 평등하게 고려해야 하며, 이러한 요구를 거부하는 종 차별주의 관행으로부터 동물을 해방해야 한다는 것이다.

요컨대, 동물해방을 위한 싱어의 진정한 무기는 윤리의 근본적 요구인 '이익 평등 고려의 원리'와 논리적 '일관성'인 것이다. 이익을 가진 존재의 이익을 평등하게 고려해야 한다는 근본적인 윤리적 요구를 일관되게 적용함으로써 싱어는 육식, 공장식 축산, 동물실험 등 각종 동물과 관련된 관행의 종 차별주의적 편견과 비도덕성을 고발하고, 그런 관행으로부터 동물해방을 촉구한다.

이론적인 면에서 싱어의 동물 윤리는 유정성 기준, 동물 복지론, 완전 채식주의와 관련해서 비판받아 왔다. 먼저, 싱어의 유정성 기준은 자주 그 기준의 넓고 좁음이 비판의 표적이 된다. 인간중심주의는 유정성의 넓음을 비판하고, 생명중심주의는 그것의 좁음을 비판한다. 하지만 유정성 기준은 이성이나 인격 기준보다는 넓어서 인간 아닌 동물들을 도덕적 고려에 포함시키는 장점이 있고, 생명 기준보다는 좁아서 모든 생명을 도덕적으로 고려하는 데 따르는 복잡함과 갈등을 피할 수 있는 장점이 있다.

싱어의 동물복지론은 동물권리론으로부터 동물의 권리를 존중하고 보호하지 못한다는 비판을 받아왔다. 싱어의 동물 윤리는 동물을 권리의 주체가 아니라 단지 복지의 수용기로 보기 때문에 복지 극대화를 위해서 요구되기만 하면 동물의 권리 침해가 정당화된다는 것이다. 이에 대해 싱어는 권리는 더 근본적인 도덕적 고려를 가리키는 간편한 방식—직견적 도덕 원리—에 불과하다고 하면서, 자신은 단지 그런 권리들이 상충하는 경우에 윤리적으로 그리고 합리적으로 문제를 다루는 방식에 주목할 뿐이라고 답한다.

싱어의 완전 채식주의 역시 주요한 비판의 표적이 되어 왔다. 그 주된 비판은 완전 채식주의보다 부분 채식주의가 현재의 여건에서는 종 차별주의적 관행을 개혁하는 데 더 현실적이고 더 효과적인 실천 방안이라는 것이다. 이에 대해 싱어는 비판의 타당성을 어느 정도 인정하면서 완전 채식주의와 부분 채식주의는 둘 중 하나만을 선택해야 하는 문제가 아니라고 답한다.

이론적인 논란에도 불구하고 싱어의 동물윤리는 동물에 관한 비윤리적 관행을 개혁하는 윤리적 실천에 지대한 영향을 미쳐왔다. 그의 동물윤리는 동물 문제에 대한 윤리적 관심을 촉구하고 동물해방에 대한 일반 대중의 의식을 고양시켰을 뿐만 아니라, 세계 여러 나라에서 동물 학대 방지 및 동물 복지 관련 정책과 입법을 마련하는 데에도 크게 공헌하였다. 싱어의『동물해방』이 출간된 이래로 동물실험을 대체하는 방법을 개발하고자 하는 시도들이 이루어졌고, 실제로 실험에 사용되는 동물의 수도 줄어들었다. 공장식 축산의 잔인하고 고통스러운 사육 환경에 대한 고발과 감시가 이루어지면서 사육 환경 개선에 대한 사회적 압력이 증가하고 있다. 또한 싱어가 제안한 윤리적 채식주의는 육식과 공장식 축산 관행의 비윤리성을 피하는 생활방식을 넘어서 환경에 부담을 덜 주는 친환경적 생활방식의 하나로 자리 잡아가고 있다.

참고문헌

드 라자리-라덱, 카타르지나, 싱어, 피터(2019), 『공리주의 입문』, 류지한 옮김, 울력.

싱어, 피터(2012), 『동물해방』(제2판), 김성한 옮김, 연암서가.

싱어, 피터(2013), 『실천윤리학』(제3판), 황경식·김성동 옮김, 연암서가.

최훈(2015), 『동물을 위한 윤리학』, 사월의책.

Bentham, J.(1988), *Introduction to the Principles of Morals and Legislation*, NY: Prometheus Books.

Goodpaster, K. E.(1993), "On Being Morally Considerable", in *Environmental Philosophy*, ed. M. E. Zimmerman, New Jersey: Prentice Hall.

Hare, R. M.(1981), *Moral Thinking: Its Levels, Method, and Point*, Oxford: Oxford Clarendon Press.

Hare, R. M.(1993), "Why am I only a Demi-vegetarian", *Essays on Bioethics*, Oxford: Oxford Clarendon Press.

Regan, Tom(1983), *The Case for Animal Rights*, Berkeley & Los Angeles: University of California Press.

Regan, Tom(2017), "The Radical Egalitarian Case for Animal Rights", in *Food Ethics*, in P. Pojman & K. McShane (eds.), Boston: Cengage Learning.

Sidgwick, H.(1962), *The Methods of Ethics* 7th ed., London: Palgrave Macmillan.

Singer, P.(1999), "A Response", *Singer and His Critics*, D. Jamieson(ed.), Blackwell Publishers.

Singer, P.(2016), *Ethics in Real World: 82 Brief Essays on Things That Matter*, NJ: Princeton U·P.

Singer, P.(2017), "A Utilitarian Defense of Animal Liberation", in *Food Ethics*, P. Pojman &K. McShane (eds.), Boston: Cengage Learning.

Taylor, P. W.(1986), *Respect for Nature: A Theory of Environmental Ethics*, NJ: Princeton U·P.

레건의 동물권리론*

노희정

I. 들어가는 말

레건(T. Regan)은 동물해방론자로 유명한 공리주의 철학자 싱어(P. Singer)와 함께 동물권리 운동에 큰 족적을 남긴 철학자다. 그는 1938년 피츠버그의 노동자 집안의 아들로 태어나서 채식보다는 육식을 즐기고 대학시절에는 정육점에서 일하기도 했지만 1972년 반려견의 죽음을 계기로 동물권리에 대한 연구와 동물권리 운동에 본격적으로 참여하였다. 그는 1976년 싱어와 함께 『동물권리와 인간의 의무(*Animal Rights and Human Obligations*)』를 공동으로 출판하였지만 1983년 공리주의자인

---

* 이 글은 노희정의 논문 「레건의 동물권리론에 대한 비판적 검토」(『윤리연구』제139호, 2022: 201-220)를 수정 · 보완한 것이다.

싱어와 결별하고 의무론에 기초한 『동물권리의 옹호(*The Case for Animal Rights*)』를 단독으로 출판하게 되었다. 그리고 1985년부터는 아내와 함께 비영리 재단인 '문화와 동물 재단'의 공동 설립자 겸 공동 사장으로서 본격적으로 동물권리 운동에 앞장서기에 이른다(Bailey, 2018: 236-242).

레건이 남긴 수많은 저술들은 '내재적 가치(inherent value)'를 소유한 포유동물에 대한 인간의 직접적 의무를 부정했던 당시 미국의 주류 철학적 사유에 반향을 일으키기에 충분했다. 그는 포유동물도 인간과 마찬가지로 내재적 가치를 소유하고 있기 때문에 자신의 복지를 경험하는 '삶의 주체'라고 주장한다. 그는 포유동물이 인간을 위한 유용성 및 타자의 이익 관심의 대상으로 간주되는 존재가 아니라 독립적으로 자신들의 복지를 경험하며 살아가는 삶의 주체로서 마땅히 존중받아야 할 존재라는 것을 주장한다. 즉, 포유동물은 태어나면서부터 가지게 된 내재적 가치를 소유한 삶의 주체로서 마땅히 인간의 정중한 대우를 받아야 할 존재이기 때문에 도덕적 권리를 지닌다는 것이다. 여기서 레건이 말하는 도덕적 권리란 법률에 기초한 법적 권리와는 달리 모든 개인이 보편적이고 평등하게 소유하고 있는 자연적 권리를 말한다. 이는 제도적 장치의 결과나 누군가의 자발적인 행동에 의해서 후천적으로 획득하는 권리가 아니라 태어나자마자 선천적으로 소유하게 되는 권리를 의미한다. 그에 따르면(Regan, 2004, 272-273), 이러한 선천적이고 기본적인 권리는 그 권리에 상응하는 '상관적 도덕 의무(correlative moral duty)'를 가지게 된다. 그래서 그 기본적인 도덕적 권리를 소유한 존재들은 자신들이 마땅히 받아야 할 대우를 누군가에게 요구할 수 있게 된다는 것이다. 이러한 관점에서 그는 포유동물이 내재적 가치를 지니고 있는 '삶의 주체'로서 존중의 대상이 됨과 동시에 존중심에서 우러나오는 대우를 받을 도덕적 권리를 소유하고 있기 때문에 포유동물을 대상으로 하는 실험을 전면 폐지하고 상업적 축산업을 완전히 해체하며 상업적, 오락적 사냥을 전면 금지하고 동물 포획을 위한 덫을 완전히 제거할 것을 역설하고 있다.

Ⅱ. 동물의 의식과 삶의 주체

1. 동물의 정신적 삶

우리는 레건의 동물권리 이론을 검토할 때 가장 먼저 동물의 정신능력, 즉 의식에 대해 주목할 필요가 있다. 사실 그는 자신의 동물권리 논의를 '동물의 의식(animal awareness)'에 대한 검토로부터 시작하고 있다. 그의 『동물권리의 옹호(The Case for Animal Rights)』첫 장의 제목이 바로 동물의 의식이다. 그는 인간과 동물의 유사성을 의식에서 찾고 있다. 그는 동물도 인간과 마찬가지로 의식을 소유한 존재라는 것을 다음과 같이 독창적으로 밝힌 후에 그것을 '누적 논증(Cumulative Argument)'이라고 명명하고 있는데, 그것의 개요는 다음과 같다(Regan, 2004: 25-29). 첫째, 동물도 인간처럼 의식을 소유하고 있다. 우리가 포유동물을 의식 있는 존재로 간주하는 것은 우리의 상식적인 세계관과 일치한다. 인간과 자연을 구분하고 마음과 신체를 구분하는 데카르트의 이분법적 사고는 정당화될 수 없다. 둘째, 우리가 포유동물의 의식과 관련하여 사용하고 있는 담화들은 일상적인 언어 용법과 조화를 이루고 있다. 우리들은 일상적으로 '정신적 개념들'을 사용하여 포유동물에 대해 이야기하고 있다. 셋째, 하지만 동물이 의식을 소유하고 있다는 것을 인정하는 것이 곧바로 동물이 인간처럼 불멸의(비물질) 영혼을 소유하고 있다는 것을 가정하는 것은 아니다. 동물의 의식은 우리의 종교적 신념과는 무관한 것이다. 넷째, 동물이 보여주고 있는 행동 방식은 우리가 동물을 의식 있는 존재로 간주하기에 충분하다. 다섯째, 이러한 동물에 대한 상식적인 믿음, 동물과 그들의 행동에 대해 이야기하는 일반적인 방식이 모두 진화론의 관점에서 원칙적으로 옹호될 수 있다. 그렇기 때문에 우리는 포유동물을 의식 있는 존재로 간주하는 것을 정당화할 수 있는 것이다.

이와 같이 레건은 포유동물이 인간처럼 신앙생활을 할 수 있는 불멸의 비물질적 영혼을 소유한 존재는 아니지만 생리학, 해부학, 진화론에 비추어 볼 때 의식을 소유한 존재라고 인정할 수 있다는 것이다. 그에 따르면(Regan, 2004: 30), 생리학과 해부학의 관점에서 볼 때 우리 인간의 의식은 신경계의 구조 및 기능과 밀접한 관련이 있다. 예컨대, 우리 인간은 척수가 손상되면 신체의 영향을 받는 부분에서 감각을 느낄 수 없고 뇌가 심하게 손상되면 의식의 증거를 전혀 제공할 수 없다. 이는 포유동물의 경우에도 마찬가지다. 더 나아가 그는 복잡한 형태의 의식을 가진 생명체는 덜 복잡한 형태의 생명체에서 진화해 왔다는 진화론적 지식을 거론하며 포유동물이 인간만은 못하지만 인간처럼 의식을 가지고 있다고 보는 것은 매우 합리적이라고 주장하고 있다.

그런데 우리가 의식이 있는 존재와 의식이 없는 존재의 경계를 구분한다는 것은 지극히 어려운 문제다. 위의 누적 논증에서도 알 수 있듯이, 레건은 의식이 있는 존재와 의식이 없는 존재를 매우 보수적으로 구분하고 있다. 그에 따르면(Regan, 2004: 77), 단세포 동물과 원시 중추 신경계를 가진 동물은 의식을 결여하거나 기초적 의식만을 가지고 있기 때문에 의식을 가진 존재가 아니다. 하지만 포유동물은 의식과 '쾌고감수능력(sentience)' 뿐만 아니라 신념, 욕망, 기억, 미래에 대한 감각, 자의식을 소유하고 감정적인 삶을 누리며 의도적으로 행동할 수 있기 때문에 의식이 있는 존재다. 그는 이러한 관점에서 태아, 신생아, 정신지체아, 식물인간 등을 제외한 정상적인 인간뿐만 아니라 생후 한 살 이상의 정신적으로 정상적인 포유동물도 의식을 소유한 존재로 규정하고 있다. 이는 그의 다음 글에 잘 드러나 있다.

> 인간과 비슷하지 않은 동물과 달팽이는 의식이 있다. 만약 그렇다면, 그들이 의식이 있다고 생각하는 이론적 근거는 포유동물에 대한 '의식 부여(attribution of consciousness)'를 뒷받침하는 동일한 근원에서 연유한 것임에 틀림없다. 더 적합한 이론을 찾을 수 있다면 그것은 체계적으로 적용되고 있는 진화론이나 여타의 이론에서 연유한 것이다. 우리가 의식의 존재와 관련하여 경계선을 긋는 것은 쉬운 일이 아니다. 하지만 솔직히 우리가 그 경계선을 확실히 긋지 못하더라도 그것이 모든 경우에 우리의 판단을 마비시키지 않아야 한다. 우리는 어떤 사람이 얼마나 늙어야 나이가 많은 것이고 얼마나 커야 키 큰지를 각각 정확히 말할 수 없다. 하지만 이것이 우리가 어떤 사람의 나이가 많거나 키 크다는 것을 인식할 수 없다는 것을 의미하는 것은 아니다. 의식 부여의 '어두운 경계(shadowy borders)'에 대한 우리의 무지는 관련 측면에서 우리 인간과 가장 비슷한 동물과 인간에 대한 의식 부여를 보류할 이유가 되지 않는다(Regan 2004: 30).

이와 같이 레건은 의식 유무의 경계를 명확히 제시하지 못하고 있다.

워렌은 레건이 내재적 가치를 사실적으로 규정하지 않고 대단히 모호하게 규정하고 있다고 비판한다. 그녀에 따르면(Warren, 1987: 300-308), 대부분의 포유동물과 마찬가지로 까마귀, 까치 등의 조류는 정교한 정신적 능력이 있고 어류, 양서류, 파충류는 감각, 믿음, 욕망, 감정 및 기억 등을 가지고 있는 것으로 보이지만 곤충, 거미, 문어 등 무척추동물들이 감정, 기억, 신념, 욕망, 자기 인식 또는 미래 감각을 가지고 있는지는 분명하지 않다는 것이다. 이에 대해 레건은 어떤 존재가 의식이 있는 삶의 주체인지 의심이 들더라도 일단 삶의 주체로 간주하는 '의심의 이득 원칙(benefit of the doubt principle)' 적용을 제안하고 있다. 이는 삶의 주체일 수도 있고 아닐 수도 있는 존재들을 대우할 때 우리가 마치 그들이 삶의 주체로서 '기본적인 도덕적 권리'를 가진 것처럼 정중하게 대우해야 한다는 것을 의미한다(Regan 2004: 319-320, 367, 391). 그러나 우리가 이러한 원칙을 모든 범위의 의심스러운 사례에 무차별적으로 적용한다면 우리는 도저히 이행할 수 없는 도덕적 의무에 직면할 수 있다.

2. 삶의 주체로서의 동물

레건은 지각과 기억, 쾌락과 고통의 감정적 삶을 누릴 수 있는 능력 등을 지닌 개체를 삶의 주체로 간주한다. 그는 삶의 주체의 준거로 ①믿음과 욕망, ②지각, 기억, 그리고 자신의 미래를 포함한 미래에 대한 감각, ③고통과 쾌락을 함께 느끼는 정서적 삶, ④선호와 복지에 대한 이익 관심, ⑤자신의 욕망과 목표를 추구하기 위한 행위 능력, ⑥시간의 경과에 따른 정신물리적 정체성, ⑦어떤 개체가 타인을 위한 자신의 유용성과도 논리적으로 독립적이고 자신이 어느 누구의 이익관심의 대상이 되는 것과도 논리적으로 독립적인 자신의 경험적 삶을 그럭저럭 영위한다는 의미에서의 개별적 복지를 제시하고 있다(Regan, 2004: 243). 그는 이러한 일곱 가지의 삶의 주체 준거들이 어떤 개체가 내재적 가치를 소유하기 위해 반드시 필요한 필요조건은 아니라고 주장한다(Regan, 2004, 245). 이는 일곱 가지 준거들을 모두 갖춘 존재가 삶의 주체라는 것을 의미하는 것이 아니라 그 준거들이 '삶의 주체의 내재적 가치 소유'를 정당화한다는 것을 의미하는 것이다.

이와 같은 맥락에서 레건은 포유동물도 논리적으로 타자를 위한 자신의 유용성 그리고 자신이 타자의 이익 관심의 대상이 되는 것과는 독립적으로 자신들의 복지를 경험하는 '삶의 주체'로서 내재적 가치를 소유하고 있으며, 그 내재적 가치를 소유하고 있기 때문에 마땅히 존중받아야 할 존재로서 도덕적 권리를 가진다고 주장한다(Regan, 2004: 262). 그는 엄밀한 정의의 문제로서 도덕적 행위자든 도덕적 행위를 할 수 없는 도덕적 수동자든 평등한 내재적 가치를 지닌 개체들을 평등하게 존중해야 한다고 말한다(Regan, 2004: 248-250). 그래서 내재적 가치를 가지고 있는 모든 존재들을 그 가치에 걸맞게 공정하게 대우하는 것이 정의로운 것이다.

어떤 개체들은 그들이 가지고 있는 가치(내재적 가치), 그 자체로 공리와 독립적인 일종의 가치 때문에 존중받을 권리가 있다. 그리고 그들은 어떤 개체들에게 합리적이고 비자의적으로 가치를 부여를 하는 준거(삶의 주체의 준거), 즉 공리에 대해 호소하지 않고 그와는 독립적으로 그 가치를 인정하는 준거 때문에 존중받을 권리가 있다. 그래서 우리가 도덕적 행위자와 도덕적 수동자의 기본적 권리를 인정하고 정당화하는 것은 공리주의적인 이유 때문도 아니고 "일반적 복지"에 대한 호소에 의한 것도 아니다. 그들의 기본적 권리는 내재적 가치를 지닌 개체로서 자신들이 엄격한 정의의 문제로서 마땅히 받아야 할 존중에 호소함으로써 정당화된다(Regan, 2004: 280).

요컨대, 레건은 내재적 가치를 지닌 모든 삶의 주체들을 그 내재적 가치에 걸맞게 존중하는 것이 정의롭다고 주장하며, 이러한 정의의 원리에 따라 동물실험이나 육식, 동물 사냥, 오락을 위한 동물 사용 등을 원칙적으로 거부하게 된다.

Ⅲ. 의무론적 정의론에 기초한 동물권리론

1. 완전주의에 대한 비판

레건은 『동물권리의 옹호(*The Case for Animal Rights*)』 제7장 '정의와 평등(justice and equality)'에서 자신의 동물권리론이 정의의 원리와 존중의 원리에 기초하고 있음을 밝히고 있다. 그는 이상적인 도덕 판단을 내리는 데 필요하다고 생각하는 ①명료한 개념, ②정확한 정보, ③합리성, ④공평성, ⑤사고의 냉철함, ⑥타당한 도덕원리 중에서 ④와 ⑥에 초점을 맞추어 그의 독특한 동물권리론을 주장한다(Regan, 2004: 126-130, 232-265). 여기서 그가 말하는 공평성이란 바로 정의의 형식적 원리를 준수하는 것을 의미한다. 다시 말해, 공평성은 모든 개인을 공정하게 대우하는 것을 말하며 그 자체로는 개별적 인간이 어떤 대우를 받아야 하는지를 구체적으로 명시하지는 않는다는 것을 뜻한다(Regan, 2004: 232). 레건은 이러한 형식적 원리를 실질적 또는 규범적 정의 해석으로 보완하기 위해 먼저 '완전주의 정의론(a perfectionist theory of justice)'에 대해 비판한다.

레건에 따르면, 아리스토텔레스와 니체는 정의의 문제와 관련하여 지적 능력, 기예, 그리고 성품을 포함한 일련의 덕(virtue), 즉 탁월성을 소유한 정도에 따라 개인에게 할당되는 몫이 달라진다고 본다(Regan, 2004: 234). 이를테면, 아리스토텔레스는 지적 탁월성(이성적 판단능력)을 갖춘 인간을 보통 사람보다 특별한 대우를 받을 만한 존재로 인식하고 있고 니체는 자신의 본성을 초월하여 새로운 위대한 경지에 도달하는 능력을 갖춘 차라투스트라, 괴테, 바그너 등을 특별한 대우를 받을 만한 존재로 인식하고 있다는 것이다. 우리가 이러한 완전주의 정의론을 수용하면, 높은 수준의 탁월한 덕을 소유한 존재들은 큰 몫을 할당받지만 그러하지 못한 존재들은 부당한 대우를 받게 될 것이 분명하다. 이러한 관점에서 레건은 완전주의 정의론이 가지는 문제들에 대해 다음과 같이 설명하고 있다.

개인은 자신이 선호하는 덕(예: 고차적 수학을 할 수 있는 능력)을 획득하는 데 필요한 재능을 가질 수 없다. 개인의 타고난 재능은 롤스의 유용한 언어를 상기하면 알 수 있듯이 "자연적 복권(natural lottery)"의 결과다. 지적 또는 예술적 재능을 타고난 사람들은 우대받을 만한 일을 스스로 한 것이 아니며, 선천적으로 이러한 재능을 타고나지 못한 사람들 역시 복지에 필수적인 혜택을 거부당할 만한 일을 스스로 한 것이 아니다. 심지어 사활적 이익 관심이 고차적 이익 관심에 예속될 정도로 어떤 사람의 "고차적" 이익 관심을 다른 사람들의 사활적 이익 관심보다 강조하여, 그로 인해 정의의 이름으로 그들의 자유와 여타의 이익을 심하게 감소시키는 우연한 토대 위에 정의를 세우는 그 어떤 정의이론도 적절한 것이 될 수 없다(Regan, 2004: 234).

이와 같이, 레건은 완전주의 정의론이 도덕적으로 매우 적대적인 정의론이며, 가장 불쾌한 형태의 사회적, 정치적, 법적 차별을 정당화할 수 있다고 비판한다. 다시 말해, 그는 완전주의 정의론이 개체들의 평등을 인정하지 않고, 더 탁월한 개체가 덜 탁월한 개체(동물 포함)를 부당하게 착취하는 것을 정당화할 우려가 있다는 점에서 완전주의적 정의론을 거부하고 있다.

2. 공리주의 정의론에 대한 비판

레건은 어떤 행동이나 규칙의 결과에 의해 영향을 받는 모든 존재들의 악(예: 고통, 선호 좌절)에 대한 선(예: 쾌락, 선호 만족)의 총합적 균형에 초점을 맞추는 공리주의적 관점을 거부한다. 그는 공리주의자들이 '본래적 가치(쾌락 혹은 선호)'에 대해 가지고 있는 입장을 신랄하게 비판한다(Regan, 2004: 263-264).

개별 도덕적 행위자들의 '내재적 가치'는 그들의 경험(예: 쾌락이나 선호 만족)에 부여된 본래적 가치와는 개념적으로 구별되는 것으로 이런 본래적 가치와 비례하지도 않고 환원될 수도 없는 것으로 이해되어야 한다. ··· 더 '교양' 있는 선호(말하자면, 문예에 대한)를 가진 사람들이 더 큰 내재적 가치를 갖지도 않는다···. 우리는 이 개체의 내재적 가치가 어느 정도의 본래적 가치를 가지고 있는지, 얼마나 동등한지에 대해 물을 수 없다. … 가치와 관련한 그릇의 관점에서 볼 때, 컵의 내용물(예: 쾌락이나 선호만족)이 가치가 있다. 컵 자체(즉, 개체 자신)는 가치가 없다. 하지만 내재적 가치의 가정은 대안을 제시한다. 컵(즉, 개체)은 컵의 내용물(예: 쾌락)로 환원될 수 없고 통약 불가능한 종류의 가치를 가진다. 컵(개체)은 가치 있는 것(예: 쾌락)을 '담고'(경험) 있지만, 컵(개체)의 가치는 그 컵이 담고 있는 것들 중 어느 하나 또는 총합과 동일하지 않다. 내재적 가치의 가정에 따르면 개별 도덕적 행위자는 내재적 가치를 가지지만 공리주의자가 주장하는 그릇의 관점에 따르면 그렇지 않다. 중요한 것은 컵의 내용물이 아니라 바로 컵이다(Regan, 2004: 235-236).

이와 같이, 레건은 자신이 주장하는 내재적 가치가 공리주의자의 본래적 가치와는 근본적으로 다른 개념이라고 주장하고 있다. 통상적으로 '내재적(inherent)'이라는 용어를 '본래적(intrinsic)'이라는 용어와 동일한 의미로 사용하기도 하지만, 그가 말하는 내재적 가치(혹은 그릇의 내재적 가치)는 경험이라는 본래적 가치와는 완전히 다르다(Regan, 2004: 236). 내재적 가치는 결코 본래적 가치로 환원되거나 동일한 척도에 의거해서 비교할 수 없다. 그에 따르면, 내재적 가치를 소유한 도덕적 행위자는 '합리적 정신능력이 있는 인간'으로서 공정한 도덕원리에 따라 행위 과정의 옳고 그름을 결정할 수 있고, 그러한 도덕원리가 지시한 대로 자유롭게 행동할 수 있다(Regan, 2013: 151-152). 그럼에도 불구하고 공리주의자들은 총체적 유용성에 따른 사소한 이익을 위해 개별 도덕적 행위자를 희생시킬 수 있다. 즉, 공리주의자들은 쾌락과 선호 만족의 척도에 따라 도덕적 행위자에게마저 해를 가할 수도 있다. 규칙공리주의자마저도 신생아 및 정신지체아, 1세 이상의 포유동물 등 도덕적 행위능력이 없는 도덕적 수동자가 사회계약을 이해할 수 없다는 이유로 이들에 대한 직접적인 도덕적 의무를 거부할 수 있다. 하지만 그는 의식이 있고 쾌락과 고통을 느끼지만 여타의 정신적 능력이 부족한 개체들뿐만 아니라 여타의 인지적, 의지적 능력(기억이나 신념)이 있는 개체들을 포함한 모든 도덕적 수동자에게도 평등한 도덕적 지위를 부여해야 한다고 주장한다 (Regan, 2013: 151-152). 이와 같이, 그는 공리주의적 정의론이 도덕적 행위자에 대해서만 직접적인 도덕적 의무를 인정할 우려가 있다는 점에서 의무론적 정의론을 제안하고 있다.

3. 의무론적 정의론에 기초한 동물의 권리 존중

레건은 "개인이 목적 그 자체로 존재한다."는 칸트의 개념을 수용하여 자신의 내재적 가치라는 개념을 사용하고 있다(Regan, 2004: xvii). 칸트는 존엄성을 우발적 사실에 의존하지 않는 본래적 가치, 무조건적 가치로 설명하고 있다. 그래서 존엄성을 지닌 존재는 그가 산출하는 혜택과 무관하게, 또는 다른 사람의 가치평가와는 무관하게 가치를 가지는 것으로 간주된다. 이는 "우리가 존엄성을 지니는 것과 단순한 가격을 가지는 것 중에서 하나를 선택해야 한다면 우리는 항상 전자를 선택해야 한다."는 것을 의미하며, "가격이나 우발적인 욕구 및 취향에 의존하는 가치는 존엄성의 희생을 정당화하거나 보상할 수 없다."는 것을 의미한다 (Hill, 1980: 92). 이와 같은 맥락에서 볼 때, 레건은 어떤 존재가 단순히 그 자체로 가치 있다는 것을 강조하기보다는 다른 어떤 존재의 수단이나 도구가 될 수 없는 그 자체로 존엄한 존재라는 것을 강조하기 위해 칸트의 주장을 수용한 것으로 보인다.

그러나 칸트가 '이성적 존재(도덕적 행위자)'가 그 자체 목적이라고 주장하는 데 비해 레건은 이성적 존재뿐만 아니라 도덕적 수동자를 포함한 모든 삶의 주체가 그 자체 목적이라고 주장한다는 점에서 서로 다르다 (Regan, 2004: 175). 칸트에게서 인간은 본질적으로 이성적 능력을 소유하고 있기 때문에 본래적 가치를 가지지만 여타의 동물은 이성을 결여하고 있기 때문에 상대적(도구적) 가치만을 지닌다. 따라서 동물은 사물로서 인간의 간접적인 도덕적 의무의 대상일 뿐이다(Regan, 2004: 175-177). 이에 대한 칸트의 주장을 보다 자세히 살펴보면 다음과 같다.

동물은 자의식이 없으며 목적을 위한 수단일 뿐이다. 사람이 목적이다…. 동물에 대한 우리의 의무는 인류에 대한 간접적인 의무일 뿐이다. 동물의 본성은 인간의 본성과 유사하며, 인간 본성의 발현과 관련하여 동물에 대한 의무를 수행함으로써 간접적으로 인간성에 대한 의무를 수행한다…. 동물의 행위가 인간의 행위와 유사하고 동일한 원리에서 나온다면, 우리가 인간에 대한 상응한 의무를 장려하기 때문에 우리는 동물에 대한 의무가 있다. 만일 어떤 사람이 개가 더 이상 주인을 섬길 수 없다고 해서 사살한다면, 이는 개가 판단할 수 없기 때문에 개에 대한 의무를 저버리는 것이 아니다. 그의 행동은 비인간적이고 인류에게 보여줘야 할 의무인 인간성을 스스로 해친 것이다. 만일 그가 인간적 감정을 억누르지 않으려면 동물에게 친절을 베풀어야 한다. 동물에게 잔인한 사람은 인간을 대할 때도 거칠어지기 때문이다… (반면에) … 말을 못하는 동물에 대한 부드러운 감정은 인류에 대한 인간적 감정을 발달시킨다(Kant, 1963: 239-241, Regan, 2004: 177-178에서 재인용).

이와 같은 칸트의 주장에 대해 레건은 크게 다음의 세 가지 비판을 가하고 있다(Regan, 2004: 178-179). 첫째, 그는 동물이 '자의식'을 결여하고 있다는 칸트의 주장은 오류라고 비판한다. 동물의 자의식은 이성적으로 확증되었다는 것이다. 둘째, 그는 개가 '판단하는 능력'이 없다는 칸트의 주장 역시 오류라고 본다. 그는 개도 어떤 것이 '뼈'라는 것을 알고(판단하고) 그것을 먹을 욕망(믿음)을 갖는다고 본다. 더 나아가 그는 칸트가 도덕적 수동자인 동물은 정언명령에 따른 도덕적 판단을 내릴 수 없다고 주장하게 된다면 이 주장이 인간 도덕적 수동자에게도 적용되어 칸트의 일반적인 입장에 심각한 타격을 줄 것이라고 비판한다. 셋째, 그는 동물들의 가치가 타자를 위한 유용성으로 환원될 수 없고 그들은 그들 나름의 삶을 누린다고 주장한다. 그는 위의 인용문에서 칸트가 동물이 '목적을 위한 수단'이라고 주장하지만 그 주장의 설득력 있는 근거를 제시하지 못한 채 오히려 '동물에 대한 의무'를 강조하고 있을 뿐이라고 비판한다.

레건은 위의 세 가지 비판에서 더 나아가 칸트의 동물에 대한 간접적 의무의 입장 자체에 대해 비판하고 있다. 그에 따르면(Regan, 2004: 368), 칸트의 입장은 '동물에 대한 잔인함'을 거부하고 있다. 이는 우리가 동물 자체에 대한 의무 때문이 아니라 동물을 잔인하게 대하는 사람들이 시간이 지나면서 인간을 학대하는 잔인한 습관을 발전시키기 때문에 동물을 잔인하게 대해서는 안 된다는 것이다. 레건이 보기에, '동물에 대한 잔인함'과 '인간에 대한 잔인함' 사이의 연관성에 대한 칸트의 사변이 아무리 개연성이 있더라도, 동물에 대한 직접적인 도덕적 의무를 부정하는 것은 학생들로 하여금 동물에 대한 직접적 의무를 부정하는 사고 및 행동의 습관을 형성하도록 권장할 개연성이 높다고 비판한다.

Ⅳ. 도덕적 권리와 지원의 의무

1. 동물의 도덕적 권리

레건은 내재적 가치를 소유한 포유동물과 정상적인 인간이 도덕적 권리를 가진다고 주장한다. 그는 그 포유동물이 소유한 의식, 쾌고감수능력 등의 정신적 능력과 '정의의 원리'에 기초하여 포유동물도 도덕적 권리가 있다고 본다. 여기서 도덕적 권리란 기본적으로 타당한 도덕적 원리에 대한 호소가 가능할 때 생긴다. 그는 도덕적 권리에 대한 설명이 없이 이런저런 자발적 행위의 수행에 따라 기본적인 도덕적 권리의 존재를 결정하는 것은 적절하지 않다고 본다(Regan, 2004: 283). 이러한 도덕적 권리에 대한 레건의 주장은 다음에 잘 드러나 있다.

> 내재적 가치를 가진 개체는 타당한 요구, 그래서 이 경우에 해를 입지 않을 직견적 권리가 있고, … (중략) … 이런 권리가 직견적 권리라는 것은 (1) 이런 권리에 대한 고려가 항상 도덕적으로 적합한 고려이며, (2) 다른 존재에게 해를 입히거나 또 다른 존재들에게 그렇게 해를 입히도록 허용하는 사람은 누구나 (a) 다른 타당한 도덕 원리에 호소하고 (b) 이러한 도덕 원리가 특정 경우에 해를 입지 않을 권리보다 도덕적으로 더 중요하다는 것을 보여주는 것을 통해 그렇게 해를 입히는 것을 정당화할 수 있어야 한다고 말하는 것을 의미한다(Regan, 2004: 287).

> 우리가 이러한 지위를 가지고 있는지의 여부는 자신의 권리를 주장할 수 있는지의 여부가 아니라 그 권리를 소유하고 있는지의 여부에 달려

있다. 그리고 이는 권리를 소유한 개체들의 권리 주장 능력과는 독립적으로 이러한 권리를 인정하기 위한 건전한 논증을 제공할 수 있는지의 여부에 달려 있다(Regan, 2004: 283).

그러면, 레건이 도덕적 권리를 정당화하기 위해 제공한 건전한 논증이란 어떤 것인가? 그는 어떤 개체의 도덕적 권리를 의무와 관련지어 논증한다. 그에 따르면(Regan, 2004: 273-274), 도덕적 권리는 도덕적 행위자에게 비획득적 의무(unacquired duty, 롤스의 용어로 '자연적 의무'에 해당)와 획득적 의무(acquired duty)처럼 상이한 유형의 의무를 발생시킨다. 여기서 비획득적 의무, 즉 타인을 정당하게 대우해야 하는 의무는 계약 이행 등 자발적인 행위와는 무관한 것임에 반해 획득적 의무는 자발적인 행위에 따라 발생한 것이다. 그런데 자발적 행위라고 해도 부당한 자발적 협정에 따른 행위는 의무를 발생시키지 못한다. 획득적 의무는 존중의 원리에 따른 타당한 의무만이 정당하다. 협정이나 계약의 도덕적 타당성은 협정이나 계약의 부산물이 아닌 원칙에 따라 확보된다. 이러한 관점에서 레건은 비획득적 의무와 그것의 '상관적 권리(a correlative right)'에 대한 분석에 초점을 맞추고 있다. 그는 정의의 의무가 비획득적인 것이므로 정당한 대우에 대한 상관적 권리 또한 비획득적 권리로 간주해야 한다고 본다. 이처럼 비획득적 권리와 상관적 의무가 우리의 자발적 행위 수행이나 우리의 제도 운영과는 무관하게 존재한다는 점에 착안하여 레건은 비획득적 권리를 '기본적 권리(basic rights)'라고 표현하고 있다(Regan, 2004: 276).

따라서 레건은 정의가 자선(charity)과는 달리 우리가 마땅히 기본적으로 정당하게 요구할 수 있는 것이라고 주장한다. 그리고 그는 정의의 문제로서 존중의 원리가 보여주는 것처럼 내재적 가치의 소유자들이 그러한 내재적 가치를 존중하는 방식대로 대우받아야 한다고 주장한다. 즉, 내재적 가치의 소유자들은 존중심에서 우러나오는 정중한 대우를 받을 권리가 있다는 것이다(Regan, 2004: 277). 다시 말해, 도덕적 행위자와 도덕적 수동자는 모두 동등한 내재적 가치를 가지고 있기 때문에 정중한 대우에 대한 요구와 그러한 대우를 받을 권리를 동등하게 가지고 있다(Regan, 2004: 279-280). 그래서 우리가 도덕적 수동자인 포유동물을 존중하는 것은 친절한 자선을 베푸는 것이 아니라 정의를 행하는 것이다.

그런데 레건의 도덕적 권리는 도덕적으로 올바른 행동 방침을 결정할 때 단지 권리 소유자의 도덕적 적합성을 입증할 뿐이다(Regan, 2004: 273). 도덕적으로 올바른 행동은 관련자들의 권리를 고려하여 결정해야 하지만, 우리는 단순히 개체가 소유한 권리를 언급하며 무엇을 해야 하는지 결정할 수는 없다(Regan, 2004: 273). 우리는 권리와 무관한 의무를 가질 수 있다. 그에 따르면, 우리는 자선을 베풀 의무가 있지만 아무도 다른 사람의 자선에 대해 타당한 요구를 할 권리를 갖고 있지 않다. 자선 의무를 수행할 여러 방법이 있기 때문에 특정 자선 단체는 우리의 자선적 기부에 대한 상관적 권리를 가지지 못한다. 그들은 자선적 기부와 관련하여 우리에 대해 타당한 요구를 하지 못한다(Regan, 2004: 273).

요컨대, 도덕적 행위자이든 수동자이든 개체들은 타당한 요구를 할 수 있는 도덕적 권리를 가지며, 그 권리는 결과나 유용성이 아니라 그 자체에 의존하고 있다.

2. 존중의 원리에 기초한 지원의 의무

레건의 권리이론은 정의에 기초한 존중의 원리에 기반하고 있다. 그는 이 존중의 원리로부터 정의롭지 못한 대우를 받는 존재들을 지원해야 한다는 '지원의 의무'를 도출하고 있다. 그에 따르면(Regan, 2004: 285), 우리는 개체의 권리를 존중할 의무가 있을 뿐만 아니라 기본적 권리를 침해당한 존재들을 지원할 정의의 의무가 있다. 우리는 정의의 관점에서 불의의 희생자, 즉 권리를 침해당한 개체를 도와야 할 **직견적**(*prima facie*) 의무가 있다.

하지만 그는 우리가 도덕적 행위자에 의해 불의의 희생을 당한 존재가 아닌, 단순히 곤경에 처한 존재들에 대해서는 도움을 줄 필요가 없다고 주장한다. 도덕적 수동자인 다른 동물들로부터 공격을 받고 있는 동물을 지원할 의무는 없다. 이를테면, 우리는 늑대의 공격에 맞서 양을 도울 의무가 없다는 것이다. 이러한 결론을 뒷받침하기 위해 그가 제시한 논증은 다음과 같다(Regan, 2004: 285, Erert and Machan, 2012: 147).

P1: 도덕적 수동자는 다른 동물이 소유한 권리를 존중할 의무가 없다.

P2: 늑대는 도덕적 수동자다.

C1: 늑대는 다른 동물이 소유한 권리를 존중할 의무가 없다.

P3: 다른 동물이 소유한 권리를 존중할 의무가 없는 개체는 이러한 권리를 침해할 수 없다.

C2: 늑대는 다른 동물이 가진 권리를 침해할 수 없다(늑대가 다른 동물에게 해악을 끼치더라도).

C3: 어느 동물도 늑대로부터 자신의 권리를 침해당하지 않는다.

C4: 우리는 불의의 희생을 당한 동물, 즉 권리를 침해당한 동물을 도울 직견적 의무가 있지만 우리가 늑대의 공격에 맞서 양을 도울 의무가 있는 것은 아니다.

그런데 레건의 논증에서 어린이와 노망한 노인은 위의 P2의 늑대와 같은 도덕적 수동자다. 그렇다면 우리는 C4와는 달리 어린이와 노망한 노인으로부터 피해를 당한 동물을 도울 의무가 없다. 그들은 도덕적 수동자이기 때문이다. 더구나 C3은 도덕적 수동자인 동물만이 아니라 어린이와 노망한 노인에게도 적용되므로 그들이 도덕적 수동자인 동물(혹은 인간)로부터 피해를 받더라도 우리는 그들을 도울 의무가 없다(Erert and Machan, 2012: 147). 타자의 권리를 침해할 수 있는 존재도 타자에게 의무를 질 수 있는 존재도 이성적 능력을 지닌 도덕적 행위자(정상적인 인간)이기 때문이다.

제이미슨은 이와 같은 레건의 논증이 반직관적인 결과를 낳는다고 비판한다. 제이미슨은 우리가 레건의 주장에 동의하면, 동료들과 함께 등반을 하던 중에 산 위에서 바위가 굴러 내리더라도 우리는 그 바위가 도덕적 행위능력이 없는 도덕적 수동자이기 때문에(동료들은 그 도덕적 수동자에 의해 권리를 침해당하는 불의의 희생자가 아니기 때문에) 동료들을 돕지 않을 것이라고 비판한다(Jamieson, 1990: 351). 이러한 제이미슨의 비판에 대해 레건은 우리에게는 "다른 사람을 위해 선을 행할 것을 명하는 일반적인 **직견적** 선행의 의무가 있다는 것을 인정하면서도, 정의의 의무가 항상 일반적 선행의 의무보다 우선한다는 원칙적 입장을 견지한다(Regan, 2004: xxvii). 그는 등산객들에게 바위를 주의하라고 경고해야 할 직견적 의무가 우리에게 있을 뿐이라고 강조하고 있는 것이다. 우리가 이러한 레건의 입장을 수용한다면, 우리는 도덕적 수동자인 자연환경으로부터 입게 되는 사람들의 자연피해에 대해 방관하게 될 것이다.

V. 권리의 충돌과 권리의 침해

1. 무고한 자의 권리에 대한 침해 사례

레건은 원칙적으로 내재적 가치를 가진 모든 존재의 권리를 결코 침해서는 안 된다고 주장하고 있다. 그에 따르면(Regan 2004: 287), 내재적 가치가 있는 개체들은 타당한 주장을 할 수 있기 때문에 정중한 대우를 받을 기본적인 **직견적** 권리가 있다. 이러한 권리를 뒷받침하는 것이 '평화주의 원리(pacifist principle)'와 '무고의 원리(innocence principle)'이다. 전자는 어떤 상황에서도 해로운 폭력을 사용해서는 안 된다는 것이며, 후자는 어떠한 상황에서도 무고한 존재에게 해를 끼치는 행위를 해서는 안 된다는 것이다. 그런데 이러한 평화주의 원리와 무고의 원리는 구체적 상황에서 제한을 받을 수 있다고 레건은 주장한다. 그는 더 많은 무고한 존재들이 피해를 입지 않도록 무고한 특정 개체에게 피해를 입히는 것을 정당화할 수 있는 특별한 사례가 있다고 본다.

첫째, 무고한 자의 자기방어다(Regan 2004: 287-288). 이는 무고한 자가 자기를 방어하는 차원에서 폭력을 행사하는 공격자에게 해를 가하는 것을 정당화하는 사례다. 평화주의자는 어떠한 경우라도 해로운 폭력을 행사해서는 안 된다고 주장하지만, 우리는 반성적 직관과 비례의 원칙에 따라 폭력을 사용할 수 있다는 것이다.

둘째, 죄인 처벌이다(Regan 2004: 290-291). 우리는 내재적 가치를 소유한 개인을 마땅히 존중해야 하지만 죄인을 처벌하는 차원에서 그를 투옥시켜 자유를 제한하고, 벌금 등을 부과하여 공정하게 처벌해야 한다. 정의가 구현되기 위해서는 가해자에게 가해진 피해와 피해자에게 가해진 피해가 비례해야 한다. 지금까지 살펴본 무고한 자에 의한 자기방어와 죄인의 처벌 사례는 죄를 범한 개인에게 가하는 권리 침해라는 점에서 도덕적 행위자에게만 적용되는 것이다. 도덕적 수동자에 해당하는 개별 인간과 동물은 도덕적 행위를 할 능력이 없기 때문에 벌을 받을 만한 잘못을 저지를 수도 없고 권리를 침해당할 수도 없다.

셋째, '무고한 방패(innocent shields)'다. 이는 우리가 다수의 무고한 사람들의 피해를 방지하기 위해서, 가해자들이 방패로 삼고 있는 무고한 특정인의 권리를 침해하는 사례다. 예컨대, 어떤 탱크 안에 26명의 인질이 잡혀 있고 1명이 탱크에 묶여 있으며, 테러리스트들은 요구사항을 들어주지 않으면 한 사람씩 죽이겠다고 협박하고 협상마저 결렬된 상황에서 탱크 폭파가 그들을 제압할 수 있는 유일한 방법이라는 판단에 따라 26명의 권리를 지키기 위해 한 명의 인질을 희생시키는 사례가 여기에 해당된다(Regan 2004: 291-293). 이는 무고한 사람들은 해를 입지 않을 권리가 있고, 이러한 권리로 인해 우리에게는 그들을 지켜야 할 의무가 있기 때문에 우리는 26명의 생명을 구하기 위해 1명의 무고한 인질에게 해를 끼칠 수밖에 없다는 것이다.

넷째, '무고한 위협(innocent threats)'이다. 예컨대, 무고한 어린이가 총을 쏘아 많은 사람들을 죽일 우려가 있을 경우 그 무고한 어린이를 희생시키는 것이 여기에 해당한다. 여기서 무고한 어린이는 도덕적 행위능력이 없는 도덕적 수동자로 간주된다(Regan 2004: 293). 지금까지 살펴본 무고한 방패와 무고한 위협의 사례는 도덕적 행위자뿐만 아니라 도덕적 수동자에게도 적용될 수 있다.

마지막 다섯째는 예방의 사례로서 제시된 '권리침해 최소화의 원리(Miniride Principle)'와 '더 나쁜 상황의 피해자 구제의 원리'이다. 이는 다음의 2, 3절에서 좀더 자세히 살펴본다.

2. 권리침해 최소화의 원리

결과론에 따르면, 우리는 쾌락을 극대화하고 '해악의 총합'을 최소화하는 방향에서 행위 해야 한다. 레건이 보기에, 이러한 해악의 최소화 원리는 해악의 정도가 훨씬 적은 더 많은 사람들을 고통으로부터 구해내기 위해 더 큰 해악을 입은 개인에게 불공정한 결과를 초래할 수 있다는 것을 승인하는 것이나 마찬가지다(Regan, 2004: 302). 이에 레건은 '해악 최소화(minimize harm)'의 원리를 거부하고 존중의 원리에 기초한 '권리침해 최소화의 원리(Miniride Principle)'를 제안하고 있다.

특별한 고려사항을 예외로 한다면, 우리가 무고한 다수의 권리를 침해할 것인지 아니면 무고한 소수의 권리를 침해할 것인지 선택해야 할 때, 그리고 영향을 받는 개체들이 각각 직견적으로 '비교 가능한 피해(comparable harm)'를 입는다고 할 때, 우리는 다수의 권리보다 소수의 권리를 침해하는 것을 선택해야 한다(Regan, 2004: 305).

레건은 우리가 당사자들의 권리갈등을 해결하기 위해 어떤 존재들의 권리를 침해할 수밖에 없는 상황에서 그 피해가 상대적으로 작아 비교가 가능한 경우, 즉 권리침해의 정도가 서로 비슷할 경우에 소수의 권리를 침해하고 다수의 권리를 존중하는 것이 존재들의 개별 권리 존중을 보장하는 것이라고 주장한다. 만일 우리가 다수의 권리를 침해한다면, 그것은 소수의 권리를 더 중요하게 생각한다는 것을 함축하는 것이다 (Regan, 2004: 297-301). 다음의 시나리오를 검토해 보자.

51명의 광부가 광산에 매몰되어 있고 아무런 조치를 취하지 않는다면 매우 짧은 시간 안에 죽을 것이 확실하다. 시간 내에 매몰된 광부들에게 도달할 수 있는 방법이 딱 하나라고 가정하자. 교묘하게 설치된 폭발물을 터뜨리면 갱도가 열려 매몰되어 있는 사람들이 탈출할 수 있다. 그러나 다음과 같은 문제가 있다고 가정하자. 만약 그 폭발물이 터지면 그 갱도에 있는 1명의 광부는 반드시 죽게 될 것이다. 하지만 1명의 광부는 다른 광부들이 갇혀 있는 갱도에 비슷한 폭발물을 설치하면 구할 수 있다. 그러나 이렇게 하면 그 갱도에 있는 50명의 광부들이 죽게 될 것으로 예측된다. 어떻게 해야 하는가?(Regan, 2004: 297-298).

레건은 특별한 고려사항이 없다면, 개체의 평등을 고려할 때 우리가 50명을 구하기 위해 1명의 무고한 광부를 희생시키는 것이 정당하다고 주장하고 있다. 하지만 1명의 광부가 겪는 피해와 50명의 광부가 겪는 피해가 비교 불가능하다면, 이를테면 1명의 광부가 죽음의 피해를 당한 반면 50명의 광부가 고통과 두려움의 피해를 당한다면, 이러한 경우 권리침해 최소화의 원리가 적용되지 않는다고 레건은 주장한다. 오직 피해의 정도가 서로 비교할 수 있는 경우, 즉 권리갈등 당사자들의 피해 정도가 비슷한 경우에만 권리침해 최소화의 원리가 적용된다는 것이다.

이와 같이, 레건은 공리주의의 최대화의 원리와 결과주의의 최소 해악의 원리를 거부하고 있지만 사실은 권리충돌의 문제를 해결하는 과정에서 권리를 침해당하는 존재들의 숫자를 중요하게 고려하고 있는 것으로 보인다. 그러나 토렉은 특별한 고려사항이 없다면 숫자의 단순한 가산은 부적절하며 우리가 해야 할 일은 동전을 던져 더 적은 쪽을 구할 것인지 더 큰 쪽을 구할 것인지 결정하는 것이라고 주장한다(Taurek, 1977: 306). 토렉은 개체들에게 끼치는 손실이 중요한 고려사항이지 개체들이 겪은 손실의 총합이 중요한 고려사항이 아니라고 본 것이다. 광부의 사례에서 1명이 겪은 손실과 50명이 각자 겪은 손실이 동일한 것이라면 그들 각각은 동등한 구제의 기회를 가져야 한다. 가령 동전 던지기를 통해 각자는 50%의 삶의 기회를 얻어야 한다는 것이다.

그리고 제이미슨은 레건의 권리침해 최소화 원리가 무고한 사람을 해치거나 죽이는 것을 정당화한다는 점에서 레건의 존중의 원리와 상충된다고 비판하고, 광부 시나리오는 1명을 죽이거나 50명을 죽이는 것 사이에서만 선택해야 하는 상황이 아니라고 본다(Jamieson, 1990: 362). 아무것도 하지 않을 옵션이 존재할 수 있다는 것이다.

3. 더 나쁜 상황의 피해자 구제의 원리

레건은 모든 무고한 사람들이 직면하는 피해가 비교하기 불가능할 정도로 차이가 발생할 경우에는 '더 나쁜 상황의 피해자 구제의 원리(the worse-off principle)를 적용해야 한다고 주장하고 있다. 여기서 우선 그의 논의를 검토해 보자.

특별한 고려사항을 예외로 한다면, 우리가 다수의 권리를 침해하거나 무고한 소수의 권리를 침해하는 것을 결정해야 할 때, 다수가 다른 옵션을 선택할 경우 직면할 피해의 상황보다 소수가 직면할 피해가 더 나쁜 상황을 만들 때, 우리는 다수의 권리를 침해해야 한다(Regan, 2004: 308).

이와 같이, 레건의 더 나쁜 상황의 피해자 구제의 원리는 존중의 원리로부터 도출된다. 그에 따르면(Regan, 2004: 308), 죽음에 직면한 M과 편두통을 앓고 있는 N이라는 두 사람이 동등한 존중을 바탕으로 해를 입지 않을 평등한 권리를 가진다고 해서 각자가 겪을 피해가 똑같이 해롭다는 것을 의미하지는 않는다. 다른 조건이 동일하다면 M이 겪을 죽음이 N이 편두통보다 더 피해가 크다. 따라서 우리가 개인의 내재적 가치와 도덕적 권리를 동등하게 존중해야 한다면 N의 편두통을 M의 죽음보다 더 크거나 같게 계산할 수 없다. 이처럼 M의 피해가 N의 피해보다 더 클 경우 N의 권리를 침해하는 것이 정당화될 수 있다. 설령 편두통을 앓는 사람의 수가 늘어나더라도 그들의 권리가 침해되어야 한다는 것이다. 죽음에 직면한 사람이 1명이고 편두통을 앓는 사람이 100명이더라도 1명의 피해가 100명의 피해보다 크므로 다수 쪽의 권리를 침해해야 한다는 것이다. 이것은 100명의 피해를 모두 합한 것이 1명의 피해보다 크다는 공리주의자들의 입장과는 다르다. 더 나쁜 상황의 피해자 구제의 원리에 따르면, 죽음에 직면한 1명의 피해와 편두통을 앓고 있는 100명의 피해를 비교했을 때 죽음이 그 피해가 더 크다는 것이다. 다시 말해, 더 나쁜 상황의 피해자 구제의 원리는 피해의 총합이나 숫자를 중요시하지는 않는다는 것이다. 레건은 이러한 더 나쁜 상황의 피해자 구제의 원리를 구명보트 사고실험과 연결시키고 있다.

정상적인 성인 4명과 개 1마리가 생존해 있다. 보트는 넷만이 탈 수 있다. 어느 하나를 희생시키지 않으면 모두 죽는다. 누구를 배 밖으로 던져야 하는가? 권리 관점의 답은 1마리의 개다. 죽음이 초래하는 피해의 크기는 특정 개체에게 보장되는 만족기회의 수와 다양성의 함수이며, 어느 한 인간의 죽음이 개의 죽음보다 훨씬 더 큰 해를 입게 될 것이라고 주장하는 것은 종 차별주의가 아니다. … 넷이 살아남아야 한다면 어떤 개체를 잡아먹어야 할 것인지 상상해보라. 누구를 잡아먹어야 하는가? 권리 관점의 대답은 다시 한 번 말하지만 개다. 그리고 그 동물 죽음이 초래하는 피해가 이러한 인간 죽음이 초래하는 피해만큼 크지 않기 때문에 개를 잡아먹어야 한다(Regan, 2004: 351).

이와 같이, 레건의 권리 관점은 삶의 주체를 동등하게 대우하라는 일반적인 존중의 원리보다는 상대적으로 더 나쁜 상황에 처한 쪽을 더 우대해야 한다는 존중의 원리를 지지하고 있다. 그래서 그는 죽음으로 인한 피해가 적은 개보다는 피해가 더 큰 인간을 구제하는 것이 타당하다고 결론을 내리고 있다. 그는 사람과 개를 비교할 때 사람이 개보다는 더 다양한 선호, 만족, 욕망, 기억, 미래에 대한 감각, 자의식 등을 가진 존재이기 때문에 인간의 죽음으로 인한 피해가 개의 죽음으로 인한 피해보다 더 크다고 판단한 것이다(박창길, 2008: 231-239). 설령 어떤 사람이 개를 죽이는 대신에 인간을 죽이는 것을 선택하더라도 그것은 초과의무(supererogatory)에 불과하다고 그는 주장하고 있다(Regan, 2004: 351). 하지만 구명보트 사고실험에서 알 수 있듯이, 레건의 더 나쁜 상황의 피해자 구제의 원리는 내재적 가치를 소유한 삶의 주체를 도덕적 권리를 지닌 존재로서 동등하고 정중하게 존중하지 않는다는 점에서, 다시 말해 인간 삶의 가치를 개의 삶의 가치보다 우월하다고 인정한다는 점에서 종차별주의라는 비판으로부터 자유로울 수 없을 것이다(Abbate, 2015: 1-21).

VI. 레건의 권리관점의 실천적 함의

1. 채식주의

공리주의자들은 동물사육 관련 당사자들의 이익관심과 유용성에 의거하여 채식주의의 문제를 다룰 수 있다. 그들은 동물농장의 주인들이 입는 피해, 심지어 공장식 농장의 동물들이 입는 피해를 고려하여 채식주의를 정당화할 수 있다. 그들은 동물에게 고통을 가하지 않은 살상을 통한 육식을 장려한다든지, 동물이 자신의 죽음을 알아차리지 못한 상태에서 이루어지는 '비밀스런 살상(secret killing)'을 통한 육식을 장려할 수 있다(Regan, 2004: 251). 하지만 의무론자들은 그 어떠한 이익관심이나 유용성에 의거하지 않고 내재적 가치를 소유하고 도덕적 권리를 지닌 삶의 주체에 대한 존중의 원리에 의거하여 채식주의를 옹호한다. 특히 레건의 동물권리의 관점은 원칙적으로 개별 동물의 내재적 가치, 도덕적 권리를 소유한 삶의 주체에 대한 존중에 초점을 맞추고 있다. 그에 따르면, 식용으로 포유동물들을 길러 잡아먹는 것은 그들의 내재적 가치를 존중하지 않고 해를 입히는 행위이기 때문에 우리는 육식을 거부하고 채식을 해야 한다(Regan, 2004: 394). 레건의 채식주의 논증을 정리하면 아래와 같다.

P1: 포유동물은 삶의 주체다.

P2: 그 자격으로 포유동물은 내재적 가치를 가진다.

P3: 그러므로 존중의 원리와 그로부터 도출할 수 있는 해악의 원리는 포유동물에게 적용된다.

P4: 그러므로 포유동물은 존중받을 권리가 있고, 해를 입지 않을 직견적 권리가 있다.

P5: 포유동물을 기르고 죽이며 먹는 행위는 포유동물에게 해를 끼친다.

C: 따라서 우리는 포유동물을 기르거나 죽이거나 먹지 말아야 한다 (Rowlands, 2009: 78).

이와 같은 관점에서 레건은 채식주의를 옹호하고 상업적 축산업의 완전한 해체를 주장하고 있다. 그에 따르면(Regan, 2004: 355-357), 우리에게는 농축산업자들에게 가하는 피해나 육류 시장에 미치는 영향과는 상관없이 축산업체에 대한 지원을 거부하고 채식주의를 채택해야 할 의무가 있다. 식용으로 포유동물들을 길러 잡아먹는 것은 그들의 내재적 가치를 존중하지 않는 것이고 해를 입히는 행위이기 때문에 그른 것이다. 하지만 레건 역시 공리주의자인 싱어와 마찬가지로 철두철미한 채식주의자는 아닌 것으로 보인다. 그는 우리 인간이 생존하기 위해 불가피하게 육식을 해야 한다고 한 발짝 물러서고 있다. 즉, 인간이 생명을 위협받고 있는 상황에서는 먹잇감을 얻기 위해 동물의 권리를 침해할 수 있다는 것이다. 이러한 그의 입장 변화는 먹이사슬 속에서 살아가야만 하는 자연적 존재들의 현실적 상황을 고려한 고육지책으로 보인다.

2. 동물 학대 및 착취의 전면적 금지

레건은 동물실험을 결사반대한다. 동물실험 연구가 인간의 생명을 구하거나 인간의 건강을 증진하는 데 기여하는 것은 사실이다. 그럼에도 불구하고 동물실험 연구가 인간이 아닌 동물을 대상으로 이루어지기 때문에 실제로 인간에게 해를 입히는 경우도 발생한다. 이러한 문제로 인해 동물실험은 논쟁의 대상이 된다. 사실 과학실험 연구에서의 동물 사용이 필요하다고 주장하는 사람들이 있다. 동물의 내재적 가치를 인정하고 동물의 복지를 고려해야 한다고 주장하는 사람들조차 이에 동조하기도 한다. 예컨대, 코헨은 내재적 가치를 가진 동물에게 불필요한 고통을 주지 않아야 한다고 주장하면서도 동물을 대상으로 한 실험연구에 찬성한다(Cohen & Regan, 2001: 5). 이들은 모두 동물연구가 '불가결한 연구'라고 주장한다.

그러나 레건은 우리가 생물학, 의학 교육, 독성 테스트 또는 새로운 연구와 같은 모든 과학적 연구를 수행할 때 포유동물을 절대 사용해서는 안 된다고 주장한다(Regan, 2004: xxxi). 우리가 불가결한 연구라 하더라도 원칙적으로 의식을 소유한 포유동물을 실험에 사용하는 것은 정당화될 수 없다는 것이다. 핀센은 미국의 실험실과 교실에서 매년 6천만에서 9천만의 동물이 죽어나가고, 그 중에서 상당수는 교실실습, 제품 테스트 및 심리학 연구를 포함하여 불가결하지 않은 이유로 사용되고 있다고 주장한다(Finsen, 1988: 197). 그는 연구의 불가피성보다는 연구의 도덕성에 대해 더 주목하고 있다(Finsen, 1988: 197). 보통 공리주의자들은 동물실험의 혜택이 동물의 고통과 죽음에 대한 비용을 능가하다는 점에 주목하여 동물실험을 찬성한다. 그러나 동물연구의 비용에 대한 공리주의적 계산은 일반적으로 동물이 겪는 고통의 정도를 알지 못하기 때문에 문제가 된다(Rollin, 2011:88).

더욱이 권리에 기초한 정의론의 관점에서 볼 때, 공리주의적 계산은 동물들에게 고통을 가하지 않는 살해뿐만 아니라 동물들이 알아차릴 수 없게 비밀스럽게 살해하는 것을 정당화할 수 있는데, 이는 원칙적으로 동물의 권리를 부정하는 것이다. 권리를 소유한 인간에 대한 생체실험이 잘못인 것처럼 권리를 소유한 동물실험 역시 그릇된 것이다. 이러한 논의의 연장선상에서 레건은 상업적, 오락적 목적을 달성하기 위해 동물을 학대하고 착취하는 것 또한 전면적으로 거부하고 덫을 놓아 동물을 포획하는 행위 또한 원천적으로 거부한다. 이러한 레건의 입장은 공리주의자들의 입장보다 동물의 복지향상에 더욱더 기여할 것으로 보인다.

Ⅶ. 맺음말

레건은 자신의 주저서인 『동물권리의 옹호(The Case for Animal Rights)』에서 정신적 능력(의식)이 있는 동물이 '삶의 주체'로서 내재적 가치를 소유하고 있기 때문에 존중심에서 우러나오는 대우를 받고 피해를 당하지 않을 도덕적 권리가 있다고 주장한다. 그리고 그 당사자들 간에 도덕적 권리가 갈등하는 상황이 발생되었을 때는 무고한 자의 권리침해가 불가피할 수 있으며, 권리침해 최소화의 원리에 의해 그 갈등을 해결할 수 있다고 주장한다. 그리고 그는 자신의 동물권리 이론에서 명료한 개념을 사용하고 있고, 객관적 정보와 합리성, 공평성, 냉철함에 기초하여 논의하고 있으며, 존중의 원리나 해악의 원리와 같은 타당한 도덕원리에 입각해 이상적인 도덕적 판단를 내리고 있다고 주장하고 있다.

분명 레건은 '정의에 기반한 존중의 원리'를 기초로 하여 자신의 독창적인 동물권리론을 명확히 밝히고 있다. 그는 칸트의 어법에 따라 내재적 가치를 존중하는 방식으로 내재적 가치를 소유하고 있는 모든 존재를 존중해야 한다고 주장하고 있으며, 내재적으로 가치 있는 인간을 존중하듯이, 내재적 가치를 지닌 포유동물을 마땅히 존중해야 한다고 주장한다. 어떤 존재가 내재적 가치를 소유하고 있으면, 그가 타인에게 제공하는 유용성과는 무관하게 그리고 타인이 그를 어떻게 가치 인식하는지와 상관없이 도덕적 권리의 소유자로서 정중하게 대우해야 한다는 것이다. 이러한 동물권리의 관점에서 레건은 동물실험을 전면적으로 폐지하고 상업적 축산업을 완전히 해체하며 상업적, 오락적 사냥 또한 전면 금지하고 동물포획을 위한 덫을 완전히 제거할 것을 역설하고 있다.

레건은 자신의 동물권리론의 약점을 보강하기 위해 무고한 자의 권리침해, 권리침해의 최소화 원리라는 다소 생경한 논증을 전개함으로써 논리적 비일관성 등 여러 비판을 받고 있다. 혹자는 그의 동물권리론이 지나치게 강한 동물권리의 관점을 취하고 있다고 비판한다(Warren, 1987: 300-301). 하지만 이런 비판들은 동물이 의식 또는 쾌고감수능력을 소유하고 있다는 것에 대해서는 인정하고 있다. 이에 우리는 의식을 소유하고 있는 동물들이 삶의 주체로서 정당한 이유 없이 죽임을 당하지 않고 자신들의 만족감을 추구하며 살아갈 수 있도록 도덕적으로 대우할 필요가 있을 것으로 보인다.

참고문헌

김일수(2022), 「레건의 동물권리론에 대한 비판적 고찰」, 『도덕윤리과교육』 75권 75호, 211-237.

노희정·노희천(2021), 「레건의 '삶의 주체'에 대한 비판적 고찰」, 『환경철학』 32권, 69-89.

노희정(2022), 「레건의 동물권리론에 대한 비판적 검토」, 『윤리연구』 139호, 201-220.

박창길(2008), 「실험동물에게 윤리가 있는지의 여부」, 『환경철학』, 제7권, 223-251.

최훈(2017), 「사자가 소처럼 여물을 먹는 세상-포식(predation)의 윤리적 문제」, 『환경철학』, 23권, 135-162.

Abbate, C. E.(2015), "Comparing Lives and Epistemic Limitations: A Critique of Regan's Lifeboat from an Unprivileged Position", *Ethics and the Environment*, Vol. 20, No. 1, 1-21.

Bailey, C.(2018), "Tom Regan: A Visionary Changing the World", *Between the Species*, Vol. 21, No. 1, 236-242.

Cohen, C. and Regan, T.(2001), *The Animal Rights Debate*, Lanham: Rowman & Littlefield.

Edwards, R. B.(1993), "Tom Regan's Seafaring Dog and (Un)Equal Inherent Worth", *Between the Species*, Vol. 9, No. 4, 231-235.

Erert, R. and Machan, T. R.(2012), "Innocent Threats and the Moral Problem of Carnivorous Animals", *Journal of Applied Philosophy*, Vol. 29(2), 146-150.

Finsen, S.(1988), "Sinking the Research Lifeboat", *The Journal of Medicine and Philosophy*, Vol. 13, 197-212.

Frey, R. G.(1987), "Autonomy and the Value of Animal Life", *The Monist*, Vol. 70, No. 1, 50-63.

Hill, T. E.(1980), "Humanity as an End in Itself", *Ethics*, Vol. 91, No. 1, 84-99.

Jamieson, D.(1990), "Rights, justice, and duties to provide assistance: A critique of Regan's theory of rights", *Ethics*, Vol. 100, No. 2, 349-362.

Leopold, A.(2003), "The Land Ethic", in A. Light & H. Rolston III(eds.), *Environmental Ethics*, Malden: Blackwell.

Regan, T.(1981), "The Nature and Possibility of an Environmental Ethic," *Environmental Ethics*, Vol. 3, No. 2, 19-34.

Regan, T.(2004), *The Case for Animal Rights*, California: University of California Press.

Regan, T.(2013), "Animal Rights and Environmental Ethics", in D. Bergandi(ed.), *The Structural Links between Ecology, Evolution and Ethics: The Virtuous Epistemic Circle*, Springer, 117-126.

Rollin, B.(2011), *Putting the Horse Before the Cart: My Life's Work on Behalf of Animals*, Philadelphia: Temple University Press.

Rowlands, M.(2009), *Animal Rights: Moral Theory and Practice*, New York: Palgrave.

Taurek, J.(1977), "Should the Numbers Count?", *Philosophy and Public Affairs*, Vol. 6, No. 4, 293-316.

Waldron, J.(1989), "Rights in Conflict", *Ethics*, Vol. 99, No. 3, 503-519.

Warren, M. A.(1987), "Difficulties with the Strong Animal Rights Position", *Between the Species*, Vol. 2, No. 4, 433-441.

Warren, M. A.(1987), "A Critique of Regan's Animal Rights Theory", in M. Boylan(2014), *Environmental ethics*, 2nd, Oxford: Wiley-blackwell, 300-308.

Watson, R. A.(1979), "Self-Consciousness and the Rights of Nonhuman Animals and Nature", *Environmental Ethics*, Vol. 1, 99-129.

종 차별주의 옹호 논변들

최훈

I. 머리말

종 차별주의(speciecism)는 인간종의 이익을 위해서 다른 종을 차별해도 된다는 주장이다. 싱어는 이것을 "자기가 소속되어 있는 종의 이익을 옹호하면서, 다른 종의 이익을 배척하는 편견 또는 왜곡된 태도를 말한다."라고 정의한다(싱어, 2012: 35). 종 차별주의라는 말은 철학자 싱어가 처음 쓴 말은 아니다. 영국의 심리학자 리처드 D. 라이더가 처음 쓴 용어이나(Ryder, 1975), 이 용어를 소개한 싱어의 『동물해방(*Animal Liberation*)』이 널리 읽히면서 이 용어도 널리 알려지게 되었다.

싱어의 정의에서 '자기가 소속되어 있는 종'이라는 것은 꼭 인간종만 가리키지는 않는다. 동물도 자기가 소속되어 있는 종을 위해 다른 종의 이익을 배척하는 행동을 할 것이다. 그러나 그런 행동은 본능에 따른 것이므로 '체계화된 이론이나 학설'을 뜻하는 '주의'라는 이름을 붙일 수는 없다. 결국 '종 차별주의'는 인간종이 자신의 이익을 위해 다른 동물 종들의 이익을 배척하는 태도를 가리킨다.

한편 싱어의 정의에는 '편견 또는 왜곡된 태도'가 들어 있음에 주목해야 한다. 종 차별주의는 단순히 동물의 이익보다 인간의 이익을 우선하는 태도를 가리키는 것이 아니라 그런 태도는 편견이고 왜곡된 태도라고 아예 못 박는 것이다. 인간과 동물은 많이 다른데 왜 동물을 인간과 다르게 대한다고 해서 차별이라고 하는지 의아해할 수 있다. 싱어는 종 차별주의를 성차별주의나 인종 차별주의와 빗댄다(싱어, 2012: 34-35). 우리 인류는 한때 자신과 성별이 다르거나 피부색이 다른 사람의 이익을 무시하는 관행을 당연하게 생각했다. 여성의 교육권·참정권 제한이나 흑인 노예제 따위가 대표적인 사례이다. 그런 제도는 이제 차별이라는 것을 누구나 인정한다. 성별이나 피부색은 학교에 다닐 수 있는지 없는지, 노예로 삼을 수 있는지 없는지를 판단할 때 전혀 고려의 요소가 될 수 없는 것이기에 그것에 따라 다르게 대우하는 것은 편견이요 왜곡이기 때문이다. 인간이 동물을 대하는 대표적인 관행인 육식과 동물실험을 위해서는 동물에게 고통을 줄 수밖에 없다. 그런데 인간 또는 동물 중 어떤 종에 속하느냐는 고통이 느끼는지 판단할 때 전혀 고려의 요소가 될 수 없다. 그러므로 인간의 고통과 동물의 고통을 다르게 고려하는 것은 편견 및 왜곡이며, 동물을 다루는 인간의 관행은 종 차별주의적이라고 주장하는 것이다.

1970년대 이후 동물의 도덕적 지위 또는 동물의 권리를 지지하는 이론들이 나오면서 종 차별주의를 비판하는 주장들이 대세를 이루었다. 공리주의에 기반하는 싱어와 권리 이론에 기반하는 레건은 자신들의 이론에 다음과 같이 강한 자신감을 보인다.

> 이제껏 나는 논파하기 힘든 비판을 접해 보지 못하였으며, 이 책이 기초하고 있는 단순한 윤리적 논거의 견고함을 의심하게 만든 논변은 없었다(싱어, 1999: 22).
> 나는 동물해방을 옹호하는 논변이 논리적인 설득력을 가지고 있으며, 반박될 수 없다고 믿는다(싱어, 2012: 411).

> 나는 [이 책의 초판에서] 권리 견해가 "모든 것을 고려해 최고의 이론이 되기를 갈망하는 이론이라면 어떤 이론이라도 수용해야 할 일련의 윤리 원리를 명시하고, 분명히 하며, 옹호하고 있다."라고 썼다. 20년 이상이 지났고, 내가 틀렸을 수 있지만, 나를 비판한 누구도 내가 지금 다르게 생각해야 한다고 나를 설득하지 못했다. 이것은 내가 왜 책 전체에 걸쳐 오타만 수정하는 것이 적합하다고 생각했는지 설명하는 데 도움이 될 것이다(Regan, 2004, xiii-xiv).

싱어나 레건이 최대한 성실하고 겸손하게 논변을 펼치는 스타일임을 감안할 때 위와 같은 자신감을 보인다는 것은 그만큼 종 차별주의를 옹호하는 강력한 논변들이 나오지 않았기 때문이다. 반면에 싱어와 레건의 기념비적인 업적 이후 종 차별주의를 비판하는 연구는 계속 쏟아져 나왔다. 저술의 형태로 된 연구를 몇 가지 살펴보면, 우선 미즐리는 이성이 도덕적 지위의 근거가 된다는 이성주의와 감정이 아닌 지성이 윤리의 토대가 된다는 견해를 비판하며, 인간과 동물의 연속성을 강조한다(Midgley, 1984). 사폰치스는 공리주의든 권리 이론이든 덕윤리든 우리의 지배적인 윤리학 이론은 동물의 이익을 희생하는 것을 막는 방향으로 나가고 있다고 주장한다(Sapontzis, 1987). 데그라지아는 공리주의와 권리 이론을 넘어서 동물의 이익이 인간의 이익과 동등하게 고려해야 하는지 경험적으로 탐구한다(DeGrazia, 1996). 누스바움은 사람의 타고난 능력과 재능을 실현할 수 있게 해야 인간의 존엄성이 달성된다는 역량(capbilities) 접근법으로 유명한데, 이를 동물에게도 적용한다(Nussbaum, 2009). 이들은 지지하는 이론이나 강조하는 바가 다르지만, 종 차별주의는 편견에 기대고 있으며 현대의 공장식 사육이나 동물실험은 종 차별주의적 관행이라고 비판한다는 점에서 공통적이다. 다만 이들의 연구가 싱어나 레건에 비해 덜 알려진 이유는 아마도 데그라지아의 지적처럼 공리주의나 권리 이론 등의 정통 철학 이론을 배경으로 하지 않기 때문인지도 모른다(DeGrazia 1991: 53).

종 차별주의 옹호 논변들이 나오지 않은 이유 중 하나는 노직의 지적처럼 최근까지 학자들이 종 차별주의를 옹호하는 것을 긴급한 문제로 보지 않았고, 그래서 그런 이론을 정식화하는 데 많은 시간을 쏟지 않았기 때문인 것 같다.[1] 학자들을 포함해서 대부분의 사람들이 공장식 사육이나 동물실험과 같은 종 차별주의의 관행에서 이익을 보고 있는 현실에서 굳이 종 차별주의 논쟁에 끼어들어야 한다는 입증 책임을 지지 않을 것이다. 그러나 싱어가 2003년에 『동물해방』 출간 30년을 맞아 쓴 글에서 말한 것처럼(Singer, 2003), 종 차별주의 반대 논변들 덕분에 수많은 동물 보호 단체들이 조직되었고 공장식 사육이나 모피 사업 등의 관

---

1 Robert Nozick, "About Mammals and People", *New York Times Book Review*, November 27, 1983: 11. Singer(2009: 101)에서 재인용.

행에서 일부나마 변화를 가져오게 되었다. 이런 추세가 계속된다면 이제는 성차별주의나 인종 차별주의를 누구나 편견으로 받아들이듯이 종 차별주의를 편견으로 받아들일 날이 올지도 모른다. 종을 차별하는 관행을 계속 유지하고 싶은 진영에는 종 차별주의 옹호 논변들이 '긴급한 문제'가 되고 입증 책임은 그쪽으로 넘어가게 될 것이다. 이런 점에서 비록 그 세력에서는 미미하지만 주목할 만한 종 차별주의 옹호 논변을 살펴보는 것은 의미가 있다.

이 글에서는 종 차별주의를 옹호하는 대표적 학자 몇 명의 논변을 살펴보려고 한다. 성차별주의나 인종 차별주의도 그렇지만 종 차별주의를 옹호하는 데도 무슨 이유가 있는 것이 아니라, 나와 같은 인간이라는 이유가 가장 크게 작용한다. 가장 먼저 이런 직관을 반영한 코언의 주장을 살펴본다. 한편 동물에게 도덕적 지위 또는 권리가 있다는 것을 인정하면서도 인간은 그보다 그것을 더 많이 가지기에 인간과 동물은 다르다는 주장도 가능하다. 프레이는 인간 삶의 상대적 가치가 동물의 그것과 달라서 인간은 동물과 다른 대우를 받아야 한다고 주장하는데, 이 주장을 검토해 볼 것이다. 대표적인 종 차별주의 반대 논증은 가장자리 상황 논증이다. 가장자리 인간은 인간이 갖는다고 생각되는 배타적 특성이 동물과 다름이 없는데, 동물을 인간과 다르게 대우하면 가장자리 인간도 동물과 다름없이 대우해야 한다는 것이 이 논증의 주장이다. 카루더스는 이 논증에 대해 계약론적으로, 그리고 케이건은 형이상학적으로 반박한다. 이 반박들을 각각 검토해 본다.

Ⅱ. 코언: 직관적 옹호

종 차별주의를 가장 직관적이고 상식적으로 옹호하는 방법은 인간은 인간이라는 종에 속하므로 다른 종들과는 다른 도덕적 지위를 갖는다고 주장하는 것이다. 일반인뿐만 아니라 이런 방식으로 종 차별주의를 옹호하는 학자들도 있는데, 인간이 동물보다 더 중요한 도덕적인 권리를 갖고 도덕적으로 더 중요하게 취급받아야 하는 이유는 같은 종에 속하기 때문이라고 말하는 코언(Carl Cohen)이 그 대표적이다. 그런데 이런 식의 접근법이 허용된다면 나와 같은 성별이나 인종이 다른 성별이나 인종보다 더 중요하게 대우받아야 하는 이유는 나와 같은 성별이나 인종에 속한다고 주장하는 성차별주의나 인종 차별주의도 허용되어야 한다. 결국 인간이 나와 같은 종에 속하기 때문에 다른 종들과는 다른 도덕적 지위를 갖는 것이 아니라, 도덕적으로 특별한 대우를 받을만한 특징을 제시해야 한다.

물론 인간의 DNA는 가장자리 인간이라고 하더라도 모두 똑같을 것이므로 그것을 인간의 배타적 특성으로 제시할 수 있을 것이다. 그러나 DNA는 피부색이나 성염색체처럼 도덕적으로 의미 있는 특성이 아니다. 피부색이 같으므로 도덕적으로 다르게 대우해야 한다고 주장하는 것이 의미 없는 것처럼, DNA가 같으므로 도덕적으로 다르게 대우해야 한다고 주장하는 것 역시 의미가 없다. 그것은 같은 인간종에 속하므로 다르게 대우해야 한다는 말이나 다름이 없는 것이다.

아리스토텔레스가 인간을 정치적 동물로 제시한 이후 도덕적으로 의미 있다고 생각되는 인간의 배타적 속성으로 여러 가지가 제시되었다. 자율적으로 판단하고 행동할 수 있는 존재, 스스로를 과거와 미래에 걸처 존재하는 것으로 의식하는 자의식적 존재, 언어를 사용하여 의사소통할 수 있는 존재, 자신의 생각과 행동을 반성적으로 사유할 수 있는 존재 따위가 그런 배타적 속성에 해당할 것이다. 이런 능력을 갖는 존재는 확실히 단순히 쾌락과 고통만을 느낄 수 있는 존재보다 더 먼저 고려되어야 할 것 같다. 그런데 심각한 문제는 인간 중에 이런 특성을 가지지 못한 존재가 있다는 사실이다. 평균적인 성인의 지적 수준을 갖지 못한 영·유아나 식물인간, 뇌 손상 환자 등은 이성적이지도 못하며 자의식적이지도 않고 자율성도 없으며 언어를 사용할 수도 없다. 이런 인간을 인간 범주에서 경계에 있다고 해서 '가장자리 인간'이라고 부른다. 만약 다른 동물보다 인간을 도덕적으로 특별하게 대우해야 하는 이유가 인간이 갖는 배타적 특성 때문이라면, 그런 특성을 갖지 못하는 가장자리 인간은 동물과 같은 도덕적 지위를 갖는 것으로 취급받아야 한다.

가장자리 인간의 문제는 종 차별주의자를 비판하는 근거가 된다. 동물에게 저지르는 실험 따위의 관행을 동물과 삶의 질에서 비슷하거나 오히려 못한 가장자리 인간에게 똑같이 할 수 있느냐는 것이다. 그렇게 할 수 없을 것이므로, 동물에게 저지르는 관행은 윤리적으로 허용할 수 없다는 식의 주장을 '가장자리 상황 논증'이라고 한다(최훈, 2015: 94).

코헨은 종 차별주의를 적극적으로 옹호한다. 그는 이렇게 말한다.

인간의 어린이는 성인처럼 권리를 갖는데, 그것은 **그들이 인간이기 때문이다.** 도덕성은 인간 삶에서 필수적인 특성이다. 유아나 노인을 포함해서 모든 인간은 도덕적인 동물이다. [가장자리 상황 논증]은 권리를 누구에게는 부여하고 누구에게는 부여하지 않으며, 능력이 부족하면 권리를 철회해 버린다. 그러나 권리는 **예외 없이** 인간적인 것이고, 인간계에서 생기는 것이고, 인간 모두에게 적용된다. [가장자리 상황 논증]은 인간에게 필수적인 도덕적 특성을 인간들을 걸러 내는 체처럼 잘못 사용하고 있는데, 절대 그렇지 않다. 인간과 동물을 구분하는 도덕 판단 능력은 인간 한 명 한 명에게 실행되는 테스트가 아니다. 어떤 장애 때문에 인간에게 자연스러운 도덕 능력을 완전히 수행하지 못하는 사람들이라고 해서 그 이유 때문에 인간사회에서 쫓겨나지는 않는다. 결정적인 구분은 종에 의한 것이다. 인간은 **인간이라는 점 때문에** 권리를 갖게 되는 종이다. 인간은 **본질적으로** 도덕적일 것이고 그래 왔고 여전히 그러한 삶을 산다. 인간의 권리가 각 개인의 건강 상태에 따라 변동된다든가 각 개인이 쇠락함에 따라 없어진다고 생각하는 것은 어리석다. 여기서 말하는 권리는 인간의 권리이다. 반면에 동물은 권리를 절대로 가질 수 없는 종이다. 인간은 장애가 생겨도 가지고 있는 것을 쥐는 절대 갖지 못한다 (Cohen&Regan: 37. 원문 강조).

코언의 주장을 가장 자비롭게 해석한다면 가장자리 인간은 합리성이 있는 종에 속하고 동물은 그렇지 못하기 때문에 둘 가운데 가장자리 인간만이 도덕적 권리를 지니는 존재라고 해야 한다는 주장일 것이다. 비록 가장자리 인간은 합리성이 없지만 대부분의 인간이 합리성이 있으므로 그들에게 '묻어가는' 것이다(최훈, 2015, 98).

앞에서 인간종이라는 것이 도덕적으로 의미가 있는지 물었다. 여전히 문제는 가장자리 인간은 인간이 갖는 '전형적인' 특성은 가지지 못한다고 하더라도 인간종에 속하는 것이 도덕적으로 무슨 의미가 있느냐는 것이다. 가장자리 인간을 포함한 인간 개체들은 인간종뿐만 아니라 여러 종에 속한다. 가령 인간은 암컷이 새끼를 낳아 젖을 먹여 기르는 존재라는 범주, 곧 포유류에 속한다. 포유류에 속하는 존재들은 대부분 암컷이 새끼를 낳아 젖을 먹여 기른다는 특성을 가지고 있지만 일부는 '가장자리 포유류'이다. 한편 인간은 '고통을 느끼는 존재'라는 종에도 포함된다. 물론 여기서도 고통을 느끼지 못하는 '가장자리 감응력자'가 존재할 것이다. 여기서 코언에게 다음과 같은 물음을 던질 수 있다. 왜 똑같이 가장자리가 존재하는데, 도덕적인 고려를 할 때 왜 인간이라는 종이 포유류나 고통을 느끼는 존재라는 종보다 더 중요해야 하는가? 고통을 느끼는 존재에게 도덕적인 고려를 해야 한다고 주장한다면 고통을 느끼는 개체에게만 도덕적 고려를 하면 되고, 고통을 느끼는 개체는 설령 어느 종에 속한다고 하더라도 도덕적인 고려를 하지 않아도 된다. 굳이 가장자리 인간이라는 예외까지 인정하면서 도덕적인 중요성을 부여할 기준은 되지 못하는 것이다. 이렇게 생각해 볼 때 인간이라는 종에 속한다는 것은 앞서 지적했듯이 도덕적으로 의미 있는 기준이 될 수 없다는 것을 다시 한 번 확인할 수 있다.

Ⅲ. 프레이: 삶의 상대적 가치

프레이(R. G. Frey)는 싱어와 레건과 함께 초창기부터 활동한 이른바 1세대 동물 윤리학자이다. 그러나 레건과 달리 동물은 권리가 없다고 주장한다. 그리고 나중에 입장이 바뀌기는 했지만 초기에는 싱어와 달리 동물은 이익도 가지지 않는다고 주장한다(Frey 1981). 그가 이렇게 주장하는 이유는 동물이 언어를 사용할 수 없다고 보기 때문이다. 싱어와 마찬가지로 선호 공리주의인 프레이는 도덕적으로 관련이 있는 유일한 이익은 무엇인가에 관한 바람, 곧 선호라고 주장한다. 그런데 무엇인가를 바라기 위해서는 거기에 해당하는 믿음이 있어야 한다. 예컨대 물을 마시고 싶다고 바라기 위해서는 먼저 "나는 목이 마르다."나 "여기에 물이 있다."가 참이라는 믿음이 있어야 한다. 어떤 문장이 참이라는 믿음이 있기 위해서는 언어가 있어야 한다. 그러나 동물은 언어를 가질 수 없으므로 무엇인가에 대한 바람을 가지지 못하며, 따라서 이익을 가지지 못한다는 것이다.

동물이 가지는 대표적인 이익은 고통을 느끼는 것이다. 동물은 고통을 피하는 것이 동물에게 이익이 되고 고통을 느끼는 것은 그 고통을 피하게 만드는 것이다. 따라서 프레이의 주장처럼 동물이 이익을 가지지 못한다면 동물은 고통을 느끼지 못한다는 결론에 이르게 되고, 이것은 우리의 직관에 맞지 않는다. 이는 동물은 자동인형이기 때문에 동물이 고통을 느낄 때 내는 소리는 기계가 움직일 때 내는 소리와 다름없다고 주장한 데카르트를 연상케 한다.[2]

프레이도 이런 반론을 의식했는지 자신은 동물의 고통을 부인한 것은 아니라고 말한다. 공리주의자인 그는 동물이 권리를 갖는다는 것은 여전히 부인하지만, "동물은 고통을 느끼기 위해서 자의식적일 필요도, 이익이나 믿음이나 언어를 가질 필요도, 자신의 미래와 관련된 바람을 가질 필요도, 자신의 행동을 스스로 비판하며 통제할 필요도 (…) 없다(Frey, 1998: 191)"라고 주장한다. 동물이 고통을 느끼는 것은 대표적인 이익으로

---

2 데카르트(2010)를 보라. 동물은 언어를 사용할 수 없기에 고통을 느끼지 못한다는 주장은 현대에도 Frey 외에 여러 학자들이 제기한다. 다음 절에서 검토하는 Carruthers(2000, 2004) 그리고 김성환(2016)은 특히 고통을 느끼기 위해서는 의식이 필요한데, 언어가 없는 동물은 감각을 의식으로 느낄 수 없다고 주장한다.

생각되는데, 그는 이익을 더 좁은 의미로 쓰는 듯하다. 어쨌든 프레이는 동물도 고통을 느끼기에 도덕적으로 헤아려야 하며, 그러기에 도덕적 지위를 지니는 도덕 공동체의 구성원이라고 인정한다.

그러나 프레이는 인간의 삶과 동물의 삶의 상대적인 가치를 비교한다. 인간과 동물은 고통을 느끼는 능력이 있다는 점에서는 같다. 인간의 고통이든 동물의 고통이든 고통은 고통이다. 그런데 프레이는 '삶의 질 견해'를 제시한다(Frey, 2002: 45-46). 고통을 느끼는 능력이 있는 모든 생명체는 긍정적이든 부정적이든 영향을 받는 삶의 질을 갖는데, 이 삶의 질은 그 생명체가 경험하는 범위와 능력에 따라 달라진다는 것이다. 예컨대 인간은 동물과 달리 자율성이 있고 자율적인 선택을 하는 행위자이다. 인간의 선택의 범위와 종류는 동물의 그것보다 훨씬 다양하고 풍부하며, 선택이 미치는 시간도 동물에 비해 훨씬 미래를 향해 있다. 프레이 스스로가 초기에 동물은 이익을 갖지 못하는 이유로 제시했던 바로 그 이유 때문에 인간의 삶의 질은 동물의 삶의 질보다 훨씬 높다는 것이다.

그러면 '삶의 질 견해'는 종 차별주의일까? 아니라는 것이 프레이의 주장이다(Frey, 1998: 194). 종 차별주의가 편견인 이유는 다른 이유 없이 인간이라는 종에 속한다는 이유로 인간을 동물보다 우선 대우하기 때문이다. 그러나 프레이는 인간을 동물보다 우선 대우하는 이유는 삶의 질에서 인간이 동물보다 훨씬 풍부하기 때문이므로 이것은 편견이 아니라는 것이다. 회사에서 직원을 뽑을 때 성별이나 인종을 고려하는 것은 편견인 성차별주의나 인종 차별주의이다. 성별이나 인종은 업무 능력과 관련이 없기 때문이다. 반면에 외국어가 필요한 회사에서 외국어 구사 능력을 고려하는 것은 업무 능력과 관련이 있으므로 차별이 아니다. 프레이는 이와 마찬가지로 어떤 개체의 삶의 질이 풍부한가를 보는 것은 그 개체를 우선해서 고려해야 하는 것과 관련이 있으므로 편견인 종 차별주의가 아니라고 보는 것이다.

현실의 문제에서 '삶의 질 견해'가 위력을 발휘하는 곳은 동물실험이다. 만약 동물이 도덕적 지위가 없다면 물건과 마찬가지로 마음대로 실험해도 될 것이다. 그러나 프레이는 동물은 고통을 느끼는 능력이 있고 도덕적 지위가 있다는 것을 인정하므로 이런 입장을 취할 수 없다. 똑같은 고통인데 인간이 느끼면 도덕적으로 가치가 있고 동물이 느끼면 도덕적으로 가치가 없다고 말하는 것은 편견이기 때문이다. 그런데도 동물실험이 옹호되는 것은 그것이 주는 막대한 이득 때문이다. 그리고 동물의 삶은 인간의 삶에 견줘 가치가 훨씬 낮기 때문에 인간의 이득을 위해 동물이 희생되는 것이 도덕적으로 허용되는 것이다(Frey, 2002: 46). 이렇게 프레이는 동물실험을 정당화한다.

그러나 프레이의 동물실험 옹호는 심각한 문제점을 낳는다. 동물에게 실험을 허용하는 이유가 단지 동물이기 때문이 아니라 인간보다 삶의 질이 낮기 때문이라면, 인간 중에서도 똑같이 삶의 질이 낮은 가장자리 인간에게도 동물실험을 허용할 수 있어야 한다. 만약 인간의 이득을 위해 동물이 희생될 수 있다면 마찬가지 이유로 가장자리 인간에게도 실험을 할 수 있어야 한다. 하지만 이런 귀결을 보고 사람들은 경악을 금치 못할 것이다. 히틀러나 일본 제국의 731부대나 저질렀던 인체 실험을 떠올리기 때문이다.

가장자리 상황 논증은 삶의 질에서 차이가 없는 가장자리 인간과 동물을 일관적으로 대우할 것을 요구한다. 그런데 이 논증을 제기하는 의도는 꼭 한 가지가 아니다. 먼저 상식적으로 가장자리 인간을 실험 대상으로 삼거나 먹기 위해 사육하는 것을 용납할 수 없는 것처럼, 동물에게도 그런 대우를 용납할 수 없다고 주장하려는 의도가 있다. 이러한 의도의 가장자리 상황 논증을 '긍정적 입장'이라고 불러 보자. 현재 가장자리 인간이 대우받는 것처럼 동물도 대우하자는·입장이기 때문이다. 그러나 논리적으로 보면 가장자리 인간에게 거꾸로 대응해도 역시 일관적이다. 다시 말해서 동물을 대하는 관행을 가장자리 인간에게도 똑같이 할 수 있다면 종 차별적이라는 비난은 받지 않는 것이다. 이것을 '부정적 입장'이라고 부를 수 있는데,[3] 프레이가 그런 입장이다. 그는 "나는 아무리 열등한 인간의 삶이라고 해도 그것이 아무리 고등한 동물의 삶보다 더 가치 있다고 선험적으로 말할 수 있는 근거를 전혀 갖고 있지 못하고 알지도 못한다(Frey, 1983: 96)"라고 말한다. 그리고 가장자리 인간을 대상으로 하는 실험은 인간에게 많은 이득이 되므로 인체 실험을 옹호할 수밖에 없다는 것이다(Frey, 1983: 115-6, Frey, 2002, 172-3, 184-5). 물론 프레이는 이 허용에 대해 "수많은 사람들이 분개할 것이고, 사회는 대소동이 일어날 것이며, 병원과 연구 센터는 격렬한 공격을 받을 것이며, 의사-환자 관계는 돌이킬 수 없게 될 것"(Frey, 1983: 97)이라는 부작용을 걱정하지만 지속적인 교육과 설명에 의해 개선되어야 한다고 생각한다.

프레이의 이런 생각은 그리 현실적이지 못하다는 비판을 받을 수 있다. 물론 윤리적인 논쟁은 어떤 원칙의 옳고 그름에 집중해야지 도덕적으로 반성되지 않은 대중들의 반응까지 고려할 필요는 없다는 반론도 가능하지만, 현실적인 적용 가능성을 무시할 수는 없다(최훈, 2015: 235). 만약 그렇다면 우리는 가장자리 상황 논증이 요구하는 일관성을 위해 가장자리 인간과 동물 모두에게 실험 따위를 하지 않는 쪽을 선택해야 한

---

3 '긍정적 입장'과 '부정적 입장'은 Dombrowski(2006, 226)가 붙인 용어이다.

다. 그러나 이것은 동물실험에서 오는 막대한 이득을 버려야 한다는 뜻
이므로, 인간이 아닌 동물에게만 실험을 하면 된다는 종 차별주의를 받
아들이지 않는 이상 역시 현실적으로 받아들이기 어렵다.

Ⅳ. 카루더스: 가장자리 인간 구하기

육식이나 동물실험을 쉽게 버리지 못하는 현실에서 종 차별주의를 옹
호하려는 철학자들은 어떻게든 가장자리 인간은 동물과 다르다는 것을
입증해야 한다. 카루더스(Peter Carruthers)는 계약론적 윤리에 의해 종 차
별주의를 옹호한다. 계약론적 윤리란 도덕은 합리적 행위자들끼리의 계
약으로 생긴 것이기 때문에 그 계약에 참여할 수 있는 인간만이 도덕적
고려의 대상이라는 주장이다. 계약론적 윤리는 동물을 상대로 한 인간
의 관행들을 옹호해 준다. 합리적인 행위자가 아닌 동물은 인간과 계약
을 할 수 없으므로 계약론적 윤리에 따르면 윤리적 고려의 대상이 될 수
없기 때문이다. 그러나 이런 접근법의 문제는 쉽게 떠올릴 수 있다. 가
장자리 인간도 동물과 마찬가지로 계약 당사자가 될 수 없기에 가장자
리 인간을 상대로 어떤 행동을 해도 도덕적으로 허용될 수 있는 것이다.
이것은 가장자리 상황 논증의 한 가지 형태이다.

카루더스는 계약론의 입장에서 이 논증에 답변이 가능하다고 주장한
다.[4] 그는 계약 당사자의 합리성에 주목하는데, 합리적인 계약론자라면
합리적이지 못한 인간이라도 도덕의 영역에서 제외하는 일은 하지 않

---

4 이하는 최훈(2015: 99-104)에서 가져왔다.

는다고 말한다. 곧 계약론자라면 합리성을 갖느냐의 여부와 상관없이 모든 인간을 도덕의 영역에 포함해야 한다는 것이다. 그는 두 가지 논변을 그 근거로 제시하는데, '미끄러운 비탈길 논증'과 '사회적 안정성 논증'이 그것이다(Carruthers, 1992: 5장, Carruthers, 2011: 6절). 첫째, 미끄러운 비탈길 논증은 "어린이와 어른, 그다지 지적이지 않은 어른과 중증 정신 장애자, 정상인 노인과 중증 치매 노인 사이에 날카로운 경계선을 긋기가 어렵다는 사실"(Carruthers, 1992: 114)에서 출발한다. 우리가 만약 합리적이지 않은 사람들을 도덕의 영역에서 제외한다면 비탈길에서 쭉 미끄러져 실제로는 합리적인 사람들까지 도덕의 영역에서 밀어내는 결과가 생긴다는 것이다. 히틀러가 장애인을 '비정상적인 인간'이라는 이름으로 학살한 역사 속의 전례도 있고, 누구나 나이가 들어 치매 환자가 될 가능성이 있으므로 이러한 우려가 나오는 것이다. 반면에 인간과 다른 동물 사이에는 날카로운 경계선이 실제로 존재한다. 따라서 비탈길에서 미끄러지지 않기 위해서는 모든 인간에게 도덕적 지위를 부여해야 한다는 것이 카루더스의 주장이다.

둘째, 사회적 안정성 논증은 합리성이 없는 인간도 도덕의 영역에 포함함으로써 "사회적 안정성을 추구하고 평화를 유지한다(Carruthers, 1992: 117, Carruthers, 2011: 388)"는 것이다. 이 논증은 미끄러운 비탈길 논증이 우려하는 결과가 생기면 사회가 불안해질 것이라는 생각을 표현한다. 카루더스도 지적하듯이 사람들은 실제로 가장자리 인간에게 도덕적 지위를 보류하는 규칙이 있다면 거기에 심리적으로 따르려고 하지 않을 것이다. 자신과 자신의 가족이 그런 가장자리 인간이 될 수도 있다고 생각할 뿐 아니라, 그런 인간들에게 깊은 애정을 가지고 있기 때문이다. 가장자리 인간에게 도덕적 지위가 보장되지 않는 사회에서는 그런 인간을 한낱 소유물로 간주할 것이고, 그 소유물이 불필요해지거나 금전적인 보상이 있다면 마음대로 버리거나 처분하리라고 예상할 수 있다. 카루더스에 따르면 그런 사회에서는 장기를 적출하기 위해 치매 노인을 살해하거나 갓난아이를 의학 실험에 사용할 수 있으므로 매우 불안정할 것이라고 말한다. 어느 사회이든 어린아이나 노인들에게 깊은 애정을 품고 있는데, 합리적이지 않다는 이유로 그런 식으로 다룬다면 큰 혼란을 줄 것이다. 반면에 자기 자신이나 자신의 가족이 합리적이지 않은 인간이 된다고 하더라도, 한낱 소유물로 취급되거나 금전적인 보상 때문에 마음대로 처분되지 않고 애정을 가지고 도덕적으로 대우받으리라는 기대가 있다면 그 사회는 심리적으로 안정될 것이다.

위와 같은 이유로 합리성과 상관없이 모든 인간에게 도덕적 권리를 부여해야 한다는 것이 카루더스의 주장이다. 그러나 카루더스의 답변은 그리 만족스럽지 못하다. 우선 미끄러운 비탈길 논증은 어떤 소재에 적용해도 오류 논증이 되기가 쉬운 성격의 것인데, 카루더스가 제시한 논증도 전형적인 미끄러운 비탈길의 오류이다. 머리카락이 몇 올부터 대머리인지 말할 수 없다고 해서 율 브리너가 대머리가 아니라고 말할 수 없는 것처럼, 합리적인 인간과 비합리적인 인간을 확연하게 구분할 경계선을 그을 수 없다고 해서 합리성이 분명히 없는 인간이 없다고 말할 수는 없다. 카루더스 스스로도 기본적인 뇌간만 있고 대뇌 피질이 없이 태어나기 때문에 조건반사만 있고 통증은 느낄 수 없는 무뇌아에는 자신의 논증이 적용되지 않는다고 말한다(Carruthers, 2011: 390). 더구나 카루더스는 가장자리 상황 논증의 의도를 오해하고 있다. "동물에게 도덕적 지위가 없으므로 갓난아이에게도 도덕적 지위가 없고, 그래서 유대인, 집시, 게이 등 이른바 '일탈자들'의 몰살을 도덕적으로 반대할 수 없다고 주장하는 사람이 있다면, 그 주장은 그 악랄한 목표에 동조하는 사람에게조차 진지하게 받아들일 수 없을 것 같다(Carruthers, 1992: 114)"라는 그의 진술에서도 알 수 있듯이, 그는 가장자리 상황 논증을 위에서 말한 부정적 입장, 곧 현재 동물에게 이루어지는 관행처럼 가장자리 인간의 도덕적 지위도 빼앗는 것으로 이해하고 있다. 그러나 위에서 확인되었듯이 그 논증의 의도는 긍정적 입장, 곧 가장자리 인간의 지위를 낮추는 것이 아니라 오히려 동물의 지위를 높이는 것이다. 가장자리 인간과 합리성의 측면에서 차이가 없는 동물에게 도덕적 지위를 부여하자는 것이다. 그러므로 비탈길에서 '미끄러질' 걱정을 할 필요가 없다.

한편 사회적 안정성 논증은 선결 문제 요구의 오류의 소지가 있다. 계약의 당사자들이 어떤 집단에 도덕성을 부여하지 않았을 때 사회적인 혼란이 온다고 생각하는 것은 그 집단이 도덕적인 권리를 지닌다고 미리 전제하는 것이기 때문이다. 정말로 사회적인 혼란이 오는지 안 오는지는 경험적으로 탐구해야 할 문제이다. 가장자리 인간에게 도덕적 지위를 보류하는 사회가 있다고 하더라도 과연 그 사회가 불안정한지는 확실하지 않다. 유아 살해와 노인 유기가 이루어진 사회가 역사 속에 있었지만 그런 사회가 다른 사회에 비해 특별히 덜 안정되고 덜 평화롭다고 볼 이유는 없기 때문이다. 설령 그런 사회에서 사회적인 혼란이 온다고 하더라도 사회적 혼란이 곧 도덕적 권리의 존재를 입증하는 것은 아니다. 카루더스가 앞서 무뇌아에게는 자신의 논증이 적용되지 않는다고 말했다고 했는데, 그 이유는 대부분의 부모들은 무뇌아가 태어났을 때 그의 생명에 깊은 관심을 보이지 않고 생명이 연장되기를 바라지 않기 때문이다(Carruthers, 2011: 390). 카루더스는 사람들이 사전에 가지고 있는 도덕적 믿음에 의존해 주장을 펼치고 있는 것이다. 합리성의 소지 여부와 상관없이 계약 당사자들의 합의에 의해 도덕적 권리가 부여된다는 점에서 사회적 안정성 논증은 계약론의 정신에 충실하다고 볼 수도 있다. 그러나 똑같은 근거로 그런 집단에 도덕적 권리를 부여하지 않아도 사회적 혼란이 일어나지 않는다는 합의가 된다면 도덕적 권리를 부여하지 않는 정당성이 확보될 것이다. 사람들이 사전에 가지고 있는 도덕적 믿음은 검토의 대상이지 그것으로 도덕적 권리가 있음을 주장할 수 없다. 한편 사회적 안정성 논증도 미끄러운 비탈길 논증과 마찬가지로 가장자리 상황 논증을 오해하고 있다는 지적을 할 수 있다. 이 논증에서는 가장자리 인간에게 도덕적 지위를 주지 않으려는 의도가 아니기 때문에 사회적인 불안정이 생길 이유가 없다.

카루더스의 가장자리 상황 반대 논증은 구체적이고 강력해 보이지만 성공하지 못한다. 종 차별주의자들은 가장자리 상황의 인간까지 포함해서 모든 인간에게 도덕적 지위를 부여할 수밖에 없는 이유를 찾아야 한다. 그러지 못하는 이상 종 차별주의는 인종 차별주의나 성차별주의처럼 합리적 근거 없는 편견에 불과하다.

V. 케이건: 양상 인격주의

가장 최근의 종 차별주의 옹호 논증은 케이건(Shelly Kagan)에 의해 제시되었다. 그도 카루더스와 마찬가지로 가장자리 인간 구하기를 시도한다. 그러나 카루더스처럼 계약론적 차원에서 접근하는 것이 아니라 형이상학적 차원에서 접근한다. 가장자리 인간은 인간이 갖는다고 생각되는 배타적 특성을 가지지 못한 인간을 말한다. 카루더스는 그 결함을 인정하고, 그 대신에 가장자리 인간에게서 '중심부' 인간의 도덕적 지위를 박탈하거나 그보다 낮은 도덕적 지위를 부여하면 인간끼리의 유대감이나 사회적 안정성을 잃게 된다고 주장했다. 이와 달리 케이건은 가장자리 인간이 인간이 갖는다고 생각되는 배타적 특성을 정말로 가지지 못하는지 검토한다.

일단 인간이 배타적으로 갖는다고 생각되는 특성을 갖는 '중심부' 인간을 '인격체(person)'라고 불러보자. 생물학적으로 인간의 유전자를 갖는 인간이 호모 사피엔스인 데 견줘, 인격체는 이성적이며 자의식도 있으며 언어를 사용할 줄 알고 반성적 사고를 할 수 있는 존재이다. 가장자리 인간은 호모 사피엔스이기는 하지만 인격체가 아닌 존재인 것이다. 그런데 케이건에 따르면 가장자리 인간도 인격체의 구성원이 될 수 있다. 가장자리 인간은 "실제로는 인격체는 아니지만 인격체일 수 있었기" 때문이다(Kagan, 2015: 15). 카루더스에서도 예를 들었던 무뇌아는 태아 시기에 신경관의 손상이 생겨 발생한다. 만약 임신 기간에 다른 일이 일어났다면 무뇌증 아이는 인격체가 될 수 있었다. 영·유아 시기에 아이를 떨어뜨리는 것과 같은 보호자의 실수로 정신 장애가 생기는 경우도 많다.'이 경우도 보호자의 실수가 없었다면 그 아이는 인격체가 될 수 있었다.

'…일 수 있었다(could have been)'는 철학에서 '양상적(modal)' 속성이라고 부르는 것이다. 가장자리 인간은 실제로는 인격체의 속성은 가지지 못하지만 인격체가 될 수 있는 양상적 속성은 가지고 있다. 케이건은 이 양상적 속성은 도덕적으로 의미 있는 속성이라고 주장한다. 위에서 말했듯이 가장자리 인간은 다른 일이 일어났다면 인격체가 갖는 특성을 가질 수 있었기 때문이다. 반면에 동물은 그렇지 못하다. 그래서 케이건은 자신의 이론을 '양상 인격주의(modal personism)'라고 부른다. 가장자리 인간은 인격체는 아니지만 인격체가 될 수 있었고, 그래서 이런 '양상 인격체'도 인격체의 구성원으로 인정해야 한다는 것이다.

케이건은 양상 인격주의는 종 차별주의가 아니라고 주장한다. 종 차별주의가 편견인 이유는 다른 이유 없이 호모 사피엔스에 속한다는 이유로 특별한 대우를 해야 한다고 말하기 때문이었다. 그러나 케이건은 자신이 "중요하게 생각하는 것은 누군가가 호모 사피엔스인가 아닌가가 아니라 인격체인가 아닌가"라고 말한다(Kagan, 2015: 15). 인격체는 특별한 대우를 받을 만한 특성을 갖추고 있다. 그리고 이것은 앞서의 학자들과 달리 가장자리 인간을 양상적 인격체로 받아들이기에 가장자리 상황 논증의 비판에서도 피할 수 있다고 생각한다. 비록 어떤 개체가 가장자리 인간이라고 하더라도 그의 도덕적 지위는 그 개체가 속한 종의 대표적인 구성원이 어떤가에 의해 결정되기 때문이다(Kagan, 2015: 14).

가장자리 상황 논증에 대한 기존의 반론 중 잠재성 논증이 있다. 가장자리 인간인 영·유아는 언젠가는 인격체가 되는 잠재성을 가지고 있기에 인격체로 대우해 주어야 한다는 것이다. 그러나 아예 인격체가 될 수 없는 가장자리 인간이 더 많다. 회복 불가능한 치매 환자나 중증 지적장애인은 인격체가 될 수 있는 잠재성이 없으므로, 잠재성 논증이 적용되지 않는 것이다. 양상적 인격체는 이런 문제점을 벗어나는 듯하다. 양상 인격주의는 잠재성이 없는 개체에게도 도덕적 지위나 권리를 부여하는 길을 열어 주었기 때문이다. 그러나 양상 인격주의는 잠재성 논증이 가지고 있는 문제점을 고스란히 가지고 있다. 잠재성 논증은 임신중절을 반대할 때도 쓰인다. 태아는 잠재적 인간이므로 태아를 죽이는 임신중절은 살인과 같다는 것이다. 그러나 싱어는 이 논변에 대해 잠재적인 X라고 해서 X와 같은 가치나 권리를 갖는다는 것은 추론되지 않는다고 주장한다. 그 예로 그는 "싹이 나는 도토리를 뽑아내는 것이 고색창연한 참나무를 베어 넘어뜨리는 것과 같지 않다(싱어, 2013: 250)"는 것을 든다. 싱어의 이 예도 의미 있지만, 권리와 관련된 사안이므로 의대생의 예를 드는 것도 적절해 보인다. 의대생은 언젠가는 의사가 되겠지만 의사로서 의료 행위를 하는 것은 불법이다. 도토리든 의대생이든 언젠가는 참나무나 의사가 되겠지만 그 자연적 또는 법적 지위는 그것과 전혀 같지 않다. 심지어 상당히 많은 도토리는 참나무가 되기 전에 썩거나 사람 또는 동물의 먹이가 되고, 일부의 의대생은 의사가 되지 못한다. 그 도토리는 아름드리 참나무가 될 '수 있었다'. 그리고 그 의대생은 의사가 될 '수 있었다'. 그렇다고 해서 참나무도 아니고 의사도 아니다. 심지어 의대에 합격하지 못한 수험생도 조금만 더 열심히 공부했다면 의대생이 될 '수 있었고', 결국에는 의사가 될 '수 있었다'. 그렇다고 해서 그 수험생이 의사인 것은 아니다. 의대에 불합격한 수험생이 의사가 될 수 있었던 반(反)사실적 가능성과 무뇌아가 태아 시기에 손상을 입지 않을 반사실적 가능성 중 어느 쪽이 더 클까? 후자가 더 크다고 말할 수는 없다. 그렇다면 의대에 불합격한 수험생이 의사의 자격을 달라고 요구하는 것이 터무니없는 것처럼, 무뇌아에게 인격체의 도덕적 지위를 주어야 한다고 주장하는 것도 터무니없다.

케이건은 양상 인격주의를 통해 가장자리 상황 논증을 비판함과 동시에, 기존의 종 차별주의 비판은 모든 존재가 동일한 도덕적 지위를 갖는다는 '단일주의(unitarianism)'을 전제하고 있다고 말한다. 단일주의에서 도덕적 지위는 정도의 문제가 아니라 있거나 없거나 둘 중 하나이다 (케이건, 2019: 75). 그가 보기에 싱어와 레건을 비롯하여 종 차별주의를 편견이라고 주장하는 학자들은 단일주의를 받아들이고 있다. 그들은 인간과 동물은 똑같이 도덕적 지위를 갖는데, 종 차별주의는 개체가 어떤 종에 속하느냐에 따라 다르게 대우하므로 편견이라고 주장하는 것이다. 그는 이것의 대안으로 개체들의 도덕적 지위에 차등을 두는 '계층주의(hierarchism)'를 주장한다. 케이건은 이 주장을 위해 사람 한 명과 쥐 한 마리가 물에 빠진 예를 든다. 누구를 구해야 할까? 그에 따르면 단일주의에서는 "사람이 쥐에 비해 더 높은 도덕적 지위를 갖고 있지 않으므로 물에 빠진 쥐를 구해야 하는 도덕적 이유와 사람을 구해야 하는 이유가 모든 면에서 똑같은 가중치를 갖게 된다"(케이건, 2019: 81). 그러나 이는 우리의 직관에 어긋난다. 케이건은 계층주의가 이 직관을 잘 설명할 수 있다고 보는데, 그것은 사람의 죽음은 쥐의 죽음보다 "훨씬 더 많은 것을 잃게 된다"는 사실 때문이다(케이건, 2019: 83). 이것은 위에서 말했던 인간이 갖는 배타적인 특성, 곧 고차원적인 정신능력 때문이다. 예컨대 인간은 이성적이고 자의식이 있고 반성적 사고를 할 수 있고, 그렇기에 동물에 비해서 더 많고 다양한 '복지'를 얻을 수 있다. 몇 가지만 예를 들어 보면, 더 깊고 의미 있는 관계를 맺을 수 있으며, 광범위하고 진보한 지식을 획득할 수 있으며, 뚜렷하고 폭넓은 성취를 이루어낼 수 있다(케이건, 2019: 92). 그렇기에 계층주의에서는 다른 동물보다 인간을 도덕적으로 더 '헤아리는(count)' 것을 허용한다. 케이건의 계층주의는 프레이가 말한 상대적 가치와 결국 같은 주장이다. 인간은 동물보다 그 가치가 상대적으로 더 높으므로 더 헤아려야 한다는 것이다.

케이건이 종 차별주의 비판 논증은 모든 존재가 동일한 도덕적 지위를 갖는다고 주장한다고 해석하는 것은 맞는다. 그러나 단일주의에서 물에 빠진 쥐를 구해야 하는 도덕적 이유와 사람을 구해야 하는 이유가 모든 면에서 똑같다고 주장하는 것은 오해이다. 예컨대 싱어의 '이익 평등 고려의 원칙'은 도덕적 사고에서 누구의 이익이 됐든지 간에 그 이익을 동등하게 고려해야 한다는 내용이다(싱어, 2013: 53). 가장 대표적인 이익인 고통을 피하는 이익을 예로 들어 말해 보면, 이 원칙은 그 고통이 동물의 고통이든 인간의 고통이든 똑같이 도덕적 고려의 대상으로 삼으라고 말한다. 그러나 싱어는 이 원칙이 "평등한 대우를 지칭하지 않는다는 의미에서, 평등의 최소한의 원칙"이라고 주장한다(싱어, 2013: 57). 그러면서 재난 상황에서 다리가 부러진 사람과 넓적다리에 상처를 입은 두 사람이 있는데 모르핀 주사는 단 두 대만 있는 상황을 예로 든다. 이 상황에서는 다리가 부러진 사람에게 모르핀 주사 두 대를 놓는다고 해서 불평등한 일은 아니다. 그 편이 더 많은 고통을 덜 수 있기 때문이다.

싱어가 고통을 느낄 수 있는 존재는 모두 도덕적 지위를 갖는다고 말하는 것은 누구의 고통이든 고통을 느끼면 도덕적으로 고려해야 한다는 말이지, 그 고통의 정도와 양에 상관없이 똑같이 대우하라는 말은 아니다. 당연한 말이지만 지적 수준이 높으면 훨씬 더 많은 고통을 느낀다. 그리고 싱어는 이것을 분명히 인정한다. 그는 "어떤 특정한 상황에서 정상적인 성인들은 동일한 상황에서 동물들이 느끼는 것 이상으로 고통을 느끼게 될 정신적 능력을 갖추고 있다."라고 말한다(싱어, 2012: 86). 예를 들어 어떤 개체를 납치하여 과학 실험 대상으로 감금할 경우 동물보다 인간을 납치했을 때 훨씬 더 심한 공포를 느낄 것이다. 심지어 인간은 자신이 납치되지 않을 때라도 나도 납치되어 실험 대상이 될 수 있다는 생각에 공포를 느낀다. 이렇게 똑같은 상황에서 인간은 동물보다 더 심한 고통을 느끼므로 종 차별주의 반대 논증에서도 케이건이 계층주의로 말하려고 하는 바가 이미 충분히 반영되어 있다고 보아야 한다.

더구나 싱어는 고통의 문제와 달리 죽음의 문제는 인격체에게 훨씬 더 치명적이라고 누누이 주장한다. 자의식이 있는 인격체는 자신이 과거와 미래를 가지는 개별적 존재임을 알고 있기에, 그에게 동의 없이 생명을 빼앗는 것은 그의 미래의 욕구를 좌절시키는 것이 되기 때문이다(싱어, 2013: 146). 반면에 동물의 경우에 죽음이 나쁜 이유는 그것이 단순히 고통을 주고 누릴 수 있었던 쾌락을 빼앗기 때문이므로, 다른 존재가 태어남으로써 그 쾌락이 대체된다면 죽음이 나쁘지 않을 수 있다(최훈, 2019: 82 이하). 이러한 이유로 인간의 죽음은 동물의 죽음보다 훨씬 나쁜 것이다. '단일주의자'도 물에 빠진 사람과 쥐 중에 사람을 구해야 한다고 주장한다.

단일주의를 받아들이면서 계층주의까지 포섭하는 것은 레건도 마찬가지이다. 레건은 어떤 개체가 개별적인 복리를 가질 경우 그 개체는 '삶의 주체(subject of life)'가 된다고 말한다(Regan, 2004: 243). 여기서 '복리'라는 것은 경험적 삶이 자신들에게 좋게 또는 나쁘게 영위된다는 의미로서 싱어의 '이익'과 비슷한 개념이다. 그리고 레건은 "한 살 이상의 정신적인 장애가 없는 포유동물"은 삶의 주체라고 주장한다(Regan, 2004: 78). 그러나 레건도 삶의 주체라고 해서 모두 똑같이 대우해야 한다고 주장하는 것은 아니다. 그는 "두 개체 M과 N이 각자가 마땅히 받을 만한 평등한 존중에 근거해서 해악을 겪지 않을 평등한 권리를 가지고 있다고 말한다고 해서, 그 둘이 입을 수 있는 각각의 그리고 모든 해악이 평등하게 해롭다고 말할 수는 없다. 다른 것이 모두 똑같다고 할 때, M의 죽음은 N의 편두통보다 더 큰 해악이다."라고 말한다(Regan, 2004: 209). 싱어의 이익 평등 고려의 원칙이 말하는 것처럼 레건이 삶의 주체라고 말하는 것은 도덕적 권리를 가질 만한 최소한의 기준이다. 그렇다고 해서 레건이 삶의 주체라고 해서 모두 똑같은 도덕적 권리를 갖는다고 말하는 것은 아니다. 모든 해악이 평등할 수는 없다. 당연한 이야기이지만 같은 상황이라도 지적 수준이 높을수록 해악이 크다.

종 차별주의 반대 논변을 주장하는 쪽이 인간과 동물의 고통을 '똑같이' 고려해야 한다고 강조한 것은 그 고통의 정도가 다를 수 있음을 무시하는 듯한 오해를 불러일으킬 수 있다. 그러나 그들이 그렇게 주장한 것은 인간이 동물을 다루는 그동안의 관행이 동물의 고통을 전혀 도덕적 고려의 대상으로 생각하지 않았기 때문이었다. 고통은 고통이므로 누구의 고통이든 똑같이 고려의 대상이라는 것이지, 똑같은 정도와 양의 고통으로 대우하라는 주장은 아니다. 케이건의 주장은 허수아비를 공격하는 것이다.

VI. 맺음말

지금까지 종 차별주의 옹호 논증 중 몇 가지를 살펴보았다. 이 논증들은 모두 성공적이지 못하다. 종 차별주의가 편견이라는 주장을 해소하지 못하는 것이다. 만약 그렇다면 우리가 동물을 다루는 종 차별주의적인 관행들, 대표적으로 육식과 동물실험에서 중대한 변화가 있어야 한다.

종 차별주의 옹호 논증의 실패가 싱어와 레건이 자신하듯이 동물해방 또는 동물권리를 주장하는 논변이 논리적으로 설득력이 있기 때문이라고 단정할 수는 없다. 어떤 주장을 반대하는 논증이 실패했다고 해서 그 주장이 꼭 옳다고 말할 수는 없기 때문이다. 노직의 주장처럼 그 주장을 반대하는 쪽이 그것을 긴급한 문제라고 생각하지 않을 수도 있는 것이

다. 그러나 입증 책임은 종 차별주의를 옹호하는 쪽으로 넘어갔다. 육식
과 동물실험을 계속해도 된다고 생각하는 쪽이 그래도 되는 윤리적 이
유를 제시해야 할 책임이 있는 것이다.

참고문헌

김성환(2016), 『동물 인지와 데카르트 변호하기』, 지식노마드.

데카르트, 르네(2010), 「방법서설」, 『데카르트 연구』, 최명관 옮김, 창: 67-138.

싱어, 피터 (1999), 『동물해방』, 김성한 옮김, 인간사랑.

싱어, 피터(2012), 『동물해방』(개정완역판), 김성한 옮김, 연암서가.

싱어, 피터(2013), 『실천윤리학』(제3판), 황경식·김성동 옮김, 연암서가.

최훈(2015), 『동물을 위한 윤리학』, 사월의책.

최훈(2019), 『동물윤리 대논쟁』, 사월의책.

케이건(2019), 『어떻게 동물을 헤아릴 것인가』, 안타레스.

Carruthers, Peter(1992), *The Animal Issue: Moral Theory in Practice*, Cambridge University Press.

Carruthers(2000), *The Phenomenal Consciousness: A Naturalistic Theory*, Cambridge University Press.

Carruthers, Peter(2004), "Suffering Without Subjectivity", *Philosophical Studies* 121, 99-125.

Carruthers, Peter(2011), "Animal Mentality: Its Character, Extent, and Moral Significance", in T. Beauchamp and R. Frey (eds.), *The Oxford Handbook of Animal Ethics*, Oxford University Press, 373-406.

Cohen, Carl and Tom Regan(2001), *The Animal Rights Debate*, Rowman & Littlefield.

DeGrazia, David(1991), "The Moral Status of Animals and Their Use in Research: Philosophical Review", *Kennedy Institute of Ethics*, 1(1), 48-70.

DeGrazia, David(1996), *Taking Animals Seriously: Mental Life and Moral Status*, Cambridge: Cambridge University Press.

Dombrowski, Daniel A.(2006), "Is the Argument from Marginal Cases Obtuse?", *Journal of Applied Philosophy*, 23(2), 223-232.

Frey, R. G.(1981), *Interests and Rights: The Case Against Animals*, Oxford: Clarendon.

Frey, R. G.(1983), "Vivisection, Morals and Medicine: An Exchange", *Journal of Medical Ethics*, 9(2): 94-97.

Frey, R. G.(1988), "Moral Standing, the Value of Lives, and Speciesism", *Between the Species*, 4(3): 191-201.

Frey, R. G.(2002), "Justifying Animal Experimentation", *Society*, 39(6): 37-47.

Midgley, Mary(1998), *Animals and Why They Matter*, Athens, GA: University of Georgia Press.

Nussbaum, Martha C.(2009), *Frontiers of Justice: Disability, Nationality, Species Membership*, Cambridge, MA: Harvard University Press.

Regan, Tom(2004), *The Case for Animal Rights*, Updated with a New Preface, Berkeley & Los Angeles: University of California Press.

Ryder, Richard D.(1975), *Victims of Science*, London: Davis-Poynter.

Sapontzis, S. F.(1987), *Morals, Reason, and Animals*, Philadelphia: Temple University Press.

Singer, Peter(2003), "Animal Liberation at 30", The New York Review of Books, May 15, 2003.

Singer, Peter(2009), "Reply to Bernard Williams", in Jeffrey A. Schaler(ed.), *Peter Singer Under Fire*, Chicago and Las Salle: Open Court: 97-101.

슈바이처의 생명 외경의 윤리[*]

변순용

I. 들어가는 말

슈바이처(A. Schweitzer)는 그의 책 『문화와 윤리(*Kultur und Ethik*)』[1]에서 "생명에 대한 외경(Die Ehrfurcht vor dem Leben)"을 주장하면서, 윤리란 "살아있는 모든 것에 대한 무한히 확장된 책임"이라고 강조한다. 생명에 대한 무한한 책임은 분명 그것의 구체적인 적용에서 부득이 제한되고 수정되어야 할 필요성이 있겠지만, 그 제한과 수정은 생명에 대한 존중이라는 원칙 아래에서 이루어져야 할 것이다. 슈바이처는 생명 외경사상

---

[*] 이 글은 그동안 슈바이처와 관련하여 발표했던 부분들을 수정하여 작성한 글임을 밝혀 둔다(변순용(2007), 『책임의 윤리학』, 철학과현실사, pp. 168-195; 변순용(2014), 『삶의 실천윤리적 물음들』, 울력, pp. 63-84).

[1] 본문에서는 KE로 표기함.

에서 생명의 긍정, 세계의 긍정, 그리고 생명의 부정을 구분하고, 생명의 부정도 세계의 긍정을 위한 것일 경우에만 도덕적으로 허용된다고 보고 있다. 생명긍정의 윤리학은 존재란 결국 생명이며, 살려는 의지를 가진다는 것을 전제로 삼는다. 니체에게서 생명이 권력에의 의지로 연결되었다면, 슈바이처에게서는 생명의 외경과 관계된다. 생명의 외경과 책임은 서로 근거 제공의 기능을 수행한다. 생명에 대한 외경으로부터 나오는 생명에 대한 책임은 우선 자기 안에서 생명의 의지를 체험하고 그 자체로 그것을 존중하고 나서, 이것을 자기 주변의 다른 존재에게도 부여하고 인정해야 한다는 동등성의 원칙에서 이루어진다. 동등성의 원칙에 의해 자기 생명에 대한 책임이 다른 존재의 생명에 대한 책임으로 전이되며, 이것은 인간 외의 다른 존재에 대한 생명을 최고의 가치로, 보편타당한 가치로 여기게 한다. 그러나 이런 동등성의 원리에 입각한 생명에 대한 책임의 확대는 차등성의 원칙과 사랑의 원칙에 의해 수정 보완된다. 차등성의 원칙은 동등성의 대원칙 아래 생명들 간의 위계 문제를 해결하는 데 기여한다. 예를 들면 인간의 생명유지를 위해 필요한 다른 생명체의 희생문제에서 차등성의 원칙이 갖는 역할이 자명해질 것이다. 차등성의 원칙에 의해 제기되는 생명들 간의 위계질서에 대한 보완으로서 제시되는 것이 바로 사랑의 원칙이다. 다른 존재에 대한 사랑, 즉 다른 생명체에 대한 책임과 의무를 포괄하는 사랑의 원칙은 차등성의 원리가 가져올 문제들을 보완해 주는 기능을 한다.

이 연구는 생명의 기준과 책임에 대한 연구를 통해서 생명가치의 중요성과 당위성을 이론적으로 정초시키는 데 기여할 것이며, 생명의료윤리의 이론적 근거 정립에 중요한 기초가 될 것이다. 또한 이 연구는 생태윤리와 생명윤리의 영역에서 제시되는 생명의 기준, 생명의 정의에

242

수반되는 책임의 문제를 분석하는 데 있어서 생명에 대한 책임의 이론적 근거로서 기여할 것이다.

II. 생명(혹은 삶, das Leben)[2]과 생명의 의지(der Wille zum Leben)

1. 생명과 생명의지

슈바이처는 윤리를 살아있는 모든 것에 대하여 무한하게 확장된 책임으로 이해하고 있으며(KE 332 참조), 그의 생명윤리는 우선 생명, 생명의 의지 그리고 그 의지에 대한 외경으로 구성되어 있다. 현대윤리학에서 생명의 외경사상은 슈바이처를 생명윤리, 동물윤리, 생태윤리, 책임윤리와 연관 짓도록 해주는 중요한 고리의 역할을 하고 있다. 따라서 슈바이처에게 있어서 생명이 어떤 의미인지에 대한 이해가 우선적으로 다루어져야 할 것이다.

슈바이처는 인간을 "살려고 하는 생명들 가운데서 살려고 하는 생명(KE 330)"[3]이라고 정의한다. 이 말을 중심으로 우선 존재와 생명을 동일시한다는 것, 생명의지가 생명의 본질적 특징이라는 것, 생명들의 연대성이 존재한다는 것을 살펴보겠다.

슈바이처는 생명 속에서 인간 의식의 존재적 사실을 찾아내어 생명과 생명의지 그 자체를 생명의 주체와 동일시한다. 슈바이처에게서 '나'

---

2 독일어의 das Leben은 생명(life) 내지 삶(living)으로 번역될 수 있다. 이 양자 중 어느 것으로 번역하느냐는 글의 문맥상에서 보다 적절한 이해를 제공해 주는 것을 택하였다.

3 "Ich bin das Leben, das leben will, inmitten von Leben, das leben will."

는 생명이다. 슈바이처의 생명관이 갖는 특징으로는 우선, 슈바이처의 생명윤리는 존재적 사실에 대한 기술로부터 출발한다. 여기서 무어(G. E. Moore)의 자연주의적 오류(der naturalistische Fehlschluss)의 문제가 제기된다. 슈바이처는 모든 존재의 생명 의지에 대한 기술적(deskriptiv)인 진술로부터 그에 대한 외경을 가져야 한다는 규범적(normativ) 주장을 추론해 낸다고 할 수 있다. 그렇다면 슈바이처의 생명의 외경사상은 자연주의적 오류를 가진 것이 된다. 렝크와 마링은 책임 개념의 예를 들어 존재와 당위의 결합을 다음과 같이 시도한다: "책임 개념은 우선 기술이나 (기술적-이론적) 설명에, 둘째 (규범적인) 정당화 내지 정초에, 끝으로 행위에 대한 (규범적인) 가치평가에 기여한다(Lenk und Maring, 1993: 236)." 존재(기술 내지 설명) 와 당위(정당화 내지 정초)의 매개체로서 그 때 그 때의 행위에 대한 가치평가가 당위적 형태의 전제들이라는 측면에서 기능하게 된다. 가치평가는 규범적인 전제의 계기를 내포하고 있기에, 이 가치평가로 인해 당위가 존재로부터 추론되는 것이 아니라, 존재와 당위가 인간의 규범적인 해석능력에 의해 결합될 수 있다는 것이다(Byun, 2002: 115 참조).

둘째, 슈바이처의 생명의 개념을 알트너는 인간과 다른 생물들 간의 삶의 관계(Lebenszusammenhang)로, 그리고 삶의 수수께끼(Rätsel des Lebens)[4] 로 이해한다(Altner, 1991: 50 참조). "어떤 것이 생겨나서 존재하다 사라진다는 것은 대체 무엇인가? 끊임없이 다른 존재들 안에서 새로워지고, 다시 사라지고, 다시 생겨나는 것인가? 우리는 모든 것을 할 수 있지만, 또

---

4 슈바이처는 신비주의와 윤리학을 연결하고자 하였다. 그는 사유로부터 해방된 윤리학은 신비주의로부터 나올 수밖에 없다고 본다. 적어도 그에게는 모든 심오한 철학, 모든 심오한 종교는 궁극적으로 윤리적 신비주의와 신비적 윤리학을 둘러싸고 있는 고리이다(KE 324 참조); "모든 세계관과 생명관은 신비주의이다(KE 322)."

어느 것도 할 수 없다. 왜냐하면 우리의 모든 지식에도 불구하고 우리는 살아 있는 것을 만들 수 없고, 우리가 만들어내는 것은 죽은 것이다! 생명이란 힘이며, 근원으로부터 생겨나서 그 안에서 다시 나타나는 의지이며, 또한 생명이란 느끼고, 지각하고, 고통받는 것이다(Schweitzer, 1971: Bd. V., 123-4)." 여기서 생명은 한편으로는 힘, 근원으로부터 생겨나는 의지이고, 다른 한편으로는 무언가를 느끼고, 지각하고 고통받는 것이다. "존재하는 모든 것은 생명의 의지이다(KE 329)"와 "존재하는 모든 것은 힘, 즉 이것은 생명의 의지라고 불리우는 것이다(KE 356)"에서 볼 때 삶의 의지라는 측면에서 의지를 인간의 관점에서만 볼 수 없음을 알 수 있다. 즉 인간의 관점에서 볼 때 의지로 표현되지만, 모든 생명을 가진 존재는 그 자신의 생명을 보존, 유지하려는 본질적인 힘을 가지고 있다. 비록 그 힘이 환경이나 다른 생명체의 힘에 비해 약하거나 무력할 경우도 있겠지만, 모든 유기체의 자기보존 본능을 생각한다면 생명의 의지는 그야말로 '살아 있는 모든 것'으로 확대될 수밖에 없다. 슈바이처는 윤리를 살아있는 모든 것에 대한 무한한 책임이라고 정의하는데, 여기서 살아 있는 모든 것이란 생명을 지닌 모든 것을 뜻하는 것이다. 따라서 슈바이처의 생명윤리는 결국 생명에 대한 책임으로 귀결된다.

셋째, "살려고 하는 생명들 가운데서 살려고 하는 생명(KE 330)"이라는 정의에서 생명들간의 연대성을 찾아볼 수 있다. 이 연대성은 사회윤리에서 중요시되는 사회적 연대성의 기초로서 기능한다. 또한 생명들간의 연대성이 바로 희생의 기초가 된다. 슈바이처가 윤리학을 자기완성의 윤리학(Selbstvervollkommungsethik)과 희생의 윤리학(Hingebungsethik)으로 나눈 것도 이런 맥락에서 이해될 수 있다.

넷째, 슈바이처에게 있어서 존재는 궁극적으로 생명(혹은 삶)이며, 이 존재개념에는 생명의 긍정(Lebensbejahung)과 생명의 의지(Wille zum Leben)가 본질적으로 전제되어 있다. 여기서 긍정과 의지라는 용어로 인해서 생명의 기준을 (인간의) 의식의 작용으로 오해하는 경우도 있다. 싱어(Peter Singer)는 그것을 '존재하고자 하는 의식적인 욕구(a conscious desire that exists)'로 봐야 할지 아니면 비의식적인 존재에게도 허용되는 것인지에 대해 의문을 제기하면서(Singer, 1979: 91-2 참조), 생명의 서열문제를 제기한다. 그래서 생명의 서열을 인정한다면, 의식적인 경험을 하지 않는 존재의 생명은 본질적인 가치를 갖지 못한다고 주장한다.

다섯째, 자연에게는 맹목적인 생명의 긍정[5]만이 부여된다(KE 310 참조). 즉 생명부정(Lebensverneinung)은 허용되지 않는다. 맹목적인 생명긍정이란 생명부정의 가능성을 포함하고 있지 않다는 것이다. 인간의 생명긍정은 생명부정으로 인해 선택의 가능성이 된다. 즉 생명부정이 다른 생명긍정을 위해 인정되는 것이다. 생명긍정과 세계긍정은 인간 자신의 삶과 인간에 의해 영향받을 수 있는 모든 존재를 보존하고 그것의 최고 가치를 실현할 수 있도록 해주는 의지를 갖는 데 그 의미가 있다(KE 298 참조). 생명부정은 세계긍정이라는 근거 아래서만, 다른 생명의 긍정을 실현할 수단으로서 여겨질 수 있다. 즉 생명부정 그 자체가 아니라 세계긍정에 기여하거나 세계긍정이라는 범위 안에서 합목적적일 경우에 근거한 생명부정만이 윤리적이다(KE 311). 그러나 이런 생명부정이 필연적인 것이라 할지라도 근본적으로 생명긍정과 생명부정 사이에 보편적으로 타당한 타협이란 있을 수 없다. 그래서 여기에 슈바이처는 희생이라

---

5 슈바이처에게 있어서 윤리학은 세 가지 기본 전제가 있는데, 그것은 생명긍정, 생명부정 그리고 세계긍정이다. 슈바이처는 이 세 가지를 3화음(Dreiklang), 기본음(Grundton) 내지 제5음(Quint)이라는 음악적 표현을 쓰고 있다(KE 311 참조).

는 개념을 덧붙이고 있는 것이다. 물론 여기서 희생의 필연성과 자기보존의 요구사이의 딜레마가 발생한다(KE 338 참조).

여섯째, 슈바이처는 생명이 생명의 의지를 가지고 있으며, 이 의지는 생명의 실현을 요구한다고 본다(KE 298 & 302 참조). 가치와 당위가 그 자체의 실현을 이미 내포하고 있다는 것이다.

끝으로 생명의 신성함[6]에 대한 논의이다. "생명은 인간에게 있어서 신성한 것이다(KE 331)." 슈바이처는 생명의 신성함을 인간의 차원에서 생명 일반의 차원으로 확대한다. 이러한 범위의 확대는 다음과 같은 두 인용문에서 제시되는 딜레마에 직면하게 된다. 슈바이처가 느낀 생명의 신성함과 생명 유지라는 딜레마, 즉 앞에서 언급한 희생의 불가피함과 자기보존의 딜레마를 찾아볼 수 있다.

인간은 자기를 도와주는 모든 생명을 도와줄 필요성을 존중하고, 살아있는 어떤 것에게도 해를 끼치는 것을 부끄러워할 때에만 비로소 진정으로 윤리적이다. 인간은 이 생명 혹은 저 생명이 얼마나 가치 있는 것으로서 동정을 받는지에 대해 묻지 않으며, 또한 그것이 느낄 수 있는 능력이 있는지 없는지, 있다면 얼마나 느낄 수 있는지에 대해서도 묻지 않는다. 생명은 그 자체로서 인간에게 신성한 것이다. 그는 나무의 잎을 떼어 내지 않으며, 어떤 꽃도 꺾지 않으며, 작은 곤충조차 밟아서 죽이지 않으려고 신경 쓴다. 한여름 밤에 등을 켜고 일할 때조차, 그가 자기

---

6 서양의 기독교적인 관점에서 본 인간의 생명이 가진 신성함에 대해서 바이어츠는 창세기 1장 26—27절과, 신약에서는 고린도후서 3장 18절을 예로 들어 설명하고 있다 (Bayertz, 1987: 112—3 참조). 여기서 인간의 생명에 대한 신성함의 근거는 바로 인간과 신의 관계에서부터 나온다. 신이 창조한 모든 피조물 중에서 인간만이 신의 형상에 따라 창조되었다는 것에서부터 인간 생명의 신성함을 정초시키고 있다.

책상 위로 떨어지는 벌레들을 보았을 때, 그는 일부러 창문을 닫고 덥고 습한 공기를 마신다(KE 331).

수많은 방식으로 나의 존재는 다른 생명들과 갈등에 빠진다. 생명을 죽이고 해칠 수밖에 없음이 내게 강요된다. 내가 외딴 오솔길을 걸을 때, 내 발이 그 길에 살고 있는 작은 생명체를 죽이거나 고통을 준다. 나의 존재를 유지하기 위해서 나는 내 존재를 해치는 존재들로부터 나를 지킬 수밖에 없다. 나는 내 집에 살고 있는 작은 쥐들의 박해자요, 내 집에 살고자 하는 곤충들의 살인자이며, 내 삶을 위협하는 박테리아에게는 대량살상자가 된다. 나는 동물과 식물을 죽임으로써 나의 영양을 섭취한다(KE 339).

위의 두 인용문에 나타난 딜레마에 대한 슈바이처의 결론은 다음과 같다:

나의 존재의 유지와 다른 존재의 죽임 내지 피해 사이의 갈등에서 나는 윤리적인 것과 필연적인 것을 결코 상대적인 윤리로 통합시켜서는 안 된다. 차라리 내가 윤리적인 것과 필연적인 것 사이에서 결정해야만 하며, 내가 후자를 선택한다면, 생명을 훼손시킴으로써 책임이 발생한다는 것을 인정해야만 한다(KE 327-8).

슈바이처는 생명부정이 불가피함에도 불구하고 여하한의 이유에도 생명부정은 도덕적인 책임을 발생시킨다는 것이다. 그래서 그가 선한 양심이라는 것이 "악마의 발명품(Schweitzer 1923: 340)"이라고 한 이유도 여기에 있다. 여하한의 생명부정도 도덕적인 책임을 발생시키지만, 그러나 생명의 유지와 촉진이라는 "가장 보편적이며 절대적인 합목적성이 윤리적이다. 다른 모든 필연성이나 합목적성은 윤리적인 것이 아니라 필연적인 필연성이거나 혹은 합목적적인 합목적성일 뿐이다 (Schweitzer 1923: 347)." 가장 보편적이며 절대적인 합목적성이란 바로 생명의 외경에 근거한 것임을 알 수 있다. 슈바이처 역시 현실적인 생명부정의 가능성을 고려하지 않을 수 없었을 것이고, 필연적인 생명부정의 가능성 자체가 도덕적 책임을 발생한다는 것을 끝까지 포기하지 않았음을 알 수 있다. 결국 현실적으로 이 양자간의 타협점을 찾아보려는 시도의 필요성이 제기되며, 마이어-아비도 다음과 같이 말하고 있다.

> 우리가 식물을, 혹은 적어도 나무의 열매를 필요로 한다는 것, 몸의 저항력을 높여서든 혹은 병원체와 싸워 이기든, 우리가 질병으로부터 보호되어야 한다는 것을 인정해야만 한다. 자연과의 평화는 이를테면 천연두 병원체와의 싸움도 포함해야 한다. 더욱이 아주 극단적인 예를 든다면 동물실험도 그것이 다른 방법으로 교체될 수 없거나 혹은 아주 심한 고통과 결부되지 않는 한, 인간이나 동물의학의 목적을 위해서 포함되어야 한다고 나는 믿는다(Meyer-Abich 1984: 146).

2. 생명과 연대성

슈바이처는 인간을 "살려고 하는 생명들 가운데서 살려고 하는 생명 (KE 330)"이라고 규정한다. 이처럼 슈바이처의 생명에 대한 규정에서 전제되고 있는 가장 중요한 것은 바로 다른 생명과의 연대성 내지 결합성이다. "비록 그가 항상 자연에서 관찰되는 생명의지의 '자기 이분화 (Selbstentzweiung)'에 대해 만족하지 못했음에도 불구하고, 즉 다른 생명과의 비연대, 비결합에 대해 잘 알고 있음에도 불구하고, 그에게 연대성이라는 의미요소는 의심할 여지 없이 보다 중요하고 근본적인 요소이다 (Meurer, 2004: 70)." 그리고 연대성 내지 다른 생명과의 결합성은 그의 전체 논증에서 가장 기본이 되는 전제라고 할 수 있다.

슈바이처 윤리의 가장 핵심적인 목적은 '존재와 하나되기(Eins-Werden mit dem Sein)' 내지 '세계 전체와 조화이루기(In-Harmonie-Sein mit dem Weltganzen)'이다. "이것은 그가 '진정한 생명' 내지 '우리 생명의 최고의 실현'이 무엇인지를 밝힐 때 분명해진다(Meurer, 2004: 71)." 그는 자신의 유고집에서 "진정한 생명은 인간이 자신의 존재를 세계의 무한한 존재 속에서 체험한다는 것에 놓여 있다(KP 1, 75)." 또 그는 '우리 생명의 최고의 실현'을 "우리가 다른 생명과 가능한 한 최고의 조화 속에서 체험하게 된다(Dok-KP 2, 274)."고 주장한다.

슈바이처에게 특징적인 것은 연대성 내지 다른 생명과의 결합, 조화가 결코 인간 생명의 범위로 제한되는 것은 아니라는 것이다. 모든 식물뿐만 아니라 동물들도 그에게 있어서는 인간이 조화롭게 살기 위해 노력해야 하는 부분들이다. 그래서 이러한 그의 주장은 그를 새로운 윤리학, 즉 생명윤리학 내지 생태윤리학의 선구로 자리매김을 하게 한다(변순용, 2003: 44 참조). 인간의 책임영역을 "슈바이처가 이미 동물이나 식물의 영역에서 더 나아가 심지어 무생물까지 포함시키려 했다는 추측은 그의 글에서 매우 다양하게 나타난다(Meurer, 2004: 71)." 어쨌든 그에게서 생명 개념은 '존재'의 개념을 포괄한다(변순용, 2003: 45 참조). 존재하는 모든 것은 생명, 생명에의 의지, 내지 "생명에의 의지가 드러난 것(LD, 170)"이라고 설명하고 있다. 그는 이러한 입장을 그의 유고에서 "이러한 인식에 의하면 죽어있는 물질은 없다는 것이며, 모든 존재는 어떻게든 존재의 통일로 체험된다(KP 4, 232)"고 주장한다. 또한 유고의 다른 곳에서는 "모든 존재는 어떻게든 생명이며, 내 안에서 생명인 것처럼 존재와의 가까운 유추 내지 먼 유추에 해당된다(KP 3, 384)"고 주장한다. 이에 대한 보다 상세한 설명을 다음과 같이 하고 있다:

인식이 인식되는 것만을 알려준다면, 인식은 의지에게 한 가지 앎을, 즉 모든 현상의 배후와 내부에 생명의지가 있다는 것을 알게 해준다. 점점 더 깊어지고 확장되어가는 인식이 할 수 있는 일은 우리를 점차 더 깊고 광범위한 수수께끼 즉, 존재하는 모든 것은 생명의지라는 수수께끼로 인도하는 것일 뿐이다. 과학의 진보는 여러 가지 형태의 생명이 살아가는 현상을 보다 더 자세하게 설명하고, 우리가 예전에 알지 못했던 생명을 발견하게 하고, 또 자연 속의 생명의지를 이런저런 방법으로 유용할 수 있도록 하는 데 있다. 그러나 어떠한 과학도 생명이 무엇인지를 말해 줄 수는 없다(KE 329).

이러한 논의에서 알 수 있는 것처럼, 슈바이처는 생명의 개념을 일상적인 의미에서 많이 벗어나는 방식으로 정의 내리고 있다. 그는 '생명'이라는 개념을 일상적인 의미에서 '살아있는 자연'이라고 부르는 것뿐만 아니라, 우리에게 아직 '살아있다'고 인식되지 않고 있는 것까지도 포함하는 것이라고 부른다. 이런 사유에 근거해서 보면 생명의 개념은 실제로 포괄적으로 '존재'의 개념과 같은 것이다.

여기서 슈바이처의 신비적인 세계이해, 즉 연대성 내지 다른 생명과의 결합, 조화를 강조하고, 모든 존재의 통일에 중점을 두는 그의 세계 이해가 다시 입증된다. 이것은 모든 근본적인 구별 내지 절대성의 요청과 같이 등장하는 다양한 존재영역의 구분을 거부한다. 세계는 우리에게 매우 다양하게 예컨대, 돌로, 식물로, 동물로 혹은 인간으로 드러나며, 그의 관점에서 궁극적으로 단지 동일한 존재의 다양하게 드러나는 방식, 즉 서로 연관이 있는, 그래서 서로 결합되어 있는 것으로 인식되어야 한다는 것이다(Meurer, 2004: 72-3 참조).

Ⅲ. 생명의 의지에 대한 외경(Die Ehrfurcht vor dem Willen zum Leben)

생명에 대한 외경이라는 표현 자체는 슈바이처보다 20여 년 전에 이미 급진적인 동물보호자인 슈반체(Schwantje)라는 사람이 사용했다는 옛 동독 슈바이처학회의 보고서가 있다(Lenk 2000A: 6 참조). 그러나 생명에 대한 외경이라는 내용은 훨씬 이전으로까지, 즉 고대 인도의 파시바(Parshva)나, 불가의 사상으로까지도 소급될 수 있다. 기독교사상에서도 생태학적 복음이라고 할 수 있는 에세너 에반겔리움(Evangelium der Essener)이나, 생명체에 대한 미적인 동감을 주장했던 아시시의 프란치스코(Franziscus von Assisi)를 들 수 있으며, 18세기 초 모든 생명체의 권리를 윤리적인 최상의 선으로 요청했던 클라크(Samuel Clarke)나 월라스톤(William Wollaston), 그 후에도 모든 생명체는 고통받지 않도록 보호되어야 한다고 주장한 벤담(J. Bentham), 불교와 특히 인도철학의 영향을 받아서 다른 존재의 생명에의 의지를 존중해야 한다고 강조했던 쇼펜하우어(A. Schopenhauer), 생명에의 의지를 강조하였지만 슈바이처와는 달리 권력의 문제로 연결된 니체(F.

Nietzsche)[7] 등등으로까지 소급될 수 있다(ebd. 6-9 참조).

현대철학자로서는 요나스(H. Jonas)도 존재를 생명으로 이해한다(Jonas, 1994/97: 48; Byun, 2002: 84-86 참조). 요나스는 자기의 철학을 생명의 철학 (Lebensphilosophie)이라고 부르면서 그것을 다시 유기체의 철학과 정신의 철학으로 구분한다(ebd. 15 참조). 그는 생명체를 분석하는 시각으로 초기 일원론, 이원론 그리고 후기 이원론적 일원론으로 구분하고, 초기 일원 론으로는 범영혼주의와 범기계주의, 이원론으로는 그노시스파의 이론 과 데카르트를, 후기이원론적 일원론으로는 유물론과 관념론을 예로 들 고 있다. 요나스의 분석에 의하면 생명에 대한 일원론과 이원론의 구분 은 결국 정신과 물질이라는 두 측면에 대한 분석의 상이함으로 인해 발 생하는 것인데, 이 분리된 이원성을 그는 생명 안에서의 물질적-정신적 통일로 보아야 한다고 주장한다. 이원적 일원성(die Zwei-Einheit)의 논의에 대해 요나스는 다음과 같이 설명한다:

> 보다 새롭게 통합적인, 즉 철학적인 일원론은 이 양극성[8]을 기존의 논 의로 되돌려 놓는 것이 아니라 이원적 구분을 보다 높은 차원의 존재의 통일성으로 지양함으로써 양극성을 극복해야 한다(ebd. 36).

요나스에게 있어서 생명이란 "물질적인 삶, 살아있는 물체, 즉 유기적

---

7 니체와 슈바이처의 관계에 대해서는 아직 출판되지는 않았지만, G. Meurer의 카 를스루헤대학의 박사논문, "Albert Schweitzers Ethik vor dem Hintergrund Nietzsches(2000)", 그리고 U. Neuenschwander(1990): Ethik der Lebensbejahung, in: Günzler, C. (Hrsg): Albert Schweityer heute —Brennpunkt seines Denkens, ss. 9-16 참조.

8 존재의 이원성, 즉 생명을 물질과 정신으로 구분지어 대립시키는 것을 의미한다.

존재(ebd. 48)"이다. 모든 유기체(Organismus)[9]에서 신진대사가 본질적인 작용을 한다. 유기체의 가장 낮은 수준에서도 요나스가 이원적 일원성의 가능성을 발견하는 신진대사의 과정, 즉 물질과 형식의 결합을 찾아볼 수 있다. 유기체는 한편으로는 생존을 위해서 물질을 필요로 한다는 점에서 의존적이지만, 그렇다고 그 물질이나 환경에 전적으로 의존해 있지 않으며 어느 정도의 자율성을 지니고 있다. 이와 함께 "생명이란 자기목적, 즉 스스로 원해지고 추구되는 목적이다(Jonas, 1992: 221)." 요나스에게 있어서 생명은 가치 그 자체(Wert an sich) 혹은 선 그 자체(Gut an sich)로서 실현되어야 할 요청을 갖고 있는 것이다(Jonas, 1979: 153, 1992: 132 참조). 그는 존재를 생명으로, 생명을 정신과 물질의 통합으로, 모든 생명의 형태에서 발견되는 신진대사를 자유로 이해한다: 신진대사로서의 자유가 우리가 생명이라고 부르는 것의 의미에 대한 실마리로서 기능한다(Jonas 1994/97: 18 참조).

슈바이처는 생명을 생명에의 의지로 이해한다. 여기서 의지라는 개념은 "의인화된 구성물, 즉 인간적으로 유추된 해석의 산물이며, 그 표현 그대로 다른 생명존재에게 적용될 수 없는(Lenk, 2000A: 29)" 개념이다. 따라서 인간의 측면에서 의지라고 이해되지만 다른 생명체에게는 어울리지 않는다고 해서 생명의 의지를 인간이라는 종에 국한해서 볼 수 없음은 명백하다. 결국 생명에의 의지라는 것은 모든 생명체에게 보편적으로 존재하는 생명의 유지라는 본능적인 힘으로 정의된다.[10]

---

9 요나스에게 있어서 유기체는 생명이 실현되는 유일한 물질적 형태이다(Jonas, 1992: 82 참조).
10 생명의 의지와 본능의 관련에 대해서는 특별한 언급이 없지만, 슈바이처가 생명에의 의지를 '힘(Kraft)'이라고 언급한 점과, "본능적인 생명에 대한 외경이 우리 안에 있기에 우리는 생명에의 의지이다(KE 299)"라고 한 것을 통해 알 수 있다.

렝크는 생명(에의 의지)에 대한 외경을 다음과 같이 3단계로 구분지어 설명한다(ebd. 14, 27-8, 49-50 참조). 우선 자기 안의 생명의 의지를 체험하고 그것을 그 자체로 존중한다. 두 번째는 자기 안의 생명의 의지를 이기주의적으로 이해하는 것이 아니라 생명의 의지를 본질적으로 그 자체로서 이해한다면, 이렇게 이해된 생명의 의지를 다른 생명에게도 그와 같은 생명의 의지를 가지고 있음을 인정한다. 끝으로 자기뿐만 아니라 다른 생명에게도 인정되는 생명에의 의지에 대한 외경을 일반화시킨다. 렝크는 마지막 세 번째 단계를 현실화를 고려하여 수정한다. 왜냐하면 모든 생명에게 생명의 의지에 대한 외경을 실현한다는 것은 방법론적 측면에서 불가능하기 때문이다. 그래서 그는 모든 생명 대신에 "자기의 행동영역 안에 들어오는 생명체(ebd. 27)"로 제한한다. 슈바이처 자신도 출간이 안 된 그의 메모에서 생명에 대한 무한히 확장된 책임을 '자기의 행동영역' 안에 들어오는 생명에 대한 책임으로 제한하고 있다(ebd. 30 참조). 생명에 대한 외경도 결국 그 구체적인 실현을 위해서는 이런 제한이 필요하다는 것을 슈바이처 자신도 인정하고 있는 것이다. 이런 제한의 경우는 새로운 것이라기 보다는 이미 이전에 언급되어 있다. 그는 살아있는 것에 대한 무한히 확장된 책임을 언급하면서도, "(인간)자신의 영역에 들어오는 생명(KE 327)"에 대한 책임으로 제한하고 있다.

생명의 의지에 대한 외경의 방법은 첫째, 그의 생명윤리의 모토인 생명을 유지, 촉진하는 것은 선이고, 반대로 생명을 죽이거나 해치는 것은 악이라는 것에서 찾아볼 수 있다. 생명을 해치거나 죽이는 것이 불가피하다 하더라도 그 불가피성이나 필연성이 면책사유가 될 수 없다. 둘째, 비록 그렇다 하더라도 한 생명의 존재는 다른 생명의 희생을 필요로 하기 때문에, 그런 측면에서의 생명에 대한 훼손을 인정하지 않을 수 없으며, 그렇기에 더더욱 생명을 경솔하게 혹은 무의미하게 죽이거나 해치는 것을 피해야 한다(KE 340, 347 참조)[11]. 셋째, 다른 생명의 해침이 필연적이고 불가피하다 하더라도 그에 대한 책임을 자각해야 한다(KE 340 참조). 이러한 책임에 대한 자각이 바로 슈바이처 생명윤리, 즉 슈바이처 윤리학의 핵심이다. 끝으로 유용성의 윤리를 들 수 있다. 슈바이처는 공리주의를 신랄하게 비판하였지만, 최근에 나온 그의 유고집[12]에서 생명에 대한 외경이라는 원칙에 기여하는 측면에서 유용성의 윤리를 제시하고 있다. 이것을 공리주의와 구분하기 위해서 슈바이처는 "건강한 유용성의 윤리(robuste Nützlichkeitsethik)"라고 부르고 있다(KP II, 347 참조). 그는 원칙과 유용성의 상호작용을 다음과 같이 설명한다:

> 선한 것은 우리에게 행위의 동기이며 목적이다. 그리고 생명의 최대한의 유지가 도덕적인 것의 근본원칙으로서 여겨진다면, 이 두 가지(원칙과 유용성)가 결국 같은 것에 속한다고 보여진다. 자기 삶의 최고의 정신적인 유지의 필연성으로부터 다른 생명의 최고의 유지와 보존을 향해 우리는 자기를 위한 존재(Für-Sich-Sein) 입장에서 벗어날 수 있을뿐더러 희생할 수도 있다(KP II, 20).

---

11 "내가 어떤 생명을 해친다면, 나는 그것이 정말 필연적이었는가에 대해서 분명해야만 한다."
12 슈바이처의 "문화와 윤리(Kultur und Ethik)"가 1부와 2부로 구성되어 있고, 최근에 새로이 1931년부터 1945년 사이에 슈바이처가 쓴 윤리와 관련된 자료들이 출간되었다. 1999년, 2000년에 슈바이처의 문화철학에 대한 유고집이 발간되었고, 그 명칭은 "Die Weltanschauung der Ehrfurcht vor dem Leben-Kulturphilosophie III, München"이며, 이 책은 다시 원고가 쓰인 시기에 따라 1권에서 4권으로 나뉘어 있으며, 이 글에서는 그것을 편의상 KP I, II, III, IV로 출처를 표시하겠다.

다른 생명의 의지에 대한 외경이라는 원칙과 그 원칙 아래 그 원칙을 실현하기 위한 구체적이고 실천적인 방법의 기준으로서의 유용성은 공리주의의 원칙과는 분명 다른 것이며, 이런 의미에서 슈바이처가 의무론적 경향을 벗어났다고 보기는 어려울 것이다.

Ⅳ. 생명 외경의 세 가지 기본원칙

생명의 의지에 대한 외경의 과정은 앞 장에서 자세히 설명되었으며, 여기서는 그 과정에서 전제되어있는 세 가지 원칙, 즉 동등성의 원칙, 차등성의 원칙 그리고 사랑의 원칙에 대해 분석하고자 한다. 우선 생명의 동등성 원칙이 생명의 외경사상의 기본전제로서 기여한다. 모든 생명체는 생명에의 의지 혹은 생명을 지속시키고자 하는 본능적 힘을 가진 존재이며, 그런 면에서 모든 생명체는 존중되어야만 한다는 것이다. 우선 자기 안의 생명에 대한 인식을 체험함으로써, 그것이 다른 생명에게도 있다는 것을 인식하게 된다. 다른 생명에게도 있음을 인식한다는 것은 바로 생명의 동등성 원칙을 인정한다는 것이다. "자기 생명의 외경처럼 모든 생명의 의지에게 동등한 생명의 외경을 인정해야 할 필요성을 체험하는 데에서 윤리가 있는 것이다(KE 331)." "윤리는 내 안에 그리고 내 밖에 있는 생명의 의지에 대한 외경이다(KE 356)." 슈바이처에 의하면, 인간은 자신의 생명의 의지 안에서 개개의 생명에서와는 달리 보편적인 생명의 의지가 체험된다(KE 333 참조). 개개의 생명의 의지는 자기자신의 생명의 의지의 실현이지 결코 다른 생명의 의지와의 결합을 위해 노력하지는 않는다. 이런 논의에서 내 안의 생명의 의지, 보편적인 생명의 의지, 다른 생명의 의지가 구분된다. 슈바이처는 다음과 같은 고백을 하면서 그 이유에 대해서는 대답을 하지 못하고 그것은 마치 고통스러운 수수께끼와 같다고 비유적으로 표현한다: "내 안의 생명의 의지가 다른 생명의 의지와 하나가 되고자 하는 생명의 의지로서 나타난다 (KE 334)."

우리의 구체적인 삶, 그리고 자연의 현실은 이런 동등성을 포기하게 만든다. 어차피 생명은 자기 자신을 유지하기 위해서 생명을 파괴해야만 한다(Lenk 2000A: 48 참조).[13] 생명의 차등성의 원칙은 이런 의미에서 자연의 원칙이기도 하다. 생명의 서열문제가 여기서 제기된다. 슈바이처 자신도 생명의 차등을 원칙적으로 인정하진 않지만, 여러 곳에서 생명의 유지를 위해 다른 생명의 희생의 불가피함을 언급하고 있다. 그 자신 스스로 작은 쥐들의 박해자로서, 자기 집에 살고자 하는 곤충들의 살인자이며, 내 삶을 위협하는 박테리아에게는 대량살상자가 된다. 결국 인간은 동물과 식물을 죽임으로써 자신의 영양을 섭취한다. 차등성의 원칙은 현실적인 필연성으로 제기된다. 슈바이처에게는 개개의 생명의 의지에 대해 자신의 생명의 의지가 외경을 느끼는 것이 바로 윤리적인 것이다(KE 348 참조). 내가 어떻게든 생명을 희생시키거나 해를 끼친다면, 그것이 나의 존재의 유지나 안녕을 위한 것이라면 그것은 이기적으로 책임이 있는 것이 되버리고, 또 그것이 다른 다수의 존재를 유지하거나 다수의 안녕을 위한 것이라 하더라도 그것은 비이기적으로 책임 있다고 주장한다. 적어도 슈바이처에게는 '윤리적(ethisch)'이 '비이기적 (unegoistisch)'과는 다른 것이다. 결국 슈바이처의 입장은 차등성의 원칙

---

13 "Leben muss Leben vernichten, um selbt leben zu können."

을 인정하진 않지만, 그 불가피함을 받아들이면서 차등성을 책임과 연결시킨다.

동등성과 차등성을 보완해 주고 연결시켜 주는 것이 바로 사랑의 원칙이다. 슈바이처에게 있어서 사랑에는 함께 괴로워 하고(mitleiden), 즐거워하며(mitfreuden) 그리고 노력한다(mitstreben)는 의미가 포함되어 있다 (KE 332 참조). 슈바이처에게 있어서 윤리란 생명을 위해 희생하는 것인데, 여기서 희생은 생명의 외경에 의해 동기지워져야 한다. 이러한 희생을 가능하게 해주는 것이 슈바이처의 사랑이 아닐까? 내 안의 생명의 의지에 대한 외경과 보편적인 생명의 의지를 연결해 주는 것이 사랑이 아닐까? 생명의 훼손이 불가피하다면, 그 불가피함을 도덕적인 책임으로 느끼게 해주는 것이 사랑이 아닐까? 그래서 더더욱 불필요한, 경솔한 생명의 훼손을 못하도록 하는 것이 사랑이 아닐까? 이보다 더 나아가 차등의 원칙에 의해 생기는 생명의 서열이 가져오는 부정적인 문제(이를테면 생명간의 차별 내지 불평등)를 보완해 주는 것도 결국 사랑의 원칙이 아닐까? 이 사랑의 원칙을 슈바이처는 시적으로 표현하고 있다: "자기 들판에서 소에게 줄 건초를 만들기 위해 수많은 풀을 뜯은 농부라도 집으로 돌아오는 길에 아무 생각 없이 길가에 핀 꽃을 꺾지 않도록 해야 한다. 왜냐하면 그 꽃을 꺾음으로써 그는 필연성의 폭력 아래 있지 않으면서도 생명에게 그릇된 짓을 한 것이기 때문이다(KE 340)." 이 사랑의 원칙이 동등성의 원칙에 대해서는 다른 존재의 동등성의 인정으로, 차등성의 원칙에 대해서는 희생의 전제로 기여한다. 생명의 외경은 인간이 인간 자신을 포함한 모든 생명에게 가져야 할 본질적인 것이다. 희생에 대해서도 슈바이처는 자기의 생명의지를 희생해 봄으로써 외적인 현상들로부터의 내적인 자유를 경험해본 자만이 다른 생명에게 깊고 꾸준한 희생을 할 수 있다고 본다(KE 336 참조).[14] 희생과 인간성으로 표현되는 제3의 원칙은 동등성과 차등성 간의 딜레마를 해결해 주고 있다.

V. 맺음말

슈바이처는 2차 세계대전이 끝나기 직전인 1944년에 다음과 같은 메모를 남겼다:

> 칸트, 괴테, 그리고 많은 다른 사상가들의 세계는 이제 더 이상 우리들의 세계가 아니다. 우리는 그들로부터 떨어져 있고 그래서 그들이 그들의 책에서 언급하고 있는 정신과 더 이상의 내적인 관계를 갖고 있지 않다. 그들에게는 확신이었던 것이 지금의 우리에게는 공허한 말이 되었다. 지금 발생하는 것들에 대해서 우리는 최선의 것을 더 이상 그들과 같이 가질 수는 없다(KP IV: 26).

지금 우리는 슈바이처와 똑같은 이야기를 할 수 있다. 이제는 새로운 생명을 창조하거나 기존의 생명을 복제하는 것이 점차 가능해지는 세상이며, 인간의 생명에 대한 직접적인 관여 능력이 계속 증가하고 있는 세상이다. 이런 시대에 슈바이처가 살았다면 그가 생명에 대한 외경의

---

14 외적인 현상들로부터 자유를 체험한다는 것은 슈바이처 자신의 경험을 말하고 있다. 즉 그는 세계 속에서 산다는 것은 즉 창조의 의지와 파괴의 의지의 공존, 즉 양자의 긴장 속에서 산다는 것을 의미하며, 이 긴장은 적어도 슈바이처에게 있어서는 고통스러운 수수께끼였다(KE 334 참조). 외적인 현상이란 이렇게 이해될 수 있으며, 여기서 자유란 그러한 긴장관계로부터 자유로움을 뜻한다고 여겨진다.

윤리를 어떻게 주장했을까? 지금 생명윤리에서 제기되는 많은 문제들은 생명에 대한 새로운 조작 가능성이 가진 장단점에 대한 논의로 집약되고 있다. 과학기술의 발전을 강조하는 측면에서는 그것이 가져올 새로운 기대효과를 강조하고, 종교계와 학계에서는 그것이 가져올 부정적인 결과를 강조하면서 양쪽은 첨예한 대립을 하고 있다.[15]

만약에 생명과학의 연구를 계속 허용해나간다면[16], 그래서 생명에 대한 새로운 가능성들이 현실화된다면, 결국 그 가능성들로 인해 생기게 되는 생명들에게도 똑같은 생명의 존엄과 외경을 허용해야 할 것이다. 새로 만들어지거나 복제된 생명도 생명인 것이다. 그러나 그렇게 복제된 생명은 이미 그 시작에서부터 근본적인 문제를 갖게 된다. 요나스는 복제인간의 측면에서 이 문제를 다음과 같이 주장한다:

이미 있는 인간으로부터 복제된 인간은 그 자신이 가진 존재의 기본권에서 이미 침해된 것이다. 즉 자기 자신에 대해서 알아야 할 권리가 아니라, 이미 원본으로서의 인간에게 입증되었던 가능성들, 즉 스스로를 이미 살았던 존재의 복사로서 자신을 깨닫는 대신에, 우선 자기의 삶을 개척하고, 자기의 가능성을 시험해보고 스스로 놀라워하는 등을 발견할 권리에 있어서 침해받은 것이 된다. 여기서 절대적으로 다음과 같이 말할 수 있다: 그것이 단 한 번이건 혹은 수없이 되풀이된 것이건, 그것이 인간사회 전체를 위해서 혹은 개별적인 경우를 위해서 중요하건

---

15 진교훈 교수와 최재천 교수의 대담이 두 입장의 첨예한 대립을 잘 보여주고 있다(〈조선일보〉 2002년 5월 8일자).

16 "판도라의 상자는 이미 열렸고, 더 많은 판도라의 상자들이 앞으로 열릴 것이다. 자물쇠만 잠근다고 될 일이 아니다… 과학자와 인문학자들이 서로 협력해 판도라의 상자를 잘 열도록 협력하는 것이 최선이다(〈조선일보〉 2002년 5월 8일자)."

간에, 그것은 인간의 실존적인 기본권에 대한 결코 정당화될 수 없는 것
이다(Jonas 1985: 309).

그래서 요나스는 "바로 지금 여기까지, 더 이상은 안 된다(bis hierher und
nicht weiter)"라고 말한다.

슈바이처의 생명 외경 사상에 대한 분석과 연결하여 포괄적인 생명
윤리의 원칙들을 구성해 본 알트너의 분석(Altner 1991: 68-72 참조)을 살펴보
면, 슈바이처의 생명윤리가 지니는 의미가 드러날 것이다.

첫째, 일반적인 생존의 위기에서 위협받는 생명(인간뿐만 아니라 인간 외적
인 생명까지 포함하여)은 가치로운 것으로 그리고 보존되어야 할 생명으로 여
겨져야 한다. 인간이 존재하는 유기체가 상이하다 하더라도 그런 존재
와 맺어지는 그리고 그 관계에서 실현되는 생명의 관계는 그 자체가 의
미있는 것이고 보호되어야 할 가치로서 여겨져야 한다.

둘째, 생명윤리는 관련된 사람들의 '나'로부터 시작되어야 한다. 여
기서 '나'는 그러그러한 종류의 자기 정의가 아니다. 오히려 인간의 자
기규정의 가능성 밖에서 자기 삶의 과정에서 매개된 "조건 지어진 내지
요청받는 존재(Bedingt-und Angesprochensein)"의 결과이다.

셋째, 생명윤리에서 전제되는 생명(Bios)이라는 개념은 모든 생명의
형태(미생물에서부터 인간으로까지, 그리고 식물)를 포함한다. 결코 무가치한 생명
이란 존재하지 않는다.

넷째, 생명윤리의 책임의 심급으로서 '나'는 스스로 만들어내는 것이
아니라 그러그러하게 형성되고 변경될 수 있는 생성의 관계라는 맥락
에서 보여져야 한다. 우리는 생명을 창조해낼 수 없다. 인간의 생명의지
는 단지 주어진 생명에 대한 대답일 뿐이다.

다섯째, 인간으로서의 '나'는 '나'와 세계의 통일성에 대한 물음과 세계와 하나가 되는 것에 대한 물음을 통해 형성된다.

여섯째, 인간이 모든 생명의 보다 심오한 근거에 대해 알 수 있고, 또 이 앎으로부터 생명에 대한 존중을 느낄 수 있다는 것에 인간의 특별한 지위가 근거한다.

일곱째, 생명윤리의 보편적인 행위목표는, 공리주의 윤리와는 정반대로, 고통으로부터 해방된 생명의 유지가 아니라, 생존경쟁에 관련된 존재들과 관련된 고통, 파괴, 죽음의 가능한 최소화이다. 이렇게 본다면 생명윤리는 선별적·우생학적 이데올로기에 정면으로 반대되는 것이다.

여덟째, 생명윤리는 신중하게 얻어진 갈등해결의 모범을 통해서만이 자신의 보편적인 행위목표, 즉 경쟁적인 생존요구들의 균형에 도달할 수 있다. 인간 자신의 삶의 욕구의 우선성과 다른 사람이나 생명체에 대한 희생은 사실 해결 불가능한 아포리(Aporie)이다. 스트레이(Gernot Strey)는 이 갈등구조에 대해서 다음과 같은 기준을 제시한다: "인간이 갖는 해치거나 죽이게 되는 살아있는 생명체와의 관계는 반드시 심도 있는 검증으로 설명될 수 있어야 하고, 동식물의 자연적인 침해나 위해의 수준을 넘지 않을 때에만 허용되어야 한다(Strey 1989: 138)."

아홉째, 생명윤리에 의해 제기된 과제들의 중요성에 놀라는 자만이 삶의 촉진이라는 관심사를 실천하는 데 필요한 지속과 관심을 갖는다.

열째, 생명윤리는 개개인이 다른 사람이나 다른 피조물들과의 관계에 대한 행위지침일 뿐만 아니라 생명윤리는 특히 기술적·산업적 발정과정에서 생겨나는 자연의 변화나 자연의 이용의 전 과정과 관련 있다. 이런 의미에서 생명윤리는 경제적인 개념들과 그리고 마침내 자연과학적 인식의 방법으로 자연을 조정하는 것에 대해 물어야 한다.

열한째, 생명윤리는 사회적 책임의 표현이다. 개개인뿐만 아니라 사회집단과 제도들도 행위 주체로서 생명윤리의 고려영역 안으로 포함되어야 한다.

열두째, 오늘날 세계의 상태를 고려해보면, 생명윤리는 생명영역(Biosphäre) 전체에 대한 책임이다. 자연과학과 기술이 자연의 역사를 강력하게 바꾸면 바꿀수록 인간은 인류의 역사뿐만 아니라 자연 전체의 역사의 주체가 되는 게 불가피하다. 결국 인간에게 인간의 능력을 넘어서는 요구가 주어지는 것이다.

끝으로, 생명윤리에서 개인적으로 관련된 사람들의 작은 '나'와 사회라는 큰 '나'를 구분해야만 한다. 윤리적인 해결책의 결정수단으로서의 사회적 담론은 사회의 모든 관련된 결정의 지평에서 이루어져야 한다.

현대사회에서 슈바이처의 생명 외경의 윤리는 우리에게 적어도 생명의 문제를 다룸에 있어서 동등성, 차등성 그리고 사랑이라는 세 가지 원칙의 관계를, 생명 외경, 휴머니티 그리고 책임을 생명과 관련된 문제에서 최우선의 고려이자 끝까지 유지되어야 할 원칙이어야 함을 말하고 있는 것이다.

참고문헌

변순용(2007), 『책임의 윤리학』, 철학과현실사.
변순용(2014), 『삶의 실천윤리적 물음들』, 울력.
진교훈(1998), 『환경윤리-동서양의 자연보존과 생명존중』, 민음사.
진교훈(2002), 『의학적 인간학-의학철학의 기초』, 서울: 서울대출판부.

Altner, Günter(1991), *Naturvergessenheit-Grundlagen einer umfassenden Bioethik*. Darmstadt.

Bayertz, K.(1987), *GenEthik-Probleme der Technisierung menschlicher Fortpflanzung*, Reinbek bei Hamburg.

Beauchamp, T. L und Childress, J. F.(²2001), *Principles of Biomedical Ethics*, N.Y.

Birnbacher, D.(1986), *Medizin-Ethik*, Hannover.

Braun, V.(1987), *Ethische und rechtliche Fragen der Gentechnik und der Reproduktionsmedizin*, München.

Bundesminister für Forschung und Technologie(1991), *Die Erforschung des menschlichen Genoms*, Frankfurt a.M.

Byun, Sunyong(2002), *Die Struktur der Verantwortungsethik im oestlichen und westliche Denken*, Aachen.

Eser, A.(1990), *Regelungen der Fortpflanzungs. Medizine und Humangenetik*, Bd. I., Frankfurt a.M.

Fuchs, Josef(1986), "Verfügen über menschliches Leben. Medizin, Mensch", *Gesellschaft* 11, ss. 241-247.

Günzler, C., Grüßer, E., Christ, B. und Eggebrecht, H. H.(1990), *Albert Schweitzer heute-Brennpunkt seines Denkens*, Tübingen.

Honnefelder, L.(1996), "Bioethik im Streit-Zum Problem der Konsensfindung in der biomedizinischen Ethik", *Jahrbuch für Wissenschaft und Ethik* 1, 73-86.

Jonas, Hans(1979, Zit. N. Aufl. 1984), *Das Prinzip Verantwortung-Versuch einer Ethik für die technologische Zivilisation*, Frankfurt a.M.

Jonas, Hans (1985, Zit. N. Aufl. 1987), *Technik, Medizin und Ethik. Praxis des Prinzips Verantwortung*, Frankfurt. a.M.

Jonas, Hans(1992), *Philosophische Untersuchungen und metaphysische Vermutungen*, Nördlingen.

Jonas, Hans(1994/97), *Das Prinzip Leben*, Frankfurt a.M.

Korff, W., Beck, L. und Mikat, P.(Hrsg)(1998), *Lexikon der Bioethik* Bd. 1, Gütersloh.

Leist, A.(1990), *Um Leben und Tod. Moralische Probleme bei Abtreibung, künstlicher Befruchtung, Euthanasie u. Selbstmord*, Frankfurt a.M.

Lenk, Hans(2000A), *Albert Schweitzer-Ethik als konkrete Humanität*, Münster.

Lenk, Hans(2000B), "Zum Ethiknachlass Albert Schwietzers-im memoriam Albert Schweitzer zum 125. Geburtstag 2000", ETHICA Vol. 8, Nr. 3, ss. 279-299.

Lenk, Hans und Maring, Matthias(1993), "Verantwortung-normatives Interpretationskonstrukt und empirische Beschreibung", Eckenberger, L.(Hrsg.): *Ethische Norm und empirische Hypothese*, Frankfurt a. M., ss. 222-243.

Marquard, O., Seidler, E., Staudinger, H.(1989), *Medizinische Ethik und soziale Verantwortung*, München.

Meurer, G.(2004), *Die Ethik Albert Schweitzers vor dem Hintergrund der Nietzscheschen Moralkritik*, Frankfurt a.M.

Meyer-Abich & Klaus Michael(1984), *Wege zum Frieden mit der Natur-praktische Naturphilosophie für die Umweltpolitik*, München/Wien.

Potter, Van Rensselar(1971), *Bioethics-Bridge to the Future*, N.J.

Rümelt, Josef(1993), *Verantwortung für das Leben. Ethik, Technik, Lebensschutz und Krisenintervention*, Innsbruck.

Schweitzer, Albert(1923), *Kultur und Ethik*, München.

Schweitzer, Albert(1971), *Gesammelte Werke in fünf Bünden*(Hrsg), von R. Grabs, München, 1971.

Schweitzer, Albert(1986), *Ehrfurcht vor dem Leben*, Bern/Stuttgart.

Schweitzer, Albert(1986), *Was sollen wir tun?*, Heidelberg.

Schweitzer, Albert(1995), *Aus meinem Leben und Denken*, Hamburg.

Siep, Ludwig(1998), "Bioethik", in: Pieper, A. & Thrunherr, U.(Hrsg), *Angewandte Ethik-Eine Einführung*, München, ss. 16-36.

Singer, Perter(1979), *Practical Ethics*, Cambridge/London.

Strey, Gernot(1989), *Umweltethik und Evolution*, Güttingen.

테일러의 생명중심주의*

정결

I. 들어가는 말

폴 테일러(Paul W. Taylor, 1923-2015)는 미국의 철학자이다. 프린스턴대학에서 학사와 박사 학위를 받았고, 뉴욕시립대학교 브루클린 칼리지에서 40년 동안 교수로 재직하면서 철학을 가르쳤다.

그는 환경윤리 분야에서 가장 잘 알려진 철학자 중 한 명이다. 데일 제이미슨(Dale Jamieson)은 테일러의 저서 『자연에 대한 존중(*Respect for Nature*)』 25주년 기념판 서문에서, 1986년 이 책의 첫 출판을 지적 해방감을 주는 사건으로 묘사하고 있다. 당시 환경윤리는 정체성을 찾아 나

---

* 이 글의 내용은 『환경철학』 제32집에 발표된 정결(2021)의 논문 중 II장과 III장의 내용을 기초로 수정 및 보완한 것임.

가는 비교적 새로운 분야였다. 인간 이외 존재들 중 동물의 경우 피터 싱어(Peter Singer)와 톰 레건(Tom Regan)의 기여로 학계에서 논의 주제로 활발하게 다루어지고 있었지만, 인간과 의식이 없는 자연 내 존재들 간의 도덕적 관계를 어떻게 생각할 것인가에 대한 논의는 매우 불명확한 상태였다. 이런 상황에서 테일러는 신중한 추론과 정교한 설명을 통해서 환경윤리를 진지한 학문적 탐구의 주제로 올려놓은 것으로 평가된다. 그의 주장을 간결하게 요약하면, 생명중심적 관점을 받아들이는 것이 합리적이며, 그런 관점이 자연 존중의 태도의 바탕이고 그 태도를 지지하며, 만약 도덕적 행위자가 생명중심적 관점을 받아들이고 그와 함께 자연 존중의 태도를 가진다면 그들을 안내할 윤리적 기준과 규범의 체계가 존재한다는 것이다.

테일러의 다른 대표 저서로는 『규범적 사고(*Normative Discourse*)』, 『윤리학의 기본 원리(*Principles of Ethics: An Introduction*)』가 있다.

Ⅱ. 테일러 생명중심주의의 배경

테일러의 생명중심주의는 『자연에 대한 존중』이라는 그의 저서 속에서 크게 두 가지의 구분되는 논증으로 전개되고 있다. 첫 번째 논증은 인간중심주의 이론과의 비교 아래 생명중심주의 이론이 펼치고 있는 규범적인 주장이 과연 옳은지 그른지에 대해 살펴보는 이론적 과제와 관련된다. 두 번째 논증은 인간과 인간 이외 존재 사이에서 갈등이 발생하였을 경우 이런 도덕적 딜레마를 최대한 합리적으로 해결할 수 있는 방법을 모색하기 위한 실천적 과제와 관련된다(Taylor, 2011: 21). 이 두 가지의 주요한 논증을 살펴보기에 앞서 그가 주장하는 생명중심주의 이론의 배경이 되는 여러 가지 내용들을 먼저 점검할 필요가 있다.

1. 도덕적 행위자와 도덕적 수혜자

테일러에 따르면 도덕적 행위자(moral agent)와 도덕적 수혜자(moral subject)라는 두 가지의 서로 다른 개념에 유의하는 것이 인간중심주의 이론과 생명중심주의 이론을 더욱 명확하게 구별하는 것에 도움을 줄 수 있다(Taylor, 2011: 14). 과연 어떤 존재가 도덕적 행위자인지에 대해서는 두 이론의 견해가 일치하고 있지만, 어떤 존재가 도덕적 수혜자인지에 대해서는 두 이론의 견해가 서로 다르기 때문이다. 도덕적 행위자와 도덕적 수혜자의 개념 구별은 다음의 글에서 비교적 간명하게 드러난다.

> 먼저 주목해야 할 것은 도덕적 행위자인 인간이 동시에 도덕적 수혜자일 수 있다는 점이다. 이것은 인간이 다른 인간에 대해서 의무와 책임을 가질 뿐만 아니라 다른 사람들이 지는 의무와 책임의 대상이기도 하다는 의미이다. 도덕적 행위자의 역할에서는 다른 사람들을 옳게 또는 그르게 대할 수 있다. 도덕적 수혜자의 역할에서는 (자신에 대해서 도덕적 행위자인) 다른 사람들로부터 옳게 또는 그르게 대우받을 수 있다. 따라서 한 사람이 도덕적 행위자이자 도덕적 수혜자일 수 있다(Taylor, 2011: 16).

인간중심주의 이론이든 생명중심주의 이론이든 기본적으로 두 입장은 모두 도덕적 행위자가 도덕적 내지 비도덕적으로 행동할 수 있고, 자신의 행동에 대해서 책임을 지는 능력이 있는 존재라고 본다. 이런 능력

중 가장 중요한 것은 바로 옳음과 그름을 판단할 수 있는 능력, 도덕적 검토를 할 수 있는 능력, 근거에 따라 결정을 내릴 수 있는 능력, 결정을 실행에 옮기는 것에 필요한 의지를 행사할 수 있는 능력, 실행에 실패했을 경우 다른 사람들에게 답변할 수 있는 능력 등이다. 물론 이것이 모두 인간이 가진 능력이며, 그런 이유로 도덕적 행위자라는 개념이 인간이라는 분류와 동일하다고 보는 견해가 존재할 수 있지만, 테일러는 그런 생각이 잘못이라고 본다. 왜냐하면 첫째, 모든 인간이 도덕적 행위자인 것은 아니며, 둘째, 인간이 아닌 도덕적 행위자가 존재할 수도 있기 때문이다.[1]

도덕적 행위자라는 개념에 비추어 볼 때 도덕적 수혜자라는 개념은 그 범위가 더 넓다. 모든 도덕적 행위자는 도덕적 수혜자이지만, 도덕적 수혜자 모두가 도덕적 행위자인 것은 아니다. 이것은 도덕적 수혜자가 도덕적 행위자의 능력을 가지지 않음에도 불구하고 도덕적 행위자가 가지는 의무의 대상이란 지위를 지니기 때문이다. 도덕적 수혜자는 옳게 또는 그르게 대우받을 수 있고, 도덕적 행위자가 의무와 책임을 지는 대상인 존재로 정의된다(Taylor, 2011: 17). 도덕적 수혜자는 해치거나 이롭게 할 수 있는 어떤 실체여야만 한다. 그리고 이런 실체에는 모든 생명체가 포함된다. 그러나 무생물 자체는 도덕적 수혜자가 아니다. 테일러의 입장에서 그들은 고유의 선을 지니지 않으므로 옳게 혹은 그르게 대우할 수 없다. 다만 무생물 자체가 도덕적 수혜자가 아님에도 불구하고

---

1 첫째 범주에는 일시적 혹은 영구적으로 도덕적 행위자의 능력을 상실한 인간이 포함된다. 둘째 범주에는 도덕적 행위자이지만 인간이라는 종이 아닌 존재가 포함된다. 테일러는 인간 이외의 존재들 중 자신의 정체성에 대한 감각이 발달했고, 동료에 대한 책임감을 느끼는 사회적 개체군에 속하는 동물이 존재할 수 있음을 인정하는 입장이다.

도덕적 행위자는 도덕적 수혜자에 대한 의무를 다하기 위해 도덕적 수혜자의 생존이 달려 있는 무생물을 특정한 방식으로 다루어야 할 의무를 가질 수는 있다. 예를 들어 강 자체에 대한 의무는 없지만 그 속에 사는 생물들에 대한 의무로 인해 강을 오염시키지 않아야 할 의무가 발생할 수 있다.

2. 인간윤리와 환경윤리의 구조적 대칭성

테일러는 어떠한 규칙 내지 기준이 유효한 규범적 윤리 체계 내에 포함되기 위해 충족해야만 하는 조건을 '형식 조건'과 '내용 조건'의 두 가지로 구분한다. 그에 따르면 형식 조건은 인간윤리와 환경윤리에서 모두 동일하지만, 내용 조건은 인간윤리의 규범과 환경윤리의 규범이 서로 다를 뿐만 아니라 이것이 도덕 규칙의 유효성에 필요한 조건으로 수용되기 위해 반드시 정당화가 이루어져야만 한다(Taylor, 2011: 25-26). 먼저 형식 조건은 다음과 같다.

유효한 규범적 윤리의 체계를 구성하는 규칙과 기준은 ⓐ 일반적 형식이어야 하며, ⓑ 모든 도덕적 행위자에게 보편적으로 적용될 수 있어야 하며, ⓒ 공평무사하게 적용되어야 하며, ⓓ 모든 사람이 받아들일 수 있는 규범적 원칙으로 지지받아야 하며, ⓔ 윤리와 관계없는 다른 모든 규범에 우선성을 지닌다고 받아들여져야 한다(Taylor, 2011: 27).

다만 이런 형식 조건만으로는 어떤 행동이 옳거나 그른지에 대해서 명확히 알기 어렵기 때문에 추가 정보는 내용 조건이 제공해야 한다. 테일러는 인간윤리의 내용 조건을 '인간 존중'으로, 환경윤리의 내용 조건을 '자연 존중'으로 구분한 이후 양자 사이에 나타나는 구조적 대칭성(structural symmetry)에 주목해 이후 논의를 전개한다. 그의 주장에 따르면 인간윤리 이론에는 주요한 세 가지의 구성 요소가 있다. 첫째, 도덕적 행위자가 동료 인간을 자신과 같은 인격체로 인식하는 신념 체계(belief-system)이다. 둘째, 특정 개인에 대한 선호와는 무관하게 모든 도덕적 행위자들이 보편적으로 받아들여야 할 궁극적인 도덕적 태도(ultimate moral attitude)로서 인간 존중의 태도이다. 셋째, 인간윤리의 영역에서 유효한 것으로 간주되는 도덕적 규칙과 기준(moral rules and standards)의 체계이다(Taylor, 2011: 41-42).

인간윤리 이론과의 구조적 대칭성 속에서 환경윤리 이론 또한 ① 신념 체계, ② 궁극적인 도덕적 태도, ③ 일련의 도덕적 규칙과 기준이란 세 가지 구성 요소를 가지게 된다. 따라서 테일러의 생명중심주의 환경윤리 이론을 전반적으로 이해하기 위해 이 세 가지의 구성 요소를 활용하는 방법이 가장 효과적이다. 본격적으로 세 가지 구성 요소를 살펴보는 것에 앞서 테일러 생명중심주의의 중요한 이론적 배경을 한 가지 더 언급할 필요가 있는데, 그것은 바로 다양한 가치에 대한 구분이다.

3. 가치의 개념 구별

테일러에 따르면 자연 존중의 태도를 가진다는 것은 자연 생태계의 야생 동식물이 본래적 존중가치(inherent worth)를 지닌다고 보는 것이다. 그리고 어떤 개체가 본래적 존중가치를 지닌다는 것이 어떤 의미인지 명확히 밝히기 위해 그것과 혼동될 수 있는 다른 두 가지의 가치 개념,

다시 말해 내재적 가치(intrinsic value)와 본래적 가치(inherent value)라는 개념과 신중히 구별해야 한다. 세 가지의 가치 개념은 다음과 같은 차이점을 지닌다(Taylor, 2011: 73-79 참조).

먼저 내재적 가치에 대해 살펴보자. 인간이나 다른 의식적 존재가 삶에서 경험하는 즐거운 어떤 사건이나 조건에 긍정적 가치를 둔다면, 그리고 그들이 즐거움 때문에 그 경험에 가치를 둔다면, 그 가치는 내재적인 것이다. 내재적 가치는 의식적 존재가 최종 목표로 추진하는 것과 가치 있다고 보는 관심 분야에도 부여된다. 경험, 목표, 관심 분야에는 그것을 이루는 수단으로서의 가치도 부여될 수 있다. 예를 들어 어떤 사람에게 직업(vocation)은 수입을 보장하면서도 만족감을 주는 일일 수 있다. 결과의 가치와 상관없이 어떤 활동이 자체만을 위해 그 안에서 만족을 느끼는 경우 그것은 내재적 가치가 있는 것이다.

다음으로 본래적 가치에 대해 살펴보자. 이것은 유용성 내지 상업적 가치 때문이 아니라 단순히 아름다움, 역사적 중요성, 문화적 중요성 등의 이유로 보존해야 한다고 믿는 물건이나 장소에 부여하는 가치를 의미한다. 예를 들어 예술 작품, 역사적 건물, 경이로운 자연, 고고학적 유적지 같은 것에 부여하는 가치가 여기에 해당한다. 본래적 가치의 바탕이 무엇이든 상관없이 그것의 가치는 누군가의 가치 판단과 관계가 있고 그에 달려 있는 것이다. 이것은 본래적 가치를 지닌 것으로 여겨지는 생명체의 경우에도 마찬가지인데 사람들이 동물과 식물에 본래적 가치를 부여하는 것이다. 사람들의 주관적 가치평가가 없다면 그 동물과 식물은 본래적 가치를 지니지 못할 것이다. 그 가치는 실용적 유용성과 무관하게 평가받는다는 의미에서 본래적인 것이다.

마지막으로 본래적 존중가치에 대해 살펴보자. 테일러에 따르면 본래적 존중가치라는 용어는 고유의 선(good of their own)이 있는 존재에게만 적용되는 것이다. 그리고 어떤 생명체가 본래적 존중가치를 가진다면, 그 생명체는 다른 존재의 선에 대한 언급 없이, 그리고 그 생명체가 가질 수 있는 도구적 가치 또는 본래적 가치와 무관하게 그 가치를 지닌다. 여기서 어떤 존재가 본래적 존중가치를 지닌다는 주장은 다음의 두 가지 도덕적 판단을 수반하는 것으로 이해해야 한다. 첫째, 그 존재는 도덕적 관심과 배려를 받을 자격이 있으며(도덕적 수혜자로 간주되어야 하며), 둘째, 모든 도덕적 행위자는 그 존재를 위해 그리고 그 자체를 목적으로 존재의 선을 증진하고 보호할 명백한 의무가 있다(Taylor, 2011: 75).

어떤 존재가 본래적 존중가치를 지닌다면, 그들의 선이 실현되어야 한다고 인식함으로써 그들을 존중할 의무가 모든 도덕적 행위자에게 있다. 도덕적 행위자가 그것을 이행하는 것과 별개로, 그리고 그가 다른 존재에 대해 가질 수 있는 개인적 감정과 무관하게 그 의무는 존재한다. 본래적 존중가치는 특정 개인의 주관적인 가치 판단과 독립적이다. 이 시점에 다음과 같은 의문이 생겨날 수 있을 것이다. 과연 어떤 존재에게 본래적 존중가치가 있음을 어떻게 알 수 있을까? 이어지는 절의 내용을 통해 그것의 이론적 근거를 차례대로 검토해 보도록 하겠다.

Ⅲ. 테일러 생명중심주의의 이론적 측면

앞선 절의 논의를 통해 테일러의 생명중심주의 환경윤리 이론에는 ① 신념 체계, ② 궁극적인 도덕적 태도, ③ 일련의 도덕적 규칙과 기준이라는 세 가지의 주요한 구성 요소가 있음을 살펴보았다. 이번 절에서는 그 중 이론적 측면과 관계되는 첫째와 둘째의 구성 요소를 중심으로 논의를 전개할 것이다. 그런데 신념 체계와 도덕적 태도를 살펴보는 것에 앞서 그것의 전제가 되는 또 다른 중요한 한 가지 사실을 먼저 지적해야 하는데, 우리는 여기서 개별 유기체의 삶이 사실적으로 드러내는 지식의 측면에 주목할 필요가 있다.

1. 목적론적 삶의 중심

테일러에 따르면 생명중심주의가 개별 생명체를 이해하는 특정한 사실적 방식이 존재하는데, 그것은 다음 글을 통해 잘 드러나고 있다.

> 우리는 유기체가 자신을 보존하고 자신만의 독특한 방식으로 고유의 선을 실현하려 애쓰는 목적론적 삶의 중심(teleological center of life)이라고 생각한다. 목적론적 삶의 중심이라는 것은 외적 활동뿐만이 아니라 내적 기능도 모두 목표 지향적이고, 시간이 지나도 유기체의 존재를 유지하면서 같은 종을 재생산하고 변화하는 환경의 조건과 사건에 끊임없이 적응하는 생물적 기능을 성공적으로 수행하는 지속적인 경향이 있다는 의미이다. 유기체를 하나의 목적론적 활동의 중심으로 만드는 것은 이와 같은 기능의 일관성 및 통일성이고, 그러한 기능은 모두 유기체의 선의 실현을 지향한다(Taylor, 2011: 121-122).

개별 유기체에 대한 지식은 생물학과 물리학의 발전으로 인해 빠르게 축적되고 있다. 이에 따라 우리는 유기체가 어떤 행동을 하는 이유를 더 정확하게 그리고 더 완전하게 설명할 수 있게 되었다. 우리의 지식과 이해가 향상되는 것에 따라 우리는 각 유기체의 개체로서의 유일성을 파악할 수 있다. 과학자가 아닌 사람이라 하더라도 동식물과 친밀한 사이가 되어 그들을 면밀히 관찰하는 과정에서 그 유기체가 살아가는 특정한 방식을 예리하게 인식할 있고, 그렇게 되면 그 유기체의 상황에 놓인 자신을 상상하고 그 관점에서 세상을 바라볼 수 있게 된다.

이와 같이 객관적이고 무심한 지식에서 개체성의 인식으로, 그리고 개체성의 인식에서 유기체의 관점에 대한 온전한 인식으로 발전해 나가는 진보는 개별 생명체라는 의미에 대한 인식을 높이는 과정이기도 하다. 어떤 유기체가 하나의 삶의 중심일 뿐만 아니라 특별한 삶의 중심이라는 사실을 인식하는 것은 그 유기체가 지닌 유일성과 개체성을 인식하는 것이다. 비록 나무나 단세포 원생동물 같은 유기체는 의식적인 삶을 영위하지 못하지만, 그래도 그들에게는 고유의 선이 있고 그들의 행위는 그 선을 중심으로 조직되어 있다. 의식이 있든 없든 모든 유기체는 자신의 존재를 지키고 유지하려는 지속적 경향성을 지니며 목표 지향적으로 활동하는 통일되고 일관성 있고 질서 정연한 시스템이라는 의미에서 목적론적 삶의 중심인 것이다(Taylor, 2011: 122).

하나의 개체를 이해하는 이러한 방식은 무생물이 대상인 경우에는 가능하지 않다. 돌에는 고유의 선이 없다. 우리는 돌의 안녕을 증진하는 것을 통해서 돌에게 혜택을 주거나 그 반대로 행동하는 것을 통해서 돌을 해칠 수 없는데, 돌에는 안녕이라는 개념이 적용되지 않기 때문이다. 이것은 기계의 경우에도 마찬가지인데 유기체의 목표 지향적 행위가 유기체에 고유한 것과 달리 기계의 목표 지향적 행위는 기계에 고유하지 않다. 기계의 목표는 파생된(derivative) 것인 반면에, 생명체의 목표는 원래의(original) 것이기 때문이다. 기계의 목표와 목적은 그것을 만든 인간이 설계해서 넣은 것이다. 기계는 목표 지향적 활동을 보이는 것 같지만, 독립적 존재로서 고유의 선을 지니지는 않는다(Taylor, 2011: 124).

반면에 살아 있는 동식물의 경우는 인간 존재가 고유의 선을 지닌 것과 동일한 의미에서 고유의 선을 지니고 있다. 그것은 개별 생명체의 성장, 발전, 생존, 번식을 그들에게 좋은 것으로 추구한다는 점에서 목표 지향적(goal-oriented)이다. 다만 이것은 단순한 생물학적 사실의 문제에 불과하기 때문에 이런 사실만으로는 생명체에 대한 윤리적 의무를 부과하기에는 부족하다. 따라서 생명체에 대한 윤리적 의무를 인정받기 위한 필요조건으로서 특정한 신념 체계가 추가적으로 요청되는데, 테일러는 이것을 '생명중심적 관점(biocentric outlook)'이라고 부른다.

2. 생명중심적 관점

자연계의 도덕적 중요성은 우리가 자연계 전체와 그 속에 있는 자신을 어떤 관점으로 보는지에 따라 달라질 수 있다. 테일러에 따르면 자연 존중의 태도를 이해하고 정당화할 수 있는 근거로 작용하는 신념 체계가 바로 생명중심적 관점이다. 생명중심적 관점의 핵심을 이루는 신념은 다음과 같은 네 가지이다.[2]

ⓐ 다른 생명체가 지구 생명 공동체의 구성원인 것과 동일한 의미와 조건으로 인간도 그 공동체의 구성원이다. ⓑ 인간은 다른 모든 종들과

---

2 생명중심적 관점의 핵심을 이루는 네 가지 신념 중 세 번째 내용인 목적론적 삶의 중심과 관련한 부분은 앞선 논의에서 다루었으므로 여기에서 자세한 논의는 생략한다.

함께 상호의존적인 시스템을 구성하는 요소이고, 각 생명체가 잘 살거나 잘못되는 기회뿐만이 아니라 생명체의 생존 또한 환경의 물리적 조건과 함께 다른 생명체와의 관계에 의해 결정된다. ⓒ 모든 유기체는 각자 자기의 방식으로 고유의 선을 추구하는 유일한 개체라는 의미에서 목적론적 삶의 중심이다. ⓓ 인간은 다른 생명체보다 본질적으로 우월하지 않다(Taylor, 2011: 99-100).

생명중심적 관점에서 자연을 바라볼 때, 우리는 인간의 생명을 지구 생물권의 자연적 질서를 구성하는 일부분으로 보게 된다. 이런 관점에서 우리는 다른 종들의 지위를 생각하는 것과 같은 방식에서 자연계 속 인간의 지위에 대해 생각하게 된다. 지구와의 관계는 공통적인 것이며, 인간과 야생의 동식물이 공유하고 있는 것이다. 이런 공통적 관계를 올바르게 인식하면 우리는 그들과 진정한 의미의 공동체 의식을 가질 수 있다. 인간은 생물권 전체의 일반적인 온전성에 절대적으로 의존하기 때문이다.

생명중심적 관점에서 자연을 바라보는 것은 자연의 생물권 전체와 그 환경을 서로 긴밀하게 연결된 사물과 사건의 질서로 보는 것이기도 하다. 생명중심적 관점을 받아들이면 생물권에는 각각의 생태계에서 발견되는 것과 유사한 복합적인 상호의존 관계가 있다는 사실이 이해된다. 생태계와 연관되어 있는 어떠한 생명 공동체도 고립된 하나의 단위가 아니다. 한 생태계에서 일어나는 사건은 다른 생태계에 긴밀한 영향을 미친다. 이런 이유 때문에 테일러는 우리 행성의 생물권 전체가 하나의 연합체를 이루며 그것을 자연계(the natural world)라는 용어로 지칭한다(Taylor, 2011: 116-117).

생명중심적 관점을 구성하는 요소 중 가장 중요한 것은 인간이 다른 생명체보다 우월하다고 보는 생각을 전적으로 거부하는 일이다. 서양 문명권의 사람들 대부분이 지닌 신념 체계에 따르면 인간은 하등한 생명체가 가지지 않은 가치와 존엄성을 지닌다. 이성과 자유의지의 존재로 인해 인간은 다른 생명체보다 더 높은 수준의 삶을 살고 우리에게 특별한 가치가 부여된다고 믿는다. 테일러에 따르면 인간은 철저하게 인간의 선을 판단의 기준으로 보는 관점에서 인간 이외 존재보다 인간이 우월하다는 결론을 내리고 있다. 실제로 인간은 다른 생명체들에게 없는 특정 능력이 있다는 점에서 그들과 다르다. 그러나 인간 이외 많은 종들 또한 인간이 지니지 못한 능력을 가지고 있다. 만약 우월성에 대한 판단을 살피는 것에 있어서 동식물의 능력을 그들의 선의 관점에서 바라본다면 인간이 우월하다는 판단은 거부될 것이다(Taylor, 2011: 129-130).

그렇다면 왜 도덕적 행위자는 앞서 논의한 생명중심적 관점을 구성하는 여러 가지 신념들을 받아들여야 하는가? 그것은 도덕적 행위자가 합리적이고 사실적 정보를 잘 이해하고 있으며 높은 수준의 현실 인식 능력을 지닌 만큼 그 신념을 받아들일 것이기 때문이다. 합리성, 사실에 근거한 인식과 같은 특징을 지닌 도덕적 행위자는 그 특징으로 인해 생명중심적 관점을 구성하는 신념을 수용하게 된다.

3. 자연 존중의 태도

앞선 논의를 통해 살펴본 것처럼 생명중심적 관점은 합리적이고 사실에 정통한 사람이라면 누구나 채택해야 할 관점으로 이것은 생명체의 본래적 존중가치를 인정받기 위한 조건으로 요청되는 것이다. 우리가 생명중심적 관점에 기초해 생명체를 본래적 존중가치를 지닌 존재로 인정할 경우 우리의 궁극적인 도덕적 태도는 자연 존중의 태도로 이행할 수 있다. 그렇다면 자연 존중의 태도는 어떻게 표현될 수 있을까? 테일러는 다음과 같이 말한다.

> 자연 존중의 태도는 도덕적 행위자의 일련의 성향이다. 그 성향은 네 가지로 분류할 수 있는데, 각각은 그 태도의 한 측면을 이룬다. 나는 이것을 평가적(valuational), 의욕적(conative), 실천적(practical), 정서적(affective) 측면이라 부르겠다. 평가적 측면은 어떤 가치를 판단하는 성향이고, 의욕적 측면은 목적을 가지거나 특정 목표를 달성하려는 욕구의 성향이다. 실천적 측면은 특정한 이유로 인해 행동할 뿐만 아니라 그 이유를 행동의 좋은 구실로 간주하는 성향이다. 정서적 측면은 특정한 감정을 느끼는 성향이다(Taylor, 2011: 80-81).

자연 존중의 태도에서 평가적 측면은 자연 생태계의 모든 야생 생물이 본래적 존중가치를 지닌다고 보는 성향을 말한다. 그들의 선은 모든 도덕적 행위자의 관심과 배려를 받아야 하며 야생의 존재는 그 자체로 보존될 가치가 있다고 생각된다. 이 성향은 자연 존중의 태도를 구성하는 한 측면이자 중심적인 것이기도 하다. 자연 존중의 태도를 구성하는 다른 모든 성향이 여기에서 비롯되기 때문이다.

자연 존중의 태도에서 의욕적 측면은 목표를 세우고 추구하는 성향을 말한다. 인간은 목표와 목적이 있을 때 일련의 욕구와 욕망을 가지게 된다. 그리고 문제되는 목표와 목적을 달성하기 위해서 그리고 원하는 것을 얻고 욕구를 충족하기 위해서 스스로 세부적 목표를 세운다. 이런 목표와 목적을 추구하는 성향은 생명체를 본래적 존중가치가 있는 것으로 보는 근본적인 평가적 성향에서 나오는 것이다.

자연 존중의 태도에서 실천적 측면은 도덕적 행위자의 실천이성과 관련되는 것이다. 실천이성은 행동을 찬성하거나 반대하게 되는 이유를 생각해서 결론을 내리고 그 이유 때문에 행동을 실행에 옮기거나 자제할 수 있는 역량을 의미한다. 그리고 여기에는 가치를 판단 및 숙고하여 결론을 내리며 의지를 발휘하는 능력 또한 포함된다.

자연 존중의 태도에서 정서적 측면은 감정과 관련되는 것이다. 이 감정은 평가, 의욕, 실천의 측면과 밀접하게 연결되어 있는 것이다. 실제 인간은 자연을 존중하여 야생의 생명 공동체나 개별 구성원의 존재가 유지될 것으로 예상되는 일에 기쁨의 감정을 느끼는 경향이 있다. 또한 생명체에 해를 입히는 일에 대해 마음이 상하는 감정을 느끼는 경향도 있다. 이런 반응은 생명체가 본래적 존중가치를 지니고 있다고 생각할 수 있다는 하나의 신호이다.

실생활에서 자연 존중의 태도를 온전하게 표현하려면 행위의 한 가지 측면이 더 필요한데, 그것은 그 행위가 원칙을 따르는 것이어야 한다는 점이다. 행위의 목적은 윤리적 의무에 있는 것이며 공평무사하게 수행되어야 하는 목적으로 간주되어야 한다. 자연 존중의 태도를 표현하는 행동은 야생 유기체의 선 증진과 보호 자체를 목적으로 삼아야 한다. 더 나아가 자연 존중의 태도를 가진다는 것은 일련의 도덕적 규칙과 기준을 유효한 윤리 규범으로 채택하는 일과 같다. 자연 존중의 태도에는 그 태도를 표현하는 윤리 규범을 따르겠다는 약속이 실제 수반되기 때문이다(Taylor, 2011: 85-90 참조). 따라서 이어지는 논의에서는 테일러 환경윤리 이론의 세 번째 구성 요소이자 그의 생명중심주의의 실천적 측면이 잘 드러나는 일련의 도덕적 규칙과 기준을 면밀하게 살펴볼 필요가 있다.

Ⅳ. 테일러 생명중심주의의 실천적 측면

앞선 절의 논의를 통해 테일러의 환경윤리 이론이 가진 세 가지 구성 요소 중 이론적 측면에 해당하는 두 가지를 검토하였다. 개별 생명체가 목적론적 삶의 중심이라는 사실을 바탕으로 자연을 생명중심적 관점으로 바라보는 신념의 차원이 첫 번째 구성 요소라면, 생명체를 본래적 존중가치를 가진 존재로 생각하고 존중하는 태도의 차원이 두 번째 구성 요소였다. 실제 사실과 당위 즉 윤리적 요구 사이에는 뛰어넘기 어려운 논리적 간극이 존재하기에 이 둘 사이를 연결하려는 노력이 테일러의 주장이 가진 이론적 시사점이라 할 수 있을 것이다. 그 노력이 성공적인가라는 평가와는 별개로 이런 논의를 통해 자연 존중의 태도에서 비롯되는 규범의 도출이 일정 부분 가능할 수 있음을 인정한다면 이제 테일러 환경윤리 이론의 세 번째 구성 요소를 검토할 차례인데, 그것은 바로 생명중심주의 환경윤리의 도덕적 규칙과 기준의 문제이다.

1. 일반적 규칙과 의무

테일러 생명중심주의의 실천적 측면으로 그가 제시하는 도덕적 규칙과 기준은 두 가지 쟁점에 초점이 맞추어져 있다. 하나는 자연 존중의 태도로부터 직접적으로 도출되는 일반적 규칙이나 의무이고, 다른 하나는 인간의 윤리적 요구와 다른 생명체들의 윤리적 요구 사이에 갈등이 있을 때 그것을 해결하기 위한 우선순위 규칙의 문제이다(데자르뎅, 2017: 296).

먼저 자연 존중의 태도로부터 직접적으로 도출되는 일반적 의무에는 네 가지가 있는데, 그것은 불침해(nonmaleficence), 불간섭(noninterference), 성실(fidelity), 그리고 보상적 정의(restitutive justice)의 의무이다.

불침해의 의무는 우리가 어떤 생명체에게도 피해를 주어서는 안 된다는 의미이다. 이것에는 유기체, 종-개체군, 생명 공동체의 선을 해치는 행동을 자제할 의무뿐만 아니라, 그것을 죽이지 않고 파괴하지 않을 의무도 포함된다. 여기에서 불침해의 개념은 이행하지 않거나 의도적으로 자제하는 것을 의미한다. 따라서 다른 생명체에게 해를 입히거나 죽음을 초래하는 인간 이외의 동물이나 식물의 활동에는 적용되지 않는다. 불침해의 의무는 도덕적 행위자가 행하는 해롭고 파괴적인 행동을 금지하는 것에 한정된다. 악행 금지의 의무로 이해될 수 있는 불침해는 소극적 의무의 차원에 해당한다. 우리가 자신의 선을 지닌 생명체에 피해를 주는 행동을 삼가야 할 의무를 가지기는 하지만, 우리가 직접 유발하지 않은 피해까지 방지해야 할 적극적 의무의 차원을 논의하지는 않기 때문이다(Taylor, 2011: 172-173).

불간섭의 의무는 우리가 개별 생명체의 자유 혹은 일반적으로 생명 공동체에게 간섭하지 말 것을 요구한다. 개별 생명체와 관련하여 자유를 제한하지 않는 것은 동식물의 정상적인 활동과 건강한 발달을 막거나 방해하는 제약이 없어야 함과 단순히 야생 상태로 존재하도록 허용함을 포함하여 이해할 수 있다. 더욱 중요한 것은 불간섭이 생명 공동체에 적용될 때인데, 우리는 자연 생태계를 조작, 통제, 변형 또는 관리하려고 해서는 안 되며, 그 외의 정상적 기능에 개입해서도 된다. 개입의 동기가 종-개체군의 생존을 도우려는 열망이나 생명 공동체의 자연적 불균형을 바로잡으려는 열망에서 비롯된 경우에도 이 의무는 유효하다. 이 또한 소극적 의무이므로 우리는 생명체들이 자신의 목적을 실현하는 것을 적극적으로 도와야 할 의무까지 가지지는 않는다(Taylor, 2011: 173-179 참조).

성실의 의무는 인간의 쾌락을 위해서 야생 동물을 기만하거나 배신하지 말 것을 요구한다. 이 의무는 야생 동물에만 한정되는 것으로 그들을 기만하는 것은 기만하는 존재가 기만을 당하는 존재에 비해 우월하다는 생각을 함의한다. 인간 이외의 동물을 열등한 것으로 여기는 이런 태도는 자연 존중의 태도에서 어긋나기에 환경윤리의 도덕적 규칙 또한 어기는 것이다. 규칙 위반의 명백한 사례는 사냥, 덫, 낚시 등에서 찾아볼 수 있는데, 해칠 의도로 속이는 것이 이 사례의 핵심이다. 다만 인간의 생존에 필수적인 식량 내지 의복을 구할 유일한 수단이 사냥, 덫, 낚시인 경우라면 그 행동이 예외적으로 허용될 수 있다. 그러나 그것이 단순한 스포츠나 오락을 위해 행해진다면 정당화될 수 없다(Taylor, 2011: 179-186 참조).

보상적 정의의 의무는 도덕적 수혜자가 도덕적 행위자에게 부당한 대우를 받았을 때 도덕적 행위자와 도덕적 수혜자 사이에 정의의 균형을 회복시킬 의무를 부과한다. 보상적 정의의 의무가 발생하는 모든 경우에서 공통적으로 도덕적 행위자가 유효한 도덕 규칙을 위반하는 것으로 인해 도덕적 행위자와 도덕적 수혜자 사이의 균형이 깨지는 상황이 발생한다. 한쪽으로 기울어진 정의의 저울을 균형 상태로 돌리기 위해, 도덕적 행위자가 도덕적 수혜자에게 어떤 형태의 보상을 지불해야만 한다. 보상적 정의는 앞선 세 가지 기본적 의무 중 하나라도 위반이 발생한 경우 그 균형이 회복되어야 함을 규정하고 있다. 테일러는 산업화된 현대사회에 사는 모든 인간은 개인의 가치와 이익을 추구하며 문명 생활을 영위하는 과정에서 자연계와 야생의 동식물에게 피해를 주고 있다고 본다. 따라서 우리는 모두 자연의 야생 지역을 보존하고 복원하는 비용을 함께 부담해야 할 보상적 정의의 의무를 가진다고 할 수 있다(Taylor, 2011: 186-192 참조).

그러나 이상에서 논의한 네 가지 일반적 의무만으로는 해결하기 어려운 다양한 실천적 문제 또한 발생할 수 있는데, 테일러는 이런 문제와 관련하여 우선순위 규칙을 통한 해결책을 모색하려 한다.

2. 우선순위 규칙

테일러가 보기에 생명중심주의 윤리가 해결해야 할 가장 큰 과제는 인간과 다른 존재 사이의 이해관계가 충돌할 경우 그들 사이의 경합하는 갈등의 우선순위를 결정하는 일이다. 지금까지 검토한 생명중심주의 윤리 논의와의 일관성을 유지하기 위해 이런 충돌의 해결에 있어 언제나 인간의 이해관계에 특권을 주어서는 안 된다. 어떤 해결책이든 기본적으로 다른 생명체의 본래적 존중가치를 인정해야 한다(데자르댕, 2017: 289-299). 테일러가 이런 갈등 문제를 해결하기 위해 제시하는 여러 가지 우선순위 규칙은 다음과 같다(Taylor, 2011: 264-306 참조).[3]

---

3 앞서 살펴본 네 가지의 일반적 의무 사이에도 우선순위 관계가 존재한다. 불침해의 의무가 가장 기본적 의무이고, 보상적 정의의 의무는 성실의 의무에 우선하고 성실의 의무는 불간섭의 의무에 우선한다. 이후 논의될 다섯 가지 우선순위 규칙 중 자기방어의 규칙을 제외한 다른 네 가지 규칙은 인간에게 심각한 피해가 없을 때 적용 가능한 것이다.

첫째는 '자기방어(self-defense)'의 규칙이다. 이 규칙은 도덕적 행위자 자신을 보호하기 위한 목적으로 자신에게 위협적인 유기체를 희생시키는 것을 정당화해 주는 것이다. 다른 생명체가 인간의 생명을 위태롭게 할 경우에 우리는 자신의 이해관계를 더 소중하게 여기는 태도를 승인할 수 있다. 다만 이 규칙은 자기 보호의 수단이라면 무엇이든 허용하는 것은 아니다. 오직 도덕적 행위자의 존재와 기능을 유지하려는 목적에 부합하면서 유기체에 최소한의 피해를 입히는 수단만 허용된다. 그리고 그 수단과 효과는 같지만 도덕적 행위자를 공격하는 유기체에게 해를 덜 입힐 수 있는 대안이 존재하지 않아야 한다.

둘째는 '비례(proportionality)'의 규칙이다. 이것은 인간의 부수적 이해관계와 동식물의 기본적 이해관계가 충돌하는 경우 동식물의 기본적 이해관계에 우선순위를 부여하는 것을 의미한다. 여기에서 인간의 부수적 이해관계는 자연 존중의 태도와 본질적으로 양립할 수 없는 것에 해당한다. 이런 경우 야생 생물이 인간의 목적을 위한 도구적 가치만 있는 것으로 간주되기 때문에 이것은 자연 존중의 태도와 양립할 수 없다. 예를 들어 불필요한 명품 소비를 위한 악어의 희생은 비례의 규칙에 의해서 금지된다.

셋째는 '최소해악(minimum wrong)'의 규칙이다. 이것 또한 인간의 부수적 이해관계와 동식물의 기본적 이해관계가 충돌한다는 측면은 앞선 규칙과 동일하다. 다만 이 경우는 인간의 부수적 이해관계가 매우 중요해서 자연 존중의 태도를 지닌 사람들마저 그것의 이행이 야생 생물을 해치지만 가치 있다고 간주되는 경우라는 점에서 앞선 규칙과 구별된다. 인간의 부수적 이해관계가 문명사회에서 가치 있는 것으로 평가되는 경우에 인간의 부수적 이해관계에 우선순위를 부여할 수 있다. 예를 들어 공항이나 철도 등과 같이 문명사회 유지를 위해 필수적인 자연 개발이 요구되는 경우라면 자연 존중의 태도와 모순을 일으키지 않는 범위 내에서 최소해악을 포함하는 행위가 허용될 수 있다.

넷째는 '분배적 정의(distributive justice)'의 규칙이다. 이것은 인간의 기본적 이해관계와 동식물의 기본적 이해관계가 충돌하는 경우에 이것을 해결할 조건을 마련하기 위한 것이다. 이 규칙은 관련되는 이해관계가 모두 기본적인 것이기 때문에 당사자들에게 동등하게 중요한 경우, 모든 당사자들 사이에서 이해관계를 공정하게 해결할 기준을 마련하기에 분배적 정의의 규칙이라 불린다. 인간의 기본적 식사 등을 위한 불가피한 동식물의 희생은 양측 존재 사이의 이득과 부담의 분배가 공평하게 이루어지는 조건 속에서 승인 가능하다.

다섯째는 '보상적 정의(restitutive justice)'의 규칙이다. 우선순위 규칙의 맥락 속에서 보상적 정의의 규칙은 최소해악의 규칙과 분배적 정의의 규칙을 따르는 경우에 적용할 수 있다. 두 경우 모두 무해한 동식물에게 피해를 입히는 것이며, 따라서 인간의 행동이 자연 존중의 태도와 완벽하게 부합하기 위해서는 어떠한 형태의 배상이나 보상이 요구되기 때문이다. 이런 측면에서 보자면 보상적 정의의 규칙은 최소해악의 규칙과 분배적 정의의 규칙을 보완하기 위해 설정된 것으로 이해할 수 있다.

이상에서 논의한 다섯 가지의 우선순위 규칙에 대한 내용들을 간결하게 도식화하면 다음과 같은 표로 나타낼 수 있다(Taylor, 2011: 279; 정결, 2021b: 180-181).

〈표〉 테일러의 우선순위 규칙

인간에게 해로운 경우	① 자기방어의 규칙: 인간을 보호하기 위해 동식물을 희생시키는 것을 정당화	
인간에게 해롭지 않은 경우	인간의 부수적 이해관계와 동식물의 기본적 이해관계가 충돌하는 경우	② 비례의 규칙: 동식물의 기본적 이해관계에 우선순위를 부여
		③ 최소해악의 규칙: 인간의 부수적 이해관계에 우선순위를 부여(문명사회 유지를 위해 필수적인 경우에 한정)
	인간의 기본적 이해관계와 동식물의 기본적 이해관계가 충돌하는 경우	④ 분배적 정의의 규칙: 인간의 기본적 생존을 위해 불가피한 동식물의 희생은 공평한 분배의 조건 속에서 승인 가능

⑤ 보상적 정의의 규칙: ③ 최소해악의 규칙과 ④ 분배적 정의의 규칙으로 인해 발생한 동식물의 피해에 대한 적절한 보상이 이루어져야 함

V. 맺음말

우리가 사는 자연은 인간만을 위한 곳이 아니다. 그러나 지금까지 인간은 탁월한 이성에 근거해 문명을 발달시키며 자연의 지배자로 자리를 굳혀 왔다. 자연의 생명 공동체를 이루는 구성원으로 행동하는 것이 아니라 지배자로 군림하는 이런 모습은 생명 공동체의 파괴라는 비극적 상황을 우리 앞에 드러내고 있다. 이제 인간도 겸손하게 자연의 한 구성원의 위치로 돌아가 다른 구성원들을 배려하는 마음이 있어야 한다(안건훈, 2016: 46-47). 이런 측면에서 자연 존중의 태도는 우리가 반드시 지녀야 할 궁극적 태도라고 말할 수 있을 것이다.

테일러는 생명중심주의 윤리학의 노선에 있는 또 다른 사상가인 슈바이처의 생명 외경 윤리학에서 빠뜨리거나 놓친 많은 철학적 쟁점을 다

룬다(데자르댕, 2017: 295). 『윤리학의 기본 원리』의 저자이기도 한 그는 생명체가 자신의 선을 가진다는 사실의 문제에서 생명체가 자연적으로 가지는 각자의 선을 소중한 것으로 존중하는 가치의 문제로 바로 이행하는 것이 가지는 문제점에 대해 많은 고민을 한 것으로 보인다. 실제 테일러는 생명체가 고유의 선을 가진다는 것을 생물학적 사실의 문제로 명확하게 한정한 이후, 이런 사실의 문제에 더해서 합리적이고 사실에 정통한 사람이라면 누구나 채택해야 할 생명중심적 관점을 신념의 차원에서 추가로 논의한다. 그리고 사실과 신념의 차원에서 한 걸음 더 나아가 자연에 대한 존중이라는 태도의 차원이 결부될 때 비로소 생명체의 본래적 존중가치를 존중하는 규범의 차원으로 이행할 수 있다는 것이 테일러의 논리이다(정결, 2021a: 243-244). 물론 테일러의 논의가 사실과 가치 사이의 논리적 단절성을 완전히 채우는 것에 성공하였다고 말하기는 어렵지만, 둘 사이의 단절을 연결시키기 위한 최소한의 논리적 가교를 마련하려는 그의 노력은 긍정적 평가를 받을 만하다.

다만 이상과 같은 이론적 시사점에도 불구하고 테일러가 제시한 여러 가지 실천적 규칙에 대한 비판들도 제기된다. 먼저 자연 존중의 태도로부터 직접적으로 도출된 일반적 의무에 대한 비판을 살펴보자. 테일러는 자신이 제시한 네 가지 의무들이 그의 이론이 전제하는 생명중심주의와 충분히 양립 가능한 것이라 설명하고 있다. 그러나 그런 의무 가운데 불간섭의 의무를 우리가 실질적으로 받아들여 실행에 옮기는 것이 과연 가능한가에 대한 의문이 지적될 수 있다. 존재론적 차원에서 보자면 인간은 자연과 완전하게 하나가 되어 살기 어려운 존재라는 점에서 자연에 대한 간섭이 일정 부분 불가피한 것으로 여겨지는 경우도 있다. 인간은 자연적 육체를 지닌 존재이고 육체의 조건에 따라 살아간다는 점에서 자연의 일부이기는 하지만, 인간은 자연을 대상으로 삼아서 변형하거나 파괴하는 능력 또한 지닌 것이 사실이다. 이런 사실을 인정한다면 인간이 자연의 일부라는 인식 아래 생태계의 원리를 따라 자연에 간섭하는 태도를 갖는 것은 폐쇄적인 인간중심주의 차원의 간섭과는 구분되어 이해할 필요가 있을 것이고, 이런 경우 허용되는 간섭이 존재할 가능성이 열리게 된다(김일방, 2001: 55).

다음으로 테일러가 제시한 우선순위 규칙 중 일부는 그의 이론 내에서 모순을 발생시킨다는 비판점 또한 제기된다. 특히 보상적 정의의 규칙에 대해 많은 사람들의 비판이 집중된다. 테일러는 자신의 생명중심주의 윤리학을 개체주의에 기반한 상태로 논의를 전개하지만 보상적 정의는 개체주의 접근법 내의 이론적 일관성 유지에 어려움을 주는 것으로 평가되기 때문이다. 생명의 희생을 당한 동식물에 대해 보상적 정의를 적용할 때, 불행하게도 내가 파괴한 바로 그 개체에 보상을 해줄 수는 없으므로 그 개체가 속한 종의 다른 개체들에게 도덕적 배려가 뒤따라야 한다. 이때 정의의 형평성을 유지한다는 주장이 온전한 의미를 가지기 위해서는 그가 주장한 개체주의를 포기하고 종이나 생태계 보존과 같은 전체론적 접근법으로의 확장이 필요할 것으로 보인다(데자르댕, 2017: 303; 한면희, 1997: 153).

테일러는 모든 유기체가 조직화된 시스템 내지 통합된 목적론적 삶의 중심이라는 사실에서 시작하여 그들이 본래적 존중가치를 가진다고 생각할 수 있는 이유를 밝히고 그것에서 파생되는 여러 가지 실천적 규칙들을 제시하였다. 실제로 나무가 생존하는 조건에 있어 좋은 것이 있고 나쁜 것이 있다는 점은 부인할 수 없는 사실이다. 비록 나무가 책임감 있게 행동하는 도덕적 행위자는 아니지만 우리는 그들을 여전히 도덕적 수혜자로 간주할 수 있다. 도덕적 수혜자는 우리가 그것에 대하여 어떤 행동을 하든 그 자체로 중요한 본래적 존중가치를 지닌다. 이런 생각은 나무라는 도덕적 수혜자를 단순한 간접적 의무가 아닌 직접적 의무의 대상으로 여길 수 있는 중요한 단서를 제공한다. 그리고 인간과 나무가 생태계 속에서 맺는 특정하고 복잡한 상호작용들은 간접적으로 우리의 윤리적 시선을 생태계 전체로 확장시킬 수 있는 중요한 발판을 마련해 준다는 점에서 가치가 있다. 종이나 생태계가 직접적 의미에서 살아있는 것은 아니지만 생명중심주의 이론에서 그것들을 다룬다는 점은 생태중심주의로의 확장에 대한 요구와 전혀 무관하다고 평가하기는 어려워 보인다(MacKinnon & Fiala, 2018: 423-424). 테일러 자신이 의도하지는 않았지만 그의 논의는 암묵적으로 개체주의에서 한 걸음 나아간 종이나 생태계에 대한 조명의 필요성을 우리에게 제기하고 있는지도 모른다.

참고문헌

김일방(2001), 「테일러의 생명중심주의 윤리에 대한 비판」, 『철학연구』 80, 37-59.

데자르댕, 조제프(2017), 『환경윤리』, 김명식·김완구 옮김, 연암서가.

안건훈(2016), 『생명 공동체』, 서광사.

양선모(2018), 「인간의 환경인가, 환경 속의 인간인가?: 조제프 R. 데자르댕의 『환경
    윤리』 서평」, 『환경철학』 26, 137-150.

정결(2021a), 「자연법 윤리의 자연 이해에 대한 비판적 고찰」, 『윤리교육연구』 62,
    221-249.

정결(2021b), 「폴 테일러 생명중심주의의 『생활과 윤리』 교과서 서술 개선을 위한 분석 및 제언」, 『환경철학』 32, 171-189.

테일러, 폴(2020), 『자연에 대한 존중』, 김영 옮김, 리수.

한면희(1997), 『환경윤리: 자연의 가치와 인간의 의무』, 철학과현실사.

MacKinnon, B. & Fiala, A.(2018), *Ethics: Theory and Contemporary Issues*, Boston: Cengage Learning.

Rolston Ⅲ, H.(2020), *A New Environmental Ethics (Second Edition)*, New York: Routledge.

Taylor, P. W.(2011), *Respect for Nature*, Princeton: Princeton University Press.

레오폴드의 대지윤리*

김남준

I. 들어가는 말

레오폴드(A. Leopold)는 오늘날 환경윤리의 아버지 내지 창시적 천재로 매우 높이 평가받거나(Callicott, 1989: 15), 생태중심주의 발전에 이정표를 세운 가장 중요한 학자로 평가받기도 한다(Davall & Sessions, 1985: 86). 레오폴드가 이러한 평가를 받게 된 까닭은, 그가 환경문제에 대한 사회적 관심이 거의 없던 20세기 초중반에 흙, 물, 식물, 동물을 포괄하는 생명 공동체(biotic community)로서 대지의 보전(운동)에 헌신하는 삶을 살았을 뿐만 아니라 그의 대지윤리(land ethic)가 생태중심주의를 대표하는 현대의

---

* 이 글은 김남준(2022), 「대지윤리의 윤리적 쟁점들」, 『윤리연구』, 제137호, 189-216을 수정·보완한 것임을 밝힌다.

고전으로 불릴 만큼 후세에 미친 영향이 지대하기 때문일 것이다.

레오폴드는 자연에 대한 사랑이 유달리 컸던 아버지의 영향으로 어린 시절부터 야생의 멋과 낭만을 만끽하며 자연과 함께 성장할 수 있었다. 특히, 아버지의 자연에 대한 자발적 절제를 보면서 자란 레오폴드는 사냥마저도 자기만족을 위해 동물을 살상하는 잔혹한 행위가 아니라 자연의 원리에 따르는 행위가 되어야 함을 깨달을 수 있었다(Meine, 1987: 18-23; 송명규, 1998a: 24-25; 강규한, 2014: 13-14).[1] 이처럼 자연을 직접 경험하며 보전에 대한 관심을 지니게 된 레오폴드는 예일대학교 산림학부에서 수학한 후 미국 산림청 현장 공무원으로 근무했고, 엽조수(獵鳥獸) 관리조사사업에 참여했으며 말년에는 위스콘신대학교 농업경제학과에서 엽조수 관리학 교수로 재직했다.

레오폴드는 이러한 인생의 여정을 통해 원생지대 보전에 대한 확고한 신념과 생명 공동체로서 대지에 대한 고유한 관념을 정립한 것으로 보인다. 물론, 레오폴드가 처음부터 생태중심주의 입장에 서 있었던 것은 아니다. 레오폴드는 초기에 핀쇼(G. Pinchot)의 공리주의적 자연보호 정책과 과학적 보전주의에 영향을 받았기 때문에 자연을 인간의 행복과 번영을 위한 자원으로 여기면서 산림을 효율적으로 개발하고 관리해야 한다는 생각에 동조했다.[2] 그러던 레오폴드가 현장 경험과 연구를 통해 생태학에 대한 조예가 깊어지면서 총수입에만 관심을 두고 야생지대를 개발하는 행위, 포식동물을 소나 양, 사슴의 숫자를 늘리기 위해 박멸해야 할 해충처럼 여기는 것 등이 자연의 상호 연관성을 무시하는 어리석

---

1 레오폴드의 아버지는 사냥감 포획량을 스스로 제한했고, 특정 종의 오리는 사냥하지 않았으며, 봄철 번식기의 물새는 절대로 사냥하지 않았던 것처럼 자연의 원리에 어긋나지 않는 사냥을 몸소 실천했다.

은 일인지를 깨닫게 되었다. 그 후 레오폴드는 자연을 경제적 관점만이 아니라 윤리적이고 미학적인 관점에서 바라보면서 자신이 속한 생명 공동체로서 대지를 사랑과 존중으로 대하는 삶을 살아갔다.

이러한 레오폴드의 인생 여정을 담고 있는『모래 군(郡)의 열두 달: 그리고 이곳저곳의 스케치(A Sand County Almanac: And Sketches Here and There)』는 1960년대 이른바 '생태학의 시대'가 열리면서 현대 환경운동의 철학적 기반이자 보전론의 성서로 평가받게 되었다(Leopold, 1949; 송명규, 2012: 304). 특히, 이 책의 제3부 '귀결(The Upshot)'의 마지막 장을 장식한 '대지윤리'는 생명 공동체로서 대지의 보전을 위해 헌신해 온 저자 자신의 '인생 여정의 귀결'일 뿐만 아니라,[3] 이 책 전체에 스며 있는 생태학적이고 윤리적인 사유를 응축한 '귀결의 귀결(the Upshot of 'The Upshot')'로 평가된다(Callicott, 1989: 117).[4] 이 글에서는 생태중심적 환경윤리의 고전으로

---

2 핀쇼는 미국 루스벨트 정부에서 초대 산림청장을 역임한 인물로, 모든 시민과 후손에게 기회의 균등, 지속적인 발전, 동등한 부와 번영 등을 보장할 수 있도록 자연 자원을 효율적이고 공정하게 관리할 것을 주장하였다. 레오폴드가 수학한 예일대학교 산림학부는 핀쇼의 가족이 기부한 기금으로 설립되었고, 장기적 안목에서 최대 다수의 최대 행복을 위해 산림을 효율적으로 개발하고 관리하는 지식과 기술을 가르쳤기 때문에, 레오폴드가 자연을 인간의 목적을 위한 도구로 보는 인간중심주의적 접근에 동조하게 된 것이 놀라운 일은 아니다. 특히, 1900년대 초기에 미국은 과학적 관리 원칙 아래 자연 자원의 합리적 사용을 강조하는 보전주의 운동의 성장기였기 때문에, 레오폴드도 이러한 사회적 분위기에 영향을 받은 것으로 보인다(송명규, 1998a: 25-26; 이도형, 2014: 136; 김은성, 2018: 461-462).

3 『모래 군(郡)의 열두 달』은 인간중심적 세계관에서 생태중심적 세계관으로 변화하게 된 저자 자신의 경험을 고백하는 개종 서사(conversion narrative)의 성격을 지닌다(Gatta, 2004: 58-59). 특히, 레오폴드는 '대지윤리'를 "대지의 남용이라는 괴물을 저지하지 못하는 보전(운동)의 무능력에 대한 슬픔과 분노, 당혹감과 착잡함으로 점철된 인생 여정의 귀결(Leopold, 1987: 282)"이라고 고백한다.

4 레오폴드가『모래 군(郡)의 열두 달』의 '서문'에서 "대지가 공동체라는 것은 생태학의 기초 개념이지만, 대지가 사랑과 존중을 받아야 한다는 것은 윤리적 문제이다(Leopold, 1949: viii-ix)."라고 기술한 것처럼, '대지윤리'는 생태학과 윤리학이 결합된 성격을 지닌다.

손꼽히는 '대지윤리'의 내용을 레오폴드의 내용 전개에 따라 살펴보고, 대지윤리를 둘러싼 비판과 논쟁을 고찰하고자 한다.

II. 레오폴드의 대지윤리론

레오폴드의 '대지윤리'는 지나치게 압축적인 산문 스타일의 서술, 현대철학적 윤리학의 지배적인 가정과 패러다임으로부터의 이탈, 불안정한 실천적 의미의 내포 등으로 인해 여러 해석과 비판의 여지를 남기는 부분이 적지 않다(Callicott, 1989: 76). 본 장에서는 총 7개의 절로 구성된 '대지윤리'를 내용 전개와 유사성에 따라 3개의 절로 구조화함으로써 레오폴드의 '대지윤리'에 함축된 의미와 윤리적 성격을 밝혀보고자 한다.

1. 윤리의 확대와 대지윤리

레오폴드는 '대지윤리'를 트로이 전쟁에서 돌아온 오디세우스가 부정한 행실을 행한 것으로 의심되는 12명의 노예 소녀들을 한 밧줄로 목을 매달아 죽이는 이야기로 시작한다. 이러한 오디세우스의 행위는 그 당시에는 아무런 의문이 제기되지 않았을 만큼 정당한 행위로 통용되었다. 왜냐하면 오디세우스의 그리스 시대에 옳고 그름의 개념이 없었던 것이 아니라 그 당시 윤리가 주인의 마음대로 처분할 수 있는 재산으로 간주되었던 노예에게까지 확대되지는 않았기 때문이다(Leopold, 1949: 201-202). 지금의 윤리적 관점에서 오디세우스의 행위는 도덕적으로 정당화될 수 없는 행위로 평가된다. 이것은 지난 3천여 년 동안 윤리의 범위가 지속적으로 확대되어 왔다는 것을 방증해 주고, 우리가 적어도 인종, 성별, 신분 등에 상관없이 모든 사람을 도덕 공동체의 동등한 구성원으로 대우해야 한다는 의식에 이르렀다는 것을 의미하기도 한다.

레오폴드는 윤리가 개인간의 관계를 다루던 것에서 개인과 사회의 관계를 다루는 방향으로 확대되어 왔지만, 아직까지 인간과 대지 및 그 위에서 살아가는 동식물과의 관계를 다루는 대지윤리로까지 발전하지는 않았다고 지적한다(Leopold, 1949: 202-203). 대지는 여전히 오디세우스의 노예 소녀들처럼 재산으로 간주되기 때문에,[5] 우리는 대지에 대한 어떠한 의무도 수용하지 않은 채 경제적 관점에서 대지를 사용하고 가공해도 되는 특권을 지닌 것처럼 행동한다. 그런데 레오폴드는 윤리가 인간과 대지 및 그 위에서 살아가는 동식물과의 관계를 다루는 방향으로 확대되는 것은 진화론적으로 가능하고 생태학적으로 필연적이라고 확언한다(Leopold, 1949: 203). 여기서 '진화론적 가능성'은 윤리가 진화하는 것이라면 인간과 대지 및 그 위에서 살아가는 동식물과의 관계를 다루는 대지윤리가 앞으로 보편적으로 수용될 수 있음을 의미하고, '생태학적 필연성'은 우리가 자연 안의 모든 존재들이 상호의존적으로 얽혀 있다는 생태학적 지식을 갖추게 된다면 흙, 물, 식물과 동물을 포괄하는 대지를 직접적인 도덕적 고려 대상에 포함시킬 수밖에 없음을 의미한다(김일방, 2003: 50-51; 송명규, 2012: 297-298).

이처럼 레오폴드는 진화론과 생태학에 의존하여 인간과 대지의 관계 및 규범을 설정하는 대지윤리를 정립하고자 한다.

---

5 캘리콧(J. Callicott)은 레오폴드가 대지윤리를 오디세우스의 이야기로 시작한 이유를 "오늘날 대지가 예전보다 더 일상적으로 그리고 비참하게 인간에게 예속되어 있다는 사실을 보여주기 위해서"라고 해석한다(Callicott, 1989: 76).

이와 같은 윤리의 확대는 지금까지 철학자에 의해서만 연구되어 왔지만 실제로는 생태학적 진화의 한 과정이다. 윤리가 확대되는 과정은 철학 용어만이 아니라 생태학 용어로도 기술될 수 있다. 생태학적으로 윤리는 생존경쟁에서 행동의 자유를 제한하는 것이다. 철학적으로 윤리는 사회적 행동과 반사회적 행동을 구별하는 것이다. 이것은 하나의 대상에 대한 두 가지 정의일 뿐이다. 윤리는 상호의존적인 개인 또는 집단이 협동의 방식을 발전시키는 성향에서 기원한다(Leopold, 1949: 202).

'대지윤리'에 등장하는 '진화', '생존경쟁', '사회적 행동과 반사회적 행동', '기원' 등의 용어는, 대지윤리가 다윈(C. Darwin)의 진화론에 근거한다는 사실을 알려준다(Callicott, 1989: 77; Callicott, 1999: 60-61). 다윈은 신이나 인간 이성이 윤리의 기원일 리가 없다고 생각한다. 우선, 신이 인간에게 도덕성을 부여했다는 설명은 과학적 근거를 지닐 수 없기 때문에 윤리에 대한 진화론적 설명에서 수용될 수 없다. 다음으로, 인간 이성이 윤리의 기원이라는 설명은 '수레를 말 앞에 놓는 오류'를 범한 것처럼 보인다. 왜냐하면 다윈의 진화론적 관점에서는 우리가 행동의 자유를 제한함으로써 생존경쟁에서 살아남을 수 있는 사회적 존재가 되었다는 사실을 고려한다면, 우리가 사회적 존재가 된 이후에 정교하게 발달시킬 수 있었던 인간 이성을 윤리의 기초로 삼는 것은 부적절하기 때문이다(Callicott, 1989: 78-79; Callicott, 1999: 64).

다윈은 흄(D. Hume)과 스미스(A. Smith)의 도덕 감정론을 진화론적으로 해석함으로써 공감과 같은 감정이 도덕성의 원천이라는 점을 밝히고자 한다. 다윈에 따르면, 사회적 동물은 그렇지 않은 동물에 비해 도덕적 규제나 사회적 규제를 따르는 경향이 높기 때문에 적응도가 증가하여 자연 선택의 과정에서 생존할 수 있는 가능성을 제고할 수 있었다(Callicott, 1989: 65). 예를 들어, 자식에 대한 부모의 사랑은 종의 재생산과 가족의 형성을 가능하게 하고, 이러한 감정은 친족이나 협력 관계에 있는 존재에게 확산되어 소규모 집단의 형성을 가능하게 하는 방식으로 사회적 진화를 추동하였을 것이다. 또한 사회적 적응과 확장이 촉진되는 사회적 진화의 과정에서 동료애, 공감, 자비심, 관대함 등과 같은 도덕적 감정이 자연스럽게 잉태되고 확산되었을 것이다(Darwin, 1904: 107). 이와 같이 자연 선택의 과정에서 사회적 진화와 도덕적 감정의 진화가 서로를 촉진함으로써 윤리가 확대될 수 있었다는 것이 다윈의 진단이다(김남준, 2019: 77). 그렇다면 윤리는 지금까지 여러 단계의 진화 과정을 통해 확대되어 왔고, 앞으로 대지윤리로까지 확대될 것으로 예상할 수 있다(Callicott, 1989: 149-150; Callicott, 1999: 71). 즉 인간이 진화의 역사 속에서 다른 존재들과 함께 생명 공동체를 이루는 한 구성원에 지나지 않는다는 생태학적 지식뿐만 아니라 대지에 대한 사랑과 존경의 감정을 갖는다면, 대지윤리가 보편적으로 수용되는 시기가 분명 도래할 것이다.

다윈의 진화론이 알려주듯이, 자연은 모든 구성원들 간의 상호관계로 이루어진 역동적인 공동체이고, 윤리가 공동체 구성원들 간의 경쟁과 협동을 규제하는 것과 관계된다면, 대지윤리는 "공동체의 범위를 흙, 물, 식물과 동물, 곧 집합적으로 대지를 포함하도록 확대하는 것(Leopold, 1949: 204)"이다. 그렇다면 대지윤리는 흙, 물, 식물, 동물 등을 자원(resources)으로 관리하거나 사용하는 것을 완전히 막을 수는 없지만, 이들도 생명 공동체의 구성원으로서 최소한 좁은 구역에서나마 자연 상태 그대로 존속할 권리(their right to continued existence)가 있음을 확언한다(Leopold, 1949: 204). 물론 인간이 생명 공동체의 구성원을 자원으로 사용하는 것을 허용하는 입장과 그들도 생명권(biotic right)을 지니고 있음을 인정하는 입장은 언뜻 모순인 것처럼 보인다. 그런데 생태계 차원에서 조망하면, 개체로서 자연적 존재는 다른 자연적 존재와 상호의존적 관계를 이루기 때문에, 그 자연적 존재가 본래적 가치만 지닌다거나 도구적 가치만 지닌다고 말하기는 어렵다. 예를 들어, 진딧물은 본래적 가치를 지닌 존재이지만 무당벌레에게는 도구적 가치를 지닌 존재이기도 하다. 이처럼 자연적 존재들은 상호의존적 관계를 이루기 때문에, 본래적 가치와 도구적 가치는 생태계 차원에서 서로 복잡하게 얽히면서 생태계의 안정과 질서에 기여할 수 있다(Rolston III, 1988: 188, 216-225; 김남준, 2019: 94). 그렇다면 인간이 생명 공동체의 다른 구성원을 자원으로 사용하는 것을 허용하되, 그것이 인간만의 이익을 위해 다른 구성원의 생명권을 부정하거나 생명 공동체 그 자체의 안정과 질서를 훼손해서는 안 된다는 것이다.

이런 맥락에서, 레오폴드는 "대지윤리가 호모 사피엔스의 역할을 대지 공동체의 정복자에서 그것의 평범한 구성원이자 시민으로 변화시킨다. 대지윤리는 대지 공동체의 동료 구성원에 대한 존중과 대지 공동체 그 자체에 대한 존중을 함의한다(Leopold, 1949: 204)."라고 주장한다.[6] 이처럼 레오폴드가 자연에서 인간의 지위와 역할을 탈인간중심적으로 재규정하면서 대지 공동체 그 자체와 그 구성원에 대한 존중을 강조하는 이유도 다윈의 진화론에서 찾을 수 있다.

---

6 레오폴드가 들쥐를 '착실한 시민'으로 표현하는 것(Leopold, 1949: 4)으로 보았을 때, 여기서 '시민'이라는 용어를 인간에게 한정된 것으로 해석할 이유는 없다.

다윈이 처음으로 종의 기원에 대해 이야기한 지 한 세기가 되었다. 이제 우리는 모든 앞선 세대들이 알지 못했던 것을 알고 있다. 인간은 진화의 오디세이에서 다른 생물과 함께하는 동료 항해자일 뿐이다. 이 새로운 지식을 통해 이제 우리는 다른 생물과 친족 관계에 있음을 느껴야 한다. 함께 사는 삶에 대한 바람, 생명 세계의 장엄함과 영속성에 대한 경외감도 함께 가져야 한다. 다윈 이후 한 세기 동안 무엇보다도 우리는, 인간이 지금 탐험선의 선장이지만 결코 그 탐험의 유일한 목적이 될 수 없다는 것을 깨달아야 한다(Leopold, 1949: 109-110).

진화론은 우리 인간이 대지 공동체의 다른 구성원들과 통시적으로, 생태학은 우리 인간이 대지 공동체의 다른 구성원들과 공시적으로 연결되어 있다는 사실을 알려준다. 우리가 이러한 진화론적이고 생태학적인 사실을 깨닫게 되면, 우리는 인간중심적 사고에서 벗어나 자기 자신을 대지 공동체의 평범한 구성원으로 규정할 수밖에 없을 뿐만 아니라 대지 공동체 그 자체와 그 위에서 살아가는 모든 동료 구성원을 사랑과 존중으로 대하게 될 것이다.

이러한 대지윤리의 윤리학적 특성은 '생태중심주의'와 '덕윤리'라는 용어로 압축할 수 있다. 첫째, 굿패스터(K. Goodpaster)가 도덕적 고려와 존중의 범위를 생명 공동체의 개별 구성원을 넘어 생명 공동체 그 자체로 확대한 것을 대지윤리의 가장 중요한 특징으로 평가하듯이(Goodpaster, 1978: 308-325), 대지윤리는 생태중심적 특성을 뚜렷하게 보여준다. 또한, 대지윤리는 기존 인간중심적 윤리에서 탈피하여 생명 공동체 안에서 인간의 올바른 위치와 역할을 강조한다는 점에서도 생태중심적 특성을 지닌다. 둘째, 대지윤리는 생명 세계의 장엄함과 영속성에 대한 경외감,

생명 공동체의 동료 구성원과 생명 공동체 그 자체에 대한 사랑과 존중 등과 같이 도덕 행위자의 감정을 강조하는 덕윤리의 특성을 지닌다. 이러한 대지윤리의 덕윤리적 특성은, 레오폴드가 윤리를 우리가 무엇을 해야 할지 결정하기 어려운 생태학적 상황에 대응하는 일종의 지도 양식(mode of guidance)으로 간주하는 데에서도 드러난다(Leopold, 1949: 203). 즉 대지윤리는 과학자들조차 완전히 이해하기 어려운 복잡한 생태학적 상황에서 도덕 원리에 따르는 구체적인 행위를 그때그때 요구한다기보다는 행위자의 훌륭한 품성, 도덕적 감정과 태도 및 그에 따르는 지속적인 행위의 경향성을 요청하는 것으로 보인다.

2. 생태학적 양식과 보전의 문제

보전은 대지의 건강 내지 자기회복 능력을 이해하고 유지하려는 인간의 노력으로, 인간이 대지와 조화된 상태에 이르려는 것이다(Leopold, 1949: 207, 221). 이러한 대지의 보전이 올바로 이루어지지 않는 근본적인 이유는, 대지를 사용하는 데 있어서의 윤리(land-use ethics)가 대지의 비경제적인 가치에는 눈을 감은 채 오로지 계몽된 자기이익 내지 경제적 자기 이익에 의해 지배받고 있기 때문이다(Leopold, 1949: 207-209). 즉 지금까지 대지를 보전하려는 노력이 경제적 자기 이익에 기인한 의무를 넘어서는 의무에 대해서는 입을 다문 채 대지를 경제적 가치의 대상으로만 여기는 종전의 관행에 따라 이루어져 왔기 때문에 실패의 길을 걷게 되었다는 것이다.

레오폴드는 그 당시 보전에 대한 주요 견해를 두 가지로 분류한다(Leopold, 1949: 221-223). 그중 하나는 대지를 흙으로, 그 기능을 상품 생산으로 간주하면서 과학적 관리 원칙 아래 대지를 합리적으로 사용함으로써 경제적 이익을 산출하려는 입장이다. 다른 하나는 대지를 생물상(biota)으로, 그 기능을 경제적 이익 산출을 넘어서는 광범위한 어떤 것으로 간주하는 입장이다. 레오폴드는 대지를 경제적 이익 산출을 위한 하나의 상품으로 간주하는 전자의 견해가 우리를 잘못된 길로 접어들게 했다고 지적한다. 오로지 경제적 동기에 바탕을 둔 보전 체계의 근본적인 약점은, 대지 공동체의 대부분의 구성원들이 경제적 가치를 지니지 않을 뿐만 아니라 늪과 수렁, 사막의 예와 같이 생명 공동체 전체도 때때로 경제적 가치를 결여하고 있다는 것이다(Leopold, 1949: 210-212). 만약 우리가 오로지 경제적 동기에 바탕을 둔 보전 정책을 추진한다면, 그것은 경제적 가치를 결여하거나 증명하기 어려운 생명 공동체 구성원의 생명권을 부정하는 결과를 가져올 뿐만 아니라 생명 공동체의 건강 내지 자기-회복 능력을 훼손하는 결과를 가져올 것이다.

오로지 경제적 자기 이익에 바탕을 둔 보전 체계는 절망적일 정도로 편향되어 있다. 그것은 상업적 가치를 결여하고 있지만 (우리가 알고 있는 한) 대지 공동체의 건강한 기능을 위해 필수적인 많은 요소들을 무시하고, 그래서 결국 절멸시켜버리는 경향이 있다. 이러한 체계는, 내가 생각하건대, 생명계 시계의 경제적 부분들이 비경제적 부분들 없이도 잘 기능하리라고 잘못 가정하고 있다(Leopold, 1949: 214).[7]

만약 우리가 대지를 오로지 경제적 관점에서만 바라본다면, 즉 우리가 대지를 우리에게 속한 하나의 상품(commodity)으로만 취급한다면, 우리는 일시적으로 경제적 이익을 산출할 수는 있겠지만 종국적으로 대지가 우리에게 제공하는 경제적 가치 이상의 것을 수확할 수 없을 뿐만 아니라 생명 공동체로서 대지를 보전할 수도 없을 것이다. 우리가 대지를 우리에게 속한 상품이 아니라 우리가 속한 공동체(community)로 바라볼 때, 우리는 대지를 사랑과 존중으로 대하게 될 것이다(Leopold, 1949: viii). 이처럼 대지윤리는 인간의 이익을 계산하는 경제적 합리성의 논리가 아니라 사랑, 공감, 존중과 같은 도덕적 감정에 의해 성립될 수 있다. 우리는 보거나 느끼거나 이해하거나 사랑하거나 믿는 것에 대해서만 윤리적일 수 있기 때문에(Leopold, 1949: 214), 우리의 지적 관심과 충성심, 애정, 신념 등의 내적 변화 없이는 어떠한 윤리적 변화도 이루어질 수 없다(Leopold, 1949: 209-210). 우리가 생태학적 지식을 갖춤으로써 대지와 그 위에서 살아가는 구성원들에 대해 이해하고 우리의 차가운 마음속에 생태학적 감수성을 기른다면, 우리는 대지와 그 위에서 살아가는 구성원들에 대한 책임과 의무를 수용하게 될 것이다. 그렇다면 대지윤리는 생태학적 양식(ecological conscience)을 반영해야 하며, 생태학적 양식은 대지의 건강에 대한 개인의 책임을 반영해야 한다(Leopold, 1949: 221).

대지와 그 위에서 살아가는 구성원들의 보전을 위한 정부의 활동은 중요하지만, 그러한 정부의 활동에는 일정한 한계가 있다는 사실도 인식해야 한다. 정부의 보전 활동은 궁극적 효과를 얻을 때까지 시민들에

---

7 레오폴드는 상업적 가치를 상실한 병든 나무가 숲의 건강을 위해 어떤 기능을 수행할 수 있는지를 설명한다(Leopold, 1949: 73-77). 예를 들어, 병들어 뿌리가 약해져 반쯤 넘어진 단풍나무는 사냥꾼들에 의해 씨가 마를 정도로 수난을 당하는 라쿤 가족에게는 난공불락의 요새가 되고, 병든 참나무는 목도리뇌조에게 즐거운 먹거리인 벌레혹을 제공하며, 병든 참나무의 빈 공간은 꿀벌들에게는 더할 나위 없이 좋은 벌통의 구실을 해준다. 이처럼 "죽은 나무들이 산 동물들로 바뀌고 죽은 동물들이 산 나무들로 바뀌는" 과정을 통해 숲은 건강하게 보전된다.

게 더 많은 세금을 요구하게 될 것이고, 정부의 보전 활동의 범위가 넓어질수록 자신의 비대함으로 인해 오히려 비능률을 초래할는지도 모른다(Leopold, 1949: 213). 또한 보전의 문제가 전적으로 정부에 맡겨진 문제로 여겨진다면, 개인은 대지 공동체와 그 구성원에 대한 책임과 의무를 의식하지 않은 채 자신의 경제적 이익을 위한 활동에 전념하게 될 것이다. 대지 공동체와 그 구성원에 대한 보전 활동이 올바로 이루어지기 위해서는, 정부에게 보전에 대한 모든 책임을 전가하는 것보다는 민간 토지 소유자에게 보전에 대한 윤리적 의무를 부과하는 것이 요청된다(Leopold, 1949: 213-214). 즉 우리가 대지 공동체의 구성원임을 자각하고 생태학적 양식을 바탕으로 대지의 건강을 유지시키기 위해 스스로 노력해야 한다는 것이다. 특히, 생태학적 지식과 도덕적 감정의 뒷받침 없이는 대지윤리도 성립할 수 없고 대지 공동체와 그 구성원에 대한 책임 있는 보전 활동도 이루어질 수 없다는 점에서, 대지와 그 구성원에 대한 생태학적 이해를 넓히고 생태학적 양식을 기를 수 있는 교육적 노력도 이루어져야 한다.

3. 대지 피라미드와 전망

레오폴드는 대지에 대한 인간의 경제적 이해관계를 보완하고 지도할 수 있는 대지윤리를 정초하기 위해서는 대지를 생명 메커니즘으로 파악하는 대지 피라미드(land pyramid) 내지 생명 피라미드(biotic pyramid)를 전제해야 한다고 본다(Leopold, 1949: 214). 대지 피라미드는 태양에너지가 흐르는 생명 요소와 무생명 요소로 이루어진 고도로 유기적인 구조이다(데자르댕, 2017: 368). 이 구조는 맨 아래층에 흙, 그 위에 식물, 곤충, 새, 설치류,

각종 동물들이 층을 이루다가 맨 위층에는 대형 육식동물로 이루어진다. 인간은 잡식성인 곰, 라쿤, 다람쥐 등과 함께 중간층에 위치한다. 각각의 종은 먹이의 종류에 따라 각각의 층으로 나뉜다. 위층은 먹이와 다른 서비스를 아래층에 의존하고, 아래층은 먹이나 서비스를 위층에 제공한다. 층별 개체 수는 위로 올라갈수록 줄어드는 반면, 아래로 내려올수록 증가하기 때문에 피라미드 형태를 갖추게 된다. 이 피라미드 구조에서 위층과 아래층에 속한 각각의 종은 서로 수많은 고리로 연결된 먹이사슬을 이루기 때문에 일견 무질서해 보일 수도 있지만, 그 구조는 다양한 구성 요소들 간의 협동과 경쟁에 의해 안정적으로 작동한다. 먹이사슬은 에너지를 위로 전달하는 살아 있는 통로이고, 죽음과 부패는 에너지를 흙으로 돌려보낸다.[8] 따라서 대지는 단순한 흙이 아니라 흙, 식물, 동물을 순환하며 흐르는 에너지의 원천이다(Leopold, 1949: 215-216).

대지 피라미드에서 어느 한 층이 병들면 에너지를 위아래로 이동시키는 통로인 먹이사슬이 원활하게 작동할 수 없게 된다. 그럴 경우 대지의 건강 또는 생명 공동체의 온전함과 안정이 유지되지 못할 것이고, 그로 인해 각 층에 속한 개체들도 존속하기 어려워질 것이다. 대지의 복잡한 구조와 에너지 단위로서의 그 원활한 기능이 유지되는 것은 생명 공동

---

8 레오폴드는 "봄이 오면 참나무 장작이 타고 남은 재는 모래언덕 기슭의 과수원으로 돌려주어야겠다. 그것은 아마 빨간 사과로, 아니면 자신도 그 이유를 모른 채 그저 열심히 도토리를 심는 시월의 어떤 살찐 다람쥐의 부지런함 덕택에 또다시 참나무로 돌아올 것이다(Leopold, 1949: 17-18).", "가빌란의 노래에서 먹이는 돌고 도는 것이다. 이것은 당신을 위한 음식만이 아니라 참나무를 위한 음식도 포함한다. 참나무는 사슴의 먹이가 되고, 사슴은 퓨마의 먹이가 되고, 퓨마는 참나무 밑에서 죽어 자신의 지난날 먹이들을 위해 도토리로 되돌아간다. 이것은 참나무에서 시작하여 참나무로 되돌아가는 수많은 먹이사슬 가운데 하나일 뿐이다(Leopold, 1949: 152-153)." 등을 통해 대지 피라미드에서 먹이사슬을 통한 에너지의 흐름을 설명한다.

체 그 자체만이 아니라 그 구성원을 위해서도 매우 중요하다. 이것은 대지를 인간의 이익을 위해 마음대로 다루어도 되는 단순한 물건이나 죽은 물질이 아니라 하나의 공동체로 파악해야 함을 의미할 뿐만 아니라, 대지윤리가 개별 구성원을 넘어 대지 공동체 그 자체로 관심의 범위를 확대해야 한다는 것을 의미하기도 한다(Callicott, 1989: 89).[9]

이처럼 대지윤리가 대지의 건강 또는 생명 공동체의 온전함과 안정의 유지를 중요시한다고 해서 생태학적 현상태를 고수하거나 자연의 변화를 평가절하하려는 것은 아니다(Callicott, 1989: 90). 레오폴드는 "진화는 오랜 세월에 걸쳐 이루어지는 일련의 자기유도적 변화인데, 이 변화의 결과로 에너지 흐름의 메커니즘은 정교해졌고 그 회로는 더 길어졌다(Leopold, 1949: 216-217)."라는 기술을 통해 자연의 변화가 반드시 에너지 흐름을 방해하거나 전환시키는 것은 아니고, 대지의 건강 또는 생명 공동체의 온전함과 안정을 훼손하는 것도 아니라고 설명한다.

---

9 레오폴드는 러시아의 신비주의 철학자 우스펜스키(P. D. Ouspensky)로부터 영향을 받아 지구를 살아 있는 하나의 유기체로 간주한다. 집합적 유기체로서의 대지, 대지의 건강 등의 표현은, 레오폴드가 지구를 살아 있는 하나의 유기체로 파악하고 있다는 사실을 보여 준다. 또한 레오폴드는 영국의 생태학자 엘턴(C. Ealton)과 교류하게 되면서 먹이사슬, 에너지 순환, 생태적 지위, 피라미드 등과 같은 생태학 개념을 접하게 되었고, 먹이사슬과 에너지 순환이 대지의 온전함과 안정을 유지하는 데 중요하다는 사실을 확신하게 되었다. 특히 탠슬리(A. Tansley)는 엘튼의 먹이사슬과 같은 기술적 개념을 열역학 모델로 설명하는데, 대지 피라미드는 이러한 탠슬리의 에너지 모델에 기초하고 있다. 레오폴드의 학문적 관심은 시간이 지나면서 우스펜스키의 자연 유기체론에서 엘튼의 기능주의적 공동체 모델과 탠슬리의 에너지 모델로 이동한 것으로 보인다. 그 이유는 생태학의 패러다임이 유기체 모델에서 공동체 모델로 바뀌었기 때문이기도 하고, 공동체 모델이 흄의 도덕 감정론과 다윈의 진화론에 함축된 도덕적 의미를 수용하는 데 적합하기 때문이기도 하다. 결론적으로, 레오폴드의 대지윤리는 우스펜스키의 자연 유기체론, 엘튼의 기능주의적 공동체 모델, 탠슬리의 에너지 모델, 다윈의 진화론과 흄의 도덕 감정론의 생태윤리학적 결합이라고 말할 수 있다(Callicott, 1989: 89; 송명규, 1998b: 42-45, 56-58; 데자르댕, 2017: 373-375).

레오폴드는 물론 "진화적 변화는 대체로 느리고 국지적(Leopold, 1949: 217)"이라는 사실에 주목할 것을 권고한다. 만약 인간이 진화적 변화와 달리 과격하고 광범위하게 변화를 일으킨다면, 대지의 건강 또는 생명 공동체의 온전함과 안정은 유지되기 어려워질 것이다. 이와 반대로 인간에 의해 야기된 변화가 과격하지 않을수록 대지 피라미드가 성공적으로 재구성될 가능성은 높아질 것이다(Leopold, 1949: 220). 대지의 생명 메커니즘은 과학자들조차 그 움직임을 완전히 파악할 수 없을 정도로 복잡하고(Leopold, 1949: 205), 대지 피라미드의 복잡한 구조는 오랜 진화의 역사를 통해 전개되어 왔다는 사실을 이해한다면, 대지에 대한 인간의 간섭은 생명 공동체의 온전함과 안정을 유지할 수 있도록 느리고 제약된 형태로 이루어져야 한다. 레오폴드는 우리가 섣부른 판단으로 대지 공동체에 함부로 개입해서는 안 된다는 교훈을 '산처럼 생각하기'에서 보여준다.

우리는 [사냥한] 늙은 늑대에게 다가가 그의 눈에서 강렬한 초록 불빛이 사그라드는 것을 보았다. 나는 그때 그 늑대의 눈 속에 내가 모르는 어떤 새로운 것이, 늑대와 산만이 알고 있는 어떤 것이 들어 있다는 것을 깨달았고, 그 이후로 이 일을 잊은 적이 없다. 그 당시 나는 젊었고 방아쇠를 당기고 싶어 근질거릴 때였다. 늑대가 적어진다는 것은 사슴이 많아진다는 것을 뜻하기 때문에 늑대가 없는 곳은 사냥꾼의 낙원이 될 것이라고 생각했었다. 그러나 그 초록 불빛이 사그라드는 것을 본 이후, 나는 늑대도 산도 그런 생각에 동의하지 않는다는 것을 깨달았다 (Leopold, 1949: 130).

사슴의 개체 수를 늘리기 위해 늑대를 마음대로 사냥해도 된다는 생각은 편협한 인간중심적 관점에 불과하다. 늑대가 쓰러뜨린 사슴은 2, 3년이면 다시 채워질 수 있지만, 너무 많은 사슴이 휩쓸어버린 산기슭은 수십 년이 지나도 제 모습을 되찾기 어렵기 때문이다(Leopold, 1949: 132). 즉 늑대의 절멸은 사슴의 과잉을 초래하고, 사슴의 과잉은 식물의 절멸을 초래하며, 식물의 절멸은 사슴도 사라지게 함으로써 산 전체의 생태학적 균형을 깨뜨리고 말 것이다. 어떤 종은 필요하고 어떤 종은 필요하지 않다는 생각은 전적으로 인간중심적이고 실용주의적 편견일 수 있다(Nash, 1989: 64). 늑대와 사슴, 산 모두가 각자의 역할을 수행하고 있기 때문에 생태계에서 없어서는 안 될 존재이고(Lorbiecki, 1996: 167), 경제적 가치를 넘어서는 그 이상의 가치를 지닌 존재로 평가될 수 있다. 레오폴드는 여기서 산처럼 생각할 것을, 즉 편협한 인간중심적이고 실용주의적 관점에서 벗어나 생태학적으로 생각하고 자연을 겸손하게 대할 것을 요청한다.

이처럼 레오폴드는 인간중심적 사고에서 벗어나 생태중심적 사고로 전환할 것을 촉구하면서 "바람직한 대지의 사용을 단지 경제적 문제로만 생각하지 말라. 각각의 물음을 무엇이 경제적으로 유리한가라는 관점뿐만 아니라 무엇이 윤리적, 심미적으로 옳은가의 관점에서도 검토하라(Leopold, 1949: 224)."고 제안한다.[10] 즉 모든 것을 경제가 결정한다는 경제 결정론적 관점에서 벗어나 대지의 사용 및 인간과 대지의 관계를 윤

---

10 레오폴드는 바람직한 대지의 사용을 경제적 관점에서 검토하는 것을 금지하지는 않고 경제적 관점에서만 생각하지는 말라고 촉구한다. 레오폴드는 자연보호에 대한 실용적 접근에서 생태학적 접근으로 전이하는 중간 세대에 속한다는 평가에서 확인할 수 있듯이(Worster, 1994: 284), 이 문장은 핀쇼 학파의 일원이었던 레오폴드가 도구적 자연관에서 벗어나 생태학적 자연관으로 나아가게 되었음을 보여준다.

리적, 미학적 관점에서도 검토해야 한다는 것이다.[11] 왜냐하면 대지와의 윤리적 관계는 대지에 대한 사랑, 존중과 감탄 없이, 또한 대지의 가치에 대한 깊은 존경 없이 존재할 수 없기 때문이다(Leopold, 1949: 223). 레오폴드는 여기서 대지의 가치가 "단순한 경제적 가치보다 훨씬 더 넓은 의미의 가치, 즉 철학적 의미의 가치(Leopold, 1949: 223)"를 가리킨다고 강조한다.

레오폴드는 이러한 전제 아래 "어떤 것이 생명 공동체의 온전함, 안정, 아름다움을 보전하는 경향이 있다면 그것은 옳다. 반면 어떤 것이 그 반대의 경향이 있다면 그것은 그르다(Leopold, 1949: 224-225)."라는 유명한 윤리적 명제에 도달한다. 이 윤리적 명제는, 우리 인간이 무엇을 해도 되는지 혹은 해야만 하는지를, 그리고 생명 공동체의 구성원을 어떤 방식으로 대할지를 생명 공동체의 선(the good of the biotic community)을 기준으로 판단할 것을 요청한다(Callicott, 1989: 21). 예를 들어, 어떤 특정 지역에서 흰꼬리사슴이 과도하게 증가하여 그 지역 생태계의 온전함이나 안정을 심각하게 훼손하는 상황이라면, 사슴 사냥은 도덕적으로 허용될 뿐만 아니라 요청되기도 한다. 이와 달리, 스라소니와 같이 개체수가 과소하여 멸종 위기에 처한 동물은 특별히 보호받아야 한다. 레오폴드는 '대지윤리'에서 동료 구성원에 대한 존중, 생명 공동체 구성원의 생명권 등을 요청하지만, 이 윤리적 명제에서 동료 구성원에 대한 직접적 언급을 찾아볼 수는 없다(Callicott, 1999: 68). 즉 레오폴드는 '대지윤리'의 결론

---

11 레오폴드는 "자연의 특성(quality)을 인지하는 우리의 능력은 예술에서 그렇듯이 아름다움에서 시작한다. 자연의 특성은 아름다움의 연속적인 단계를 거쳐 아직 언어로 파악되기 어려운 가치의 영역으로 확대된다(Leopold, 1949: 96)"라고 기술하듯이, 대지윤리에서 미학적 관점의 중요성을 강조한다.

에 해당하는 마지막 절에서 생명 공동체의 선이 개별 구성원의 선보다 우선한다는 것(Callicott, 1989: 84), 그리고 생명 공동체에서 인간의 행위 또는 대지에 대한 인간의 간섭은 생명 공동체의 온전함, 안정, 아름다움을 보전하는 경향과 일치해야 한다는 것을 분명히 밝히고 있다.

Ⅲ. 대지윤리의 윤리적 쟁점들

대지윤리는 부분에서 전체로, 개체에서 공동체로 그 강조점을 옮김으로써 인간중심주의에서 생태중심주의로의 윤리학적 전환을 도모한다(Callicott, 1989: 8). 즉 레오폴드는 대지를 우리에게 속한 상품이 아니라 우리가 속한 공동체로 바라보면서 대지를 사랑과 존중으로 대할 것을 요청하고, 인간을 대지 공동체의 정복자가 아닌 평범한 구성원으로 규정함으로써 생태중심적 환경윤리로서 대지윤리를 정립하고자 한다. 이러한 대지윤리는 개체주의적 환경윤리와 비교되는 특징을 지닌다.

첫째, 대지윤리는 개체주의적 환경윤리와 달리 오늘날 환경위기를 극복하는 데 도움이 되는 포괄적인 시야를 제공한다. 오늘날 환경위기는 기후변화 문제에서 알 수 있듯이, 자연의 어떤 부분의 위기가 아니라 전 지구적 수준의 위기로 규정된다. 개체주의적 환경윤리는 이러한 전 지구적 수준의 환경위기에 대한 매력적인 대안으로 생각되지는 않는다. 예를 들어, 레건(T. Regan)은 개체주의 입장에서 "우리가 생명 공동체를 구성하는 개체들의 권리를 적절하게 존중한다면, 그 공동체는 보존되지 않겠는가?"(Regan, 2004: 363)라고 주장하지만, 개별 동물의 권리를 존중한다고 해서 기후변화 문제가 해결된다거나 파괴된 생태계가 복원될 것이라고 생각되지는 않는다. 자연에 대한 자유방임적 접근보다는 자연에 대한 인간의 적절한 간섭을 용인하는 접근이 생명 공동체의 온전함, 안정, 아름다움을 보전하는 데 기여할 가능성이 있다.[12]

둘째, 대지윤리는 개체주의적 환경윤리가 갖고 있는 도덕적 난점과 딜레마를 피할 수 있다. 싱어(P. Singer)와 레건과 같은 동물중심주의자는 생태계나 생물학적 종이 아닌 개체에게만 도덕적 지위가 부여된다고 보기 때문에 멸종 위기에 처한 동물종의 보호에 특별한 관심을 기울이지 않는다. 또한, 그들은 특정 동물종의 개체 수가 식량 공급량을 초과할 정도로 증가하여 서식지가 파괴되고 그로 인해 그 동물종만이 아니라 수많은 다른 종들이 집단 아사의 위기에 처한다고 해도 그 동물종의 개체 수를 조절할 수 있는 효과적인 방안을 찾아내기가 쉽지 않다. 왜냐하면 동물중심주의자는 도덕적 지위를 지닌 개체 동물을 사냥과 같은 인위적인 수단을 통해 조절할 수 있는 대상으로 간주할 수 없기 때문이다.

생명중심주의는 본질적으로 모든 생명체가 동등한 가치와 지위를 지닌 것으로 전제하기 때문에 도덕적 딜레마에 직면할 수 있다. 즉 우리가 다른 생명체의 본래적 가치와 도덕적 지위를 인정하여 그들을 살생하는 것을 포기한다면, 우리는 적어도 다른 생명체와 동등한 가치와 지위를 지닌 우리 스스로를 죽이는 셈이 된다. 이는 생명체(인간)의 죽음을 초래한다는 점에서 생명중심주의 입장에 어긋난다. 그 반대의 경우도 생

---

[12] 대지윤리는 인간중심주의와 비교할 때에도 오늘날 환경위기를 극복하는 데 도움이 되는 포괄적인 시야를 제공한다. 인간중심주의는 대개 인간에게 직접적으로 이익을 제공하는 자연의 부분에 관심을 갖고, 그 부분을 개발하거나 보전함으로써 경제적 이익을 산출하고자 한다. 레오폴드의 말을 원용한다면, 이것은 경제적 자기 이익에 바탕을 둔 정책으로, 자연의 경제적 부분이 비경제적 부분 없이도 잘 기능할 것이라고 잘못 믿고 있는 것이다.

명체(동식물)의 죽음을 분명 초래할 것이다. 이러한 생명중심주의의 딜레마는, 우리가 개체주의에 입각하여 생명중심적 평등을 엄격하게 실천할 수는 없다는 것을 의미한다.

이러한 개체주의적 환경윤리가 갖고 있는 도덕적 난점과 딜레마는, 어떤 것이 생명 공동체의 온전함, 안정, 아름다움을 보전하는 경향이 있는지 그렇지 않은지를 판단하면 상당 부분 해결될 수 있을 것이다. 이와 같이 대지윤리는 개체주의적 환경윤리와 비교되는 특징을 지니고 있지만, 이러한 대지윤리의 입장은 서양윤리학의 지배적 패러다임과 다를 뿐만 아니라(Callicott, 1989: 8, 76), 부분보다는 전체를, 개체보다는 공동체를 강조하는 특징을 지니고 있기 때문에 여러 윤리적 쟁점을 불러일으킨 것도 사실이다.

1. 대지윤리는 윤리로 성립할 수 있는가?

대지윤리의 중요한 특징 중 하나는, 인간을 진화의 오디세이에서 다른 생물과 함께하는 동료 항해자 또는 대지 공동체의 평범한 구성원이자 시민으로 간주한다는 것이다. 그런데 바로 이러한 특징이 대지윤리가 과연 윤리로 성립할 수 있는지에 대한 의문을 제기하는 계기로 작용하였다. 프리첼(P. Fritzell)은 다음과 같은 대지윤리의 역설을 제기한다(Fritzell, 1987: 128-153). 우리 인간은 다른 존재들과 마찬가지로 생명 공동체의 평범한 구성원이자 시민이거나 그렇지 않을 것이다.

만약 전자의 경우라면, 우리는 동료 구성원이나 생명 공동체 그 자체에 대한 어떠한 도덕적 의무도 지니지 않는다. 왜냐하면 현대의 과학적 관점에서 볼 때 자연과 자연현상은 도덕과 무관하기 때문이다. 늑대나 악어가 사슴이나 개를 잡아먹었다고 해서 그릇된 행동을 했다고 비난할 수는 없다. 코끼리가 나무를 송두리째 뽑아버리거나 서식지를 훼손한다고 해서 도덕적으로 비난할 수도 없다. 만약 우리가 늑대나 악어, 코끼리와 마찬가지로 생명 공동체의 평범한 구성원이자 시민이라면, 우리의 행동이 비록 자연 파괴적이라고 하더라도 도덕적으로 비난받아야 할 이유가 없다.

이와 달리, 만약 우리 인간이 생명 공동체의 평범한 구성원이자 시민이 아니라 문명화된 도덕적 존재라고 한다면, 우리는 도덕과 무관한 자연으로부터 우리 스스로를 분리해야 한다. 왜냐하면 우리는 생명 공동체의 평범한 구성원인 동식물과 달리 윤리적 제한을 받을 뿐만 아니라 도덕규범을 인식하면서 상호적인 의무를 수용하기 때문이다. 그렇다면 도덕 공동체는 오직 도덕적 존재들로 구성된 공동체, 즉 인간 사회로 국한되어야 한다. 이런 이유로, 우리 인간이 생명 공동체의 평범한 구성원이자 시민이건 그렇지 않건 간에, 우리는 동료 구성원이나 생명 공동체 그 자체에 대한 어떠한 도덕적 의무도 지니지 않기 때문에 대지윤리가 하나의 윤리로 성립할 수 있는지 의문스럽다는 것이다.

프리첼이 제기한 대지윤리의 역설에서 생명 공동체의 평범한 구성원이자 시민은 도덕과 무관한 존재이고, 그렇기 때문에 그 존재는 도덕 행위자도 아니고 도덕적 고려 대상도 아니라고 가정된다. 이와 달리, 생명 공동체의 평범한 구성원이자 시민이 아닌 존재는 도덕적 존재이고, 그렇기 때문에 그 존재는 도덕 행위자이고 도덕적 고려 대상이 된다고 가정된다. 그러나 이러한 가정에는 적어도 두 가지 문제가 있다.

첫째, 우리 인간이 생명 공동체의 평범한 구성원이자 시민으로 규정되는 순간, 우리가 도덕과 무관한 존재가 된다는 가정은 합리적이지 않다. 이것은 마치 어느 가족의 구성원으로서의 내가 시민 사회의 구성원으로 규정되는 순간, 나는 더 이상 어느 가족의 구성원이 아니라고 주장하는 것과 별반 다르지 않다. 이 경우 나는 어느 가족의 구성원인 동시에 시민 사회의 구성원이라고 말하는 것이 합리적이라면, 우리 인간은 도덕적 존재인 동시에 생명 공동체의 평범한 구성원이자 시민이라고 말하는 것이 합리적일 수 있다. 내가 속한 공동체의 범위가 넓어진다고 해서 내가 기존에 속한 공동체가 사라진다거나 그 공동체에서 나의 정체성과 역할이 모두 없어지는 것은 아니다.

둘째, 인간만을 도덕 공동체의 일원으로 간주하고, 생명 공동체의 다른 구성원을 도덕 행위자가 아니라는 이유로 도덕적 고려 대상에서 제외하는 것은 생물학적 아파르트헤이트 정책(a strict policy of biological apartheid)으로 평가될 수 있다(Callicott, 1989: 68). 프리첼이 제기한 대지윤리의 역설에는 윤리적 제한을 받을 뿐만 아니라 도덕규범을 인식하면서 상호적인 의무를 수용할 수 있는 도덕 행위자만이 도덕적 고려 대상이 될 수 있다는 논리가 숨어 있다. 이 논리에 따른다면 유아, 혼수상태 환자, 고도 지적장애인 등과 같은 이른바 가장자리 인간은 도덕 행위자가 아니기 때문에 도덕적 고려 대상도 아니라는 도덕적 상식에 어긋나는 결론에 이르게 된다.

어떤 존재가 도덕적 행위 능력을 소유하고 있는지의 여부는 그 존재가 도덕적 고려 대상이 될 수 있는지를 결정하는 기준이 아니다. 즉 도덕 행위자만이 도덕적 고려 대상이 된다거나 도덕 공동체의 일원이 될 수 있는 것은 아니다. 그렇다면 레오폴드와 같이 생태계 구성원들 간의 상호의존성과 윤리의 진화 과정을 고려할 때, 대지 및 대지 위에서 살아가는 존재들이 도덕 행위자는 아니지만 도덕적 고려 대상으로서 도덕 공동체에 속할 수 있는 가능성을 배제할 수는 없다. 물론, 인간은 생명 공동체의 평범한 구성원이자 시민이지만, 그와 동시에 이성, 도덕성 등과 같은 특별한 능력을 지닌 존재로 부각될 수 있다. 그러나 합리적 사유 능력, 언어 사용 능력 등과 같은 인간의 고유한 장점을 다른 존재에 대한 인간의 우월성의 기준으로 삼는 것은 인간중심주의와 연계된 불합리한 편견에 불과할 수 있다. 어떤 사람이 특별한 능력을 지닌다고 해서 다른 사람에 대한 의무가 사라지는 것은 아니듯이, 인간이 이성, 도덕성 등과 같은 특별한 능력을 소유한 존재라고 해서 생명 공동체의 다른 구성원에 대한 의무가 사라지는 것도 아니다.

2. 대지윤리는 환경 파시즘인가?

전문적인 철학자들에 의해 제기된 대지윤리에 대한 가장 중대한 비판은 '환경 파시즘(ecofascism)'의 문제이다(Callicott, 1999: 60). 대지윤리에 환경 파시즘 내지 전체주의 윤리라는 비판적 명칭이 붙게 된 이유는, 대지윤리가 전체적으로 생태중심주의를 지향하고 있기 때문이기도 하지만, "어떤 것이 생명 공동체의 온전함, 안정, 아름다움을 보전하는 경향이 있다면 그것은 옳다. 반면 어떤 것이 그 반대의 경향이 있다면 그것은 그르다(Leopold, 1949: 224-225)."라는 윤리적 명제가 '대지윤리'의 결론에 해당하는 마지막 절에 제시되었기 때문이기도 하다. 다시 말해, 이 윤리적 명제가 생태계 전체의 선의 실현을 위해 개체의 선의 희생과 권리 침해를 용인하는 모습을 보여주고 있기 때문이다. 레건은 레오폴드의 대지윤리를 '환경 파시즘'이라고 명명하면서 다음과 같이 비판한다.

권리에 기초한 환경윤리를 발전시키는 것의 어려움은 도덕적 권리의 개체주의적 성격과 많은 선도적인 환경 사상가들이 강조한 자연에 대한 전체주의적 관점을 조화시키는 데 있다. 알도 레오폴드는 후자의 경향을 명확히 보여준다. 그는 "어떤 것이 생명 공동체의 온전함, 안정, 아름다움을 보전하는 경향이 있다면 그것은 옳다. 반면 어떤 것이 그 반대의 경향이 있다면 그것은 그르다."라고 기술한다. 이 견해는 "생명 공동체의 온전함, 안정, 아름다움"을 위해, 즉 생명 공동체의 선을 위해 개체를 희생시킬 수 있다는 가능성을 함축한다. 개체의 권리를 강조하는 견해와 '환경 파시즘'이라고 불리는 견해가 서로 어울릴 수 있는 방법을 찾는 것은 어렵다(Regan, 2004: 361-362).

이러한 비판을 피할 수 있는 한 가지 방안은, 대지윤리가 생명 공동체 그 자체만이 아니라 그 동료 구성원에 대한 존중도 강조한다는 점을 부각시키는 것이다. 레오폴드는 "대지윤리는 대지 공동체의 동료 구성원에 대한 존중과 대지 공동체 그 자체에 대한 존중을 함의한다(Leopold, 1949: 204).", "대지윤리는 그들[동료 구성원들]도 최소한 좁은 구역에서나마 자연 상태 그대로 존속할 권리가 있음을 확언한다(Leopold, 1949: 204).", "우리는 적어도 새들이 우리에게 주는 경제적 이익이 있든 없든 상관없이 생명권을 지니고 있음을 인정하는 수준에는 다가가 있다(Leopold, 1949: 211).".와 같이 동료 구성원에 대한 존중, 동료 구성원의 존속할 권리 또는 생명권 등을 긍정한다. 이는 대지윤리가 개체의 생명과 권리를 일방적으로 무시하는 이론은 아니라는 사실을 알려준다. 그렇다고 대지윤리를 개체주의나 강력한 권리 옹호론으로 해석할 수는 없다. 레오폴드는 사슴의 개체 수가 지나치게 많으면 사슴 개체군의 안정뿐만 아니라 사슴이 속한 전체 생태계의 온전함을 위해 사슴을 선별해 죽일 의무가 있다고 주장할 것이다(데자르댕, 2017: 372). 또한, "생명 공동체의 안정은 그 온전함에 의존한다면, 그 구성원은 존속할 자격이 있다(Leopold, 1949: 201)"라는 레오폴드의 주장에서 추론할 수 있듯이, 개별 구성원의 존속할 권리는 생명 공동체의 온전함, 안정, 아름다움의 실현에 기여하는 한에서 혹은 양립 가능할 때 보장될 수 있는 것이다. 즉 개체의 권리는 어떤 경우에도 침해할 수 없는 절대적 성격을 지니지는 않으며, 개체의 선은 생명 공동체의 선에 의존적인 성격을 지닌다. 그렇다면 동료 구성원에 대한 존중, 개체의 생명권 등을 강조하는 방안은 대지윤리를 향한 환경 파시즘 내지 전체주의 윤리라는 비판을 완전히 씻어내는 데 성공했다고 평가할 수는 없다.

이러한 대지윤리에 대한 비판에 대응하는 가장 잘 알려진 방안은 대지윤리를 덕윤리로 해석하는 것과 관계된다. 레오폴드는 대지윤리의 윤리적 명제에 대한 구체적인 설명을 기술하지 않았기 때문에, 이 명제의 주어인 '어떤 것(a thing)'이 가리키는 바를 확정하기 어렵게 만들었다. '어떤 것'에 대한 해석은 대체로 두 가지로 나뉜다. 그중 하나는 '어떤 것'을 '개별 행위'로 해석하는 것이고, 다른 하나는 '어떤 것'을 '성품', '성향', '태도'로 해석하는 것이다. 전자의 경우, 인간의 모든 행위는 반드시 생명 공동체의 온전함, 안정, 아름다움의 실현에 기여해야만 하기 때문에, 대지윤리는 환경 파시즘이라는 비판에서 벗어나기 어렵다. 후자의 경우, 우리의 삶의 태도나 행위의 경향성이 전반적으로 생명 공동체의 온전함, 안정, 아름다움의 실현에 기여하는 방향에 있으면 되기 때문에, 대지윤리는 환경 파시즘이라는 비판을 피할 수 있다.[13] 그렇다면 대지윤리가 환경 파시즘 내지 전체주의 윤리라는 비판에서 자유로워질 수 있는지의 여부는, 대지윤리가 덕윤리의 특성을 지니는지에 따라 판단될 수 있을 것이다.

앞에서 기술한 바와 같이, 대지윤리는 행위 중심의 윤리학의 특성보다는 덕윤리의 특성을 지니고 있다. 레오폴드는 "오늘날 일반 시민들은 무엇이 공동체를 움직이게 하는지를 과학이 잘 알고 있다고 추정한다. 그러나 과학자는 자신이 그렇지 못하다고 확신한다. 과학자는 생명 메커니즘이 너무 복잡해서 그 움직임을 완전히 이해할 수 없다는 것을 안다(Leopold, 1949: 205)"라고 주장한다. 만약 우리가 생명 공동체의 작동 방식에 대한 완벽한 지식을 갖는 것이 불가능하다면, 어떤 개별적인 행위들이 생명 공동체의 선의 증진에 기여할 것인지를 확정적으로 말할 수는 없다. 따라서 대지윤리의 윤리적 명제에서 '어떤 것'은 도덕 원리에 따르는 개별적인 행위를 의미한다기보다는 생명 공동체의 선의 증진에 기여하려는 행위자의 성품, 성향, 태도를 의미하는 것으로 보인다. 여기서 도덕 행위자의 성품, 성향, 태도는 대지 및 대지 위에서 살아가는 존재들에 대한 사랑과 존중, 감탄과 같은 도덕적 감정, 그리고 대지의 가치에 대한 깊은 존경심에 기반을 두고 있다. 그렇다면 대지윤리는 도덕 행위자에게 생명 공동체의 온전함, 안정, 아름다움을 보전하는 경향이 있는 성품, 성향, 태도를 갖출 것을 권고하는 덕윤리로 규정될 수 있다.

이와 같이 대지윤리가 덕윤리의 특성을 지니는 것으로 이해된다면, 대지윤리에 씌워진 환경 파시즘 내지 전체주의 윤리라는 비판은 상당 부분 불식될 수 있을 것이다. 그러나 대지윤리가 덕윤리의 특성을 지닌

---

13 몰린(J. Moline)은 전자의 입장을 직접 전체주의로, 후자의 입장을 간접 전체주의로 명명하면서, 대지윤리는 간접 전체주의로 해석되기 때문에 환경 파시즘이라는 비판은 적절하지 않다고 주장한다(Moline, 1986: 99-120).

윤리로 규정된다면, 대지윤리는 덕윤리에 대한 가장 중요한 비판 중 하나인 행위지침성(action-guidingness)의 문제로부터 자유로울 수는 없다. 즉 과학자들조차 어떤 행위가 생명 공동체의 선을 보전하는 데 기여할 것인지를 정확히 모른다면, 대지윤리는 도덕 행위자에게 어떤 행위를 의무로 부과하거나 금지하는 분명한 실천적인 지침으로 작용할 수 없다는 것이다. 그런데 과학자들조차 완전히 이해하기 어려운 생태학적 상황의 복잡성을 고려한다면, 우리는 잘못을 범하는 것에서부터 멀리 떨어짐으로써 중용에 도달할 수 있다는 아리스토텔레스의 충고를 받아들여야 할는지도 모른다. 즉 우리가 대지 및 대지 위에서 살아가는 존재들을 사랑과 존중의 태도로 대한다면, 우리는 생태계에 급격한 변화를 가져오거나 자연을 훼손하는 일들로부터 멀어지고 생명 공동체의 선을 보전하는 경향이 있는 일들에 가까워질 수 있을 것이다.

3. 대지윤리는 반인간적 윤리인가?

대지윤리가 인간을 대지 공동체의 평범한 구성원으로 간주하는 것은 환경 파시즘과 연계된 '반인간적 윤리'라는 비판을 불러일으킬 수 있다. 왜냐하면 인간이 대지 공동체의 다른 구성원과 마찬가지로 평범한 구성원이라면, 생명 공동체의 온전함, 안정, 아름다움의 보전을 위해 다른 구성원의 희생이 정당화될 수 있듯이 인간의 희생도 정당화될 수 있어야 하기 때문이다. 예를 들어, 생명 공동체의 온전함, 안정, 아름다움의 보전을 위해 사슴 사냥이 허용될 수 있다면, 인간을 선별해서 죽이는 것도 허용될 수 있어야 한다는 것이다. 이것이 대지윤리로부터 추론되는 논리적 결론이라고 비판가들은 생각한다.

우리가 희소한 야생화를 죽일 것인지, 아니면 수많은 인간들 중 한 명을 죽일 것인지를 선택해야 하는 상황에 처해 있다고 가정해보자. 만약 이 야생화가 공동체 구성원으로서 생명 공동체의 온전함, 안정, 아름다움에 인간보다 더 기여하고 있다면, 우리가 인간을 죽이고 야생화를 구하는 것을 그릇되다고 말할 수는 없다(Regan, 2004: 362).

이것은 극단적인 사례라고 생각할 수 있지만, 이보다 더 극단적인 사례를 가정하는 것도 불가능하지는 않다. 에이킨(W. Aiken)은 세계 인구가 기하급수적으로 증가하여 생명 공동체의 온전함, 안정, 아름다움을 훼손하는 상황이라면, 세계 인구의 90%를 제거하는 것이 (대지윤리에 따르면) 우리의 의무가 될 수 있다고 주장한다(Aiken, 1984: 269). 이와 같이 대지윤리가 생명 공동체의 선의 실현을 위해 인간을 선별해서 죽이는 것을 옳고 그렇지 않은 것을 그르다고 여긴다면, 우리가 대지윤리를 '윤리'로 불러야 하는지를 묻지 않을 수 없다. 만약 대지윤리가 '반인간적 윤리'라면, 그것은 정당화될 수 없는 형용 모순에 지나지 않을 것이다.

그러나 윤리의 범위가 확대되는 것이 기존의 윤리를 폐기시키는 것은 아니다.[14] 앞서 기술한 바와 같이, 가족 구성원으로서의 내가 시민 사회의 구성원이 되었다고 해서 효, 자애, 우애 등과 같은 가족 구성원 간의 윤리가 사라지는 것은 아니다. 이와 마찬가지로, 인간들 간의 관계를 다루던 윤리에서 인간과 대지 및 대지 위에서 살아가는 존재들과의 관계를 다루는 대지윤리로 윤리의 범위가 확대되었다고 해서 인간들 간

---

14 레오폴드가 제시하는 윤리의 축적(accretions) 및 인간 사회의 도덕과 대지윤리의 관계에 대한 논의는 Callicott(1989: 93-94), Callicott(1999: 70-72) 참고 요망.

의 관계를 다루던 윤리가 사라지는 것은 아니다. 어떠한 윤리도 무고한 인간을 죽이는 행위를 정당화할 수는 없다. 물론, 레오폴드는 인간에 의해 야기된 변화가 과격하지 않을수록 대지 피라미드가 성공적으로 재구성될 가능성은 높아지기 때문에 인구 밀도를 제한할 것을 권고한다(Leopold, 1949: 220). 그런데 인구 밀도를 제한하는 방식이 인간의 기본권을 침해하는 방식이어야 할 필연적인 이유는 없다. 왜냐하면 인간은 동식물과 달리 자율적인 도덕 판단 능력과 실천 능력을 지니고 있기 때문에, 교육, 피임, 인구 분산 등 다양한 방법을 통해 인구 밀도를 조절할 수 있기 때문이다. 또한, 인간은 도덕적 존재로서 자신의 과도한 욕구를 절제하고 소비 규모를 줄임으로써 생태계에 주는 부담을 완화할 수도 있기 때문이다. 그렇다면 생명 공동체의 온전함, 안정, 아름다움을 보전하기 위해 인간을 선별해서 죽여야 한다는 주장은 성립하기 어려울 것이고, 대지윤리를 반인간적 윤리로 비판하는 것도 정당화되기 어려울 것이다.

4. 대지윤리는 자연주의적 오류를 범하는가?

레오폴드가 '대지윤리'에서 결론적으로 제시한 "어떤 것이 생명 공동체의 온전함, 안정, 아름다움을 보전하는 경향이 있다면 그것은 옳다. 반면 어떤 것이 그 반대의 경향이 있다면 그것은 그르다(Leopold, 1949: 224-225)."라는 명제는 자연주의적 오류(naturalistic fallacy)를 범했다는 비판이 있다. 레오폴드의 '대지윤리'가 진화론적으로 해석된 생태학적 사실에 이론적 근거를 두고 있고, 생태학적 사실은 그 자체로 생태적 온전함과 안정이 윤리적 가치라는 것을 증명해 주지 않기 때문에(김남준, 2019: 81; 데자르댕, 2017: 380), 대지윤리가 자연주의적 오류를 범했다는 비판이 제기된 것으로 보인다. 자연주의적 오류 비판은 생태학에 의해 촉진되어 온 환경윤리의 토대를 끊임없이 위협하고 있기 때문에(Callicott, 1989: 118), 대지윤리가 자연주의적 오류를 범하지 않았음을 증명하는 것은 대지윤리의 윤리적 명제에 근거를 둔 도덕 판단과 의무를 정당화하는 데 있어서 필수적인 과제라고 생각된다.

레오폴드는 이러한 비판에 직접적으로 대응하고 있지는 않지만, 그의 '대지윤리'에는 이 과제를 해결할 수 있는 단서가 담겨 있다. 그 단서는 바로, 윤리의 범위를 대지로까지 확대하는 것은 대지에 대한 인간의 가치평가와 태도가 근본적으로 변할 때에만 가능하다는 레오폴드의 주장이다.

> 나는 대지에 대한 윤리적 관계가 대지에 대한 사랑, 존중과 감탄 없이, 또한 대지의 가치에 대한 깊은 존경 없이 존재할 수 있다는 것을 상상할 수조차 없다. 물론 내가 여기서 의미하는 가치는 단순한 경제적 가치보다 훨씬 더 넓은 의미의 가치, 즉 철학적 의미의 가치이다 (Leopold, 1949: 223).

인간이 대지를 사랑하고 존중하며 감탄할 때에만, 그리고 대지의 가치를 깊이 존경할 때에만 생명 공동체의 온전함, 안정, 아름다움을 보전하는 경향에 있는 것을 도덕적으로 옳다고 생각할 수 있다. 이와 달리 인간이 대지를 경제적 이익 증진을 위한 수단으로만 간주하거나 대지의 가치를 오로지 경제적 가치로 환원한다면, 생명 공동체의 온전함, 안정, 아름다움을 보전하는 경향에 있는 것을 도덕적으로 옳다고 생각해야 할 필연적인 이유는 성립하지 않을 것이다. 그렇다면 우리가 생명 공동체의 온전함, 안정, 아름다움을 보전하는 경향에 있는 것을 도덕적으로 옳다고 생각하는 이유는 생태학적 사실 그 자체가 아니라 대지에 대한 인간의 가치평가와 태도에 놓여 있는 것이다. 생태학적 사실은 그 자체로 도덕적이라거나 비도덕적이라고 평가할 수 있는 대상이 아니기 때문에, 생태학적 사실이 "어떤 것이 옳다거나 그르다."라는 도덕 판단을 직접 이끌지는 않는다. 생태학적 사실은 대지에 대한 인간의 가치평가와 태도의 변화를 이끌고, 대지에 대한 인간의 (변화된) 가치평가와 태도가 생명 공동체의 온전함, 안정, 아름다움을 보전하는 경향에 있는 것을 도덕적으로 옳다고 판단하도록 이끄는 것이다. 이와 같이 대지윤리의 윤리적 명제가 생태학적 사실 그 자체가 아니라 대지에 대한 인간의 가치평가와 태도에서 도출되는 것이라면, 이 명제가 자연주의적 오류를 범했다고 단정지을 수는 없다.

캘리콧은 레오폴드의 '대지윤리'를 흄의 도덕 감정론과 다윈의 진화론의 전통 속에 위치시킴으로써 자연주의적 오류의 문제를 해결하려고 한다(Callicott, 1989: 117-127; 데자르댕, 2017: 395). "도덕성은 판단된다기보다 느껴진다고 말하는 것이 더 적절하다(Hume, 1978: 470)"라는 흄의 주장에서 알 수 있듯이, 그는 도덕성을 대상 안에 있는 것이 아니라 인식 주체의 내부에 있는 것으로, 도덕성의 원천을 이성이 아니라 감정으로 파악한다. 예를 들어, 내가 고의적인 살인 장면을 보면서 내 마음속에서 부인의 감정을 발견한다면, 그 고의적인 살인은 악덕으로 불린다. 이와 달리, 내가 길을 잃어 울고 있는 어린아이를 누군가 돕고 있는 장면을 보면서 내 마음속에서 시인의 감정을 발견한다면, 그 어린아이를 돕는 행위는 덕으로 불린다. 이와 같이 덕과 악덕의 구별은 내 마음속 시인의 감정과 부인의 감정에 의해 이루어진다. 그런데 내가 고의적인 살인의 피해자를 개인적으로 모르더라도 부인의 감정을 느끼고, 길을 잃어 울고 있는 어린아이나 그 아이를 돕는 누군가를 개인적으로 모르더라도 시인의 감정을 느낀다는 것은 공감의 범위와 공감에 기초한 윤리의 범위가 친밀한 인간관계로 한정되지는 않는다는 것을 의미한다.

이런 맥락에서, 다윈은 흄의 도덕 감정론을 진화론적으로 해석하면서 도덕적 감정의 진화에 주목한다. 도덕적 감정은 부모와 자녀를 애정과 공감의 끈으로 결속시킴으로써 가족의 형성을 가능하게 하고, 이러한 도덕적 감정은 가족에서 가까운 친족으로, 가까운 친족에서 덜 가까운 친족으로 확대되는 방식으로 사회적 진화를 촉진하였다는 것이다. 레오폴드는 이러한 다윈의 진화론을 이어받아 도덕적 감정의 진화가 대지 및 대지 위에서 살아가는 존재들로까지 이루어진다면, 윤리가 세 번째 발전 단계인 대지윤리로 확대될 것이라고 진단한다. 그렇다면 공감과 같은 도덕적 감정이 어떻게 존재와 당위의 간격을 메울 수 있을까? "어린아이가 길을 잃고 울고 있다."는 사실 언명과 "그 어린아이를 도와야 한다."는 당위 언명 사이에 "나는 그 어린아이의 아픔에 공감한다."라는 언명이 추가된다면, 이러한 도덕 추론에 자연주의적 오류를 범했다는 혐의를 씌우기는 어려울 것이다. 이와 마찬가지로, "생명 공동체의 온전함과 안정이 훼손되었다."라는 사실 언명과 "우리는 생명 공동체의 온전함과 안정을 보전하기 위해 노력해야 한다."라는 당위 언명 사이에 "나는 대지를 사랑하고 존중할 뿐만 아니라 대지의 가치를 깊이 존경한다."라는 언명이 추가된다면, 이러한 도덕 추론은 자연주의적 오류를 범했다는 비판을 피할 수 있을 것이다.

5. 대지의 가치는 내재적 가치인가, 본래적 가치인가?[15]

레오폴드는 대지의 가치에 대한 깊은 존경 없이는 대지에 대한 윤리적 관계가 성립할 수 없다고 전제한다. 여기서 대지의 가치는 "단순한 경제적 가치보다 훨씬 더 넓은 의미의 가치, 즉 철학적 의미의 가치"로 규정된다(Leopold, 1949: 223). 그런데 레오폴드는 대지의 가치로서 '철학적 의미의 가치'를 구체적으로 설명하지 않았기 때문에, '철학적 의미의 가치'로서 대지의 가치에 대한 해석의 여지를 남겨 놓게 되었다. 물론, 레오폴드가 대지의 가치를 경제적 가치보다 훨씬 더 넓은 의미의 가치를 의미한다고 기술했기 때문에, 대지의 가치가 경제적 가치로 환원되지 않는 '비도구적 가치'와 관련된다는 것만은 분명하다. 그러나 이때 '비도구적 가치'가 내재적 가치(intrinsic value)를 의미하는 것인지, 아니면 본래적 가치(inherent value)를 의미하는 것인지는 불분명한 채로 남아 있다.

내재적 가치와 본래적 가치는 그 개념상의 유사성으로 인해 서로 구분하기 쉽지 않을 뿐만 아니라 환경철학자에 따라 서로 다른 의미로 사용하기도 한다. 우리에게 주어진 맥락에서 중요한 것은, 레오폴드가 제시한 대지의 가치를 해석하기 위해 내재적 가치와 본래적 가치를 어떻게 이해해야 하느냐의 문제이다. 우리는 여기서 레오폴드의 '대지윤리'에 대한 가장 권위 있는 해석자이면서 옹호자이기도 한 캘리콧의 구분을 참고할 필요가 있다. 왜냐하면 그는 내재적 가치와 본래적 가치를 구분함으로써 대지의 가치를 둘러싼 개념상의 혼란을 정리하고자 하기

---

15 이 절은 김남준(2019)에서 필요한 부분을 발췌·수정한 것임을 밝히며, 캘리콧과 롤스턴 (H. Rolston III)을 중심으로 이루어진 생태중심주의에서 내재적 가치 논쟁에 대한 구체적인 내용은 해당 논문을 참고 바람.

때문이다.

어떤 것의 가치가 객관적이고 모든 평가하는 의식으로부터 독립적이라면, 그것은 내재적 가치(intrinsic value)를 갖는다. 다른 한편, 어떤 것이 단지 가치평가자의 욕구나 이익 관심 또는 선호하는 경험을 만족시키기 위한 수단으로 기능하기 때문에 가치 있는 것이 아니라 그 자체를 위해서(for itself) 가치 있다면 (따라서 그것의 가치가 모든 평가하는 의식으로부터 독립적이지 않다면), 그것은 본래적 가치(inherent value)를 갖는다. 흄의 고전적인 주관주의적 가치론은 도구적 가치와 본래적 가치의 이론적 토대를 제공해 주지만 내재적 가치의 이론적 토대를 제공해 주지는 않는다 (Callicott, 1989: 161-162).

내재적 가치와 본래적 가치는 모두 어떤 다른 존재의 목적 실현을 위한 수단으로서의 가치가 아니라 '그 자체를 위한' 가치로서 비도구적 가치의 의미를 공유하는 것으로 보인다. 그렇다면 내재적 가치와 본래적 가치는 가치평가자의 평가하는 의식으로부터 독립적인지 아닌지에 따라 구분될 수 있다. 내재적 가치는 가치평가자의 평가하는 의식으로부터 독립적으로, 즉 '그 자체로(in itself)' 가치를 지닌다는 점에서 객관적 가치(objective value)의 동의어로, 외재적 가치(extrinsic value)의 반의어로 이해된다. 이와 달리 본래적 가치는 가치평가자의 평가하는 의식에 의존적이기 때문에 '그 자체로' 가치를 지니는 것은 아니지만 '그 자체를 위한' 가치를 지니는 것으로 이해된다.

레오폴드의 '대지윤리'는 흄의 주관주의적 가치론과 도덕 감정론, 윤리에 대한 다윈의 진화론적 해석 등을 수용하고 있는 것으로 평가된다.

즉 우리의 공감과 같은 도덕적 감정이 진화의 과정을 통해 대지 및 대지 위에서 살아가는 존재들로까지 확대되면, 우리는 대지 및 대지 위에서 살아가는 존재들을 단지 인간의 경제적 이익 증진을 위한 수단이 아니라 '그 자체를 위한' 가치를 지닌 존재로 여기게 된다는 것이다. 또한, 레오폴드가 대지에 대한 사랑, 존중과 감탄 없이, 대지의 가치에 대한 깊은 존경 없이는 대지에 대한 윤리적 관계가 형성될 수 없다고 주장하는 점을 고려하면, '대지의 가치'는 가치평가자의 평가하는 의식으로부터 독립적으로 존재하는 것이 아니라 가치평가자의 평가하는 의식에 의존적인 것으로 판단된다. 이런 의미에서, '대지의 가치'는 가치평가자의 평가하는 의식으로부터 파생된 비도구적 가치로서 본래적 가치를 의미하는 것으로 해석된다.

대지의 가치가 가치평가자의 평가하는 의식으로부터 독립적이지 않다면, 대지가 그 자체로 가치를 지닌다고 말할 수는 없다. 그러나 대지는 인간의 도덕적 감정의 작용을 통해 경제적 가치로 환원되지 않는, 인간중심적이지 않은 가치를 지닐 수 있다. 이처럼 대지의 가치는 인간중심적이지는 않지만, 가치평가자의 평가하는 의식에 의존적이므로 '인간 기원적(anthropogenic)'이라고 간주될 수 있다. 롤스턴의 비판적 표현을 원용한다면, 레오폴드의 가치론[캘리콧의 가치론]은 모든 인간적 교량의 차단을 거부하기 때문에 진정으로 생물학적이거나 생태학적인 가치론이 아니라 여전히 심리학적 잔재를 지닌 가치론이라고 평가될 수 있다(Rolston Ⅲ, 1988: 114-115). 이와 같이 대지의 가치는 인간중심적이지는 않지만 인간 기원적이기 때문에 온전한 의미의 내재적 가치와 비교되는 '일부를 생략하여 줄인 의미의(truncated sense)' 내재적 가치로 규정될 수 있다(Callicott, 1989: 134; Rolston Ⅲ, 1988: 115).

Ⅳ. 맺음말

레오폴드의 '대지윤리'는 서로 밀접히 연관된 다음과 같은 두 가지 진술에 기반하고 있다. (1) 대지윤리는 공동체의 범위를 흙, 물, 식물과 동물, 곧 집합적으로 대지를 포함하도록 확대하는 것이다(Leopold, 1949: 204). (2) 대지윤리는 호모 사피엔스의 역할을 대지 공동체의 정복자에서 그것의 평범한 구성원이자 시민으로 변화시킨다. 대지윤리는 대지 공동체의 동료 구성원에 대한 존중과 대지 공동체 그 자체에 대한 존중을 함의한다(Leopold, 1949: 204). 레오폴드는 이러한 전제 아래 "어떤 것이 생명 공동체의 온전함, 안정, 아름다움을 보전하는 경향이 있다면 그것은 옳다. 반면 어떤 것이 그 반대의 경향이 있다면 그것은 그르다(Leopold, 1949: 224-225)."라는 윤리적 명제를 제시한다.

이와 같이 대지윤리는 부분에서 전체로, 개체에서 공동체로 그 강조점을 옮김으로써 인간중심주의에서 생태중심주의로의 윤리학적 전환을 도모한다(Callicott, 1989: 8). 그런데 바로 이러한 대지윤리의 특성으로 인해 다음과 같은 비판과 논쟁이 제기되었다. (1) 대지윤리는 윤리로 성립할 수 있는가? (2) 대지윤리는 환경 파시즘인가? (3) 대지윤리는 반인간적 윤리인가? (4) 대지윤리는 자연주의적 오류를 범하는가? (5) 대지의 가치는 내재적 가치인가, 본래적 가치인가? 이러한 의문들은 대지윤리에 내포된 공동체의 중첩성, 덕윤리적 특성, 인간의 가치평가와 태도의 역할 등에 의해 해소될 수 있으리라고 기대된다. 그럼에도 불구하고 대지윤리는 현대 윤리학의 지배적인 패러다임과 다를 뿐만 아니라 기존 윤리학의 인간중심적 속성으로 인해 지속적인 비판과 논쟁의 대상이 될 것으로 예상된다.

참고문헌

강규한(2014), 「『샌드 카운티 연감』의 생태학적 비전: 앨도 리어폴드의 대지윤리 재조명」, 『문학과 환경』 13(1), 11-31.

김남준(2019), 「생태중심주의에서 내재적 가치 논쟁: 도덕과 교육내용으로서 생태중심주의 분석과 제언」, 『윤리교육연구』, 54, 59-118.

김은성(2018), 「앨도 레오폴드의 땅의 윤리 형성: 진화론적 생태의식」, 『국제언어문학』, 41, 453-473.

김일방(2003), 「알도 레오폴드(Aldo Leopold)의 대지윤리론 비판」, 『철학연구』, 86, 47-72.

데자르댕, 조제프 R.(2017), 『환경윤리』(제5판), 김명식 · 김완구 옮김, 연암서가.

송명규(1998a), 「현대 환경윤리의 아버지, 알도 레오폴드의 생애와 그의 유작 『모래군의 열두 달』」, 『환경정책』, 6(1), 21-37.

송명규(1998b), 「알도 레오폴드(Aldo Leopold)의 토지윤리」, 『환경정책』 6(1), 39-71.

송명규(2012), 「토지윤리 해설」, 레오폴드, 알도, 『모래 군(郡)의 열두 달: 그리고 이곳저곳의 스케치』, 송명규 옮김, 도서출판 따님.

이도형(2014), 「생태윤리의 수용과 행정학적 함의: Aldo Leopold의 생애와 대지윤리를 중심으로」, 『정부학연구』, 20(2), 123-154.

Aiken, W.(1984), "Ethical Issues in Agriculture", in T. Regan(ed.), *Earthbound: New Introductory Essays in Environmental Ethics*, New York: Random House. 274-288.

Callicott, J.(1989), *In Defense of the Land Ethic: Essays in Environmental Philosophy*, Albany: State Univ. of New York Press.

Callicott, J.(1999), *Beyond the Land Ethic: More Essays in Environmental Philosophy*, Albany: State Univ. of New York Press.

Darwin, C.(1904), *The Descent of Man and Selection in Relation to Sex*, 2nd ed., New York: J. A. Hill.

Devall, B. & Sessions, G.(1985), *Deep Ecology: Living As If Nature Mattered*, Salt Lake City: Gibbs Smith Publisher.

Fritzell, P.(1987), "The Conflicts of Ecological Conscience", in J. Callicott(ed.), *Companion to A Sand County Almanac*, Madison: Univ. of Wisconsin Press. 128-153.

Gatta, J.(2004), *Making Nature Sacred: Literature, Religion, and Environment in America from the Puritans to the Present*, Oxford: Oxford Univ. Press.

Goodpaster, K.(1978), "On Being Morally Considerable", *Journal of Philosophy*, 75(6), 308-325.

Hume, D.(1978), *A Treatise of Human Nature*, Analytical Index by L. A. Selby-Bigge, Second Edition with text revised and notes by P. H. Nidditch, Oxford: Clarendon Press.

Leopold, A.(1949), *A Sand County Almanac: And Sketches Here and There*, Oxford: Oxford Univ. Press.

Leopold, A.(1987), "Forword", in J. Callicott(ed.), *Companion to A Sand County Almanac*, Madison: Univ. of Wisconsin Press. 281-288.

Lorbiecki, M.(1996), *Aldo Leopold: A Fierce Green Fire*, Helena, Montana: Falcon Publishing Co.

Meine, C.(1987), "Aldo Leopold's Early Years", in J. Callicott(ed.), *Companion to A Sand County Almanac*, Madison: Univ. of Wisconsin Press. 17-39.

Moline, J.(1986), "Aldo Leopold and the Moral Community", *Environmental Ethics*, 8(2), 99-120.

Nash, R.(1989), *The Rights of Nature: A History of Environmental Ethics*, Madison: Univ. of Wisconsin Press.

Regan, T.(2004), *The Case for Animal Rights*, Berkeley: Univ. of California Press.

Rolston Ⅲ, H.(1988), *Environmental Ethics: Duties to and Values in The Natural World*, Philadelphia: Temple Univ. Press.

Worster, D.(1994), *Nature's Economy: A History of Ecological Ideas*, 2nd ed., Cambridge: Cambridge Univ. Press.

아르네 네스의 심층생태학

김일방

I. 들어가는 말

'심층생태학(deep ecology)'이란 용어를 접하면 먼저 아르네 네스(Arne Naess, 1912~2009)가 연상된다. 바로 그에 의해 등장한 용어이기 때문이다. '심층적(deep)'이란 '정도나 경지가 깊고 철저한 것'을 뜻한다. 이러한 의미처럼 심층생태학은 '어떤 주장의 근거나 전제가 무엇인지'를 철저히 탐구하는 것을 지향한다. 그동안 환경문제에 대한 여러 가지 대처방안이 제시되어 왔는데, 그 방안들이 환경문제를 진정으로 해결할 수 있을지의 여부를 피상적(shallow) 수준에 머물지 않고 질문을 심화하여 근원적으로 탐구하려는 것이 특징이다.

네스는 노르웨이가 낳은 세계적 철학자이며, 그의 수많은 저술은 예리한 통찰력을 지닌 것으로 높이 평가받는다. 그는 1939년 27세 때 오슬로대학교 철학과 교수가 되었고 1969년 자원 퇴직하였다. 네스가 자원 퇴직한 것은 생태운동을 직접 실행에 옮길 뿐만 아니라 생태운동을 철학적으로 심화시켜 나가기 위해서였다.

네스는 비폭력에 의한 시민 저항 활동으로도 잘 알려져 있다. 나치스 점령에 맞선 노르웨이의 저항 운동은 물론 그 이후의 대규모 개발에 맞선 저항 운동에서도 네스는 간디의 비폭력철학을 실행에 옮겼다. 더불어 힌두쿠시 산맥의 최고봉인 타리치미르산(7,753m) 등정을 비롯하여 네스의 명성은 훌륭한 등반가로서도 기억되고 있다. 자연에 대한 깊은 애정과 새로운 감동을 늘 잊지 않으며 등산이나 크로스컨트리 스키를 즐겼던 것으로 알려진다(Drengson & Inoue, 1995: x vii-x viii).

철학자로서의 네스의 실체는 한마디로 단정 짓기가 어려워 보인다. 장기간에 걸친 철학적 발전 과정에서 다양한 분야에 대해 30권이 넘는 저술과 방대한 논문을 써왔기 때문이다. 다행스럽게도 네스의 소중한 동료인 세션스(George Sessions)[1]는 네스의 철학적 발전 과정을 알기 쉽게 정리해 주고 있는바 이를 참고로 하면 다음과 같다.

즉 세션스에 따르면 네스 철학의 발전 과정은 네 시기로 구분 지을 수 있다(Sessions, 1995: 59). 제1기는 1940년까지의 과학철학 시기, 제2기는 제1기 이후 1953년경까지의 경험론적 의미론의 시기, 제3기는 반독단론이라는 이미 잊힌 고대 그리스의 피론(Pyrrhon)과 회의론의 부활과 씨름

---

[1] 네스의 심층생태학을 최초로 북미 지역에 소개했던 인물이 조지 세션스와 빌 드볼(Bill Devall)이다. 이 두 사람이 심층생태학의 개념을 언급하고 관련된 논의를 전개하기 시작한 것은 1977년의 일이었다. 두 사람의 공저인 『심층생태학(*Deep Ecology*)』이 비교적 늦은 해인 1985년에 출판됐으나 이 책은 네스 이외의 학자로서 심층생태사상 관련 최초의 저술에 해당한다. 이 책에 의해 비로소 심층생태학은 북미 지역에도 널리 알려지게 된다(Drengson & Inoue, 1995: x viii).

했던 시기, 마지막 제4기가 시작되는 것은 1968년경이며 이 무렵부터 네스의 관심사는 확실히 환경철학으로 이행하였다.

네스가 이처럼 철학의 다양한 분야에 걸쳐 관심을 쏟아왔으나 20세기를 대표하는 중요한 철학자의 한 명으로 기억되는 이유는 제4기의 업적과 관련이 깊다. 곧 1968년경부터 시작된 네스의 철학적 발전의 최종 단계인 제4기에 네스는 자신이 직접 명명한 '심층생태학'의 이론과 실천, 양면에 걸쳐 선구자적 활약을 펼쳤고 이것이 그의 명성을 빛나게 해주었던 것이다.

물론 이 글에서도 주 관심 영역을 제4기 환경철학기에 한정함으로써 네스의 삶과 함께 심층생태학 이론의 특징과 그 한계를 검증해보고자 한다.

Ⅱ. 아르네 네스의 삶과 사상

1. 네스의 삶과 라이프 스타일

네스의 철학적 관심사가 환경철학으로 옮겨간 것이 1968년경 이후라 하지만 사실 그의 환경사상은 그 이전부터 잉태하고 있었다. 네스의 철학상의 관심 분야는 인식론, 경험론, 회의주의, 의미론, 과학방법론, 철학사 등 다방면에 걸쳐 있을 뿐만 아니라 그의 철학체계에는 아라비아 철학, 인도철학, 중국철학 등이 담겨 있었고, 동양의 정신문화에 대한 깊은 관심과 폭넓은 이해도 깔려 있었다.

특히 환경철학과 관련하여 주목되는 것은 스피노자와 간디로부터 많은 영향을 받았다는 점이다. 네스는 스피노자야말로 현대 생태철학에 바람직한 모델 또는 시사점을 제공해 준 철학자라는 확신을 지니고 있었다(Sessions, 1995: 54). 네스가 간디에게 경도되어 왔음을 알 수 있는 것은 그의 연구 업적에서도 드러난다. 네스는 자신의 '간디론'에 관해 네 편의 저서2를 발표하고 있고, 특히 간디의 비폭력철학은 노르웨이의 대규모 개발에 맞선 저항운동을 펴는 데 실천 지침으로까지 작용하였다. 간디의 비폭력철학, 스피노자의 일원론적 철학의 영향은 네스로 하여금 실천적 문제에 대해 깊은 관심을 갖게 해주었다.

이러한 외부 사상의 영향과 더불어 네스가 자신의 인생 후반부를 '환경보호운동'에 집중하도록 만든 데는 그의 자연체험이라는 요소도 빼놓을 수 없다. 유소년시절부터 시작된 조국 노르웨이 자연과의 조우 체험은 그의 삶의 방향을 결정짓는 데 큰 영향을 끼쳤다는 것이다.

> 거의 네 살 무렵부터 사춘기까지 나는 해안의 얕은 여울을 몇 시간, 며칠, 몇 주간이나 배회하거나 앉거나 하면서 바다 생명의 압도적인 다채로움과 풍부함을 발견하곤 경탄하였다. 누구 하나 신경 쓰지 않고, 심지어 눈으로 볼 수도 없을 만큼 아주 작고 아름다운 생물들이 외견상으로는 무한한 세계의 일부였지만 그럼에도 그것들은 내 세계였다. 많은 인간관계에서는 고립감을 느꼈던 내가 '자연'과는 하나가 되었던 것이다 (Naess, 2005: 302).

---

2 네 편이란 『간디의 정치윤리(Gandhis Politiske Etitkk)』(1955), 『간디와 핵시대(Gandhi og Atomalderen)』(1960), 『간디와 집단갈등(Gandhi and Group Conflict)』(1974), 『간디 (Gandhi)』(2000) 등의 저서를 말한다(尾崎和彦, 2006: 131-32 참조).

위의 고백에서 보듯 자연과의 끊임없는 조우를 통하여 자연과 하나 됨을 체험할 수 있을 만큼 네스는 어려서부터 자연에 대한 깊은 관심을 보였다. 나아가 그에게 자연은 아버지와도 같은 존재였다. "8세 무렵부터 산이 나에게는 자애롭고 공평하며 강직한 아버지의 이상적인 인간성의 상징이 되었다(Naess, 2005: 303)"라는 네스의 말처럼 그는 어린 시절 부친을 여의었고 그 이후 산이 어떤 의미에선 아버지의 대체역이 되었던 것이다(Sessions, 1995: 63).

어린 시절부터 형성된 이와 같은 자연에 대한 깊은 관심은 자연스레 성인이 되어서도 산과 함께 하는 삶의 길을 걷게 해주었다. 20대 때인 1938년 네스는 노르웨이의 할링스카르베트산의 정상에다 작은 오두막을 지어 오두막과 이를 둘러싼 대자연과의 사이에서 깊은 정신적 유대를 키워나갔다. 그리고 등반대장으로서 두 차례에 걸친 히말라야 등정 또한 우연한 일이 아니었다. 이러한 자연체험을 토대로 네스는 '산에 대해서 생각하는' 데서 벗어나 '산이 되어 산처럼 생각할 수 있는' 의식상의 게슈탈트적 변화를 이룰 수 있었다.

네스의 세계를 숙지했던 로텐버그가 "수많은 업적을 충분히 열거한다 해도 자연에 대한 네스의 깊은 관심을 인식하지 않는 한 그의 철학을 이해하는 것은 불가능하며, 이 관심이야말로 그를 자연스레 환경철학으로 이끌었다(Reed & Rothenberg, 1993: 67)"라고 말한 것도 그러한 이유에서였다. 자연과의 깊은 관계 속에서 자연과 하나 되는 체험이야말로 네스로 하여금 심층생태학의 선구자로서 세계 자연·환경보호운동의 선두에 나서게 한 근원적 계기로 작용했다는 것이다.

이와 같은 오랜 기간에 걸친 자연체험과 간디, 스피노자의 영향으로 네스는 철학적으로 세련된 독자적 생태철학을 낳을 수 있었고, 그 사상에 기초한 자신만의 라이프 스타일 또한 일궈낼 수 있었다. 네스는 '심층생태학과 라이프 스타일'이라는 글에서 자신의 실천적 삶에 기반한 라이프 스타일에 대해 다음과 같이 밝히고 있다.[3]

① 불필요하고 복잡한 수단을 피하고 검소한 수단을 활용한다.

② 본질적 가치가 없는 그저 보조적인 것에 불과한 행동을 피한다.

③ 반소비주의를 취한다.

④ 단지 새로운 것이라는 이유로 새것을 좋아하는 태도를 버린다.

⑤ 사람들 간의 민족적·문화적 차이를 인정하고 이를 존중한다.

⑥ 제3세계, 제4세계의 상황에 대해 관심을 가지며 빈곤한 사람들의 생활수준에 비해 너무나 다르고 높은 수준이 되지 않도록 한다. 라이프 스타일의 세계적 연대를 지향한다.

⑦ 보편적일 수 있는 생활방식의 가치를 이해하고 존중한다. 보편적 생활방식이란 다른 사람들이나 다른 종에 해를 끼치지 않고도 유지할 수 있는 라이프 스타일이다.

⑧ 자극이 강한 경험이 아니라 깊고 풍부한 경험을 얻으려고 노력한다.

⑨ 이익사회에서의 삶보다 공동사회에서의 삶을 지향한다.

⑩ 욕망보다는 절실한 욕구를 충족하도록 노력한다.

⑪ 1차 생산, 곧 소규모 농업, 임업, 수산업의 중요성을 이해하고 이에 참여한다.

이상의 라이프 스타일에서 발견할 수 있는 특징을 정리해보면 다음 세 가지가 될 것 같다.

---

3 네스는 15가지를 제시하였으나 여기서는 그중 11가지만을 포함하였다(Naess, 2005: 105-106 참조).

첫째는 지구에 부담을 주지 않는 생활방식을 따르자는 것이다. 끝없는 욕망이 아니라 필수불가결한 욕구에 기초한 소비활동, 끊임없이 개발돼 나오는 기술혁신제품이 아니라 단순하고도 검소한 제품에 의존하는 삶, 지속적으로 새롭고 더 강함을 요구하는 육체적 자극에 탐닉하기보다 깊고 풍부한 정신적 안정을 추구하는 삶을 살자는 권고이다.

둘째는 우리 인간은 초월적 존재가 아니라 관계적 존재로서의 삶을 살아야 한다는 것이다. 지상에 존재하는 모든 생명체는 똑같이 고귀하므로 인간은 다른 생명체보다 더 우월한 존재가 아니며 만물은 상호연관 속에서 살아간다는 것을 깨달아야 한다는 주장이다.

셋째는 라이프 스타일의 전 지구적 연대를 지향하자는 것이다. 선진국 사람들의 고도 소비형 라이프 스타일은 전 세계의 야생 생태계나 생물다양성에 헤아릴 수 없는 악영향과 파괴적 타격을 가할 뿐 아니라 전세계 빈곤층 사람들의 생활수준과도 연계되어 있다는 점에서 결코 정당화될 수 없다는 주장이다. 이러한 문제를 개선하려면 열악한 상황에 처해 있는 제3세계 나라들의 생활수준을 크게 향상시키도록 하는 반면, 선진국의 소비수준을 큰 폭으로 내려야 한다. 당연히 선진국들은 이러한 제안에 저항하겠지만 그러한 노력 없이는 환경위기를 극복할 수 없다는 것이 네스의 입장이다.

진정한 사상가라면 자신이 살아온 대로 말해야 하고 자신이 말한 대로 살아야 한다. 위대한 사상가들의 대표적 저술은 곧 그들의 자서전이기도 한 것처럼 주장과 삶이 일치하지 않으면 위대한 사상은 탄생하기 어렵다. 네스가 20세기를 대표하는 가장 위대한 철학자의 한 명으로 거론되는 이유도 여기서 찾아볼 수 있다. 네스는 자신의 주장을 스스로 실천에 옮기며 살았다는 의미이다(Sessions, 1995: 61-62).

네스의 집안은 노르웨이에서 가장 유력한 명문가 중 하나였고, 덕분에 그는 경제적으로 더없이 유복한 여건 속에서 지낼 수 있었다. 네스의 두 형은 뉴욕과 바하마 제도에 살았는데, 두 분 모두 해운왕이었다. 또 네스가 양자로 삼아 양육한 조카 아르네 네스 주니어도 해운에서 성공하여 많은 부를 쌓았다. 이처럼 경제적으로 부유했지만 그의 삶은 매우 검소하였다. 간편한 식사를 즐겼고 자동차 대신 자전거를 애용했으며 생물다양성을 애지중지하고 존중하였다. 아주 보잘것없는 작은 벌레에 대해서마저 진정으로 애정이나 매력을 느꼈던 인물이었다(Sessions, 1995: 58). 더불어 네스는 붓다와 소크라테스로부터 비트겐슈타인에 이르는 동서의 위대한 철학적·종교적 전통을 본받아 자신의 연금 중 반액을 네팔의 학교지붕 교체와 같은 가치 있는 일에 기부하였고 자신은 엄격하고 간소하게 살고자 했다(Sessions, 1995: 62). 네스는 자신이 주장하는 라이프 스타일과 같이 소박한 삶, 자연과 하나 되는 삶, 제3세계 사람들의 빈곤을 염두에 둔 삶을 실천하고자 했던 것이다.

2. 네스의 심층생태사상

환경사상과 연관된 네스의 최초 논문은 널리 알려진 「표층생태운동과 장기적 관점을 지닌 심층생태운동」(1973)[4]이다. 이 글에서 네스는 생태운동을 두 가지로 구분하고 있다.

---

[4] 이 글은 원래 1972년 부쿠레슈티에서 개최된 제3회 '세계미래연구회의'에서 네스가 기조강연을 통해 발표된 것이었다. 네스는 이 내용을 요약 정리하여 1973년, *Inquiry*에 실었는데, 바로 여기서 '심층생태학'이라는 용어가 문자 형태로는 최초로 대중에게 공개되었다.

생태적 책임이 있는 정책이라 하더라도 오늘날 그 관심은 환경오염과 자원고갈의 범위를 넘어서지 않는다. 그러나 생태운동에는 보다 깊은 관심을 갖는 것이 있다. …전자는 현재 우위에 있긴 하지만 표층적 운동이고 후자는 심층적이지만 영향력이 낮은 운동이다(Naess, 1995: 3).

위 내용에서 보다시피 두 가지 생태운동이란 선진국 사람들의 건강과 물질적 풍요를 위해 환경오염·자원고갈에 맞서 싸우는 표층생태운동과 전체론적·탈인간중심적 견지에서 보다 근원적인 물음을 제기하는 심층생태운동이다.

전자에 따르면 지속적인 경제성장과 환경보전은 양립 가능하며, 그 근거는 과학기술의 진보에 있다. 예를 들어 표층생태학의 사고에서 중시되는 것은 고성능 공해방지 장치나 고효율 자동차와 같은 새로운 기술개발, 그리고 생물자원을 과학적으로 제어·관리·이용하는 바이오테크놀로지 등의 첨단 과학기술의 발전이다. 또한 선진국 사람들에게는 재활용과 같은 손쉽게 시작할 수 있는 환경보전, 자원보전의 대처에 대한 협력이 요청된다.

표층생태학의 입장에선 부단한 경제성장은 기본적으로 좋은 것·필수적인 것으로 여겨진다. 사람들에게 재활용에 대한 협력은 요청될지 몰라도 소비의 절대량을 대폭 줄이는 것은 요구되지 않는다. 연비가 좋은 차로 바꿔 타는 것은 권장되면서도 자가용을 버리는 것까지는 요청되지 않는다. 이러한 환경보전의 사고는 오늘날 주류가 되고 있는 기본적 가치관이긴 하지만 사물에 대한 관점 자체를 문제로 삼지는 않는다. 경제성장 우선주의나 물질주의와 같은 기본적 가치관의 부정을 요하는 근본적 라이프 스타일의 전환이나 사회제도의 전면적 변혁을 요구하는 일은 없는 것이다.

반면에 심층생태학의 기본적 사고는 크게 다르다. 우선 현대의 환경 문제는 기술적 대응만으로는 장기적으로 볼 때 결코 좋은 결과를 낳지 못하며, 최종적 해결 또한 기대할 수 없다고 여겨진다. 오늘날의 환경문제는 그 '근원'에 주목하지 않으면 안 된다는 주장이 바로 여기서 발원한다. 즉 우리 삶의 더욱더 깊은 부분, 사물에 대한 기본적 관점이나 가치관 그리고 그것에 의거하는 사회의 여러 문제들에 대해 물어야 한다는 것이다. 예를 들면 자연과 인간의 관계, 인간과 인간의 관계를 어떻게 파악할 것인지, 인간이란 어떤 존재이며, 삶의 의미는 무엇인지, 정치·경제의 기본구조와 관련된 다양한 문제 등에 대해 물어야 한다는 입장이다.

네스의 사상을 이해하려면 '표층'과 '심층'의 차이점을 분명히 할 필요가 있다.

> '심층생태학'의 본질은 과학으로서의 생태학이나 내가 표층생태운동이라고 부르는 것에 비해 보다 깊게 의문시하는 점에 있습니다. '깊은 (deep)'이라는 형용사에서 강조되는 것은, 다른 사람들은 문제 삼지 않지만 우리는 '왜', '어떻게'라고 깊이 따져 묻는다는 점입니다.[5]

위에서 알 수 있듯이 왜 '심층'인가 하면 보통은 의문시하지 않는 전제를 따져서 캐묻기 때문이다. 예컨대 과학으로서의 생태학은 '어떤 생

---

5 Stephan Bodian, "Simple in Means, Rich in Ends: A Conversation with Arne Naess", in https://openairphilosophy.org(2022. 4. 10 검색), p. 2.

태계를 유지'하려면 어떻게 해야 할지를 묻는다. 반면에 심층생태학[6]은 '어떤 생태계를 유지하는 데 어떤 사회가 최선인가'를 묻는다. 요컨대 과학에서는 사실과 규범이 엄격히 구별되고 가치론이나 윤리관은 배제 되지만, 바로 이 점을 심층생태학은 문제 삼는 것이다. 그러기에 네스는 과학의 한계를 인식하면서 생태학에 대한 지나친 의존을 경고한다.[7] 환 경위기의 원인은 근원적으로 철학적 세계관에 있다고 보기 때문이다.

예를 들어 '지속가능한 개발'이라는 슬로건에 대해 생각해보자. 이 슬 로건은 환경과 개발의 공존을 지향하는 것으로 현재의 환경정책의 중 심적 이념이 되고 있다. 하지만 그 슬로건의 근저에는 '개발은 좋은 것 이다'라는 전제가 숨어 있다. 즉 '개발=선'이라는 사고가 전제되어 있으 며 바로 그 위에서 환경과의 양립을 도모하자는 것이다. 반면에 심층생

---

6 여기서 '심층생태학'과 '심층생태운동'이라는 용어의 차이를 분명히 할 필요가 있다. 네 스 역시 이 용어들의 혼용에서 오는 불편함을 충분히 이해하고 있었고 따라서 광의적 의 미와 협의적 의미로 명확하게 구별하고자 했으며 용어 사용에도 신중하였다. 네스가 구 분 지은 광의적 의미는 이렇다. 인간중심주의, 기술주의에 기초한 환경운동에 비하여 생 명중심주의에 기초한 풀뿌리 생태운동을 언급할 경우 '심층생태운동'으로 '운동'이라는 낱말을 첨가하여 활용한다. 하나의 '사회운동·사상운동'으로 파악할 때는 넓은 의미라는 얘기이다. 반면에 네스가 단순히 '심층생태학'이라 했을 경우, 이는 협의적 의미로 하나 의 '철학'을 가리킨다. 좀 더 구체적으로는 자기 자신을 모든 생명체, 생태계 등과 동일화 함으로써 생태적 자아실현을 도모한다는 '확대 자아실현'론이나 이로부터 파생하는 규 범군을 가리키면 협의적 의미라는 얘기이다. 한편 워윅 폭스(Warwick Fox)는, 네스의 철 학은 일반적으로 개별적인 독립적 존재로서 파악되고 있는 개인이나 개체 차원을 초월 하여 자아실현을 도모하는 것을 특징으로 하기 때문에 '심층생태학'보다 '초개인적 생태 학(Transpersonal ecology)'이라는 호칭이 더 적절하다고 지적한다(rengson & Inoue, 1995: x x x-x xi 참조).

7 우리가 생태계를 이해하는 데는 생태학에 상당 부분 의존한다. 생태학적 이해는 생태계 에 대한 새로운 인식을 제공해 주므로 생태학에 기초한 윤리학은 새로운 가치평가와 처 방을 제공해 줄 수 있다. 하지만 네스는 생태학에 과도하게 의존하는 것을 '생태학주의 (ecologism)'라고 부르며 거기엔 위험이 도사리고 있다고 주장한다. 생태학을 구체적 문 제에 대한 과학적 답변을 제공해 주는 또 다른 과학으로 보는 것은 신속한 기술적 처방 에 대한 일반적인 피상적 희망에 유혹된 것이라고 지적한다(Naess, 1989: 39-40 참조).

태학에선 '개발=선'이라는 전제 그 자체를 문제 삼는다. 우리가 아무런 의심 없이 받아들이고 있는 전제 그 자체를 되묻는 것이 심층생태학의 본령이기 때문이다.

네스는 위 논문에서 표층생태운동과 심층생태운동을 간단히 구분 짓고 난 후, 심층생태운동의 특징을 7개 항목으로 제시하고 있다(Naess, 1995c: 3-6). 그 7개 항목이란 ① 환경에 대한 관계론적이고 전체론(holism)적인 파악, ② 생명권 평등주의, ③ 다양성과 공생의 원리 중시, ④ 반계급적 입장, ⑤ 환경오염이나 자원고갈에 맞선 싸움에 대한 지지, ⑥ 난잡성(혼란)이 아니라 복합성(생태계의 복합성)의 존중, ⑦ 지역 자치와 분권의 지지 등을 말한다.

위 내용 가운데 반계급적 입장이나 인구 억제에 대한 주장은 사회성을 중시하는 생태학(생태사회주의, 생태여성주의)으로부터 맬서스주의라는 비판을 받기도 하였다. 하지만 네스의 주장을 지지하는 이들도 적지 않았다. 그들 중 대표적인 이가 빌 드볼과 조지 세션스라 할 수 있다. 이 두 사람에 의해 심층생태학은 북미 지역에도 널리 소개될 수 있었으며, 비인간중심주의 환경윤리학의 논의에도 큰 영향을 주었다.

특히 세션스는 네스와 두터운 친분을 쌓았고 이를 계기로 두 사람은 1984년 봄, 8개 항목의 '심층생태운동 플랫폼(기본원칙)'을 공동으로 발표해냈다(Naess and Sessions, 1995: 49-50). 그 8개 항목은 아래와 같다.

① 인간을 포함한 지구상에 존재하는 모든 생명체의 복지와 번영은 내재적 가치를 갖는다. 이러한 가치는 인간의 목적을 위한 유용성과 무관하다.

② 생명체의 풍요로움과 다양성은 제1원칙의 가치를 실현하는 데 기여하며, 또 그 자체로서 가치가 있다.

③ 인간은 필수적인 필요 충족의 경우를 제외하고는 이러한 풍요로움과 다양성을 해칠 권리가 없다.

④ 인간의 삶이 풍요로워지고 문화가 발전하려면 인구의 대폭적인 감소가 요구된다. 인간 이외의 생물의 번성도 그러한 감소를 필요로 한다.

⑤ 오늘날 자연계에 대한 인간의 개입은 과도하며 상황은 급속도로 악화되고 있다.

⑥ 그러므로 경제적, 기술적, 이념적 기본구조에 영향을 미치는 정책들의 변화가 불가피하다. 그 결과 나타날 상황은 지금과는 아주 다른 것이 될 것이다.

⑦ 이념적 변화는 물질적 생활수준의 향상에 집착하기보다 삶의 질의 진정한 의미를 이해하는 데 초점이 주어져야 한다. '큰' 것과 '위대한' 것의 차이에 대한 깊은 인식이 형성될 것이다.

⑧ 이상의 원칙을 인정하는 자들은 필요한 변화를 이루어내기 위해 직·간접으로 노력할 의무를 진다.[8]

위 기본원칙들을 관통하고 있는 기본적 사고는 다름 아닌 생명권 평등주의라 할 수 있다. 모든 생명체는 상호 연결된 전체의 구성원으로서

---

8 네스에 따르면 심층생태운동을 이해하는 데는 네 가지 차원을 고려해야 한다. 네 가지란 ① 언어로 표현된 근원적인 철학적·종교적 관념이나 직관, ② 심층생태운동의 플랫폼(기본원칙), ③ 플랫폼에서 유래한 어느 정도 일반적 지침인 라이프 스타일이나 온갖 종류의 일반적 준칙, ④ 구체적 상황과 그 상황에서 이루어지는 실천적 결정이다. 이 네 가지 중 ②를 제외하고 나머지 셋은 다양성이 인정된다. 사람에 따라 종교적·철학적 신념은 다를 수 있다. 더구나 라이프 스타일이나 일반적 준칙, 그리고 구체적 상황에서의 의사결정 등에선 더욱 차이가 날 수 있다. 하지만 신념, 준칙, 구체적 실천 등이 아무리 다양하더라도 ②는 누구나 수용할 수 있는 보편적 규범으로 여겨져야 한다는 것이 네스의 주장이다. 따라서 심층생태학의 핵심은 바로 이 '플랫폼(기본원칙)'에 있다고 할 수 있다(Naess, 1995b: 10-12 참조).

제각기 '고유한 가치'를 동등하게 갖는다는 것이다. 물론 네스가 인간이 살아가기 위해 다른 생물들을 식용으로 삼는 것 그 자체를 부정하진 않는다. 그러나 원칙적으로는 모든 동식물이 평등하다고 보는 것이 심층생태운동의 기본 특징이다.

이와 같이 지구상의 모든 생명이 동등하다는 사실을 터득하려면 환경을 보는 관점이 바뀌어야 한다. 이를 위해 네스가 들고 있는 것이 원자론과 전체론이다. 원자론적 세계관에서는 개별적 존재에 선행적인 본질성이 인정되며, 다른 존재들과의 관계는 외적·우발적·2차적인 것으로 여겨진다. 반면에 전체론적 세계관에선 타자와의 관계가 우선한다. 개별적 존재는 본질상 타자와의 관계에 의해 규정되며 우리가 사는 세계의 본질은 관계성 그 자체로 여겨진다. 관계적이고 전체적인 장 속에서 생명을 이해할 때 생명권 평등주의를 자각할 수 있다는 것이다.

그러나 이처럼 '생명권'을 전체론적으로 파악한다고 하여 그것만으로 평등주의가 귀결되진 않는다. 생명권의 전체적 시스템을 인정한 위에서 '인간'의 우위를 강조할 수도 있기 때문이다. 바로 여기서 네스가 들고 나오는 것이 '확대 자아실현론'이다. '자아실현'이란 간단히 말하면 '자신과 타자의 동일화'이다. 동일화 곧 '타자 내부에서 자기를 발견한다'는 생각은 그리스 시대 이후 '사랑'의 기본적 의미가 되어왔다. 네스는 이 '타자'를 구체적인 인간뿐만 아니라 모든 생명, 나아가 만물에까지 확대하는 것이 특징이다(Naess, 1995a: 19).

그래서 네스는 소문자로 시작되는 'self'(이기주의적 '자아', 편협한 '자아')와 대문자로 시작되는 'Self'(확대된 '자아', 생태적 '자아')를 구분 지으며 후자를 강력히 피력한다. '자아'를 편협한 '자아'의 범위를 크게 초월하여 확대해나가야 한다는 주장이다. 예를 들면 우리 자신을 개개의 생물, 가까운 숲, 자신이 사는 지역, 지구생명권 게다가 궁극적으로는 우주 전체와 동일시함으로써 자아의 확대를 도모할 것을 주장하고 있는 것이다.

> 이제 상처 입은 이 지구에서 살아가는 모든 생명과 나눔을 행해야 할 때가 다가오고 있다. 그것은 개개의 생명체, 동식물 집단, 생태계 그리고 오래전부터 멋진 우리의 행성, 가이아(지구)와의 동일화를 돈독히 하는 것으로 실현될 수 있다(Naess, 1995a: 25).

위 내용에서 보다시피 네스는 생태권의 구성원을 상호관계 측면에서 전체론적으로 이해할 뿐만 아니라 모든 것을 자기 자신과 일체화된 것으로 간주한다. 자아실현의 관점에서 보면 만물은 자기 자신이나 다름없기에 생태권 평등주의를 주장할 수도 있는 것이다.

요컨대 심층생태학은 원칙적으로 인간을 포함한 지구상의 모든 동식물은 평등하다고 보는 것을 기본 특징으로 한다. 나아가 네스는 이 평등주의를 더욱 발전시켜 생태계, 지구, 우주와 같이 생물학자들이 무생물로 분류하는 것에까지 적용하였다. 그런 이유로 네스는 누차 '생명권'을 확장하여 '생태권'이라고도 표현하였다. 심층생태학은 인간을 둘러싼 환경 전체가 인간과 동일한 가치를 가지며 동등하게 존중받지 않으면 안 된다는 입장인 것이다.

Ⅲ. 교훈과 그 한계

1. 자연 체험을 통한 자연에 대한 감수성 연마

네스는 어린 시절부터 자연에 대해 깊은 관심을 보였고 자연과 늘 함께하고자 했다. 자연 가운데 특히 산은 네스가 태어난 지 1년이 채 못 된 시점에 돌아간 아버지의 대체역이 되었을 만큼 일종의 보호자와도 같았다. 16~17살 무렵 노르웨이에서 가장 높은 산 106개에 올랐고, 20대 중반에는 할링스카르베트산 벼랑 아래 약 1500m 고지의 트베르가스타인이라는 곳에 오두막을 짓고 매년 거기서 사색과 집필활동을 이어갔다.

인상 깊은 것은 오두막에서의 생활규칙이었다. 예를 들면 설거지하지 않기(음식을 먹은 그릇에 물을 조금 붓고 나서 숟가락으로 그릇을 깨끗이 씻고 그 물을 마심), 실내를 너무 따뜻하게 하지 않기, 한 번에 초콜릿을 한 조각 이상 먹지 않기, 항상 자제하면서 필요한 것보다 조금 더 많이 남겨두기 등을 들 수 있다(로텐버그, 2014: 154-55). 이와 같은 규칙들을 준수하면서 사는 삶이야말로 자연에 대한 깊은 관심의 단계를 넘어서 자연과 자기 자신을 동일시하는 삶의 자세가 아니면 우러나올 수 없었을 것으로 간주된다. 산과 함께 살면서도 산에 부담을 주지 않기 위해 검소한 삶, 절제하는 삶 자체가 몸에 배어 있는 결과가 아닌가 여겨진다.

위와 같은 삶의 규칙은 네스의 '심층생태학과 라이프 스타일'이라는 글에서 더욱 세련되게 정리되어 제시된다. 여기서 제시된 라이프 스타일의 특징을 간추려보면 크게 세 가지였다. ① 지구에 부담을 주지 않는 생활방식 따르기, ② 초월적 존재로서의 삶이 아니라 관계적 존재로서의 삶을 살아가기, 그리고 ③ 라이프 스타일의 전 지구적 연대를 지향하기 등이 그것이다.

네스의 주장이 울림이 있는 것은 그의 사상이 바로 위와 같은 실천적 삶을 토대로 정립되고 있기 때문이다. 이는 특히 그가 주장하는 '자아실현론'에서 잘 드러나고 있다. '자아실현론'은 우리와 자연이 서로 대립하지 않는 상태로 존재하는 방식을 설명하기 위해 등장한 것이었다. 즉 자연과 공감할 때, 자연계의 모든 영역에서 연민을 느낄 때 우리가 비로소 온전해질 수 있다는 것이다.

바로 여기서 우리에게 주는 교훈이 있다고 생각된다. 그것은 자연과 우리 자신을 하나로 여기는 자아의 확장은 다름 아닌 자연과 공감하는 자세, 자연과 나를 동일시하는 과정에서 비롯한다는 점이다. 그런 의미에서 네스는 칸트 윤리를 비판하며 자신의 입장을 더욱 선명하게 드러내고 있다.

네스에 따르면 칸트는 한 쌍의 대조적 개념을 고안해낸바, 그것은 '도덕적 행위'와 '미적(beautiful) 행위'이다. 전자는 어떤 희생을 치르더라도 도덕률에 따르겠다는 의지가 동기로 작용하는 행동으로 오직 도덕적 의무 자체에 대한 존중에서 의무를 다하는 것이다. 후자는 의무에 대한 존중을 동기로 삼지는 않지만 의무에 부합하는 행위이다.

도덕적으로 옳은 일을 긍정적 성향(positive inclination)에서 우러나 행한다면 그것은 미적 행위가 된다. 칸트에 따르면 둘 가운데 도덕적 가치를 지닌 것은 전자뿐이다. 도덕적 행위란 오로지 의무의식에서 말미암은 행위뿐이라는 것이다. 여기서 유의할 것은 '후자'라고 하여 도덕에 어긋나는 행위라고 속단해선 안 된다는 점이다. 의무가 아닌 동정심, 공감, 사랑, 우정, 행복 등을 동기로 삼는 행위들은 모두 도덕적으로 악하다고 단정 지을 수 없으며, 따라서 우리 삶에서 배제되어야 하는 것은 결코 아니기 때문이다.

그럼에도 칸트는 후자를 도덕성이 없는 행위로 배제했던 반면 네스는 달랐다. 네스는 환경문제에 있어선 사람들이 오히려 이 미적 행위를 하도록 노력해야 한다고 주장한다. 도덕을 강조할 게 아니라 사람들의 성향에 따라 행동할 방법을 찾아줌으로써 미적 행위를 하도록 도와야 한다는 것이다.

네스에 따르면 그동안 환경운동은 도덕·윤리를 널리 교화해온 결과 일반사람들에게 더 자제하고 책임 있는 태도를 보이며 더 수준 높은 도덕적 행위를 할 것을 요구하는 잘못된 인상을 심어주었다. 따라서 네스는 생명의 다양성이나 손대지 않은 자연경관에 대한 감수성을 연마함으로써 수없이 많고 다채로운 기쁨의 대상을 찾아내는 것이야말로 먼저 필요하다고 주장한다(Naess, 1995a: 25-26 참조).

칸트는 습관, 감정, 정서 등을 '병리적' 상태로 간주하며, 따라서 그것은 도덕적 의무로서의 자격을 가질 수 없다고 보았던 반면, 네스는 자연에 대한 감수성 그 자체를 선한 행위로 권장하고 있는 것이다. 이성은 감정들의 유용성을 판단·평가하고 그것들 간의 상충을 해결할 수 있다. 그러나 감정의 도움 없이 이성만으로는 우리의 행위를 온전히 규제하지 못한다.

같은 맥락에서 자연이 소중하다는 깨우침은 이론적 교육만으로는 결코 체득할 수 없다. 학습자들에게 도덕을 아무리 설파한다 한들 그것이 훌륭한 도덕성의 형성을 불러오는 게 아니듯 생태적 도덕성 또한 마찬가지이다. 그 깨우침은 자연과의 직접적 만남을 통해 자연과 나 자신과의 관계를 자각하고, 나아가 자연을 나 자신과 동일시하는 체험을 거칠 때 비로소 체득할 수 있는 것이다.

2. 한계

네스의 사상은 현실적 실천 면에서 큰 한계에 봉착한다는 한계가 있다. 먼저 네스의 기본적 주장인 생명평등주의가 그렇다. 네스의 생명평등론을 문자 그대로 이해하면 인간이 동물이건 식물이건 이들을 식용으로 삼는 것은 불가능해진다. 동물해방론자라면 채식주의의 길이 있지만 생명평등론자에겐 채식 또한 불가능하다. 인간의 존재 자체가 자연가공·착취·파괴를 전제로 하는데, 생명평등론에 서면 인간의 생존조차어려워진다.

또한 인간에게 여러 가지 해악을 끼치는 생물에 대해서도 생명평등론은 그 대처가 난감하다. 가령 일본뇌염의 매개가 되는 뇌염모기의 개체수가 급증하고 있다면 이를 수수방관해선 안 된다는 것이 기본 상식이다. 하지만 생명평등론에 따르자면 중대한 질병을 야기하는 바이러스나세균을 죽이는 일도 도덕적으로 허용되지 않는다. 이처럼 인간의 이익을 완전히 배제한 채 생명평등주의 입장에 서게 되면 병을 치료하는 것도 예방하는 것도 할 수 없게 된다. 모든 생명은 평등하다는 프로크루스테스의 침대와 같은 획일적 기준을 적용하기 때문이다. 과연 쇠고기를먹는 것과 채소를 먹는 것이 마찬가지라고 할 수 있을지 의문이다.

이러한 현실적 한계에 대해 네스는 분명히 자각하고 있었다. 그래서그는 "현실적으로는 어떤 경우에도 생물은 자신의 생명 유지를 위해 어느 정도의 살해, 착취, 억압을 필요로 한다(Naess, 1995c: 4)"라고 밝혔던 것이다. 하지만 이 점을 인정한다 해도 생명평등주의의 입지가 곤란해지는 것은 마찬가지이다. '생명을 유지할 수 있는 범위'라고 조건을 달았지만, 그 범위가 과잉인지 적절한지의 여부를 어떻게 판단할 수 있느냐하는 문제가 남기 때문이다.

생명평등주의는 생태계중심주의와 모순 없이 성립할지도 의문이다. 예를 들어 생태 위기에 놓인 어느 열대 섬의 온전성·안정성을 지키기 위해 다양한 종 가운데 어느 특정 종의 개체수 조절이 불가피한 경우가 있을 수 있다. 이 경우 희생시킬 종에 대한 순번을 매기지 않을 수 없게 되고 그리되면 생명평등주의 원칙은 으레 포기하게 된다. 결국 생명평 등론은 인간과 자연 간의 현실적 관계를 무시한 공론적 성격이 강하며, 환경윤리의 이론적 전제로서는 부적절함을 알 수 있다.

네스의 생명평등주의를 구현하는 데 중요한 역할을 하는 것이 '자아 실현론'이다. 자아실현이란 우리 자신과 타자를 동일시·동일화하는 것 인데 네스는 타자의 범위에 개개의 모든 생명, 나아가 생태계, 자연까지 포함하고 있다. 이렇게 확대된 자아를 네스는 '생태적 자아'라고 부르 며, 지구상의 모든 생명을 우리 자신과 동일시하게 될 때 생명권평등주 의 또한 구현될 수 있다고 본다. 네스에 따르면 동일시란 강렬한 공감이 나 감정이입을 의미한다. 가령 미물인 벼룩이 고통스럽게 죽어가는 모 습을 볼 때, 벼룩의 아픔을 곧 나의 아픔처럼 느끼는 공감과 동정심이 이는 것을 말한다. 네스의 표현을 빌면 '벼룩 속에서 자신을 발견'하는 것이다.

우리는 평소 아끼는 존재, 소중히 여기는 존재가 어떤 고통을 받거나 시련에 직면하면 동정심과 공감이 이는데, 이는 인지상정이라 할 수 있 다. 하지만 네스의 주장처럼 그 대상이 우리와 가까운 존재가 아니라 하 찮은 미물에서 생태계, 지구 등 만물로 확대될 때 과연 자기 동일화가 이루어질 수 있을지 심히 회의적이다. 나 자신과 자연의 일체화를 통하 여 나를 지키듯 자연환경을 지켜야 한다는 의식의 전환이 필요하다는 주장에 공감이 가지 않는 바는 아니다. 하지만 '자연·지구와의 일체화'는 의식의 변혁을 요구하는 시민운동·사회운동의 슬로건으로서는 적절할지 모르나 구체적 실행방침으로는 너무도 이상적이고 낭만적이라는 생각이 든다.

물론 심층생태학이 하나의 철학임을 전제하면 구체적 실행방침의 부재에 대해 어느 정도는 납득할 수 있을지 모른다. 그리고 심층생태론자들은 구체적 정책보다 생태적 감수성을 낳는 의식의 전환이 더 우선한다고 주장할 수도 있을 것이다. 하지만 작금의 환경문제는 시급을 요하는 것들이 많다. 의식의 문제도 중요하나 현 상황을 타개해나가는 데 필요한 구체적 정책 마련이 더 긴급하다는 것이다. 의식의 게슈탈트적 변화가 채 이루어지기도 전에 심각해진 환경문제로 인해 오히려 인류가 더 심한 위기에 봉착할 가능성이 있기 때문이다. 심층생태학은 현 상황의 심각성을 제대로 인식하지 못하고 너무나 느긋한 태도를 보이고 있는 것으로 여겨진다. 심층생태학이 의식적 내면의 개혁에 몰두함으로써 사회 변혁을 외면하고 있다는 비판이 나오는 것도 바로 그러한 사실에서 연유하는 것으로 판단된다.

설령 네스의 주장을 받아들여 자연·지구와의 동일시를 통해 아무리 '깊은 유대관계'를 맺는다 해도 환경문제가 절로 해결되는 것은 아니다. 환경문제 해결에는 오히려 근대 과학기술을 통하여 접근하는 것이 불가결해 보인다. 네스가 시원스레 부정해버렸지만 현실적으로 유효한 환경대책을 취하는 데는 표층생태운동적 접근도 필요하다는 생각이다. 생태운동을 둘로 나누어 심층생태운동을 적극 지향하는 반면 표층생태운동은 폐기 처분해야 한다는 네스의 주장은 극단적이라는 것이다. 드랭슨 역시 생태운동을 이렇게 둘로 나누는 것이 바람직하지 않다고 지적한다. 표층생태운동과 심층생태운동, 이들 두 사고방식에 기초한 대처는 많은 경우 서로 배제되는 게 아니라 오히려 상보적 성격을 지니고 있다는 이유에서다. 그러기에 그는 "양자 사이에 본래 필요하지도 않은 쐐기를 박고 헛된 대립과 반목을 야기하는 것은 피해야 한다(Drengson & Inoue, 1995: x x)"라고 꼬집는다.

그리고 심층생태학의 핵심인 '현 상황에 대한 깊은 근원적 질문'을 즉각 사람들에게 요구하는 것도 무리라고 여겨진다. 먼저 폐지나 캔의 분리 배출과 같은 가까운 곳에서 누구나 쉽게 시작할 수 있는 일을 출발점으로 삼고, 점차 기존의 라이프 스타일이나 사고방식 혹은 사회구조에 의문을 제기하면서, 그러한 의문을 점차 심화하고 또 그 변혁을 위한 행동으로 연결시켜 나가는 것이 이상적이라는 생각이다.

요컨대 네스의 생명평등주의는 인간 존재의 본질적 성격, 곧 인간은 자연종속적이면서 자연초월적 존재라는 사실을 깨닫게 될 때, 그 실현이 불가능한 공론에 머물 수밖에 없을 것으로 여겨진다. 더불어 생명평등주의를 지탱하는 '확대 자아실현론' 또한 인간과 자연의 일체화를 통하여 자연을 지키는 것이 곧 인간을 지키는 것이고 동시에 그 역도 성립함을 일깨우려는 의도는 충분이 이해할 수 있지만 현실성 면에서 매우 취약하다는 한계를 지니고 있다고 판단된다.

IV. 맺음말

네스는 어린 시절부터 정든 노르웨이의 자연에 대해 강한 애착을 가져왔다. 이러한 애착은 원(原)체험으로 남아 그의 사고방식·생활방식에 지속적 영향을 끼쳤다. 그는 유복했지만 실제 삶은 검소하였고, 늘 자연과 하나 되는 삶을 추구하였다. 그는 자신이 주장했던 '단순한 삶의 수단 활용', '반소비주의', '욕망이 아닌 필수불가결한 필요 충족' 등의 라이프 스타일을 몸소 실천에 옮겼다. 결과적으로 그의 한평생 삶을 요약한다면 '지구에 부담을 주지 않는 삶', '자연의 모든 존재와 자기 자신을 동일시하고 존중하는 삶'이라 할 수 있다.

심층생태학·심층생태운동은 바로 이러한 삶을 토대로 우러나온 것이었다. 심층생태학의 주요 원리는 전체론적(holistic) 세계관, 확대 자아실현 그리고 생명평등주의라 할 수 있다.

'전체론적 세계관'이란 개별적 존재는 타자와의 관계에 의해 비로소 규정된다고 여김으로써 우리가 사는 세계의 본질을 관계성으로 보는 세계관을 말한다. 이에 따르면 세계는 '개체'와 '전체'로 애초부터 구분되지 않는다. 개체 생명은 더 큰 개체(종. 생태계)의 부분이거나 더 작은 개체(세포)의 집합체로 볼 수 있다. 전체는 부분의 총화를 넘어선 존재로 간주되는 것이다.

'확대 자아실현'이란 편협한 자아에서 벗어나 우리 자신을 모든 생물, 숲, 내가 사는 지역, 지구, 자연 등과 동일시하는 것을 의미한다. 이는 우리를 둘러싸고 있는 모든 주변 환경이 우리 자신과 하나임을 깊이 인식하는 것이다. 바꿔 말하면 자연환경을 위해 애쓰는 것이 곧 나 자신의 이익을 도모하는 것이나 다름없음을 체득하는 것이다.

전체론적 세계관이라는 날줄과 확대 자아실현이라는 씨줄에 의해 엮어지는 것이 바로 '생명평등주의'라 할 수 있다. 생명평등주의란, 모든 생명체는 자신의 복지와 번영을 위한 내재적 가치를 지니며, 상호 연관된 전체의 평등한 구성원이라는 주장이다.

이상의 네스의 삶과 사상을 통하여 얻을 수 있는 교훈이 있다면 그것은 자연과 동일시하기이다. 동일시란 강렬한 공감이나 감정이입을 불러오는 상황을 말한다. 한 생명체가 고통스럽게 죽어가는 모습을 볼 때, 정상인이라면 대부분 마음이 아프고 동정심을 느낄 것이다. 바로 그러한 공감이 드는 까닭은 그 생명체와 나 자신을 동일시하는 과정이 있기 때문이다.

동일시하기는 생태도덕성 함양에 중요한 기능을 할 수 있다고 본다. 생태도덕성은 인지적 요소로만 형성되지 않는다. 정의적 요소와 행동적 요소가 더불어 수반되어야 한다. 이 두 요소를 함양하는 데는 마음과 몸을 통해 배우는, 곧 자연체험에 기초한 정서적 노력 이상의 방법이 없을 줄 안다. 네스가 자신이 겪은 자연체험을 통해 얻었던 소중한 교훈은 다른 생명체를 통해 인간이라는 존재를 객관화하는 자세였다. 인간 아닌 생명체들도 고유한 가치를 지니고 있다는 인식론적 전환을 이룰 수 있었던 셈이다. 바로 네스와 같이 자연체험을 기초로 모든 생명체, 숲, 생태계의 시련과 아픔은 곧 나의 아픔으로 느껴질 수 있도록 하는 자연과의 동일시하기는 아무리 강조해도 지나침이 없을 것이다.

이상과 같은 교훈을 얻을 수 있었던 반면 그 한계 또한 분명했다. 무엇보다 중요한 것은 생명평등주의 관련 문제였다. 인간과 다른 생물 간의 평등을 피력함으로써 우리의 세계관·가치관의 근본적 전환을 도모하고자 한 점은 인정되나 일상에서의 실천에 옮기기는 거의 불가능하다는 한계가 있었다. 물론 네스도 이 점을 인정하여 "현실적으로 생물들이 자신의 생명 유지를 위해선 일정 부분 살해·착취·억압이 필요하다"고 말했으나 그리되면 '생명평등주의'와의 관계는 어떻게 되는 것인지, 이에 대해 일체의 언급이 없었다.

중요한 사실은 생명평등주의이건 아니면 그 밖의 어떤 기준을 제시하건 간에 '살해·착취·억압'은 결코 사라질 수 없다는 점이다. 인간의 존재 자체가 자연 파괴를 전제하기 때문이다. 이러한 냉엄한 현실을 무시하고는 아무리 아름다운 이상을 제시하더라도 그것은 소용없는 일이다. 인간과 다른 생물 간의 차이를 전부 무시하고 모든 생물을 균등하게 배려한다는 것은 결코 현실적이지 않다. 아무리 이상을 주장하더라도 현실적으로는 '인간중심주의'를 부정할 수 없는 것이다.

참고문헌

네스, 아르네 외(2012), 『산처럼 생각하라』, 이한중 옮김, 소동.

로텐버그, 데이비드(2014), 『생각하는 것이 왜 고통스러운가요?』, 박준식 옮김, 낮은산.

尾崎和彦(2006), 『ディープ・エコロジーの原郷: ノルウェーの環境思想』, 東海大学出版会.

Bodian, Stephan, "Simple in Means, Rich in Ends: A Conversation with Arne Naess", in https://openairphilosophy.org/#(2022. 4. 10 검색).

Drengson, Alan & Yuichi Inoue(1995), "Introduction", in Alan Drengson & Yuichi Inoue, ed., *The Deep Ecology Movement: An Introductory Anthology*, Berkeley: North Atlantic Books.

Fleming, Pat and Macy, Joanna(1995), "The Council of All Beings", in Alan Drengson & Yuichi Inoue, ed., *The Deep Ecology Movement: An Introductory Anthology*, Berkeley: North Atlantic Books.

Naess, Arne and Sessions, George(1995), "Platform Principles of the Deep Ecology Movement", in Alan Drengson & Yuichi Inoue, ed., *The Deep*

Ecology Movement: An Introductory Anthology, Berkeley: North Atlantic Books.

Naess, Arne(1989), *Ecology, community and lifestyle*, translated by David Rothenberg, Cambridge: Cambridge University Press.

Naess, Arne(1995a), "Self-Realization: An Ecological Approach to Being in the World", in Alan Drengson & Yuichi Inoue, ed., *The Deep Ecology Movement: An Introductory Anthology*, Berkeley: North Atlantic Books.

Naess, Arne(1995b), "The Apron Diagram", in Alan Drengson & Yuichi Inoue, ed., *The Deep Ecology Movement: An Introductory Anthology*, Berkeley: North Atlantic Books.

Naess, Arne(1995c), "The Shallow and the Deep, Long-Range Ecology Movement: A Summary", in Alan Drengson & Yuichi Inoue, ed., *The Deep Ecology Movement: An Introductory Anthology*, Berkeley: North Atlantic Books.

Naess, Arne(2005), "Deep Ecology and Lifestyle", in Alan Drengson, eds., *The Selected Works of Arne Naess*, Dordrecht: Springer.

Sessions, George(1995), "Arne Naess and the Union of Theory and Practice", in Alan Drengson & Yuichi Inoue, ed., *The Deep Ecology Movement: An Introductory Anthology*, Berkeley: North Atlantic Books.

생태학의 환경철학적 이해

정민걸

I. 생태적 위기

지구에서 세계 곳곳이 인류의 손때가 묻어 있는 새로운 지질학적 연대인 인류세(anthropocene; Crutzen & Stomer, 2000; Moore, 2016: 3, 32)가 시작된 현재, 인위적 조작이 없는 자연이 존재하는가? 이 질문의 답은 '아니다'가 절대적으로 많다. 다시 말해서 인류가, 아니 지구가 생태적 위기에 처해있다는 주장이 주류가 되어 있다. 이 '생태적 위기'에서 생태는 일차적으로 순수 자연의 모습이나 속성을 뜻하며 안정적으로 영구히 지속하는 자연을 상정하고 있다. 따라서 생태적 위기를 극복해야 한다는 주장에는 인간의 활동으로 인해 지속성을 상실한 순수 자연이 회복하여 영구히 지속하기를 바라는 인류의 정서가 담겨 있다.

그런데 인류에게 위협이 되지 않는 경우 인류는 위기를 인지하거나 인식하지 못한다. 그러므로 생태적 위기의 주장에 담겨 있는 정서의 바탕에는 안정적인 인류 문명의 영구적인 지속이라는 인류의 근원적인 희구가 깔려 있다. 요컨대 생태적 위기의 선언은 자연이 자원의 공급원으로 또한 폐기물의 처리장으로 인류 문명의 중요한 바탕이라고 생각하는 관념이 담겨 있다.

무한 경제성장을 추구해온 인간의 탐욕이 초래한 생태적 위기가 진정으로 뜻하는 바는 무엇인가? 생태적 위기의 극복은 이 질문의 답에서부터 출발할 수 있다. 답은 '생태' 개념을 이해함으로써 구할 수 있으며, 이 이해를 바탕으로 생태적 위기를 극복하는 실질적인 방향을 찾을 수 있다. 생태 개념을 이해하기 위해서는 이 개념이 추출된 생태계부터 이해해야 한다. 생태계를 이해하는 학문이 생태학이다. 따라서 현재 언급되고 있는 생태적 위기를 명확하게 이해하기 위해서 생태계를 탐구하는 생태학이 무엇이고 그 한계가 무엇인지부터 알아야 한다. 생태학에서 규정하는 생태계에 대한 이해를 바탕으로 할 때 생태 개념을 더 잘 파악할 수 있기 때문이다. 생태 개념을 명확하게 파악하고 나면 생태적 위기의 주장에 담긴 인간의 정서와 희구의 본질을 더 잘 이해할 수 있을 것이며, 이 정서와 희구의 이해를 바탕으로 이 위기를 극복하고 지속하는 인류 문명의 방향이 설정될 수 있을 것이다.

이 장은 환경철학의 시각에서 생태학의 한계와 생태계의 실체, 즉 생태, 더 정확하게 말하면, 생태계의 물질 순환을 이해하고, 이 이해를 바탕으로 인류 문명이 생태적 위기를 극복하고 지속할 수 있기 위해 추구해야 하는 환경철학의 생태적 지향을 논한다.

Ⅱ. 생태학의 한계

1866년 헤켈이 생태학 용어를 처음으로 고안하였다(Haeckel, Ernst, 1866: 286). 그는 생태학을 '생존의 모든 조건인 주변 환경에 대한 한 생물의 관계를 포괄적으로 연구하는 분야'로 정의하였다. 생태학은 자연에서 생물들이 살아가는 모습을 구성원 사이의 관계를 중심으로 이해하는 학문이기는 하지만, 모든 학문이 그렇듯이 생태학 발전의 동력은 자연을 이해하는 데에 그치기보다는 인류를 위해 자연의 생태학적 이해를 적용하려는 욕구다. 이런 측면에서 인간중심이었던 생태학의 '생태'가 생태적 위기를 인지하고 해결을 추구하는 탈인간중심 지향의 핵심 개념으로 언급되는 것은 역설이다. 이 역설을 이해하기 위해 생태학이 무엇인지, 이 생태학의 한계가 무엇인지 알아보자.

1. 생태학이란?

헤켈이 말한 자연에서 생물이 살아가는 모습은 어떠한 모습을 말하는 것인가? 생물이 살아가는 모습은 자연(즉 생태계)의 생물량 변동, 한 집단[1]의 분포와 개체수 변동, 한 개체의 생존 여부 등으로 수준을 달리하여 연구된다. 탈인간중심으로 인간 이외 존재의 존엄성을 논의할 때 생태계, 생명체, 또는 유정성 있는 동물 등 여러 수준에서 존엄성을 논하는 것과 유사하다.[2] 물론 생태학에서 여러 수준 사이에는 서로 용납하기 어려운 대립적 갈등 관계나 해석은 없다. 다만 환원적 해석이 전체의 해석으로 단순하게 결합하지 않는다는 측면에서 보면 동일한 것은 아니지만 환경철학에서 존엄성 인정 수준에 따른 대립과 유사한 갈등이 있기는 하다.

생태학의 구체적인 정의는 생태학자가 연구하는 수준과 대상에 따라 각기 다르다. 다른 정도가 너무 커서 때때로 생태학의 정의는 생태학자의 수와 같다고 할 정도까지 다양하다. 이렇게 말할 만큼 자연의 생태(생물이 살아가는 모습 또는 양태)는 생태계 수준, 종 수준, 극단적으로는 개체 수준 등 어느 수준에서 보는지에 따라 다르다. 그래서 인간은 생태계 수준에, 종 수준에, 또는 개체 수준에 적용이 가능한 생태적 원리를 파악하기 위해 노력한다. 이러한 노력은 계 생태학(system ecology), 공동체[3] 생태학(community ecology), 집단 생태학(population ecology), 개체 생태학(physiological ecology) 등으로 영역이 나뉘지만, 엄격히 분리된다고 하기는 어렵다. 때

---

1 집단(集團, population): 교육부가 용어를 표준화한다며 일본 생태학계에서 사용하는 jargon(학문 분야 사투리)인 개체군(個體群)을 초중등 교재의 표준용어로 강제하면서 많은 영역에서 생물만 관련하여, 혹은 생물학과 관련하여 언급할 때 집단이 아닌 개체군을 사용하는 일이 많아졌다. 이렇게 인간 세계와 자연 세계에 용어를 달리 사용하게 하는 강제는 무의식중에 인간중심주의 사고를 키운다. 인간 활동 또는 인간 문명과 무관한 순수 생물학적, 혹은 순수 생태학적 세계, 즉 자연과 관련하여 언급할 때는 생물 분야 특이 용어인 개체군을, 인간사회와 관련하여 말할 때는 집단을 사용하게 하는 강제는 자연과 인간을 이원으로 분리하며 차별하는 의식을 키운다. 집단은 한 지역에 사는 한 종의 개체들 총합을 말한다. 이 집단은 구성원인 개체 또는 종의 특성만으로는 설명할 수 없다. 한 종의 개체들이 처해 있는 생물과 무생물 환경에 따라 한 집단의 특성이 결정된다. 예를 들어, 남한 인간 집단과 북한 인간 집단은 같은 하나의 민족이지만(유전적으로는 같지만), 증가율(출생률과 사망률), 평균 체중, 평균 신장, 평균 수명 등등 집단 속성은 각 집단이 누리는 경제적 부 등 환경이 달라 천양지차로 다르다. 개체군은 개체가 모여 있다는 것을 단순히 표기하는 정적인 한자어일 뿐이다. 하지만, 비록 같은 종일지라도 다른 장소들에서 삶을 공유하는 개체들은 처해 있는 환경에 따라 각각 다른 장소에 적절한 속성이 있는 각기 다른 독특한 단위체들이 된다. 다시 말해서 집단은 삶을 공유하는 개체들이 상호작용하며 관계를 맺고 있는 생태계의 구성원들(환경)에 따라 특이한 속성이 생기는 역동적인 단위체. 이러한 성질이 담겨 있는 '집단'이 올바른 용어다. 일부의 어설픈 일본 따라가기가 우리말을 혼탁하게 할 뿐만 아니라 집단의 특성을 인식하지 못하게 한다. 집단은 단순히 한 종의 개체들이 모여 있는 것(개체군)이 아니라 한 종의 개체들 사이는 물론 생태계의 다른 구성원들과도 역동적으로 관계를 맺고 있어 집단 특유의 속성이 나타나는 역동적인 새로운 수준의 단위체다.

2 이 책의 2장에서 11장 참조. 데자르뎅의 환경윤리(제5판, 2017) 참조.

로는 생물이 살고 있는 지역의 물리화학적 특성, 주로 기후에 따라 분류된 군계(biome)로 나누어 동토 생태계(군계), 한대 침엽수림 생태계, 온대 활엽수림 생태계, 아열대 우림 생태계, 초원 생태계 등을 이해하기 위해 노력한다. 한편 이렇게 분류된 각각의 생태학은 전체론이나 환원론의 함정에 빠지기 쉽다.

어떤 수준 혹은 분류로 생태학을 이해하든 나름 공통된 속성을 뽑아 대체로 동의할 수 있는 생태학의 정의들이 있다. '과학적 자연의 역사(Elton, 1927: 1)', '동물의 분포와 수에 대한 과학적 학문(Andrewwartha, 1961: 10)', '자연의 구조와 기능에 대한 학문(Odum, 1971: 3)', '생물과 그 환경 사이의 관계를 연구하는 학문(McNaughton & Wolfe, 1971: 1)', '생물의 환경 적응을 연구하는 학문(Emlen, 1973: 1)', 생물과 환경, 그리고 둘 사이의 상호 관계를 연구하는 학문(Putman & Wratten, 1984: 13)', '자연의 양상, 그런 양상이 만들어지는 원리 그리고 공간과 시간에 따라 양상이 변하는 원리를 연구하는 학문(Kingsland, 1985: 1)', '생물의 분포와 수를 결정하는 상호작용에 대한 과학적 학문(Krebs, 1985: 4)', '생물과 물리적 환경 사이의 관계를 연구하는 학문(Ehrlich & Roughgarden, 1987: 3)', '생물의 영향을 받거나 그것에 영향을 끼치는 물리적, 생물적 요인과 생물 사이의 관계를 연구하

---

3 생태학 용어 community는 한 생태계에 사는 모든 생물을 뜻하며, 과거에 대체로 식물 생태학자 진영에서는 군집(群集)으로, 동물생태학자 진영에서는 군체(群體)로 번역하였었다. 아마도 식물생태학자가 더 많은 현실에서 군집을 교육부가 표준용어로 정한 듯하다. 사실 군집은 군(집단)이 모여 있다는 것을 단순하게 기술한 용어다. 군체는 군이 모여서 하나의 단위체를 이룬다는 의미를 내포하고 있어 더 적절한 용어다. 자연의 공동체를 인간 집단 내의 공동체와 구별하기 위해 군집이나 군체를 용어로 사용하였거나 생물학에 독특한 용어를 만들기 위해 공동체를 용어로 사용하지 않고 군집 또는 군체를 채택했을 수 있었겠다고 추론해 본다. 여기서는 한 생태계에서 살고 있는 종들이 운명을 같이 한다는 의미를 강조하기 위해 공동체로 사용한다.

는 학문(Pianka, 1988: 4)', '분화⁴ 과정 중에서 나타나는 생물과 환경의 상호작용을 연구하는 학문(정민걸, 2007: 224)' 등등 생태학의 정의들을 가능한 한 모두 담을 수 있는 생태학의 정의는 '자연에 살고 있는 생물과 생물, 그리고 무생물 환경의 상호작용이 생물의 분포와 수의 (시간적) 변동을 연구하는 과학적 학문(정민걸, 2005: 2)', 즉 '생태계의 구성원 사이의 상호작용에 따라 시간이 지나면서 발생하는 생물의 분포와 수의 변화를 연구하는 학문'이다.

그런데 인류가 생태학 연구에 자금을 지원하는 이유는 무엇인가? 단순히 자연의 생태를 이해하고자 하는 호기심을 채우기 위해, 즉 지식을 단순히 쌓기 위해 인류가 생태학 연구를 지원하는가? 아니면, 인간의 번영을 위해 지원하는가?

2. 생태학의 한계

레이첼 카슨의 『침묵의 봄(Silent Spring)』에 곤충생태학자들이 농약 제조사를 위해 DDT 등 화학 살충제의 유용성이나 안전성을 뒷받침한 사례가 나온다(Carson, 1962: 225-6). 해충으로 규정된 곤충을 농작지에서 몰아내기 위해 곤충의 생태를 연구하는 학자에게는 뚜렷한 목적이 있다. 곤

---

4 Evolution을 관행적으로 '진화(進化)'라고 번역하여 사용하고 있다. 그런데 생물의 역사는 시간이 지나면서 더 나아지는(진화하는, 즉 진보하는) 것을 보여주는 것이 아니라 생명체가 탄생한 이후 갈라지면서(분화하면서) 비어있는 생태적 지위들을 채워나가는 것을 보여준다. 생물종이 다양하기 위해서는 다양한 종들이 각각의 종에게 독특한 환경(지위)을 차지함으로써 공존할 수 있도록 환경이 균일하지 않고 다양해야 한다. 특정 종이 다른 종들보다 더 우수하여(진보하여) 생태계에 존재하는 것이 아니라, 다른 종들과는 다른 특이한 환경(지위)을 차지할 수 있도록 분화하였기에 존재하는 것이다. 이런 맥락에서 '진화' 대신에 '분화(分化)'를 사용한다.

충이 농작지에서 생존하지 못하게 만들기 위해 곤충의 생태(즉, 곤충과 다른 생물종의 관계, 곤충의 서식 조건과 분포의 시간적 변동 등)를 연구하는 학자는 '곤충이 농작지에서 사라져야 한다'라는 절대 우선의 목적이 있다. 연구자가 이 우선에 충실하다 보면 목적을 이루는 과정에서 발생하는 부수적인 일에는 관심을 두지 못하는 경향이 있다. 게다가 장기적으로 누적되어야 나타나는 모습은 단기간 연구로 파악되기 어렵다. 이런 맥락에서 생태학은 생태에 대한 이해를 바탕으로 인류의 안전과 번영을 위해 자연을 통제하고자 하는 목적의 학문이다. 여기서 생태는 '인간이 통제하고 조절하여 인간에게 해가 될 요소가 제어되어야 할 생물이 살아가는 모습'이다.

생태적 위기를 인식하게 된 지금 다른 한 지평에서 생태학은 안정된 생태(자연의 모습)를 알려줌으로써 인류 문명이 생태적 지향으로 방향을 전환하는 길을 인도할 학문으로 생각되기도 한다. 다시 말해서 생태학은 생태를 연구하여 인류 문명의 오만을 깨우치게 하고 욕망을 절제해야 하는 이유를 알려줌으로써 인류를 생태 문명으로 전환하는 길로 인도하고자 하는 목적의 학문이다. 여기서 생태는 인간 활동이 제한되거나 절제되어야 공동체가 스스로 안정이 유지될 수 있는, 생물이 살아가는 모습이다.

이렇듯 생태학의 용도나 가치는 생태학의 이해와 지식을 이용하는 사람에 따라 결정된다. 다시 말해 생태학 자체는 어떤 특정 방향의 용도나 가치가 없지만, 생태학을 이용하는 사람의 목적에 따라 생태학의 가치는 다르게 평가된다.

생태학 자체는 특정한 이념이나 지향을 위해 존재하는 학문은 아니다. 그런데 각 이념 진영의 사람들은 자신들의 이념이나 지향의 근간을 생태학에서 찾을 수 있다고 생각한다. 결국 생태학을 접하는 사람들은 진영에 따른 모순된 목적과 결과를 보면서 생태학이 어느 이념 또는 목적을 위한 것인지 혼란에 빠질 수 있다.

이러한 인간중심의 생태학 해석에서 나타나는 모순보다 더욱더 근원적인 생태학의 한계는 생태학 연구가 자연의 생태를 온전히 파악할 수 없다는 근본적인 문제에 있다. 이 한계는 인간이 자연의 모든 측면을 볼 수 없어 생기는 한계다. 하지만, 한층 더 심각한 문제는 인간이 알아낸 생태학적 사실에서 특정 원리나 개념 등을 강조하기 위해 일부를 전체로 확대·과장하여 생각하게 만드는 일이다.

이러한 한계는 강조하는 원리나 개념을 두드러지게 보이게 강조하는 과정에서 발생하는 모든 학문의 문제기도 하다.

3. 생태와 환경철학적 지향

모든 학문이 그러하듯이 생태학도 미완의 불완전한 학문이며[5] 생태학 용도와 가치가 인간중심적으로 해석된다는 본질적 측면에서 볼 때, 생태학 그 자체는 현재 인류가 당면하고 있다고 인식하는 생태적 위기를 해결하는 절대적인 단일 방안을 제시할 수 없다. 실제로 생태학적 이해를 통해 인류 문명이 무한의 경제성장, 즉 자원과 에너지의 무한한 이용을 지속할 수 있도록 생태 원리를 적용하겠다는 진영과 위기의 원인인 인류의 경제성장 욕구를 절제할 수 있도록 생태 원리를 적용하겠다는 진영으로 인류가 나뉘어 상반되는 방안이 제시되고 있다. 그런데 무

---

5 모든 학문이 불완전하기에 인류 역사의 종착점까지 학문은 계속 발전될 것이다.

한의 경제성장이라는 달콤함으로 인해 인류의 상당수가 전자의 진영을 반긴다는 사실은 인간이기에 인간중심을 벗어나기 어려운 인간의 본질적 속성에서 나오는 당연한 귀결일 것이다.

과연 이러한 상황에서 환경철학은 생태학에서 어떤 생태, 생태 원리를 추출하여 지향해야 하는가?

Ⅲ. 생태계의 물질 순환

생태계의 안정성과 관련하여 생태에서 가장 중요한 핵심 개념 중 하나는 생태계 내 물질 순환이다. 생태학이 물질 순환을 강조하다 보니 생태계, 더 나아가, 지구에 있는 물질 전체가 순환의 고리에서 완벽하게 이동·순환하는 것처럼 대다수 사람이 착각한다. 그래서 생태, 즉 물질 순환의 안정한 자연 또는 문명을 말하면서 전체 물질이 완벽하게 순환하게만 한다면 무한으로 경제가 성장하는 생태 문명을 이룰 수 있다는 환상에 인류가 쉽게 빠져든다. 이렇게 형성된 환상은 인류 문명의 오만을 한층 더 키울 위험이 있다.

1. 생태계란?

계(系, 체계, 體系, system)는 일정한 원리들에 따라 상호작용하여 통합된 구조를 이루는 하나의 무리를 말한다. 이 계는 계의 외부와 격리되어 교류가 없는 닫힌계 또는 고립계일 수도 있고, 계의 외부와 교류가 있는 열린계 또는 개방계일 수 있다. 열린계의 경우 외부와 교류하는 규모는 계

내 과정의 온전성을 해치지 않을 정도로 작아야 한다. 하나의 계는 외부와 교류가 너무 큰 경우 외부 계와 통합되거나 외부 계에 흡수되어 계 자체의 온전성 또는 정체성을 잃고 유지되지 못한다.

계는 일차적으로 닫힌계를 상정하고 원리를 적용하여 계의 속성이 추론되며, 실제의 계는 외부와 교류하는 정도(외부의 영향 정도)에 반응하여 속성, 즉 정체성을 유지하는 상태로 설명된다. 그런데 일반적인 사람들은 외부 영향을 내부 요소로 착각하고 모든 계를 닫힌계처럼 생각하기 쉽다.

탠슬리는 생태계를 '생물 복합체뿐만 아니라 환경인 물리적 요소의 복합체도 포함한 계'라고 정의했다(Tansley, 1935: 299). 이 생태계는 한정된 하나의 공간 지역에 사는 모든 생물의 살아가는 과정이 복합적으로 연결되며 일어나는 생물과 무생물 구성원의 복합체계다. 하나의 생태계는 외부와 완벽히 격리되지 않고 이웃 생태계와 끊임없이 교류한다. 외부의 영향으로 인한 교란은 내부 요인과 함께 생태계의 안정성을 유지하는 중요한 요인 중 하나다.

그런데 일반적인 사람들은 생태계를 생각할 때 역시 닫힌계를 상정한다. 다시 말해서 많은 사람이 외부의 영향 없이 온전히 유지되는 안정한 생태계를 상정한다. 그래서 외부 영향으로 인한 교란을 생태계의 안정성을 해치는 교란으로 제거해야 한다고 생각하는 사람들이 많다. 심지어는 생태계가 외부와 차단되어야 안정을 유지한다고 오해되기도 한다. 하지만 실제로는 외부의 영향으로 발생하는 교란이 있어야만 생태계가 보여주는 안정 상태가 유지된다.

2. 생태계의 안정성

비록 기후변화로 태풍 등 열대성 사이클론의 빈도와 강도가 변하여 안정적인 생태계의 구조(모습)를 결정하는 교란으로 더는 보기 어렵겠지만, 생태계의 구조를 결정하는(안정적 변동을 유지하는) 데에 외부의 영향으로 인한 교란이 매우 중요한 것을 보여주는 예로 열대성 사이클론을 들 수 있다(Lin 등, 2020). 사이클론으로 초래되는 인간의 피해를 생각하면 사이클론은 생태계에 나타나지 않아야 할 현상처럼 여겨진다. 자연의 생태계에서도 사이클론으로 인해 쓰러지는 나무나 사태로 인해 죽게 되는 생물 개체의 처지에서 보면 역시 사이클론은 존재하지 않아야 할 현상으로 생각될 수 있다. 그러나 사이클론은 생태계의 안정에 매우 중요한 요인 중 하나다. 계 밖에서 생성되어 계 내로 들어와 소멸하거나 밖으로 나가는 사이클론으로 유발되는 호우(豪雨)가 삼림과 강의 생태계에 오래 축적된 생물의 폐기물을 쓸어내어 계 밖으로 내보냄으로써 삼림과 강 생태계를 다시 젊어지게[6] 하여 생태계가 일정 규모의 변동(주기적 변화)이 있는 안정을 유지할 수 있게 해준다. 더 근본적으로는 열대성 사이클론이 열대 지역의 열과 수분을 온대 지역으로 빠르게 대량으로 옮겨줌으로써 위도 방향의 불균형을 줄여(Emanuel, 2001; Kam 등, 2013)

---

6 생태계가 젊어진다는 의미가 인간 중심적 관점에서 볼 때 반드시 좋다는 것은 아니다. 비교적 작은 강도의 사이클론과 호우는 바닥에 쌓인 낙엽층의 유기물 잔해와 죽은 채 붙어있는 잔가지 등을 제거하여 숲에서 발생하는 CO_2나 CH_4 등을 줄여주고 햇빛의 투광을 늘려 발아한 나무나 새순의 성장 등을 촉진하여 CO_2 흡수를 늘려 숲의 산소 순생산량을 늘려준다. 하지만 사이클론의 강도가 클 경우는 숲의 피해가 너무 커 사이클론 이후 초기 CO_2 흡수가 적어지고 예전 수준을 회복하는 데 시간이 걸릴 것이다. 이 경우도 숲으로 보면 광합성량이 적은 젊은 숲에서 광합성량이 많은 늙은 숲의 변동 주기를 재설정하는 요인은 사이클론이며 사이클론 강도가 안정적 변동 주기의 길이를 결정한다.

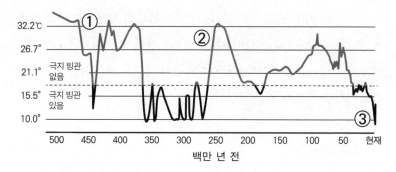

〈그림〉 지구 온도 곡선

① 육상 식물의 CO_2 흡수 시작. ② 화산과 침식 활동에 따른 CO_2 증감.
③ 인간 활동에 따른 온도 상승.

* 출처: Voosen(2019).

지구에서 생물들의 수직 서식 분포가 넓고 비교적 고르게 될 물리적 환
경을 만들어 준다.

생태계의 저항력과 복원력을 능가하는 교란이 외부의 요인으로 발생
했을 때 생태계는 안정을 유지하지 못하고 붕괴한다. 생태계의 안정을
깨뜨리는 이런 교란의 예로는 공룡이 멸종되면서 지구생태계가 전혀
다른 생태계로 바뀌기 시작한 원인으로 추정되는 소행성의 충돌을 들
수 있다(캠벨 등, 2022: 550-551). 비록 오르내림의 변동이 있지만, 최근의 온
도 증가 이전 지질학적 시간척도에서 백악기 중반(약 1억 년 전) 이후 지구
온도가 낮아지고 있던 현상(Huber 등, 2018; Voosen, 2019)도 지구생태계의 순
간 안정 중심이 계속 바뀌게 하는 생태계 안정의 붕괴 요인이다. 이 경
우 자연적인 물리적 변화에 따라 생태계의 순간 안정 중심이 변하는 것
이 안정은 아니지만 받아들여야만 하는 자연적인 변화다. 한편 현재 인
류가 인식하고 있는 인간 활동으로 초래된 지구온난화 또는 기후변화

는 1억 년 전 이후 지구생태계의 순간 안정 중심의 자연적인 변화 방향
에 상반하는 방향으로 이끌어 가는(그림 참조) 생태계 붕괴 요인으로 생태
계의 이상 변동을 초래한다. 그런데 이 붕괴 요인은 인간 활동의 변경으
로 줄이거나 없앨 수 있는 요인이다.

3. 물질 순환의 실재

이러한 생태계의 구성원은 생물 구성원과 무생물 구성원으로 나뉜다.
그런데 양적으로는 생물 구성원보다는 무생물 구성원이 절대적으로 많
다. 하지만 생태, 즉 생물의 살아가는 모습이 생태계 혹은 생태학에서
인간이 관심을 두는 요체므로 사람들은 무생물 구성원보다는 생물 구
성원에 큰 비중을 부여한다. 그 결과 생태계에서 생물 구성원이 주된 존
재로 여겨지고 무생물 구성원은 보조적 존재로 여겨지기 쉬워 생태계
의 중심이 무생물 구성원이 아니라 생물 구성원이라 치부한다. 인간이
관심을 두고 알고자 하는 것이 생태므로, 생물 구성원들이 주체가 되고
무생물 구성원들은 객체가 되어 생물에 부수적인 존재로 여겨지는 것
이다.

그런데 생태는 절대적 다량의 무생물 구성원에 의해 결정된다. 생물
이 살아가는 모습을 결정하는 주된 요인은 지구의 기후와 물, 그리고 땅
이라는 절대 다량의 생태계 순환 밖의 무생물 구성원이다. 그런데 인간
은 생물 공동체[7] 내에서 물질이 순환한다는 측면에서만 주로 무생물 구

---

7 자연과 인간을 이분하는 습성에 맞추어 인간 공동체와 구별하는 뜻에서 생물 공동체라
    표기하였다.

〈표〉 물의 순환에서 교환 시간

저장고	교환 시간
대기	9일
하천	10~15일
큰 호수	10~20년
해양	3,000년
지하수	100s~10,000년
빙관	10,000년

* 출처: Marsh & Grossa, Jr., 2002: 239.

성원에 관심을 기울인다. 그래서 생태계 구성원의 비중에 대한 오류가 물질 순환의 설명에도 그대로 투영된다.

생명체에게 가장 중요한 요소의 하나인 물의 순환을 살펴보자. 지구에서 물의 97% 이상이 해양에 있고, 약 2%가 빙관과 빙하로 있으며, 육상 생태계의 생물이 이용할 수 있는 물인 지하수, 토양수, 하천수와 호소수는 1%도 되지 않는다(Marsh & Grossa, Jr., 2002: 238). 실제로 육상 생태계의 생물 공동체 내에 머무는 물은 지구 전체의 물에 비하면 없는 것이나 다름없다. 이렇게 생물 공동체에 머무는 양이 극미량이므로 생물 공동체는 자신들의 활동으로 나빠진 모든 것을 문제없이 물의 순환 고리를 통해 폐기해 버릴 수 있다. 사실 한 생물체 내에 머물렀던 물 분자는 다시 그 생물체로 돌아가지 않고 막대한 저장고(대기, 하천, 호소, 해양, 지하수, 극지 빙관 등)에 상당 기간 저장되어 있다(표 참조). 자연의 생물들이 폐기물을 저장고로 버리는 양이 아주 적고 속도(rate)가 매우 느려 저장고에 문제가 발생하지 않는다. 그런데 인류 문명은 양과 속도를 늘려 국지적 저장고에 문제가 발생하고 있고 규모가 커지고 있으며, 급기야는 해양 등 지구 전체의 저장고에 문제가 발생하는 것을 우려하고 있다.

지구에서 생물이 살 수 있는 물리 환경을 만들어 주고 생물의 에너지원이며 물질 순환의 동력인 태양에너지를 살펴보자(Ågren & Andersson, 2012: 64). 태양에서 지구로 온 태양에너지의 약 23%가 지구로 진입하지 못하고 반사되어 나가고 약 20%는 대기에 흡수됨으로써 대기를 덥혀 따듯하게 만들며, 지표면에 도달한 태양에너지의 약 9%는 반사되어 나가고 약 49%는 흡수되는데, 이 지표에 흡수되는 태양에너지의 약 0.3%가 광합성에 의해 지구 생물 공동체 내로 유입된다. 육상 식생에 들어오는 태양에너지만을 고려하더라도 광합성으로 식생 생물 공동체에 유입되는 태양에너지는 1% 미만이다(Marsh & Grossa, Jr., 2002: 84). 따라서 생물 공동체로 유입되는 태양에너지는 미량이며, 태양에너지 거의 전부가 생물이 살 수 있는 지구 물리 환경을 만들어 주는 데 사용된다. 화석이든 재생가능 에너지든 인류가 사용하는 에너지가 늘어나면 날수록 지구 물리 환경의 변화가 일어날 수밖에 없으며, 인류의 에너지 사용은 지역적 편차가 더 커지므로 이상기후의 발생은 빈도와 규모가 커질 수밖에 없다.

물 이외의 물질들도 생물 공동체 내에 머무는 양은 극미량이며 거의 전부는 저장고에 담겨 있다. 따라서 물질이든 에너지든 거의 전부가 생물 공동체에 직접 사용되기보다는 미량의 물질이 생물 공동체 내에서 물질이 순환할(한 개체나 한 세대를 고려하면 흐를) 수 있는 물리 환경의 상황이 설정되는 데 사용되고 있다. 이것이 실제 생태계의 모습이다. 그런데 인간은 에너지와 물질 모두가 직접적으로 생물 공동체 내에서 순환하거나 흘러도 문제가 발생하지 않는 것으로 상정하는 듯하다.

그래서 인류는 자원 사용량, 폐기량과 사용 속도를 줄이기보다는 재생가능 자원만 확보하면 자원 사용을 지속하거나 늘려 무한하게 경제 성장의 지속이 가능하다고 생각하는 듯하다. 인류는 마치 생태계에서 물질의 전량이 빠른 속도로 순환하는 것처럼 생각하며 순환만 이루어 질 수 있으면 된다는 최면 상태의 리플리증후군에 빠져있는 듯하다.

Ⅳ. 인류 문명의 지속 : 환경철학의 생태적 지향

산업혁명으로 윤택해져 온 인류 문명이 추구하는 자원과 에너지 소비의 증가로 초래된 부작용이 경제성장을 지속할 수 없게 만들 수 있다는 것을 인식하게 되면서 환경철학이 대두되었다. 경제성장이 자원고갈과 물리화학적 환경의 질 악화 등 심각한 부작용인 환경문제를 일으키고 있다. 환경문제로 인해 경제성장, 더 나아가 인류 문명이 지속될 수 없을지 모른다는 위기의식을 인류가 느끼게 된 것이다. 인류는 이 위기를 생태적 위기라고 규정하고 생태를 이해함으로써 위기를 극복하기를 바라고 있다. 따라서 과거와 현재를 반성하며 다각적으로 해석될 수 있는 생태를 합리적으로 이해하는 인간 지성(知性)을 환경철학이 인도함으로써 앞으로 인류 문명이 나가야 할 방향을 찾는 데에 기여해야 할 것이다.

그런데 환경철학 역시, 생태학과 마찬가지로, 자원과 에너지의 소비를 계속 늘려 부작용을 계속 양산하며 인간이 물질적으로 더욱더 윤택해지는 인류 문명을 지속하는 인간 지성을 확립하는 바탕을 추구할 것인지, 인간 욕구의 절제를 통해 자원과 에너지의 총소비, 즉 부작용의 생성 자체를 줄여 생태계의 모든 구성원이 공존하는 인류 문명을 지속하는 인간 지성을 확립하는 바탕을 추구할 것인지 선택해야 할 갈림길에 있다. 환경철학은 인류가 과욕과 오만을 키우며 인류 문명을 지속하는 인간 지성을 추구하는 방향과 인류가 절제와 겸손을 수용하며 인류 문명을 지속하는 인간 지성을 추구하는 방향 중 어느 방향을 지향해야 하는가? 어느 방향을 지향해야 할지는 생태 개념의 정립과 동시에 이루어져야 할 것이다.

1. 생태란?

인류는 생태계라 칭하면서 생물 공동체를 주된 구성원으로 치부하고 있다. 그러나 생태계의 주된 구성원은 생물이 살 수 있는 물리적 환경을 조성하고 유지하여 주는 무생물 구성원이다. 비록 생명체인 인간은 인간, 조금 더 확대해서 생물에 주된 관심이 있고 생물, 조금 좁혀서 인간에게 일어나는 일에 집중하지만, 태양에너지와 물질 등 무생물 구성원에 의해 설정된 절대적으로 거대한 물리 환경의 계에 생물이 더부살이하는 모습이 진정한 생물의 살아가는 모습, 생태다. 더 나아가 물리 환경에 더부살이하는 생물 공동체에 얹혀 사는 인류의 모습이 인류 문명의 실체가 될 수밖에 없다.

생물이, 아니 인간이 더부살이한다는 것을 인정하기는 어려울 것이다, 우리가 주체인데. 그런데 인간이 더부살이한다고 하여 주체인 인간의 부귀영화와 안위를 포기할 필요는 없다. 주인인 무생물 구성원이 스스로 마련하고 유지하는 집(자연, 自然)인, 생물 공동체가 공존하는 지구의 물리 환경에서 인류는 얹혀살며 편안히 목가적인 삶을 누릴 수 있다.

자연의 생물들은 신체의 한계와 기술 결여로 욕심을 다 채우지 못하는 모자람의 지혜(frugal wisdom)로 함께 살고 있는, 피식자든 포식자든, 타자인 생물의 존재를 절대적인 필요가 있을 때를 제외하고는 인식하지 않고 한 공간에서 병존하는 무심의 공존(disinterested coexistence)을 지속한다(정민걸, 2005: 46-49, 53; 2010: 171-176; 2017: 79-84). 모자람의 지혜로 욕심을 내려놓을 수밖에 없어 무심의 공존을 지속하는 생물 공동체의 살아가는 모습이 진정한 생태다.

2. 인류 문명의 생태적 지속

지금까지 인류는 경제 효율을 높이기 위해 인구를 늘려 분업하고 대량 생산을 기반으로 성장하는 문명의 방향을 택하여 1인이 누리는 편익을 늘려 왔다. 그러나 인구의 한계점[8]에 접근하면서 인류는 문명의, 경제성장의 위기를 인식하게 되었다. 생태학에서 해결책을 구할 수 있다는 희망이 이 위기를 생태적 위기라고 규정하는 듯하다.

그런데 목적도 이상도 없이 스스로 그러한 자연의 생태를 인류는 이념이나 관념에 따라 다르게 이해한다. 이제 환경철학은, 과거를 반성하기에 앞서 현재까지 이룬 것보다 훨씬 더 많은 것을 안정적으로 얻으려는 감성적 탈출구를 찾는 인간 지성을 쫓을 것인지, 과거 인류가 과도하게 벌였던 일을 되돌아보고 인간 혹은 생물 공동체의 주인인 무생물 자

---

[8] 1인당 누리는 편익을 한정할 수 없으며, 1인당 편익과 인구 밀도의 지역적 편차가 큰 현실에서 인구의 한계점을 구하는 것은 쉽지 않다. 지구의 물리 환경이 균질한 것이 아니라 지역적 편차가 커 이질적이므로, 즉 지역적 형평성 문제 때문에 단순히 평균 1인당 경제적 편익과 인구를 곱하여 최대 편익을 한정할 수 없다. 지역적 편차가 큰 상황에서 단순하게 공리주의적 최대 편익을 구하는 것은 문제가 크므로 생물 공동체나 인류에게 적절한 물리 환경이 유지될 수 있는 인구의 한계점을 구하는 것은 실질적인 난제다.

연에 인류가 더부살이를 지속할 수 있도록 생물 공동체 또는 무생물 자연에 가해지는 환경부담을 줄이는 인간 지성을 인도할 것인지 미래를 위해 선택해야 할 것이다.

인류는 이제까지 동원할 수 있는 모든 자원을 이용하여 급격한 경제 성장을 이루며 무한의 탐욕을 채우는 지나침의 무지(indulgent ignorance, 정민걸, 2017: 80)로 생태적 위기를 맞게 되었다. 환경철학은 인류 문명이 이제까지 추구해온 지나침의 무지에서 벗어날 수 있는 이정표(里程標)를 인류에게 제공해야 할 것이다. 모자람의 지혜로 무생물 환경의 안정도 유지하고 타자와 무심의 공존도 유지하는 자연의 생태를 이해함으로써 환경철학은 이 이정표를 세울 수 있을 것이다.

참고문헌

데자르댕, 조제프 R.(2017), 『환경윤리』(제5판), 김명식·김완구 옮김, 연암서가.

정민걸(2005), 『이해하는 생태학: 자연과 사람의 본성을 찾아서』, 공주대학교 출판부.

정민걸(2007), 「환경철학에서 생태적 접근의 한계」, 『환경철학』 6, 217-247.

정민걸(2010), 「환경갈등에 대한 철학적 반성을 통한 자아실현」, 『생명연구』, 18, 145-182.

정민걸(2017), 「함께 하는 사회의 구현: 4대강사업의 이기적 탐욕과 생명 경시 극복」, 『생명연구』, 45, 53-96.

캠벨 등(2022), 『캠벨 생명과학』(12판), 전상학 등 옮김, 바이오사이언스.

Andrewartha, H. G.(1961), *Introduction to the Study of Animal Populations*, Chicago: University of Chicago Press.

Ågren, G. I., and F. O. Andersson(2012), *Terrestrial Ecosystem Ecology:*

Principle and Applications, Cambridge: Cambridge University Press.

Carson, Rachel(1962), *Silent Spring*, Boston: Houghton Mifflin. (Penguin Classics, 2000)

Crutzen, P., and E. Stoermer(2000), "The "Anthropocene", *Global Change Newsletter*, No.41., 17-18.

Ehrlich, P. R., and J. Roughgarden(1987), *The Science of Ecology*, New York: MacMillan.

Elton, Charles(1927), *Animal Ecology*, New York: Macmillan.

Emanuel, K.(2001), "Contribution of tropical cyclones to meridional heat transport by the oceans", *Journal of Geophysical Research*, Vol. 106., 14771-14781.

Emlen, J. M.(1973), *Ecology: An Evolutionary Approach*, Reading, MA: Addison-Wesley.

Haeckel, Ernst(1866), *Generelle Morphologie der Organismen (The General Morphology of Organisms)* (in German), Vol. 2., Berlin (Germany): Georg Reimer.

Huber, B. T., K. G. MacLeod, D. K. Watkins, and M. F. Coffin(2018), "The rise and fall of the Cretaceous Hot Greenhouse climate", *Global and Planetary Change*, Vol. 167., 1-23.

Kam, J., J. Sheffield, X. Yuan, and E. F. Wood(2013), "The Influence of Atlantic Tropical Cyclones on Drought over the Eastern United States(1980~2007)", *Journal of Climate*, Vol. 26., 3067-3086.

Kingsland, S.(1985), *Modeling Nature*, Chicago: University of Chicago Press.

Krebs, C. J.(1985), *Ecology: The Experimental Analysis of Distribution and Abundance*, 3rd ed., New York: Harper and Row.

Lin, Teng-Chiu, J. A. Hogan, and Chung-Te Chang(2020), "Tropical Cyclone Ecology: A Scale-Link Perspective", *Trends in Ecology & Evolution*, Vol. 35., 594-604.

Marsh, W. M., and J. Grossa, Jr.(2002), *Environmental Geography: Science, Land Use, and Earth Systems*, 2nd ed., Danvers: John Wiley & Sons.

McNaughton, S. J., and L. L. Wolf(1979), *General Ecology*, New York: Holt, Rinehart and Winston.

Moore, J. W. ed.(2016), *Anthropocene or Capitalocene? Nature, History, and the Crisis of Capitalism*, Oakland: PM Press.

Odum, E. P.(1971), *Fundamentals of Ecology*, 3rd ed., Philadelphia: Sounders.

Pianka, E. R.(1988), *Evolutionary Ecology*, Addison-Wesley Educational Publishers.

Putman, R. J., and S. D. Wratten(1984), *Principles of Ecology*, Berkeley: University of California Press.

Tansely, A. G.(1935), "The use and abuse of vegetational concepts and terms", *Ecology*, Vol. 16., 284-307.

Voosen, P.(2019), "Project traces 500 million years of roller-coaster climate", *Science*, Vol. 364., 716-717.

찾아보기

필자 소개

김완구

충북대학교 철학과를 졸업하고 서강대학교 대학원에서 영미분석철학을 전공하여 석사 학위를 받고 환경철학 및 윤리를 공부하여 박사 학위를 받았다. 현재는 호서대학교 창의교양학부 교수로 재직하고 있으며 한국환경철학회 회장으로 활동하고 있다. 서강대학교 생명문화연구소 책임연구원을 지낸 바 있고, 서강대 등 여러 대학에서 철학 및 윤리를 강의한 바 있다. 저서로는 『자발적 소박함과 행복』(2017), 『음식윤리: 음식에 대한 윤리적 성찰』(공저, 2015), 『과학기술과 환경 그리고 위험커뮤니케이션』(공저, 2013), 『생태 생명의 위기와 대안적 성찰』(공저, 2012)이 있다. 역서로는 『환경윤리』(공역, 2017), 『산책 외』(2009), 『탄생에서 죽음까지: 과학과 생명윤리』(공역, 2003), 『생태학과 포스트모더니티의 종말』(2003)이 있다. 이 밖에 생명과 환경에 대한 철학적이고 윤리적인 논의를 주제로 한 다수의 논문이 있다.

김민수

건국대학교 철학과를 졸업하고 같은 대학교 대학원에서 아도르노의 사회철학과 미학을 연구하여 석·박사 학위를 받았다. 서울교대 강사, 건국대 강사, 중앙대 강의전담교수를 거쳐 현재는 동서울대학교에 재직하고 있다. 한국환경철학회 총무이사로 활동 중이다. 자연미 이론을 토대로 환경철학과 생태철학에 융합적으로 접근하는 연구에 관심을 두고 있다. 주요 논문으로 「아도르노의 유럽 문명 비판과 환경윤리학」, 「독일관념론에서 칸트의 자연미 해석」, 「환경철학을 위한 목적론적 자연법 전통」 등이 있으며, 최근 '호모 플라뇌르'라 부를 수 있는 생태 친화적 산책의 이론과 실천 및 교육의 체계와 방법에 대해서 다각적으로 연구를 진행하였다. 「시민구제를 위한 생태 친화적 산책자 개념 정초」, 「생태 친화적 거주함으로서 건축공간과 산책」, 「아도르노의 환경미학과 생태 친화적 산책자의 윤리교육 실천 방안」 등의 성과를 발표하면서 '생태 친화적 산책'에 관한 이론적 사유의 체계를 만들어가고 있다.

조영준

경북대학교 철학과와 동 대학원을 졸업하고, 독일 뮌스터대학교에서 철학, 사회학, 중국학을 공부하였으며, 카셀대학교에서 셸링의 자연철학을 전공하여 박사 학위를 받았다. 경북대학교 동서사상연구소 전임연구원을 거쳐 현재 경북대학교 철학과 강의교수로 있다. 저서로는 *Natur als Subjekt: Schellings Naturphilosophie und ihre ökologische Bedeutung*(Saarbrücken, 2008), 『생태와 대안의 로컬리티』(공저, 2017), 『자연과 공생하는 유토피아: 셸링, 블로흐, 아나키즘의 생태사유』(2022)가 있고, 주요 논문으로는 "Die teleologische Naturidee bei Kant und Schelling", 「생태위기의 대안으로서 셸링 자연철학」, 「인간과 자연의 통일, 그리고 생태학적 상상력」, 「블로흐의 유토피아론에 대한 자연철학적 고찰」, 「성장지상주의와 탈성장사회」 등이 있다. 제18회 대한철학회 학술상을 받았으며, 현재 생태사회철학의 관점에서 국가와 자본을 극복할 수 있는 '생태유토피아' 연구에 매진하고 있다.

이상헌

서강대학교 철학과를 졸업하고 같은 대학교 대학원에서 칸트철학을 전공하여 박사 학위를 받았다. 현재는 서강대학교 전인교육원 교수로 재직하고 있다. 저서로는 『융합시대의 기술윤리』, 『철학자의 눈으로 본 첨단과학과 불교』, 『철학, 과학 기술에 말을 걸다』, 옮긴 책으로는 『임마누엘 칸트』, 『나노윤리』(공역) 등이 있고, 주요 논문으로는 「기후변화와 개인의 의무」, 「도덕적 향상이 기후변화의 대책이 될 수 있을까?」, 「유전자 변형 작물의 쟁점에 대한 철학적 분석」, 「유전자 특허의 정당성에 관한 윤리적 논의」 등이 있다. 기술철학이 주요 관심사이고, 환경철학과 포스트휴먼 연구에 관해서 여러 편의 글을 썼다.

류지한

서울대학교 사범대학 윤리교육과를 졸업하고 같은 대학교 대학원에서 윤리학을 전공하여 박사 학위를 받았다. 현재는 한국교원대학교 윤리교육과 교수로 재직하고 있다. 저서로는 『기후변화시대의 시민교육』, 『거시윤리학』, 『거시응용윤리학』, 『성윤리』, 옮긴 책으로는 『공리주의 입문』, 『밀의 공리주의』, 『누가 세계를 약탈하는가?』, 『악의 남용』, 『윤리학: 옳고 그름의 발견』 등이 있고, 주요 논문으로는 「싱어의 동물 해방론의 윤리적 쟁점」, 「과학기술시대의 윤리학의 위기와 새로운 윤리학의 요청」, 「J. S. 밀의 『공리주의』에서 제재 적절성과 제재 공리주의」, 「두 수준 공리주의 연구」, 「안락사의 윤리적 쟁점」, 「세계 기아에 대한 윤리적 성찰」, 「R. M. 헤어의 도덕추리론 연구」 등이 있다. 공리주의, 메타윤리, 응용윤리가 주요 관심 분야이다.

노희정

전남대학교 교육학과를 졸업하고 한국교원대학교 대학원에서 철학교육을 전공하여 박사 학위를 받았다. 현재는 광주교대 윤리교육과 교수로 재직하고 있다. 일본 아이치교대 초빙연구자와 미국 캘리포니아대(UCR) 김영옥재미동포연구소 방문교수를 지냈다. 한국연구재단 인문학단 전문위원, 민주평통 자문위원, 한국환경철학회의 총무와 회장을 역임했고, 현재는 한국초등도덕교육학회장이다. 저서로는 『도덕교과교육학』(2013), 『인권환경평화를 위한 도덕교육』(2013), 옮긴 책으로는 『사고하는 방법』(R. Fisher 지음), 『지금은 인성교육이다』(A. L. Lockwood 지음) 등이 있고, 주요 논문으로는 「생태학적 자아의 정립과 생태학적 감수성 증진을 위한 교육」, 「환경윤리학에서의 사회생물학적 접근의 한계와 가능성」 등이 있다. 환경윤리교육이 주요 관심 분야이고, 기후변화, 초등도덕교육에 관해서도 여러 편의 글을 썼다.

최훈

서울대학교 철학과를 졸업하고 같은 대학교 대학원에서 박사 학위를 받았다. 현재는 강원대학교 자유전공학부 교수로 재직하고 있다. 논리학 및 윤리학이 주요 관심 분야이고, 특히 동물 윤리에 관해서 여러 편의 책과 논문을 썼다. 저서로 윤리학 분야에서 『철학자의 식탁에서 고기가 사라진 이유』(2012), 『동물을 위한 윤리학』(2009), 『동물윤리 대논쟁』(2019), 논리학 분야에서 『변호사 논증법』(2010), 『좋은 논증을 위한 오류 이론 연구』(2012), 『불편하면 따져봐』(2014), 『논리는 나의 힘』(2015), 철학 일반 분야에서 『위험한 철학책』(2015), 『라플라스의 악마, 철학을 묻다』(2016) 등이 있다.

변순용

서울대학교 사범대학 및 대학원에서 윤리교육을 전공하고 독일 칼스루헤대학교에서 철학박사 학위를 취득하였다. 2005년부터 서울교육대학교 윤리교육과 교수로 재직하고 있으며 주요 관심 분야는 실천 및 응용윤리학이다. 현재 서울교육대학교 어린이철학교육센터 센터장, 인공지능윤리 표준화 포럼 위원장, 한국인공지능윤리협회 AI윤리연구센터 센터장, 한국윤리학회 회장으로 활동 중이다. 대표 저서로는 『책임의 윤리학』, 『삶의 실천윤리적 물음들』, 『삶과 철학 이야기』, 『인공지능윤리하다』, 『윤리적 AI 로봇 프로젝트』, 『로봇윤리란 무엇인가?』, 『음식윤리』, 『융합기술시대의 윤리』 등이 있고, 대표 역서로는 『레비나스』, 『생명윤리학 1·2』, 『로봇윤리』, 『철학·도덕교육의 교수법』 등이 있다.

정결

부산대학교 윤리교육과를 졸업하고 한국교원대학교 대학원에서 윤리학을 전공하여 박사 학위를 받았다. 현재는 부산에 소재한 중등학교 도덕 교사로 재직하면서 한국교원대학교와 서울교육대학교에 출강하고 있으며 한국환경철학회 홍보이사로도 활동하고 있다. 주요 논문으로는 「인간 중심주의 환경윤리와 도덕교육」, 「동물윤리의 도덕적 접근법」, 「자연법 윤리의 자연 이해에 대한 비판적 고찰」 등이 있다. 과학기술과 관련한 윤리적 문제가 주요 관심 분야(환경윤리, 과학윤리, 생명윤리 등)이고, 이것이 도덕교육에 있어서 가지는 시사점에 관해서도 여러 편의 글을 썼다.

김남준

서울대학교 윤리교육과 학부 및 석·박사과정을 수료하고 독일 뮌스터대학교 철학과에서 윤리학 전공으로 철학박사 학위를 받았다. 목포대학교 윤리교육과 교수를 거쳐, 현재 충북대학교 윤리교육과 교수로 재직 중이다. 한국환경철학회 편집위원장을 역임한 바 있고, 현재 연구이사로 있다. 공저로는 『양심』, 『사랑』 등이 있고, 환경철학 관련 논문으로는 「도덕과에서 환경윤리교육의 내실화 방안」, 「생태중심주의에서 내재적 가치 논쟁」, 「식물윤리학의 원리」, 「도덕 판단의 기준으로서 자연스러움」, 「도덕과교육에서 환경윤리교육」 등이 있다. 윤리학 이론 분야에서는 도덕적 행위 동기화 논쟁에, 응용윤리 분야에서는 환경윤리에 학문적 관심을 가지고 있다.

김일방

경북대학교 윤리교육과를 졸업하고, 동 대학교 대학원에서 석·박사 학위를 받았다. 제주대 강사, 한라대 겸임교수를 거쳐 현재는 제주대학교 사회교육과에 재직하고 있다. 전공 분야는 응용윤리학 및 사회철학이다. 응용윤리학 분야에선 환경윤리·생명윤리에, 사회철학 분야에선 카를 마르크스 철학에 관심을 두고 있다. 지은 책으로는 『환경사상의 흐름: 데카르트에서 포스터까지, 자연을 사유한 10인의 사상가』(2022),『환경문제와 윤리』(2020),『환경윤리의 실천』(2012),『환경윤리의 쟁점』(2005), 옮긴 책으로는『삶, 그리고 생명윤리』,『모럴 아포리아』등이 있다.

정민걸

서울대학교 해양학과를 졸업하고 동물학과에서 집단유전학 전공으로 석사 학위를, 미국 오클라호마대학교 동물학과에서 생태유전학 전공으로 박사 학위를 받았다. 공주대학교 환경교육과 교수로 재직하고 있다. 석사 후 제일제당에서 간염백신 임상과 진단시약 개발에 참여했다. 오클라호마대학교 의과대학 생화학·분자생물학과에 박사후연구원으로, 영국 케임브리지대학교 사회학과에 객원연구원으로 있었다. 한국유전학회 연구윤리위원장, 한국생태학회 생태보전위원장 등과 한국환경철학회 회장을 역임했다. 저서로『이해하는 생태학』,『지역공동체의 따뜻한 경제, 개발과 보존의 동행』등, 함께 옮긴 책으로『자유를 향하여, 네루 자서전』,『생태학』,『캠벨 생명과학』등, 논문으로「환경철학에서 생태적 접근의 한계」등이 있다. 국책사업, 자원, 이민 등 사회 전반에 대해 환경을 고려한 융합적 접근의 정책 연구도 하고 있다.